Heinrich Leberecht Fleischer

Morgenländische Forschungen

Festschrift H.L. Fleischer zu seinem fünfzigjährigen Dkctorjubiläum am 4. März, 1874

Heinrich Leberecht Fleischer

Morgenländische Forschungen
Festschrift H.L. Fleischer zu seinem fünfzigjährigen Dkctorjubiläum am 4. März, 1874

ISBN/EAN: 9783743421387

Hergestellt in Europa, USA, Kanada, Australien, Japan

Cover: Foto ©ninafisch / pixelio.de

Manufactured and distributed by brebook publishing software (www.brebook.com)

Heinrich Leberecht Fleischer

Morgenländische Forschungen

MORGENLÄNDISCHE FORSCHUNGEN.

FESTSCHRIFT

HERRN PROFESSOR Dr. H. L. FLEISCHER

ZU SEINEM

FÜNFZIGJÄHRIGEN DOCTORJUBILÄUM AM 4. MÄRZ 1874

GEWIDMET

VON

SEINEN SCHÜLERN

H. DERENBOURG, H. ETHÉ, O. LOTH, A. MÜLLER, F. PHILIPPI,
B. STADE, H. THORBECKE.

LEIPZIG:
F. A. BROCKHAUS.

1875.

Inhalt.

I.

DAS

ARABISCHE VERZEICHNISS

DER

ARISTOTELISCHEN SCHRIFTEN.

VON

AUGUST MÜLLER.

Seit einiger Zeit mit den Vorstudien zu einer Ausgabe der kürzeren Redaction von Ibn el Ḳifṭîs تاريخ الحكماء beschäftigt, hielt ich die dargebotene ehrenvolle Gelegenheit an dieser Stelle zu schreiben für angemessen, eine Probe der beabsichtigten Arbeit zu liefern. Denn wie aus den folgenden Blättern leicht ersichtlich ist, kann an eine Ausgabe dieser Schrift unter Beifügung des gesammten von den Handschriften und Parallelschriftstellern gebotenen kritischen Apparates, so unentbehrlich er ist, nicht gedacht werden: der Umfang eines solchen Werkes würde unter den jetzigen Verhältnissen seiner Veröffentlichung ein unüberwindliches Hinderniss entgegenstellen. Desto willkommener ist es mir, hier an einem kleinen Stücke des Ganzen meine Art der Textbehandlung aufweisen zu dürfen, um nach der mir zu Theil werdenden Beurtheilung entweder meine Methode zu verbessern oder, sollte jene günstig ausfallen, mit grösserem Selbstvertrauen von neuem an die für meine Kräfte vielleicht zu schwierige Aufgabe heranzutreten. Dass ich gerade die Arabische Recension des πίναξ der Aristotelischen Schriften für diesen Zweck auswählte, wird vielleicht gemisbilligt werden, nachdem dieselbe bereits im fünften Bande des Berliner Aristoteles von S t e i n s c h n e i d e r und Rose lateinisch bearbeitet worden ist. Ich glaubte indess dieses Zusammentreffen nicht scheuen zu dürfen, da einerseits hier für den schwierigen Gegenstand eine in vielen Puncten bedeutende Vorarbeit geliefert war, andererseits mein eigener Apparat für Ibn el Ḳifṭî bis jetzt nur aus drei Handschriften desselben und zweien des Ibn Abî Uṣeibiʿa besteht. Ausserdem glaubte ich zu bemerken, dass durch die genannte Bearbeitung doch nicht nur bezüglich der Resultate, sondern selbst der Genauigkeit der Collationen und der Uebersetzung eine Nachlese nicht ausgeschlossen sei. Es liegt mir natürlich ganz fern, den genannten hervorragenden Gelehrten daraus einen Vorwurf machen zu wollen: einmal möchte eine a b s o l u t genaue Collation ebenso selten sein als ein Buch ohne j e d e n Druckfehler, und andererseits legen die eigenthümlichen Bedingungen dieser Art des Zusammenarbeitens die Möglichkeit eines Irrthums oder Misverständnisses besonders nahe. Nichtsdestoweniger habe ich überall nur nach wiederholter Vergleichung der mir zu Gebote stehenden Handschriften mich berechtigt gehalten, meine von der erwähnten Arbeit abweichenden Angaben als sicher hinzustellen: eine Ausnahme gebe ich aber wenigstens für vereinzelte Stellen in Betreff des Cod A von vorn herein zu, den ich schon seit einiger Zeit nicht mehr in Händen habe. Dem Text und Apparat habe ich noch zur Uebersicht das Griechische Verzeichniss selbst, wie ich es glaube nach dem Arabischen aufstellen zu können. hinzugefügt. Die von mir benutzten Handschriften sind

1. der Berliner Codex des Ibn el Ḳifṭî (A) Ms. orient. fol. (klein) 493
2. „ „ „ „ „ „ (B) Ms. Peterm. II 738 oct.
3. Flügels Auszüge aus dem Wiener Codex des Ḳifṭî (V) vgl. Flügels Katalog no. 1161,
4. „ „ „ „ „ des Ibn Abî Uṣeibiʿa (V) vgl. Flügels Katalog no. 1164.
5. der Berliner Codex des Uṣeibiʿa (*B*) Ms. Wetzstein. II 323 oct.

Dazu kann noch Casiri gerechnet werden, auf dessen Angaben ich aber keinen grossen Werth lege.

Im einzelnen mag über die erwähnten Handschriften noch bemerkt werden. dass von den Codices des Ḳifṭî der äusserlich beste der Wiener zu sein scheint, der nicht so von Fehlern wimmelt, als die beiden andern; ich halte ihn aber für mehrfach von unberufnen Correctoren interpolirt. Das kleine neschî der ersten Berliner Handschrift sieht zu gut aus, um nicht ihrem Werth gegenüber von vorn herein kritisch zu stimmen; noch schlechter, obwol von einer zweiten Hand fleissig durchcorrigirt, aber bei aller Verderbniss hie und da doch eine gute Lesart allein erhaltend. ist die von Türkischer Hand geschriebene zweite. Beide zusammen bilden die eine Gruppe der Ueberlieferung, während andererseits V und Casiri vieles gemein haben.

Der Berliner Codex des Uṣeibiʿa ist in nicht sehr deutlichem neschî geschrieben, äusserlich weniger fehlerhaft, als die Hss. des Ḳifṭî, aber mit vielen Lücken und oft tiefer liegenden Verderbnissen. Die Wiener Hs. scheint etwas besser zu sein. — Die Münchner Codices beider Autoren (M*M*) kann ich wegen der Kürze des von Steinschneider a. a. O. verglichnen Stückes nicht beurtheilen; ihre Varianten habe ich deswegen, und auch weil sie aus der Uebersetzung oder den Anmerkungen vielfach nicht unzweideutig hervorgingen, grösstentheils ignorirt, während im übrigen die Lesarten abgesehen von kleinen orthographischen Abweichungen möglichst erschöpfend angegeben sind.

ثبت كتب ارسطوطاليس على ما ذكره رجل يسمى بطلميوس[a] فى كتابه الى غلس[b] (1)

1 كتابه الذى يحضّ[c] فيه على الفلسفة ٣ مقالات ويسمى[d]
[2] باليونانية[e] [وطويقيس[f]] فيلسوفيس[g] (2)
3 كتابه المعروف بسوفسطس[h] مقالة واحدة (3)
4 كتابه فى العدل ويسمى باليونانية فارى[i] ذيقاوسريس[k]
٤ مقالات

---

[a] so BVF بطليموس AB Cas | [b] so B 52u M 70u V 36u اغلس BV اعلس A Cas, vgl Anm 1 | [c] يحصن Cas | [d] وتسـ' B corrigirt aus ويسـ' | [e] in B stand zuerst على اليـ' | [f] so A وطوتـعـليـس B رطويعس V | [g] فيلينوقيس A فيلينوقيس B | [h] so BV Uṣ بسفسطن A بسوفسطن Cas | [i] تاذتى A قارى V فادى B | [k] ذيقال اوسـ' V ديغاوسـ' B urspr دنغاوسـ' in Corr ذنغاوسـ' A |

---

(1) Uṣ ولارسطوطاليس من الكتب المشهورة فيما ذكره بطلميوس

(2) Die Angabe des Griechischen Titels unterlässt Uṣ, wie Casiri fast immer. Ausnahmsfälle bemerke ich besonders, kleine Abweichungen in der Fassung, wie كتاب statt كتابه und ähnliches, erwähne ich hier nicht. Auch die im Berliner Aristoteles ziemlich unvollständig (es fehlen unter 28 H Kh I 486, unter 36 H Kh V 142, unter 37 H Kh V 34, unter 40 H Kh V 86; auch 18, wovon ausdrücklich gesagt wird *deest in H. Kh.* steht V 78 vgl die Addenda) citirten Stellen aus H Kh übergehe ich, weil sie unsern Hss gegenüber keinerlei kritischen Werth haben | (3) واحدة fehlt bei Uṣ, der hinter مقالة einfügt كتاب فى صناعة الريطورى ثلاث مقالات, worüber Anm 3 zu vgl |

5 كتابه في الرياضة[a] والادب المصلحين[b] حالات الانسان في نفسه ويسمى[c] باليونانية فارى[d] فاديس[e] ٤[f] مقالات

6 كتابه في شرف الجنس[g] ويسمى باليونانية فارى اوغانيس[h] ٥[i] مقالات

7 كتابه[k] في الشعراء ٣ مقالات

8 كتابه في الملك[l] ويسمى[m] فارى فاسيس[n] ٩[o] مقالات

9 كتابه في الخير ويسمى فارى[p] اغاثو[q] ٥[r] مقالات

10 كتابه الملقب بارخوطس[s](1) ٣ مقالات

11 كتابه الذى يتكلم فيه على[t] الخطوط التى هى غير[u] منقسمة(2) ويسمى فاريطون[v] اطومن[w] غرمون[x] ٣[y] مقالات

12 كتابه[z] فيما يقع عليه صفة العدلى[aa](3) ويسمى فارى[bb] ديقاون[cc] ٤[dd] مقالات

---

[a] الرياضات Cas | [b] لحالات AB Cas Uṣ | [c] يسمّى A وتسمى B | [d] فادى V قارى A | [e] فادس alle Codd | [f] ٥ A *tres* M nach Steinschneider اربع die übrigen, im Griech ᾱ | [g] der ganze Titel 6 fehlt in A | في الحس V | [h] فادى B فادى V اوغ' BV | [i] im Griech ᾱ | [k] كتاب A | [l] الملل Uṣ | [m] fehlt V | [n] فاسيس فادى V قارى قاسيس AB | [o] im Griech ᾱ | [p] فادى V قارى AB | [q] اعابوا A اعامو V | ايمالوا B | [r] im Griech γ̄ | [s] بارحوطس A برجوطس الخطوط الغير A | Cas vgl Uṣ | [t] كتابه في Cas | [u] الخطوط التى غير V Cas | [v] قاريطون AB | [w] اطون B اطوس AV | [x] عروس alle Codd | [y] im Griech jetzt *eine* | [z] كتابين B vgl Anm 5 | [aa] so V Cas العدل AB vgl Uṣ | [bb] so Cas, der den Griech Namen hat, فادى V قارى AB diese Varianten erwähne ich nicht mehr | [cc] ديقان V Cas دقان B ديغون A | [dd] im Griech β̄ |

(1) كتاب ارخوطس B ك' ارحوطس V | (2) هل الخطوط في كتاب هي منقسمة ام لا V | (3) كتاب في صفة العدل V كتاب في صيغة العدل B |

13 كتابه فى التباين (1) والاختلاف [a] ويسمى فارى يافوراس [b]
٤ مقالات

14 كتابه فى امر العشق [c] ويسمى [d] رطيقون ٣ [e] مقالات

15 كتابه فى الصور هل هى موجودة (2) ام لا ويسمى فارى ايدولن [f]
٣ مقالات

16 [17] (3) كتابه الذى اختصر فيه قول افلاطون فى تدبير المدن [g]
ويسمى [h] فلاطونس فوليطيس [i] مقالتان

18 [19] كتابه فى اللذة ويسمى فارى ايدوالسماطا [k] ١٠ مقالات [l]

20 (4) كتابه فى الحركات ويسمى فارى قيناساون [m] ٨ [n] مقالات

21 (5) كتابه الموسوم بمسائل حبلية [o] ويسمى ميخا [p] فربليماطا [q]
مقالتان [r]

---

[a] والاختلان B urspr [b] باغوراس BV ماغوراس A | [c] فى العشق Cas Uṣ | [d] وتسمى B Varianten bei diesem Worte führe ich nicht mehr an | [e] im Griech $\bar{\alpha}$ (ἐρωτικός) oder $\bar{\delta}$ (θέσεις ἐρωτικαί) oder $\bar{\varsigma}$ (Hesych append) | [f] ابدولن BV ايدولس A vgl Anm 7 | [g] البدن Codd Cas | [h] fehlt V | [i] لاطوس فوليطس ABV vgl Anm 8 | [k] ابدوالسماطا AB أبرو' V vgl Anm 9 | [l] so Steinschn nach M, fehlt in ABV Cas vgl Anm 10: im Griech $\bar{\alpha}$ | [m] فساساون V فيعيساون A قبصاساون B | [n] im Griech $\bar{\alpha}$ | [o] جبليه B | [p] متجا V متحا AB | [q] غربلى ماطا B غريلى م' V قرتلى م' A | [r] im Griech $\bar{\alpha}$

(1) ähnlich *V* الالتباس *B* | (2) هل لها وجود | (3) statt Titel 16 und 18 haben *VMB* كتاب فى اختصار قول فلاطون مقالتان كتاب فى اختصار اقاويل فلاطون فى تدبير المدن خمس مقالات كتاب فى اختصار قول فلاطون فى اللذة فى كتابه فى السياسة مقالتان كتاب فى اللذة مقالتان, nur dass in *M* das erste اختصار, in *B* die letzten vier Worte كتاب الخ fehlen: vgl die Anm 10 | (4) der Titel 20 fehlt in *B*, steht aber in *MV* | (5) Titel 21 ebenso |

22 كتابه فى صناعة الشعر على مذهب فيثاغورس[a] [(1)] واصحابه مقالتان

23 [(2)]كتابه فى الروح ويسمى فارى[b] بنوماطوس[c] ٣[d] مقالات

24 كتاب له[e] رسمه فى المسائل[f] يسمى بروبليماطن[g] ٣[h] مقالات

25 كتاب له[i] رسمه[k] فى نيل مصر ويسمى فارى طونيل[l] ٣[m] مقالات

26 كتابه[n] فى اتخاذ الحيوان ما يتخذ[o] من المواضع لياوى[qp] اليها ويكمن فيها[q] ويسمى فارى طوغولين[r] مقالة

27 [(3)]كتاب له اسمه جوامع الصناعات ويسمى [فارى] طخنون[s] سوناغوغى[t] مقالة[u]

28 كتاب له رسمه فى المحبّة ويسمى . فيليس[v] ٣[w] مقالات

29 [(4)] . . . .

---

[a] فوثا V Cas | [b] القارى B | [c] بوماطس B بوماطوس V سوماطس A | [d] im Griech jetzt *eine* | [e] der Titel fehlt in B | كتابه لـه كتاب A كتاب Cas | [f] الرسائل alle Codd des K und Cas المسائل *BV* über *M* weiss ich nichts | [g] تزويلى ماطن A تزويلى ماطس V | [h] im Griech $\bar{\alpha}$ | [i] كتابه له A كتاب Cas der Titel fehlt in B ist aber am Rande nachgetragen | [k] رسموه B fehlt Cas | [l] فارى طونيا B فارى طوينا V فاريطونيا A | [m] im Griech keine bestimmte Angabe | [n] كتاب Cas, welche Variante ich, wie die ähnlichen كتابه له ,كتاب له رسمه etc nicht mehr notire | [o] يتخذ B ما يتخذ fehlt Uṣ | [p] يتاوى *V* ياوى *B* | [q—q] فيها ويكمن Uṣ | [r] طوقولين A | [s] طخيون Codd | [t] سوماعوعى V سوباعوعى AB | [u] so im Hesych, bei DL $\bar{\alpha}\bar{\beta}$ | [v] فيلبس V فنليس A | [w] so Hesych, bei DL $\bar{\alpha}$ |

---

(1) ähnlich Uṣ | (2) Titel 23 fehlt in *B* steht aber in *MV* | (3) ebenso Titel 27 | (4) كتاب فى قاطيغورياس مقالة Uṣ mit Griechischem Namen, wie im fgd bis 33 vgl Anm 12: ebenso Cas 30—33 |

30 [(1)] كتابه المعروف بباريرمينياس[a] وهو[b] الثانى من كتب المنطق مقالة[(2)]

31 كتابه المعروف بانالوطيقا مقالتان[(3)]

32 [c]كتابه المعروف[c] بافودقطيقا[d] [(4)] مقالتان

33 كتاب له فى السوفسطائيين[e] مقالة

34 كتابه الذى رسمه[f] [(5)] المقالات الكبار فى الاخلاق ويسمى ايثيقون[g] ماغالن[h] مقالتان

35 كتابه الذى رسمه المقالات[i] الصغار فى الاخلاق التى كتبها[k] [(6)] لاوذيمس[l] ويسمى ايثيقون[m] اوذيمين[n] ٨ مقالات

36 كتابه فى تدبير[o] المدن[p] ويسمى فوليطيقون[q] ٨ مقالات[(7)]

---

[a] بباريرميناس ABV Cas vgl Uṣ | [b] وهو doppelt A | [c–c] fehlt Cas | [d] so *B* obwol undeutlich und *V* بانورقطيقا AB بانورقطيعا V انورطيقا Cas | *liber quem inscripsit tractatus minores, nuncupatus anuraktia* M nach Steinschn | [e] السوفسطائيين M nach Steinschn السفسطا Cas السوفسطاس B التوفساتين A السوفسطاتين V السوفسطاييه *B* vgl Anm 15 | السوفسطايه *M* السوفسطانيه *V* [f] der Titel fehlt B رسمه فى الـ' Cas vgl Uṣ | [g] انتيتون V انينقون M اتينيغون A | [h] ماغلن A | [i] مقالات V Cas | [k] كبّها A | [l] لاذيمس B الى اوديميس *B* | *V* | [m] انيتقون V اينقون B | [n] اوذيمس Codd | [o] fehlt V | [p] البدن اننينغون A ليطيقون B | [q] فرليطيقون V قرليطقون A B |

---

(1) كتاب بارمينياس مقالة *V* ebenso *B*, nur hat diese بارمىماس | (2) كتاب طونيقا ثمانى مقالات add Uṣ, vgl Anm 13 | (3) كتاب انولوطيقا وهو البرهان Uṣ vgl Anm 14 | (4) Uṣ fügt hier ein وهو القياس مقالتان | (5) كتاب فى الـ' Uṣ — diese Abweichung notire ich nicht weiter | (6) التى كتبها fehlt Uṣ | (7) Uṣ fügt hier ein كتاب فى صناعة الشعر مقالتان vgl Anm 13 |

37 كتابه فى صناعة ريطورى [a] [(1)] وهى الخطابة ٣ مقالات

38 كتابه فى سمع الكيان [b] ٨ مقالات

39 كتابه فى السماء والعالم [c] ٤ مقالات

40 [(2)] كتابه فى الكون والفساد مقالتان

41 كتابه فى الاثار [d] العلوية ٤ مقالات

42 كتابه فى النفس ٣ مقالات

43 كتابه فى الحسّ والمحسوس مقالة

44
45 كتابه فى الذكر .... والنوم مقالة

46 كتابه فى حركة الحيوانات [e] وتشريحها [f] ويسمى [g] تينيساوس [h]

47 طيس [i] زواو . اناطومن [k] ٧ مقالات

48 كتابه فى طبائع الحيوان [l] ١٠ مقالات

49 كتابه الذى رسمه فى الاعضاء [m] التى بها الحيوة [n] ويسمى [o] زوايقون [p] موريون ٤ مقالات

50 كتابه فى كون الحيوان [q] ويسمى فارى زوا .. غاناساوس [r] ٥ مقالات

---

[a] الخطبة ويسمى ريطوريق B ويطورى Cas vgl Us | [b] im Griech jetzt *neun*, nach app Hesych ιη̄ | [c] so im Griech περὶ οὐρανοῦ, dem die Araber περὶ κόσμου immer anhängen: عشر Cas | [d] امار A | [e] so BV Cas الحيوان *ABV* | [f] وتسريحها *BV* | [g] fehlt B, am Rande nachgebessert | [h] فسيساوس VM قيساوس A فسيباوس B | [i] طين AV طير B | [k] وارااوطرمن Codd | [l] عشر *BBV* ٥ A | [m] اعضاء A | [n] الحياة خمس عشر Cas vgl Anm 20 | خمسة عشر V *BV* [o] fehlt B. am Rande verbessert | [p] روايقون V وايقون A روانيون B | [q] der Titel fehlt in B und ist am Rande nachgeholt, ebenso in A der Rest dieses und der Anfang des folgenden Titels bis الحيوان | [r] غاريوار A عارى ولرعابا ساوس V فارى وار عاباسوس عابلسلسوس B |

---

(1) Us hat den griechischen Namen aber mit dem Artikel الريطورى, der Zusatz وهو الخطابة fehlt | (2) Dieser Titel und der folgende fehlen in *B* |

51 كتابه فى حركات الحيوان [a] المكانية على الارض [a] ويسمى غارى بوريس [b] مقالة واحدة [c]

52 كتابه فى طول (1) اعمار الحيوان وقصرها مقالة

53 كتابه فى الحيوة [d] والموت مقالة

54 (2) كتابه فى النبات [e] مقالتان

55 (3) كتابه [f] فيما [g] بعد الطبيعة ١٣ مقالة [h]

56 كتابه الذى رسمه مسائل هيولانية [i] مقالة (4)

57 كتابه الذى رسمه مسائل طبيعية [k] ٤ مقالات

58 كتابه الذى رسمه القسم ٢٦ مقالة [l] يذكر فى هذا الكتاب [m] اقسام الزمن [n] واقسام النفس واقسام [o] الشهوة (5) وامر الفاعل والمنفعل [p] والفعل وامر المحبة (6) وانواع الخيرات وان منها ما هو معقول ومنها ما هو فى النفس ومنها [q] ما يكون عن النفس

[a—a] المكانية Cas الكاينة على الارض *BV* | [b] بورنس V يورنس B, A unsicher, welches von beiden | [c] fehlt V Cas *BV* | [d] الحياة V Cas Uṣ | [e] النباتات V | [f] كتبه Cas | [g] B so corr aus فيها | [h] fehlt A | [i] هيولية V | [k] طبيعه B المسايل الطبيعية كتابه فى Cas über V bin ich nicht ganz sicher. Die Bücherzahl ist im Griech übereinstimmend λζ̄ | [l] مقالات A | [m] لكتاب A | [n] الزمان alle ausser Cas | [o] Cas lässt das و aus, wie oft bei solchen Aufzählungen, ich notire diese Abweichung nicht weiter | [p] والمفعول V | [q] منها B |

---

(1) كتاب فى طول العمر وقصره مقالة Uṣ | (2) Der Titel fehlt in *V*, *B* hat ihn wie die Codd des Ḳ | (3) ebenso Titel 55 | (4) H Kh V 150 (cf 111): كتاب مسائل هيولانيّة اربع مقالات لارسطو وله مسائل فى (so zu corr) شرب الخمر والسكر وهى اثنتان وعشرون مسئلة وله المسائل الطبيعية سبع عشرة مقالة: er schiebt also zwischen ὑλικά δ̄ und φυσικά ιζ̄ noch περὶ μέθης κβ̄ ein; letztere Zahl weist auf eine Confusion | (5) النفس والشهوة Uṣ | (6) والفعل والمحبة Uṣ: das folgende lautet in *V* وانواع الحيوان وامر الخير والشر والحركات وانواع الموجودات: *B* ähnlich |

ويذكر[a] امر الكيرورة والشرارة ويذكر[b] انواع العلوم وانواع
الحركات وانواع[c] ما يقع عليه القول وانواع الموجودات[d] وما
تنقسم[e] اليه ويسمى ذياراسيبس[f]

59 كتابه الذى رسمه قسم افلاطون ٩ مقالات

60 كتابه الذى رسمه[g] قسم[h] الشروط[i] التى تشترط[i] فى القول
وتوضع[k] ٣ مقالات

61 كتابه الذى رسمه[l] فى مناقضة[m] القول(1) بان توخذ[n] مقدمات
النقيض[o] من نفس القول ويسمى افيكراماطى[p] ٣٩[q] مقالة

64 (2) كتابه الذى رسمه موضوعات عشقية ويسمى ثاسيس
اروطيقا[r] مقالة[s]

65 كتابه الذى رسمه موضوعات طبيعية[t] ويسمى ثاسيس[u]
فوسيقا[v] مقالة

66 كتابه الذى عنوانه بيت[w] الموضوعات ويسمى ثاساو . اهرا[x] .. (3)

---

[a] ونذكر B | [b] مع Cas die Lesart von V bei den beiden letzten يذكر ist mir nicht klar | [c] وانواع und das folgende bis zum Ende des Titels fehlt Cas | [d] الموجدات AB | [e] ينقسم A ينعسم B | [f] ديـاراسـيـس B | [g] قسمه B | [h] قسمه B قسمة V Cas *BV* | [i—i] fehlt Cas | [k] ebenso | [l] قسمه B | [m] مناقصه B | [n] يوخذ B | [o] النقيص A | [p] افيكراساتى V افتكراساطى A اتكراساطى B | [q] im Griech β̄ فى تسع وثلثين Cas | [r] der ganze Titel ist in B nur am Rande nachgetragen باسيسداد رطيقا V باسدادوطيقا B ماسـد ادوطيقا A | [s] im Griech δ̄ | [t] طبيعته B | [u] auch Cas hat hier die Griechischen Worte | باسس Cas تاسس A تاسيس V | اسـس B | [v] مـوسـيـقـا AB Cas موسيكا V | [w] دمت B | [x] ماسارانعرا V ماساراهر B باسارااهرا A |

---

(1) Us كتاب فى مناقضة من يزعم | (2) Us schiebt ein 62 كتاب فى البنى يسمى ايسطاسس ثلاث عشرة مقالة (vgl Anm 21) und darauf 63 كتاب فى الموضوعات (المقالات *B*) اربع وثلاثون مـقـالـة (vgl Anm 25) | (3) Us كتاب فى ثبت الموضوعات مقالة |

67 كتابه الذى رسمه كتاب[a] الحدود ويسمى اورى[b] ١٩ مقالة

68 كتابه الذى رسمه بالاشياء التحديدية ويسمى اوريسطا[c] ۴ مقالات

69 [(1)]كتابه الذى رسمه بالتحديد[d] الطوبيقى[e] مقالة

70 كتابه الذى رسمه تقويم[f] حدود مستعملة فى الطوبيقا ويسمى بروساورس[g] طوبيقون[h] ٣ مقالات

71 كتابه الذى رسمه كتاب موضوعات تُقَوَّم[i] بها حدود من الحدود[k] ويسمى بروساورس[l] ثاسيس[m] ....

72 .... ابخيريماطا[n] مقالتان

73 [(2)]كتابه الذى رسمه فى تقويم التحديد ويسمى برسطس[o] اورسمس[p] مقالتان

---

[a] der ganze Titel fehlt in A كتاب bei Cas | [b] اودى B
[c] اويسطا A, B unsicher ob ebenso oder اوليطا, V اولبليطا | [d] فى
التحديد BV Cas | [e] الطونيقى A , [f] تقوم A دقودم B | [g] بررساورس
V | [h] طوبيقوت Codd: im Griechischen $\bar{\beta}$ | [i] تقويم A يقوم BV
Cas | [k] حدود V Cas | [l] برساورس AB | [m] باسيس A ماسيس
B باسس V | [n] اسجين بمٰاطا A اجبين بماطا B اجين مماطا
V | [o] der Titel ist am Rande nachgeholt B | برستس B | [p] اورثمس
Cas, welcher hier und 74 die Griechischen Worte hat, اورتيمس V |

---

(1) Die folgenden Titel gibt V so: كتاب فى تحديد طونيقا مقالة كتاب فى تقويم حدود طونيقا ثلاث مقالات كتاب فى موضوعات تقوم بها الحدود مقالتان كتاب فى مناقضة الحدود مقالتان In *B* steht im ersten طوديقا, dagegen fehlt das folgende مقالة und der nächste Titel bis طونيقا, so dass ثلاث auf das erste طوبيقا folgt; im dritten Titel hat sie يقوم, am Schluss des vierten aber مقالتان vgl Anm 30 | (2) Us schiebt hier ein كتاب فى صناعة التحديد التى استعملها ثاوفرسطس لانالوطيقا الاولى مقالة |

74 كتابه الذى رسمه كتاب[a] المسائل[b] (1) ويسمى بروبليماطا[c]
٦١[d] مقالة

75 كتابه الذى رسمه مقدمات للمسائل ويسمى بروبليماطن[e]
برواغراوا[f] ٣ مقالات

76 كتابه الذى رسمه المسائل الدورية (2) [g] وهى تُستعمل[g]
للمتعلمين[h] (2) ويسمى بروبليماطا[i] انفقليا[k] ٤[l] مقالات

77 كتابه الذى رسمه كتاب[m] الوصايا ويسمى[n] بارنغلماطا[o]
٤[p] مقالات

78 كتابه الذى رسمه[q] كتاب التذكرات ويسمى ايبومنيماطا[r]
مقالتان

79 كتابه الذى رسمه اصناف مسائل من الطب (3) ويسمى
بروبليماطا[s] قاطندى[t] اياطريقا[u] ٥[v] مقالات

---

[a] كتابه A, B, in dem durch falsche Nachtragung am Rande Confusion in diesen und die zwei folgenden Titel gekommen ist, مقدمات | [b] للمسائل B | [c] بروسماطا A روسماطا V بروسماطن بدواعراوا B in Corr ursprünglich بروسمته | [d] ثمان وعشرون Cas jetzt im Griech λη̄ | [e] der Titel fehlt A ist am Rande nachgetragen B | بروسماطن B بروتيماطن V | [f] بدواعراوا B برواغر V vgl Anm 31 | [g–g] وهو يستعمل Cas وهى دستعمل B | [h] للمعلمين Codd und Cas vgl Uṣ und Anm 32 | [i] بروسماطا A بروستماطا B, wo die Punkte über dem ة nachher getilgt sind بروسماطا V | [k] انعلما AB انفغليا V | [l] im Griech β | [m] fehlt A | [n] المسمى V Cas | [o] بارىعلماطا A بارىعلماطا mit zwei Punkten über ع B باريغلماطا V Cas der das Griechische hat | im Griech des Hesych app 175 ὑποθήκας | [p] die im Ar angezogenen des Theophrast γ̄ | [q] اسمه Cas | [r] ادنوسمياطا B اسوسماطا A اموسماطا V | [s] بروسماطا A درسماطا V درونيماطا B | [t] قاطمدى A قاطيدى B قاطندى V | [u] اناطرنقا A اباطريقا B fehlt V | [v] im Griech β̄ |

---

(1) كتاب فى مسايل V der Titel und der folgende fehlen B | (2)—(2) التى يستعملها المتعلمون Uṣ | (3) كتاب فى الطب |

80 كتابه الذى رسمه فى تدبير الغذاء[a] ويسمى باريذياطس[b] مقالة

81 [(1)]كتابه الذى رسمه فى الفلاحة ١٠ مقالات[c] [ويسمى
a غاريقون[d]] ومن[e] ذلك قوله فى الرطوبات مقالة ويتلو[f]
b ذلك مقالة رسمها فى اليبوسات [g]ويتلو ذلك مقالة رسمها[g] فى
c d الاعراض العامّيّة[h] ويتلو ذلك ثلث مقالات رسمها فى[i] الاثار
e العلوية ويتلو ذلك مقالتان رسمها فى[i] تناسل الحيوان
f ويتلو ذلك فى المعنى مقالتان ويسمى[k] غارغيقون[l]

82 كتابه الذى رسمه فى المقدّمات ويسمى بروطاسيس[m] ٣٣[(2)] مقالة

83 [(3)]ويتلو ذلك كتاب فى معناه[n] الا انّه فى مقدمات اخر [o]٧ مقالات[o]

---

[a] الغذا A *F* Cas الغدا BV العدا *B* | [b] باردىاداطس A | VM Cas خمس عشر مقالة [c] | V باردىاماطس B باريذياداطس [d] عاريقون A عاريقون V Cas der das griechische Wort hat عاريعون B | [e] das folgende bis Ende des Titels hat Cas in äusserlich anderer Fassung, aber ohne wesentliche Variante | [f] ويتلوا B, welche Lesart verschiedentlich wiederkehrt aber hier nicht weiter erwähnt wird [g—g] in B am Rande nachgetragen | [h] العامّة V | [i—i] fehlt A | [k] fehlt B | [l] بروطاطيس A V غارعمقون AB عارعمقون | [m] بروطاسس V | بروطاسس B in Corr, ursprünglich stand برطاسس | [n] der Schluss des Titels fehlt Cas | [o—o] لا مقالات AB لا مقدمات V vgl Anm 36 |

---

(1) Dieser Titel lautet in Uṣ unter Auflösung des Anm 35 erörterten Verhältnisses كتاب فى الفلاحة عشر مقالات كتاب فى الرطوبات مقالة كتاب فى النبض مقالة كتاب فى الاعراض العامية ثلاث مقالات كتاب فى لاثار العلوية مقالتان كتاب فى تناسل الحيوان مقالتان كتاب اخر فى تناسل الحيوانات مقالتان. In *B* fehlt der Anfang hiervon bis النبض مقالة | (2) ثلث وعشرون Uṣ | (3) كتاب اخر فى مقدمات اخر سبع مقالات Uṣ |

84 (1)كتابه [a] الذى رسمه سياسة المدن ويسمى بوليطيا [b] [c] وهو كتاب [c] ذكر فيه سياسة امم ومدن كثيرة [c] من مدن اليونانيين وغيرها ونِسَبها [c] وعدد الامم والمدن التى ذكر مائة واحدى وسبعون [d]

85 كتاب له رسمه تذكرات [e] ويسمى ايبومنيماطا [f] ١٩ مقالة (2)

86 كتاب اخر فى [g] مثل ذلك مقالة

87 كتابه الذى رسمه كتاب اخر(3) فى المناقضات ويسمى ابيخيريماطن [h] مقالة

88 [i]كتابه الذى رسمه كتاب اخر [i] فى المضاف [k] ويسمى بارى طس سى [l] مقالة [m]

89 كتابه الذى رسمه كتاب اخر(4) فى الزمن [n] ويسمى بارى خرونو [o] مقالة

---

[a] كتبه V | [b] بوليطيا B نوليطا V لوليطيا A Cas hat den Griech Namen | [c—c] fehlt Cas | [d] im Griech ρνη vgl Anm 37 | [e] so V تذاكرات B يذكران ABV بذكران Cas | [f] ايغومسماطا V انقومسماطا B mit einem ausgestrichnen ة vor dem طا, ايقومسماطا Cas der den Griech Titel anführt ارموسماطا A | [g] fehlt urspr B | der ganze Titel steht in den drei Hss von K, nur Cas lässt ihn aus und in V geht es von مثل an weiter ذلك والمناقاض ويسمى انيخيرماطن, so dass also das Ende dieses und der Anfang des folgenden Titels weggefallen sind | [h] der Titel fehlt in A, über V vgl [g] ادحمربماطن oder ابحمربمارطن B | [i—i] كتاب Cas Uṣ | [k] so BBV المصاف AV Cas | [l] بارطس سى V باريطس سنى B دارى طس سى A | [m] so B (mit Rasur am Ende) A BV ست مقالات V Cas | [n] so Cas الزمان alle andern | [o] جرونو B حروبو A |

---

(1) كتاب فى سياسة المدن وعدد الامم ذكر فيه مائة واحدى وسبعين مدينة كبيرة B, V ähnlich, aber وذكر | (2) عدة ست ع' م' Uṣ | (3) اخر fehlt V Cas | (4) اخر fehlt Uṣ |

الكتب التى وجدت فى خزانة[a] (1) الرجل[b] الذى يسمى (1) ابليقون[c]

90 كتاب[d] له[e] رسمه بذكر[c] اخر(2)

91 (3)كتاب جمع فيه رجل يسمى ارطامن رسائل لارسطوطاليس فى (3) ثمنية اجزاء

92 كتاب[f] له فى سير المدن ويسمى بوليطيا[g] مقالتان

93 (4) ورسائل اخر(4) وجدها اندرونيقس[h] فى عشرين جزءً[i]

94 [k]وكتب فيها تذكرات *لم[l] يدع الناس *تجد[m] عددها واوائلها[k] فى المقالة الخامسة من[n] كتاب اندرونيقس[o] فى فهرست كتب[p] ارسطوطاليس(5)

95 كتابه[q] فى مسائل[r] من غويص[s] شعر اوميرس[t] فى عشرة اجزاء

---

[a] das Stück von الكتب bis اخر fehlt bei Cas der aber den Namen Ἀρτέμων hat | خزاية B | [b] رجل V | [c] so V V und B in Corr, letzterer hatte zuerst اتليقون A الميقون ,برايليقون B | [d] كتابه A | [e—e] رسمه بذكر A رسم يذكر BV vgl Uṣ | [f] كتابه A | [g] دوليطميا A | [h] اندرونيفس AB ايدرونيقوس Uṣ Cas hat den Namen wie V in richtiger Form | [i] جزؤا A ähnlich V Cas BV جرزا B | [k—k] وغيرها قد جا ذكرها Cas | [l] ثم A دم B لم V | [m] تجد AB يجد V | [n] so aus فى B | [o] Cas hat den Namen richtig, ebenso V, اندرونيفس AB, اندزبير اندروسعى V B, wo dafür aber das folgende فى wegbleibt | [p] fehlt V Cas vgl Uṣ | [q] fehlt A | [r] رسايل A | [s] عويص V عويض B | [t] شعرا وميرس A شعراوميرش (ش undeutlich) B Cas Uṣ haben den Namen richtig |

---

(1)—(1) fehlt Uṣ, der aber hinter ابليقون hinzufügt عدة (عدة B) مقالات | (2) كتاب كبير مجموع فيه تذكرات اخر Uṣ | (3)—(3) كتاب فى رسائل Uṣ | (4)—(4) عدة رسائل Uṣ | (5) B hat den Passus so: كتب عدة فيها تذكرات عددها واسماوها فى كتاب اندروسعى فهرست كتب ارسطو, V ähnlich, nur lautet der Schluss فى كتاب اندوبير فى فهرست كتاب كتب راسطو |

96 [(1)]كتابه فى جميع معانى الطب ويسمى[a] اياطريقيس[b]
تم[c] عدد كتبه حسب ما[d] ذكره بطلميوس[e] الى غلس[f]
ولله الحمد دائما[g]

---

[a] in A undeutlich, B nur am Rande | [b] اناطربقيس A اناطرنعيس B اغاطريقوس V, Cas hat es in richtiger Form, bricht aber wie V hinter dem Worte ab | [c] ثم BV | [d] حسبما V | [e] بطليميوس B in Corr am Anfang dW | [f] اعلس AB, letztere das ع in Corr اغلس V | [g] so B am Rande, im Text stand اولها | AB haben كثيرا دائما والصلوة على نبيه محمد (B سيدنا محمد) وآله الطاهرين |

(1) von hier ab geht Us weiter كتاب فى معانى الطب قال بطلميوس فهذه جملة ما شاهدت له من الكتب (كتب B) |

NACHTRAG.

S 5 Z 1 رجل يسمى fehlt Cas | S 8[c] رسمه fehlt Cas | S 10[e] حركات statt حركة Cas | S 10[l] مقالة statt مقالات V Cas | S 11 Z 6 الطبيعية Cas | S 16 Z 11 رسمه fehlt A | S 17 Z 4 لارسطوطاليس ليس B | S 17 Z 8 تذاكرات A مذكرات B

VERZEICHNISS DER ARISTOTELISCHEN SCHRIFTEN AUS DEM BUCHE DES PTOLEMAEUS AN GALLUS.

		Berl. Ar.
1	[περὶ] φιλοσοφίας γ̄ [1]	1
2	[περὶ] ῥητορικῆς γ̄	2^{b}
3	σοφιστὴς ᾱ	2
4	περὶ δικαιοσύνης δ̄	3
5	περὶ παιδείας δ̄	4
6	περὶ εὐγενείας ε̄	5
7	περὶ ποιητῶν γ̄	6
8	περὶ βασιλείας ς̈	7
9	περὶ ἀγαθοῦ ε̄	8
10	Ἀρχύτας γ̄	9
11	περὶ τῶν ἀτόμων γραμμῶν γ̄	10
12	περὶ δικαίων δ̄ [?]	11
13	περὶ διαφορᾶς [?] δ̄	12
14	ἐρωτικῶν γ̄	13
15	περὶ εἰδώλων [εἰδῶν? ἰδέας?] γ̄	14
16	[*τὰ ἐκ*] Πλάτωνος πολιτείας β̄	15
17	[*τὰ ἐκ Πλάτωνος* . . . . .?]	
18	περὶ ἡδονῆς [ῑ?]	16
19	[. . . . . . . ματα?]	
20	περὶ κινήσεων η̄	17
21	μηχα[νικὰ] προβλήματα β̄	18
22	τέχνης ποιητικῆς* κατὰ Πυθαγορείους*β̄	19
23	περὶ πνεύματος γ̄	20
24	[περὶ] προβλημάτων γ̄	21
25	περὶ τοῦ Νείλȣ γ̄	22

---

[1] Die gesperrt gedruckten Namen sind in Arabischer Transcription vorhanden; für den Griechischen Wortlaut der von * eingeschlossenen Stellen kann ich nicht bürgen.

2*

	Berl. Ar.
26 περὶ τοῦ φωλεύειν ᾱ	23
27 περὶ [?] τεχνῶν συναγωγὴ [ῆς?] ᾱ	24
28 [περὶ] φιλίας γ̄	25
29 [κατηγορίας ᾱ]	25b
30 περὶ ἑρμηνείας ᾱ [1]	26
31 ἀναλυτικὰ β̄	27
32 ἀποδεικτικὰ β̄	28
33 σοφιστικοὶ [ἔλεγχοι] ᾱ	29
34 ἠθικῶν μεγάλων β̄	30
35 ἠθικῶν Εὐδημείων η̄	31
36 πολιτικῶν η̄	32
37 [τέχνης] ῥητορικῆς γ̄	33
38 φυσικῆς ἀκροάσεως η̄	34
39 περὶ οὐρανοῦ καὶ κόσμου δ̄	35
40 περὶ γενέσεως καὶ φθορᾶς β̄	36
41 μετεωρολογικῶν δ̄	37
42 περὶ ψυχῆς γ̄	38
43 περὶ αἰσθήσεως καὶ αἰσθητῶν ᾱ	39
44 περὶ μνήμης [καὶ ἀναμνήσεως] .	40
45 περὶ ὕπνου καὶ [ἐγρηγόρσεως] ᾱ	
46 [περὶ] κινήσεως . .	41
47 . . . ζωω . ἀνατομῶν ζ̄	
48 περὶ ζώων ποιοτήτων ῑ	42
49 [περὶ] ζωϊκῶν μορίων δ̄	43
50 περὶ ζω . . γενέσεως ε̄	44
51 περὶ πορείας ᾱ	45
52 περὶ μακροβιότητος καὶ βραχυβιότητος ᾱ	46
53 περὶ ζωῆς καὶ θανάτου ᾱ	47
54 περὶ φυτῶν β̄	48
55 περὶ τῶν μετὰ τὰ φυσικὰ ιγ̄	49
56 προβλήματα ὑλικὰ ᾱ [2]	50
57 προβλήματα φυσικὰ δ	51
58 διαιρέσεις κς̄ [3]	52
59 διαίρεσις Πλάτωνος ξ̄	53
60 διαίρεσις* ὑποθέσεων αἳ ὑποτίθενται ἐν τῷ λόγῳ καὶ ὑπόκεινται [?]* γ̄ [4]	54

1 Ueber 26b Ar τοπικά η̄ und 32b Ar τέχνης ποιητικῆς β̄ vgl Anm 13. 2 56b προβλήματα περὶ οἴνου πότου καὶ μέθης κβ̄ [? vgl S 11 (4)]. 3 weniger verbürgt ιζ̄ vgl ebd. 4 ob ἐνθυμημάτων διαιρέσεις? vgl Anm 22.

	Berl. Ar.
61 ἐπιχειρήματα λ̅ϑ̅	55
62 ἐνστάσεις ι̅γ̅ [1]	55^{b}
63 ϑέσεις λ̅δ̅	55^{c}
64 ϑέσεις ἐρωτικαὶ ᾱ	56
65 ϑέσεις φυσικαὶ ᾱ	57
66 .... ϑέσεων? [ᾱ?]	58
67 ὅροι ι̅ς̅	59
68 ὁριστικὰ δ̄	60
69 περὶ ὁρισμοῦ τοπικοῦ ᾱ	61
70 πρὸς ὅρους τοπικῶν γ̄	62
71 πρὸς ὅρους ϑέσεις...	63
72 [πρὸς ὅρους] ἐπιχειρήματα β̄	63^{b}
73 πρὸς τοὺς ὁρισμοὺς β	64
74 προβλήματα ξ̅η̅ [2]	65
75 προβλημάτων προαγορευ... γ̄	66
76 προβλήματα ἐγκύκλια δ	67
77 παραγγέλματα δ̄	68
78 ὑπομνήματα β̄	69
79 προβλήματα.... ἰατρικὰ ε̄	70
80 περὶ διαίτης ᾱ	71
81 γεωργικῶν ῑ (od. ι̅ε̅) [3]	72
a περὶ ὑγρῶν ᾱ	73
b περὶ ξηρῶν ᾱ [4]	74
c περὶ κοινῶς συμβεβηκότων (συμβαινόντων?) ᾱ (od. γ̄)	75
d περὶ μετεώρων γ̄ (β̄)	76
e *περὶ ζώων γενέσεως* β̄	77
f περὶ τοῦ αὐτοῦ β̄	78
82 προτάσεις λ̅γ̅ (od. κ̅γ̅)	79
83 προτάσεις ἄλλαι ζ̄	80
84 πολιτεῖαι.... *ἔστι δὲ ἀριϑμὸς δήμων καὶ πόλεων ἃς μνημονεύει* ρ̅ξ̅α̅	81
85 ὑπομνήματα ι̅ς̅	82
86 ὑπομνήματα ᾱ	82^{b}
87 ἐπιχειρημάτων ᾱ	83
88 *περὶ τῆς πρός τι* [?] ᾱ (od. ς̄)	84

---

1 vgl die Anmm 24 25. 2 weniger gut bezeugt κ̅η̅. 3 Vgl über das Verhältniss dieser zu den folgenden Schriften Anm 35 4 hier wird noch von 2 Hss eine Schrift über den Puls (Ar 74^{b}) eingeschoben.

		Berl. Ar.
89	περὶ χρόνου ᾱ	85
	βιβλία ὑπάρχοντα ἐν βιβλιοθήκῃ Ἀπελλικῶντος	86
90	*μνημονικὸν ἄλλο*[1]	88
91	*ἐπιστολαὶ Ἀριστοτέλους ἃς συνέλεξεν Ἀρτέμων ἐν βιβλίοις* η̄	87
92	πολιτεία β̄	89
93	καὶ *ἐπιστολαὶ ἄλλαι ἃς εὗρεν Ἀνδρόνικος ἐν κ̄ βιβλίοις*	90
94	καὶ .. *ὑπομνημάτων ... εὑρήσεις ἀριθμὸν καὶ ἀρχὰς[2] αὐτῶν ἐν λόγῳ πέμπτῳ Ἀνδρονίκου περὶ πίνακος βιβλίων Ἀριστοτέλους*	
95	ἀπορημάτων Ὁμηρικῶν *ἐν ῑ βιβλίοις*	91
96	περὶ ἰατρικῆς	92

1 oder ὑπομνήματα. 2 oder ὀνόματα, vielleicht καὶ ὀνόματα καὶ ἀρχάς.

ANMERKUNGEN.

1 (S 5 Z 2) Ich glaube jetzt bestimmt, dass der Name Gallus zu lesen ist, wie ich noch zweifelnd in meiner Abhandlung über die Griechischen Philosophen in der Arabischen Ueberlieferung vorschlug; der Punct des غ fehlt nur in A sowohl hier als am Schluss des Verzeichnisses; B hat ihn wenigstens an der vorliegenden, V an beiden Stellen, die Codd des Uṣ durchgängig, und das ا, welches in den letzteren auch nicht überliefert ist, erklärt sich in den Hss von Ḳ sehr einfach aus einem zu gross gerathenen senkrechten Fetḥa über dem ى von الى.

2 (S 5 Z 3) Ich habe die Angaben über die Bücherzahl der einzelnen Schriften in Ziffern gegeben, weil ich glaube, dass sie so im Archetypus unserer Hss ausgedrückt waren. Dies geht nicht nur aus einzelnen der im weiteren Verlauf anzuführenden Varianten, sondern besonders unwiderleglich aus der in Anm 36 behandelten Stelle hervor. Was die hier benutzten Hss angeht, so hat nur A die Ziffern immer, B lediglich die ٣٩ bei dem كتاب الذى رسمه القسم (Nr 58) beibehalten; diejenigen Lesarten, welche nur in Bezug auf Genus oder Orthographie der Zahlwörter abweichen, berücksichtige ich nicht.

3 (S 5 Z 5) Dass der hier angegebene Griechische Titel aus zwei verschiedenen zusammengeworfen ist, wird im Berliner Aristoteles mit Recht angenommen. Nur lässt sich aus طوبقيس, oder wie sonst nicht wohl προτρεπτικός herauslesen. Auf das richtige weist Uṣ hin, der an dritter Stelle die τέχνη ῥητορική hat, d h hier die Schrift περὶ ῥητορικῆς ἢ Γρύλλος, welche auch im Verzeichniss des Diogenes zwischen dem Buch περὶ φιλοσοφίας und dem σοφιστής steht, und, da die Verbesserung von وطوبقيس in ريطورقيس = ῥητορικῆς keinerlei Bedenken hat (vgl auch die Varianten zu Nr 37), hier ursprünglich die zweite Stelle eingenommen haben wird. Anlass zu der Auslassung einiger Worte gab das bei beiden Schriften hinzugefügte ٣ مقالات.

4 (S 5 Z 2) Dass die Hs des Escurial die Griechischen Titel nicht haben sollte, ist mir nicht so wahrscheinlich, als dass Casiri sie in den meisten Fällen überging, weil er in den überall verdorbenen Worten sich nicht zurechtfand.

5 (S 6 Z 11) Dieser Titel ist zu übersetzen über das wofür das Epitheton „gerecht“ (العدل) gilt, aber nicht de eo ad quem (فيما!) pertinet qualitas iustitiae. Schon wegen des Griechischen ist auch im Arabischen das Adjectiv vorzuziehen. — Sehr merkwürdig ist die Variante كتابين = كتابان in B, da sie mit der im Griechischen angegebenen Bücherzahl β̄ zusammentrifft; stände irgendwo in der Nähe eine Schrift von 4 Büchern, so würde ich kein Bedenken tragen, weitere Aenderungen vorzunehmen; so aber lässt sich nur vermuthen, dass auch hier die ursprüngliche Liste arg beschädigt sein muss.

6 (S 7 Z 1) περὶ διαφορᾶς scheint auch mir nicht ganz sicher, obwohl der Ausfall des ذ im Anfang nach dem ر von فارى unanstössig (noch stärkeres zeigen z B auch die Lesarten zu Nr 36), und in der zweiten Hälfte die Ueberlieferung einstimmig ist. Bedenklich macht mich nur die Variante الالتباس in *B*, die ebensogut aus التباين entstanden sein kann, wie umgekehrt; im letzteren Falle könnte etwas auf ἐριστικά bezügliches dahinter stecken: wie aber die Sachen liegen, ist διαφορᾶς immer noch das wahrscheinlichste.

7 (S 7 Z 4) Ich habe ايدولن = εἰδώλων = εἰδῶν nach dem Berliner Aristoteles beibehalten, obwohl dem ausführlicheren Arabischen Titel besser ἰδέας entsprechen würde. Denn die Schrift περὶ εἰδῶν wird logischen Inhalts gewesen sein (D L περὶ εἰδῶν καὶ γενῶν), صور sind aber εἴδη im metaphysischen Sinne, während das logische εἶδος immer durch نوع gegeben wird. Zur Noth könnte man auch ἰδέας = ايدالس oder ايداس aus der Ueberlieferung herauslesen, aber immer etwas gezwungen, und so habe ich εἰδώλων beibehalten, da auch die Griechische Liste hier Zweifeln Raum lässt. Möglicherweise könnten auch die drei Schriften περὶ ἰδέας, περὶ εἰδῶν und περὶ ἰδίων in eine Schrift von drei Büchern zusammengeflossen sein, was überhaupt mehrfach der Grund der abweichenden Zahlen des Arabischen sein dürfte: vgl Anm 25.

8 (S 7 Z 4) Von den beiden im Ar vorgetragenen Vermuthungen ist mir die erste wegen der Transcription und wegen des zwischen τὰ und τῆς ausgefallenen ἐκ bedenklicher als die zweite, welche nur die Hinzufügung eines ف vorn nöthig macht (vgl Anm 6), denn س statt نس ist keine Variante. Ich habe daher Πλάτωνος aufgenommen.

9 (S 7 Z 8) Dass in ايدونوالسماطا ἡδονῆς liegt, ist zuzugeben, unter keinen Umständen aber das ماطا am Ende so ausser Acht zu lassen,

wie es im Ar geschieht. Man könnte an ἡδύσματα oder -των denken, aber auch das ist wegen des لا in der Mitte unmöglich, denn diese beiden Buchstaben einfach herauszuwerfen wäre unmethodisch. In Verbindung mit der gleich zu berührenden Confusion bei Uṣ machen die Buchstaben auf mich den Eindruck, dass sie aus zwei Titeln zusammengeflossen seien: الما könnte aus نس oder نيس entstanden sein, und -ματα oder -ήματα bliebe dann übrig, freilich ein zu geringer Rest als dass man etwas damit anfangen könnte.

10 (S 7 Z 8) Dass die angegebene Bücherzahl überall ausser in M fehlt, ist auffällig, noch auffälliger die Höhe derselben. Dazu kommt, dass im Uṣ nicht weniger als drei Schriften auf einander folgen, welche sich als Auszüge aus Plato, zwei davon aus der Republik, einführen; in die dritte ist dann die Schrift περὶ ἡδονῆς eingeschoben, welche in *B* dafür nachher wegbleibt, in *MV* aber sofort noch einmal erscheint. Man darf deswegen, glaube ich, annehmen, dass wenigstens zwei Auszüge (nach der Arabischen Anschauung) aus Plato in der ursprünglichen Liste aufgeführt waren, wie sie ja auch in dem Verzeichniss des Diogenes (21 22) dicht neben einander stehen, das περὶ ἡδονῆς gerieth dann in den zweiten Titel mitten hinein, und eine nachträglich in den Text mit aufgenommene Randglosse (تدبير المدن = سياسة oder = نواميس) vermehrte die Verwirrung. Bei Ḳ ist ausserdem die zweite auf Plato bezügliche Schrift ganz, in Uṣ wenigstens die specielle Ueberschrift verloren gegangen, welche sich auf die نواميس νόμοι bezogen haben wird. Ich gebe zu, dass diese Voraussetzungen eben nur Möglichkeiten darstellen, halte sie aber wenigstens für nicht unwahrscheinlich und sehe keinen andern Weg der Lösung.

11 (S 8 Z 9) Die Uebersetzung von جوامع durch congregatio geht nicht gut an; nach allgemeinem Sprachgebrauch sind جوامع kurze aber inhaltreiche Sätze, Aphorismen, Auszüge; vgl. Fleischer zu Abulf. II. A. 108, 16 und Fihrist 248 ff. passim; zum Ausdruck von συναγωγή dient das Wort hier natürlich nur aus Misverständniss.

12 (S 8 Z 12) Ich glaube sicher, dass die Kategorien in dem Arabischen Verzeichniss hier gestanden haben: beide Griechische haben sie vor περὶ ἑρμηνείας, wo sie ganz naturgemäss hingehören, und dass in den Hss des Ḳifṭî zahlreiche Lücken sind, lehrt schon eine oberflächliche Durchsicht. Somit gibt Uṣ den Ausschlag.

13 (S 9 Z 2) An dieser Stelle wage ich nicht die τοπικά in die Reihe einzufügen, da sie im Griechischen Index fehlen oder doch zweifelhaft sind und an ganz andrem Orte vorkommen. Nach der sonstigen Ara-

bischen Ordnung folgen sie, wie in unsern Texten des Aristoteles, auf die zweiten Analytika. In ganz ähnlicher Weise wird unten 32ᵇ Ar die Poetik von Uṣ allein vor der Rhetorik eingeschoben, während sie auf dieselbe als achtes Buch des Organon, zu welchem die Araber beide rechnen, folgen sollte. Es gibt zwei Möglichkeiten zur Erklärung dieser wiederkehrenden Erscheinung: entweder sind Topik und Poetik zur Vervollständigung der Liste, in welcher sie zuerst fehlten, hinzugefügt und aus Versehen an falscher Stelle in den Text gekommen, oder das Verzeichniss ist von Anfang an in der Partie über das Organon der gewöhnlichen Arabischen Reihenfolge zu Liebe umgeworfen, und später dann von neuem in Unordnung gerathen; eine Wahl zwischen beiden Ansichten wird sich schwer treffen lassen.

14 (S 9 Z 2) Die in Ḳ wie in Uṣ bald erscheinenden, bald fehlenden Zusätze zu den Titeln des Organons, die gewiss ursprünglich den Griechischen Namen ebenso gleichmässig hier beigefügt waren, wie im Fihrist 248 und an der entsprechenden Stelle von Ḳ, beweisen wieder die Mangelhaftigkeit der Ueberlieferung.

15 (S 9 Z 5) Die ersten vier der angeführten Lesarten weisen entschieden auf السوفسطائيّين, was ich als genaue Uebersetzung von σοφιστικοί in den Text gesetzt habe. Uṣ scheint eine feminine Abstractbildung persönlicher Art (Sophistenschaft) zu meinen. Casiris السفسطا, welches im Ar vorgezogen ist, würde = σοφισταί sein, wovon doch hier nicht die Rede sein kann. Uebrigens wird im Ar die Lesart von A etwas anders gegeben, ich glaube aber nicht, dass ich an dieser Stelle falsch gelesen habe.

16 (S 9 Z 10) Die Buchzahl beweist, dass die acht Bücher πολιτικῆς ἀκροάσεως gemeint sind.

17 (S 10 Z 5) H Kh sagt hierüber V 31 كتاب فى الآثار العلويّة اربع مقالات [وفى تاريخ الحكمآء مقالتان] لارسطاطاليس الخ, ohne dass sich an unserer oder der dem Fihrist 251, 8 entsprechenden Stelle des Ḳifṭî irgend eine Unterstützung für diese Angabe fände, welche wol nur auf einem Fehler in der Handschrift des Ḥâǵǵî beruht.

18 (S 10 Z 8) Der Titel ist aus den zwei περὶ μνήμης καὶ ἀναμνήσεως und περὶ ὕπνου καὶ ἐγρηγόρσεως zusammengefallen, wobei die Aehnlichkeit der Worte حفظ = ἀνάμνησις und يقظ oder يقظة = ἐγρήγορσις mitgewirkt haben könnte.

19 (S 10 Z 9) Die Griechischen Worte dieser und der folgenden Titel sind zum Theil unrettbar verloren. Bezüglich des ersten ist im Ar richtig

der Anfang als κινήσεως und der Schluss als ἀνατομῶν erkannt. Vor letzterem stehen nun verschiedene ازو bunt durcheinander, an denen man verzweifeln müsste, kehrten sie nicht auch in den folgenden Umschreibungen wieder, und zwar in Nr 50 vor dem deutlichen عاناساوس (= γενέσεως), d. h. an der Stelle, wo etwa ζώων zu erwarten ist, und in Nr 49 am Anfang des Wortes, welches nach der ebenfalls richtigen Vermuthung im Ar ζωϊκῶν heissen muss. Hierdurch wird die Lösung ermöglicht; das ر ist ز, und im 47 und 50 Titel umzustellen (was bei dem Zusammentreffen mit dem fast identischen و und den vielen ا unanstössig ist); das zunächst stehende ا stellt kein *a* vor (im Ar wird zoaikun geschrieben) sondern einfach den Hiatus zwischen dem ω und dem folgenden Vocal, ganz wie in δικαιοσύνης (Nr 4) wo es durch die Codices in dieser Function durchaus gesichert ist: die übrig bleibenden beiden ا im ersten Titel können als Rest von انا ἀνα erklärt werden. Dass zweimal das Ende von ζώων verloren gegangen, fällt nicht auf, da Auslassungen so häufig vorkommen, dass sie ohne weiteres angenommen werden können: es verhält sich damit bei diesen Transcriptionen umgekehrt als mit Hinzufügungen von Buchstaben, welche ich, deutliche Dittographien etc natürlich ausgenommen, noch nicht bemerkt habe. Ungelöst bleibt dann nur die Gruppe طيس oder طير, die nach Weglassung der überall verkehrten Puncte auch طس gelesen werden kann — ich weiss mit diesen Buchstaben aber allerdings nichts anzufangen, da τῆς a priori möglich, aber bei κινήσεως hier nicht passend wäre.

20 (S 10 Z 11) طبائع habe ich durch ποιότητας übersetzt, weil طبيعة häufig diesen Begriff ausdrückt und derselbe jedenfalls hier besser passt als φύσεις. — Die Lesart عشر statt خمس oder خمس عشر wird durch Uş und den Griechischen Text geschützt.

21 (S 11 Z 9) Die 26 Bücher dieses Titels kommen nicht ganz zusammen, (nur 25), wenn man die Bücherzahlen der bei Diogenes genannten διαιρέσεις resp. διαιρετικά (Nr 29 42 43 62 86) und die διαίρεσις Πλάτωνος addirt, es ist also in der Arabischen Zahl wol unter allen Umständen ein Schreibfehler; gemeint werden die διαιρέσεις ιζ (Nr 42) sein. — Zu der Uebersetzung dieses Artikels im Ar habe ich mehreres zu bemerken. Zunächst muss der Plural اقسام nicht durch divisiones, sondern durch partes wiedergegeben werden, da er nicht von قَسْم[1]

---

1 Türk. Ķâmûs unter قَسْم : في الاصل مصدر اولمغله جمعى يوقدر. Allerdings vernachlässigen die Uebersetzer zuweilen nothgedrungen diese Regel, bilden aber dann gewiss keinen pluralis fractus. Dass jedenfalls an unserer

sondern nur von قِسْم oder قَسَم abgeleitet werden kann, welches letztere in der Note des Ar mit Recht verworfen wurde. Ferner ist منفعل (munfa'al in der Note ist wohl ein Druckfehler) nicht passiv, sondern medial zu fassen, also = πάσχον patiens (vgl. πάθος انفعال παθητικός انفعالي in den Kategorien passim). Gleich darauf muss es statt amoris vielmehr amicitiae heissen (vgl. محبة Tit. 28). Einige Zeilen später sind die Worte et genera eius quod comprehendit (vel significat) vox undeutlich, und ich vermag sie auch nicht genauer zu erklären: ich will aber wenigstens anführen, dass die letzten Arabischen Worte Griechisch gelautet haben müssen εἰς ὅ (od. ἅ) πίπτει ὁ λόγος. Das fragend vorgeschlagene dividuntur endlich ist als richtige Lesart in V von mir in den Text aufgenommen.

22 (S 12 Z 5) Ich wage nicht, der Bestimmung im Ar zu folgen, wo diese Schrift mit der περὶ τῶν ποσαχῶς λεγομένων ἢ κατὰ πρόσθεσιν identificirt wird. Denn von den ποσαχῶς (= على كم جهة) λεγόμενα ist im Arabischen gar nicht die Rede, und auch πρόσθεσις kann weder mit تشترط (= ὑποτίθεται) noch mit توضع (= ὑπόκειται, τίθεται weniger wahrscheinlich) zusammengebracht werden: wenigstens steht der Sprachgebrauch, dem die bisher publicirten Uebersetzungen Aristotelischer Schriften (Kategorien und Hermeneutika) folgen, letzterer Annahme durchaus entgegen, während شرط auch sonst im Arabischen = ὑπόθεσις (im secundären Sinne) ist. Noch weniger können die ἐνστάσεις mit den vorliegenden Worten zu thun haben (Kateg ed Zenker S 12 Z 7 εἰ μή τις ἐνίσταιτο = الّا ان يرِدّ ذلك رادّ). Vielleicht sind die ἐνθυμημάτων διαιρέσεις ᾱ (Diog Nr 86) gemeint, doch wage ich keine bestimmte Annahme, besonders da auf jene sich auch der folgende Titel beziehen könnte: die Bücherzahlen stimmen zu keinem von beiden.

23 (S 12 Z 7) Die Lesart Ḳ's liesse sich auch so übersetzen: Buch über die Widerlegung einer Rede dadurch, dass die Praemissen (oder Behauptungen = προτάσεις) der Gegenrede (ἀντίθεσις) aus der Rede selbst entnommen werden. Der Artikel vor dem ersten القول ist dann للجنس.

24 (S 12 (²)) Beide Titel, die Uṣ hier einfügt, fehlen bei Ḳ wohl nur durch ein Versehen. Der zunächst vorliegende wird im Ar übersetzt de re quae nominatur istasis; aber in meinen beiden Hss steht

---

Stelle اقسام keine solche unregelmässige Bildung vorstellen soll, ergiebt sich auch daraus, dass der ganz sichere Plural διαιρέσεις in der Ueberschrift selbst durch den Singular قِسْم ausgedrückt wird.

في البنى يسمى, und wollte man auch الشى statt البنى schreiben, so würde immer noch ein الذى fehlen. In البنى muss die Uebersetzung des Griechischen ἔνστασις liegen, ich bin aber ausser Stande festzustellen, wie dieser Begriff sonst wiedergegeben wurde; die einzige schon Anm 22 angeführte Stelle aus den Kategorien hilft nicht weiter.

25 (S 12 vorl Z) Die richtige Lesart ist الموضوعات, weil المقالات leicht aus dem gleich folgenden مقالة entstanden sein kann. Jenes ist, wie nachher, mit dem Ar durch θέσεις zu übersetzen und die 34 Bücher, welche in der Liste des Diogenes Nr 65—69 unter der gemeinsamen Bezeichnung θέσεις stehen, sind eben hier in eins zusammengefallen: vgl. Anm. 7. Der einzig mögliche Einwand wäre der, dass die Zahlen zu genau passen.

26 (S 12 Z 11) Ob φυσικὸν (περὶ φυσικῶν) ᾱ?

27 (S 12 Z 13) Diese Ueberschrift bleibt mir räthselhaft, obwohl in dem unlösbaren Gewirr der Buchstaben des Griechischen Titels der Anfang bis etwa θεσε . . ziemlich lesbar, ων wenigstens möglich ist. ثَبْت, das Uṣ bietet, ist genaues Verzeichniss = πίναξ, hilft aber nicht weiter, بيبت ist ganz sinnlos, steht aber in allen Codd des Ḳifṭî. Dass die Stelle sehr fehlerhaft sein muss, zeigt auch das Wegbleiben der Buchzahl, welche bei Uṣ vielleicht willkürlich nachgeholt wird.

28 (S 13 Z 1) Dieser und die nächsten Titel bis 73 passen, obwol die Lesung meist sicher ist, vielfach nicht zu den Griechischen; ich notire die einzelnen Differenzen auch in den Bücherzahlen nicht besonders, und suche im folgenden lediglich innerhalb der Arabischen Ueberlieferung festeren Grund zu gewinnen.

29 (S 13 Z 2) Eigentlich ist aus den Arabischen Buchstaben nur ὁριστά herauszulesen, doch bürgen die vorangehenden Worte für die Richtigkeit der im Ar vorgeschlagenen ὁριστικά.

30 (S 13 Z 4) Statt dreier Titel hat Uṣ im folgenden fünf, von denen die ersten drei mit den entsprechenden bei Ḳ fast durchaus übereinstimmen. Den ersten, bei welchem das Fehlen des Griechischen Namens im Ḳ auffällt, habe ich wörtlich übersetzt; möglicherweise könnte er mit dem folgenden identisch sein. Um aber diesen und den dritten richtig zu verstehen, muss man sich erinnern, dass قوام تقويم gleich dem Griechischen συνιστάναι συνίστασθαι (s Hoffmann Hermen. im Glossar S 205—206), substantivisch also = σύστασις ist; davon ausgehend dient es hier dann einfach zur Wiedergabe der Praeposition πρός, was schon dadurch angedeutet wird, dass nur, wo in den vorliegenden Griechischen Titeln sich πρός findet, auch تقويم erscheint. Es wird nämlich das

πρὸς ὅρους aufgefasst als Schrift beitragend oder Beitrag *zu* den ὅροι, und da die ὅροι so als einzelnes sich darstellen, welches durch diese Schrift mit einem andern zusammengesetzt wird, bietet sich das Wort für συνιστάναι ungezwungen dar. Ebenso ist nun im folgenden zu übersetzen Thesen, durch welche Hinzufügungen erfahren einige von den ὅροι: das من ist einfach partitiv zu nehmen, und also حدود من الحدود ὅροι τινές; wenn im Ar, zwar fragend, vorgeschlagen wird discernuntur definitiones a definitionibus, so ist ausser einer Correctur von تقوم noch die Hinzufügung des Artikels bei dem ersten حدود erforderlich. Der beste Beweis für die Richtigkeit meiner Auffassung sind aber die Griechischen Worte, die sofort als πρὸς ὅρους θέσεις ans Licht treten. Freilich bleibt noch eine Buchstabengruppe übrig, die in der Umschreibung asdschinbmata ungeheuerlich genug aussieht; lässt man indess die Puncte weg, so braucht man nur das bei Uṣ gleich folgende Buch في مناقضة الح herbeizuziehen, um in اسحينبماطا das ganz ähnliche ابيحيرماطا = ἐπιχειρήματα zu erkennen, welches durch das gleiche Wort schon Tit. 61 wiedergegeben wurde. Es ist also im Ḳ eine oder zwei Zeilen ausgefallen, vermuthlich weil beide Griechische Titel mit بروسوروس anfingen und das Auge des Schreibers abirrte. — Die noch bei Uṣ folgende Schrift, welche den Theophrast erwähnt, verdankt wol einem bei den Arabern entstandenen Misverständniss ihre Anführung.

31 (S 14 Z 4) Das Arab مقدمات lässt zunächst προτάσεις hinter προβλημάτων voraussetzen, dies ist aber mit den Zügen der Codd nicht in Einklang zu bringen. Eine von προαγορευ- abgeleitete Form würde vorzüglich passen, ist aber, da das Wort am Ende verstümmelt, nicht näher zu bestimmen.

32 (S 14 Z 6) Da die Lesart von AV aus grammatischen Gründen (wegen des beim Passiv ausgedrückten فاعل) unzulässig ist, habe ich للمتعلمين nach Uṣ aufgenommen: die für die Lernenden angewendet zu werden pflegen.

33 (S 14 Z 9) Auch die verschiedenen ὑπομνήματα sind im Griechischen Index nicht gut unterzubringen; vielleicht sind die hier vorliegenden die ἐπιχειρηματικά γ̄ 33 Diog und eins der 87 90 vorkommenden das μνημονικόν ᾱ 117 Diog.

34 (S 14 Z 12) Dass in قاطيطي das Griechische Aequivalent für اصناف steckt, also etwas wie σύμμικτα oder παντοῖα, ist klar; ich finde indess kein Wort, welches zu den Buchstaben passte.

35 (S 15 Z 4) Im Ar ist من ذلك unrichtig durch huiusmodi est übersetzt, während es doch heisst und hiervon d. i. und hierzu gehört. Die folgenden Abhandlungen sind also Theile der Georgica.

Unter diesen fällt es zunächst auf einer Schrift de accidentibus universalibus zu begegnen: die Uebersetzung ist richtig, aber misverständlich, da nicht Accidenzen im logischen Sinne, sondern gewöhnliche, häufige Ereignisse, resp. Unfälle unter den κοινῶς συμβεβηκότα (oder wohl eher συμβαίνοντα) zu verstehen sein werden. Die folgenden beiden Ueberschriften sind dann vollkommen am Platze, während in der letzten sich wieder ein Misverständniss findet: في المعنى ist nicht de significatione, sondern περὶ τοῦ αὐτοῦ = في معناه Tit. 83, über dasselbe, und fällt dem Sinne nach mit der Angabe des Uṣ liber alius de generatione animalis[1] vollkommen zusammen. Wir gewinnen also hier eine sonst nirgends überlieferte Anschauung von dem Inhalte und der Gliederung dieser pseudepigraphischen Schrift, wenngleich die Bücherzahl im einzelnen nur in der Aufzählung bei Ḳ stimmt. Grade deswegen ist diese aber auch wohl vorzuziehen, und insbesondere erscheint mir das Buch de pulsu durch zwei Hss des Uṣ nicht genug bezeugt. — Gleichzeitig aber wird das bisher räthselhafte et nominatur gar'amkun am Ende von 81 dadurch erklärt, dass statt عارجمعون nur عارعمعون oder, wenn man ganz correct transcribiren will, غاورغيقون geschrieben zu werden braucht, um γεωργικῶν weit besser auszudrücken, als oben durch die Form عاريقون geschah, welche wohl ursprünglich dort ihren Platz gar nicht hatte, sondern erst nach Verdunklung des Sachverhaltes allerdings vielleicht schon vor Ḳifṭi eingeführt wurde.

36 (S 15 Z1 2) Worauf die tr. XXXI im Ar sich stützen, weiss ich nicht, da keine bezügliche Angabe gemacht ist; in beiden Berliner Codd steht deutlich لا مقالات, und es ist aus der Vergleichung von Uṣ ersichtlich, dass dies لا oder لا aus der Ziffer v verlesen ist. Spätere nahmen an der scheinbaren Sinnlosigkeit Anstoss, und daher stammt die schliesslich ebenfalls sinnlose Correctur مقدمات in V. — Uebrigens sind die Zahlen bei beiden προτάσεις den Griechischen (Diog no 34 46 47 67) gegenüber viel zu gross.

37 (S 16 Z 1) In dem Stück über die Politien war zunächst كثيرة wohl einfach durch multarum zu geben: beiläufig ist das كبيرة am Ende von Uṣ nur aus jenem verdorben, wie dieser Artikel daselbst durch Abkürzung noch mehr gelitten zu haben scheint, als die meisten übrigen. Ausserdem ist der Zweifel über die Wiedergabe von نسب durch relationem gerechtfertigt; das Wort ist wie in meinem Text zu vocalisiren und als Plural von نِسْبَة aufzufassen, der im Freytag fehlt, aber vom türkischen Ḳâmûs so angeführt wird: im Griechischen stand σχέσεις,

1 Der Wortlaut περὶ ζώων γενέσεως ist mir nicht sicher; der Titel bezieht sich jedenfalls auf die Züchtung der Hausthiere.

Verfassungen, d. h. je nachdem demokratische, aristokratische u. s. w., wie diese in den Griechischen Listen (143 D L 135 Hesych) aufgezählt werden. Vgl Hoffmann im Glossar unter ܐܣܛܒܐ.

38 (S 16 Z 9) Das im Ar zweifelnd vorgeschlagene περὶ τῆς πρός τι gefällt mir schon deswegen nicht recht, weil die letzten Arabischen Buchstaben wenig dazu passen; auch das Femininum des Artikels erregt Bedenken. Ich habe aber nichts besseres finden können.

39 (S 17 Z 1) Im Ar heisst es liber qui inveniebatur (=ὑπῆρχεν, vgl Hoffmann unter ܐܝܬ, aber alle meine Hss haben الكتب die Bücher oder كتبه seine Bücher. Es ist wieder ein Gesammttitel für die im folgenden einzeln aufgezählten Schriften, von denen gesagt wird, dass sie sich in Apellikons Bibliothek (Grube?) befanden: gemeint sind wol die folgenden bis 92.

40 (S 17 Z 3) Der Gebrauch von ذكر statt تذكرات führt auf den Gedanken, dass hier etwas anderes, obwohl ähnliches, als ὑπόμνημα gemeint sei, ich habe daher μνημονικόν vermuthet. Vielleicht aber liegt nur ein Schreibfehler vor (vgl Uṣ) und ist statt بذكر اخر herzustellen تذكرات اخر. — Uebrigens ist wenigstens nach meinen Hss irrig im Ar eine Verwirrung der Reihenfolge bezüglich dieser Schrift angegeben.

41 (S 17 Z 4) Ich halte epistolas (nicht dissertationes) hier für ganz sicher; umgekehrt ist 91 Ar bestimmt quaestionibus zu lesen, nicht wegen des Griechischen ἀπορήματα, sondern wegen der Uebereinstimmung fast sämmtlicher Hss. — Wenn ich versucht habe im folgenden einiges in das Griechische zurück zu übersetzen, so geschah dies, weil die Titel sonst nicht gut verständlich ausgedrückt werden konnten; ich hoffe dabei dem Original nicht zu fern geblieben zu sein, kann natürlich aber für den genauen Wortlaut nicht aufkommen.

42 (S17Z8) Auch hier ist das وكتب misverstanden; man muss وَكُتُبْ schreiben. Dass schon Uṣ hierauf führt, will ich weniger betonen, als dass nicht gut daran gedacht werden kann, dass sich innerhalb der Briefe des Aristoteles etwas wie ὑπομνήματα vorfinden sollte. Mit den Worten لم يدع الناس werde auch ich nicht fertig und glaube, dass eine Textverstümmelung vorliegt; die Lesart تحكل statt يحكل, oder wie sonst geschrieben ist, habe ich dagegen aus dem Ar als ziemlich sicher aufgenommen.

43 (S 18 Z 11) Den Uebersetzungsfehler am Schluss habe ich zum Theil schon in meiner Abhandlung über die Griechischen Philosophen verbessert: es steht da zu Ende ist was von (oder an) Büchern ich (von) ihm gesehen habe (شاهده عاينه Ḳâmûs).

II.

RÛDAGÎ'S VORLÄUFER UND ZEITGENOSSEN.

EIN BEITRAG

ZUR KENNTNISS DER ÄLTESTEN DENKMÄLER NEUPERSISCHER POESIE.

VON

HERMANN ETHÉ.

Als der Vater der schönen Redekünste Persiens gilt gemeiniglich, und — wie ich an einem andern Orte gezeigt — in mancher Beziehung auch mit vollem Recht Meister Rûdagî, der Lobdichter des Sâmânidenfürsten Naṣr bin Aḥmad bin 'Isma'îl († 331)[1]. Er ist der eigentliche Begründer aller jener verschiedenen Formen und Gattungen der neupersischen Poesie, der erste wahrhaft umfassende Genius, der Epik, Lyrik und Didactik mit gleicher Meisterschaft beherrscht und sozusagen classische Muster für diese drei Hauptgebiete der persischen Dichtkunst geschaffen hat. Aber wie die grossen Geister aller Nationen steht auch er auf den Schultern seiner Vorgänger und Zeitgenossen, bezeichnet auch er nicht blos den Beginn einer neuen, sondern zugleich das Ende und

---

1 Vergl. meine Abhandl.: „Rûdagi der Sâmânidendichter" in den Nachrichten der k. Gesellsch. d. Wissenschaften zu Göttingen, Jahrg. 1873 pp. 663—742. Ein Theil der dort aufgeführten Quellen hat auch den Stoff zu dieser Arbeit geliefert, und zwar sind die von mir benutzten persischen Originalwerke folgende 12: 1 Muḥ. 'Aufi's Lubâb-ulalbâb (verfasst ums Jahr 617), Sprenger'sche Samml. zu Berlin 318. 2 Amîn Aḥmad Râzî's Haft Iḳlîm (verf. 1002) in 4 Handschriften der Bodl. Library: Elliot Coll. 158—160 und Ouseley Coll. 377. 3 Ḥusgû's Safînah (verf. 1137) Sprenger'sche Samml. 330. 331. 4 Nadrat's Tadkirah (verf. 1149) India Office 2578. 5 Wâlih's Riâḍ-ušsu'arâ (verf. 1161) in 2 Handschriften: Sprenger'sche Samml. 332 und Elliot Coll. 402. 6 Lubb-i-Lubâb, Auszug des vor., India Office 1013. 7 Azâd's Ḫazâna-i-'âmirah (verf. 1176) in 4 Handschr.: Ouseley Add. 6, India Office 1140 und 2736, Royal Asiat. Society 187. 8 Luṭf-'Alibeg's Ataškadah (verf. um 1179) in 3 Handschr.: Ouseley Add. 140, Elliot Coll. 17 und 387. 9 Ibn Ġulâm Aliḫân Jusuf 'Alî's Ḥadîḳat-uṣṣafâ, Elliot Coll. 156. 10 Ḥâġî Muḥ. Begḫân's Ḫulâṣat-ulafkâr (verf. 1207—11), Elliot Coll. 181. 11 Aḥmad 'Ali Hâshimi's Maḫzan-ulġarâib (verf. 1218), Elliot Coll. 395. 12 Ǵâmî's Bahâristân in der Ausg. von Schlechta. Näheres über diese Werke siehe in der oben genannten Abhandlung über Rûdagî pp. 665—667 und in meinen beiden Essays über „Firdûsî als Lyriker" in den Sitzungsberichten der k. bayr. Academie. philosoph.-philol. Classe 1872 pp. 275—304 und 1873 pp. 623—659, sowie in Sprenger's Cat. Oudh und dem Journ. of the Roy. As. Soc. IX, p. 112 fl. Alle biographischen Texte, die ich gegeben, sind aus der wohl als Unicum anzusehenden Berliner Handschrift des 'Aufi gezogen, die Zusätze und Erweiterungen in der deutschen Uebersetzung aus den übrigen Tadkiras.

3*

den Abschluss einer schon voraufgegangenen Entwickelungs-Periode der Literatur, hat auch er eine Reihe von Vorkämpfern hinter sich, einen Kreis von Mitstreitern um sich, und erst durch die genaue Kenntniss der poetischen Leistungen aller dieser wird eine richtige Würdigung der Grösse und Bedeutsamkeit von Rûdagî selbst möglich. Das Material dazu, soweit es uns die einheimischen Literarhistoriker überliefert haben, ist in den folgenden Blättern enthalten.

Bekanntlich wird von den Persern selbst mit ziemlicher Einstimmigkeit Bahrâmgûr als Erfinder der Verskunst und des Reimes angegeben; auch ʿAufî, der Verfasser des ältesten literarhistorischen Werkes der Perser, beginnt das vierte Capitel desselben (در معنئ آنکه اوّل کس شعر پارسی که گفت) mit den Worten: بباید دانست که اوّل کس که شعر پارسی گفت بهرامگور بود „Man muss wissen, dass der erste, der persische Verse machte, Bahrâmgûr war“, und führt von diesem wohlbekannten und hochberühmten Fürsten, von dem er einen vollständigen arabischen Dîwân in Buḫârâ gesehen haben will, nicht nur mehrere Fragmente arabischer Ḳaṣîden, sondern auch zwei kurze (im Text leider sehr verwahrloste) persische Reimzeilen an. Das erste wirkliche Gedicht in Neupersisch aber datirt vom Ende des zweiten Jahrhunderts der Hiǵra und zwar aus dem Jahre 193, in welchem ein des Arabischen wie Persischen gleich kundiger Ḥoǵasohn von Marw, mit Namen ʿAbbâs, den unter grossem Pomp einziehenden ʿAbbâsiden Maʾmûn mit einer Ḳaṣîde in persischer Sprache bewillkommnete, von der uns vier Verse erhalten sind. Hören wir darüber ʿAufî (mit dessen Bericht im obengenannten vierten Capitel seines Werks der in der Ḫazâna-i-ʿâmirah, Royal As. Soc. 187 f. 283b, India Office 2736 f. 129 ziemlich genau übereinstimmt): آن وقت که رایت دولت مأمون رضی اللّه عنه که از خلفاء بنی عبّاس بحلم و حیا وجود و سخا ووقار ووفا[1] منشأ بودست بمرو آمد در سنه ثلث[2] وتسعین و مایه در شهر مرو خواجه زادهٔ بود بنام عباس با فضلی بی قیاس در علم شعر

1 So lässt sich das im Text beschädigte Wort noch am ersten lesen; besser wäre dort jedenfalls ein منسوب oder موصوف. 2 So hat zuerst und zweifellos richtig gestanden; später erst ist im Text das تسعین in سبعین verbessert.

اورا مهارتی کامل و در دقایق هردو لغت اورا بصارتی شامل
در مدح امیر المؤمنین مأمون بپارسی شعری گفته بود ومطلع آن
قصیده اینست شعر

ای رسانیده بدولت فرق خود تا فرقدین
گسترانیده بفضل وجود در عالم یدین
مر خلافت را تو شایسته چو مردم دیده را
دین یزدان را تو بایسته چو رخ را هردو عین،

در اثنای این قصیده میگوید

کس برین منوال پیش از من چنین شعر نگفت
مر زبان پارسی را هست[1] تا این نوع بَین
لیك زان گفتم من این مدحت ترا تا این[2] لغت
گیرد از مدح وثنای حضرت تو زیب وزین،

چون این قصیده در حضرت خلافت روایت کردند امیر المؤمنین
اورا بنواخت و هزار دینار مر ویرا صلت فرمود و بمدد عنایت و
عاطفت مخصوص گردانید،

Zu der Zeit, als das Banner der Herrschaft Ma'mûn's, der unter den 'Abbâsidenhalifen in Humanität und Bescheidenheit, Edelmuth und Freigebigkeit, Würde und Treue herangereift war, in Marw seinen Einzug hielt im Jahre 193, da lebte in jener Stadt ein Ḫoǵasohn, der 'Abbâs genannt und von einer ganz unvergleichlichen Trefflichkeit war. Er besass eine vollendete Geschicklichkeit in der Dichtkunst und umfassende Einsicht in die Feinheiten beider Sprachen (des Arab. u. Pers.). Zum Lobe des Emirs der Gläubigen[3] Ma'mûn hatte er nun ein Lied auf persisch gedichtet, und der Anfang dieser Ḳaṣîde lautet so:

„Der du hochbeglückt den Scheitel aufgereckt zum Sternenzelt
Und die Hände gnadenspendend ausgebreitet ob der Welt,
Ja, du schickst zum Ḫalifât dich, wie zum Auge die Pupille,
Zierst den Glauben, wie durch's Auge erst das Antlitz Schmuck erhält!"

1 مر in Ḫazâna. 2 طريق in Ḫaz. 3 Diesen Titel konnte Ma'mûn freilich 193 noch nicht mit Recht führen.

und im weiteren Verlauf heisst es:

„Vor mir hat in dieser Weise keiner je solch Lied gesungen,
Da noch fern von solcher Sangart sich die Perserzunge hält;
Darum sang ich just dies Lied dir, dass doch endlich Glanz und Schimmer
Durch den Lobpreis deiner Hoheit auch auf diese Sprache fällt.“

Als diese Kaṣîde in der Burg des Ḥalifâts (d. h. im dortigen Residenzschlosse) vorgetragen ward, liess der Emir der Gläubigen dem Dichter schmeichelhafte Hulderweise zu Theil werden, machte ihm 1000 Denare zum Geschenk und zeichnete ihn ausserdem durch Gnaden- und Gunstbezeugungen aller Art aus. Nach Ḥaz. ward sogar ein ordentliches Gehalt (وظيفه) für ihn festgesetzt.

Steht ʿAbbâs aus Marw so, um mit Ḥaz. zu reden, als der Urahn aller Beredten, überhaupt als derjenige da, der in der Zeit des Islâm den ersten Grundriss zum Gebäude der persischen Poesie entworfen und den kleinen Bären der Redekunst zum Plejadengestirn erhoben, so verging doch noch eine geraume Zeit, ehe auf diesem Fundament mit Nachdruck weiter gearbeitet wurde und eine eigentliche Literaturepoche begann. ʿAufî sagt: بعد ازو کس شعر پارسی نگفت تا در نوبت آل طاهر و آل لیث شاعری چند معدود خاستند و چون نوبت دولت آل سامان در آمد رایت سخن بالا گرفت و شعرای بزرگ پیدا آمدند و بساط فضایل را بسط کردند وعالم نظم را نظامی دادند

Nach ʿAbbâs verfasste nicht eher wieder irgend Jemand persische Verse, als bis zur Zeit der Ṭâhiriden und der Familie Laiṯ einige wenige Poeten auftraten. Als aber die Sâmâniden an die Reihe kamen, da stieg das Banner der Redekunst hoch empor und grosse Dichter blühten auf, breiteten den Teppich aller trefflichen Künste aus und gaben der Welt der Poesie eine feste Norm.

I. Dichter der Ṭâhiriden und Ṣuffâriden.

1. Ḥakîm Ḥanẓalah[1] aus Bâdaġîs. Quellen: ʿAufî f. 80; Maḥz. f. 81; Ḥulâṣat-ulafk. f. 69; H. Iḳl. Ell. 158 f. 256^b, 160 f. 38^b,

1 Das scheint die einzig richtige Form des Namens zu sein (Coloquinthe), und so steht deutlich in H. Iḳl., der einen Copie von Wâlih (Ell. 402) und in ʿAufi's Text. Dagegen liest ʿAufi in der Ueberschrift, sowie sämmtliche übrige Quellen: Ḥanṭala (حنطله). Der Berl. Codex des Wâlih hat im Text blos حکیم خواجه بادغیسی, im Index dagegen حکیم حنظ الله بادغیسی.

Ouseley 377 f. 240; Safîn. f. 12b; Wâlih Ell. 402 f. 84, Sprenger 332 f. 117.

الحکیم حنظله البادغیسی' آل طاهر که باکرم ظاهر و[1] جود وافر بودند اگرچه فیض فضل و انعام ایشان عام بود فامّا ایشانرا در پارسی و لغتوری اعتقاد نبود در آن عصر شعرا درین فن کمتر خوض کردند امّا در عهد میمون ایشان شاعری شکّر سخن خاست حنظله نام از بادغیس لطف لفظ او حاکیٔ آب کوثر و زلال و شعر اورا طراوت شمول ولطافت شمال Ḥanẓalah aus Bâdaġîs lebte noch vor Rûdagî und war ein Lobredner der Ṭâhiriden sowohl als des Ṣuffâriden Jaʿḳûb bin Lait († 265), dem er ebenfalls attachirt war und in dessen Dienst er zu hohen Ehren aufstieg (Ḫulâṣ. u. Wâlih). Obwohl nun bei der hervorstechenden Liberalität und reichen Freigebigkeit der Ṭâhiriden der Erguss ihrer Güte und Huld ein unbeschränkter war so hatten sie doch zum Persischen und zur Redekunst überhaupt durchaus kein Vertrauen, daher denn auch in jener Zeit gar keine Dichter mit dieser Kunst sich einliessen. Trotzdem trat unter ihrer beglückten Regierung doch ein Dichter von zuckersüsser Rede auf, Ḥanẓalah mit Namen, aus Bâdaġîs. Die Zartheit seiner Ausdrucksweise mahnt an das Wasser des Kautarquells und crystallhelles Nass, und seine Verse sind so frisch wie gekühlter Wein und so angenehm fächelnd wie Nordwind. Ausser Ḥanẓalah[2] gab es zu jener Zeit Keinen, der persisch dichtete in Ḫurâsân, und er hielt in dieser Beziehung die Fahne der Isolirung hoch empor (Ḫulâṣ. und H. Ikl.); ja, so selten seine Gedichte auch sind, so ist sein Name doch berühmter als die Sonne (Safîn.). Nach Mahz. war er der erste, der Endreime (قوافی) und überhängende Silben (ردیف) in persischen Gedichten anwandte. Letzteres mag richtig sein, ersteres wird durch das oben angeführte Lied des ʿAbbâs aus Marw widerlegt.

Von den Feinheiten der Verse Ḥanẓalas nun, die sich wohl zum Recitiren eignen und gut für Auditorien und Gesellschaften passen,

---

1 Im Text جودی. 2 und Śahîd (dem weiter unten zu besprechenden Sâmânidendichter), wie Safîn. hinzusetzt. Daraus ginge hervor, entweder, dass Śahîd mit seinen dichterischen Anfängen noch in die Zeit der Ṭâhiriden oder wenigstens der Ṣuffâriden zurückreicht; — oder, dass Ḥanẓala, wie auch Mahz bemerkt, noch unter den ersten Sâmâniden productiv war.

(از لطایف اشعار او که انشاد را شاید و مسامع و مجامع را زیبد) legen folgende, uns erhaltene Proben Zeugniss ab:

a) in allen Quellen:

یارم سپند گرچه بر آتش همی فکند
از بهر چشم تا نرسد مرورا گزند
اورا سپند و آتش ناید همی بکار
با روی همچو آتش وبا خال چون سپند،

„Hat Rautenkörner[1] gleich mein Liebchen geschüttet auf die Gluth des Feuers,
Dass nimmer sie beschäd'gend treffe des bösen Auges tück'scher Strahl —
Nun wahrlich! sie bedarf des Feuers so wenig jemals wie der Raute,
Ist doch ihr Antlitz selbst ein Feuer, ein Rautenkorn ihr Schönheitsmaal!"

b) H. Iḳl.:

مهتری گر بکام شیر درست رو خطر کن زکام شیر بجوی
یا بزرگی وناز و نعمت و جاه یا چو مردانت مرگ رو یاروی

„Trägt Begehr nach einem Löwen je ein Mächt'ger, ihm zu Willen
Sei und mit Gefahr des Lebens such den Löwen ihm zu bringen!
Eins von beiden wirst du sicher: Macht und Gunst und Rang und Reichthum,
Oder kühn die Todeswunde dir als tapfrer Mann erringen!"

2. Ḥakîm Fîrûz almaśriḳî[2]. Quellen: ʿAufî f. 80 und Maḫzan f. 300ᵇ.

الحکیم فیروز المشرقی ، فیروزکه بر لشکر هنر فیروز بود و ضمیر او در ایراد شعر روشن چون روز اشعار او از قبلهٔ دزدیده خوشترست واز نور دو دیده پسندیده‌تر او در ایّام عمرو لیث میان[3] بر بست وفساد از سخن پارسی دور کرد Ḥakîm Fîrûz almaśriḳi, der über das

1 Verbrennen von Raute galt oder gilt wahrscheinlich heute noch als bestes Präservativ gegen die Einwirkung des bösen Blickes. 2 In ʿAufî ist dieses Wort durch Wurmfrass beschädigt; almustaufî, wie Sprenger im Cat. Oudh p. 3 liest, steht jedenfalls nicht da, almaśriḳi dagegen wird bestätigt durch Maḫz. (im Index wie im Text) und durch H. Iḳl. in der Einleit. zu Rûdagî. Maḫz. hat im Text aus Versehen Farîd statt Fîrûz. 3 Durch Wurmfrass unleserlich.

Heer der Tüchtigkeit siegreich gebot und dessen Gemüth im Dichten heller glänzte denn der Tag. Seine Lieder sind süsser denn ein verstohlener Kuss und anmuthiger als das Licht der beiden Augen. In den Tagen des ʿAmr bin Lait (265—287) begann er (dichterisch) zu wirken und hielt dadurch von der persischen Redekunst die gänzliche Vernichtung fern. Von ihm ist folgendes Liedchen auf den Pfeil (تیر خدنگ) erhalten (in beiden Quellen):

مرغیست خدنگ ای عجب دیدی   مرغی که همه شکار او جانا
داده پر خویش کرگسش هدیه   تا نه بچه اش برد بهم مانا[1]

„Einem Vogel ist der Pfeil gleich, hast — o Wunder — du's gesehen?
Einem Vogel, Freund, und alles nennt als sich'ren Raub er sein.
Darum schenkte wohl freiwillig seinen Fittig ihm der Adler,
Dass er ihm die junge Brut nicht noch entführe obendrein."

3. Abû Salîk aus Gurgân. Quellen: ʿAufî f. 80; Mahz. f. 20ᵇ.

ابو سلیك گرگانی ' ابو سلیك که ناظم سلك کلام وسالك مسالك هنر بود هم در عهد عمرو لیث برون آمد و بساط سخن بسیط کرد وروایت کلام بر افراخت Abû Salîk aus Gurgân, ein äusserst gelehrter und tüchtiger Mann (Mahz.), der Redeperlen auf einen Faden gereiht und der Trefflichkeit Pfade gewandelt, trat ebenfalls unter der Herrschaft des ʿAmr bin Lait auf, breitete den Teppich des Wortes aus und hob das Banner der Redekunst empor. Ueber das Hüten des guten Rufes vor jeder Alterirung hat er das folgende zarte Lied gedichtet: (در معنی صیانت عرض خود از تعرض ابتذال این نظم لطیف پرداخت)

a) in beiden Quellen:

خون خود را گر بریزی بر زمین   به که آب روی ریزی در کنار
بت پرستیدن به از مردم پرست   پند گیر وکار بند وگوش دار '

„Sein Blut zur Erde rinnen sehn ist besser,
Als preis den lichten Glanz der Ehre geben;
Vor Götzen knien ist besser als vor Menschen,
Vernimm den Rath und folg' ihm stets im Leben!"

Ferner ist von ihm:

b) ʿAufî:

به مژه دل زمن بدزدیدی   ای بلب قاضی و بمژگان دزد
مزد خواهی که دل زمن ببری   این شگفتی که دیده دزد بمزد '

---

1 In beiden Quellen steht unmetrisch so: تا بچه اش را برد.

„Mit den Wimpern stahlst du heimlich mir das Herz, und während
Diebe
Deine Wimpern sind, benimmt sich gar als Richter noch dein
Mund?
Willst von mir Belohnung heischen für den Raub an meinem Herzen?
Dass auf Lohn ein Dieb noch rechnet, das ist wahrlich mir zu
bunt.“

II. Dichter der Sâmâniden.

4. Abû Śukûr aus Balḫ. Quellen: Ḫulâṣat-ulafk. f. 26. Wâlih Ell. 402 f. 4, Sprenger 332 f. 5^b.

Den frühesten Zeiten der Sâmânidenherrschaft gehört als Lobdichter Abû Śukûr an, einer der alten Ḥakîms und angesehenen Meister von Balḫ, der noch vor Śahîd und Rûdagî als Dichter auftrat und vor diesen den Ball der Vortrefflichkeit davontrug (Wâlih). Seine Poesie ist wohl angesehen bei den redekundigen Männern (ارباب سخن) und viele Meister citiren Stellen aus seinen Gedichten. Von ihm ist folgendes Rubâ'î (in beiden Quellen):

ای گشته من از غم فراوان تو پست
شد قامت من زبار هجران تو شست
ای شسته من از فریب ودستان تو دست
خود هیچ کسی بسیرت و شان تو[1] هست

„O ganz zu Boden ward ich schon von vielem Gram um dich gedrückt,
Und unter deines Scheidens Last steh ich, der aufrecht sonst,
gebückt,
Doch ganz nun hab' ich deiner List und deinen Ränken mich entrückt —
Ob's überhaupt wohl irgend wem nach deiner Art zu leben glückt?“

Wie die von den Lexicographen (vgl. z. B. Vullers, lex. persico-lat. I, 178^b, 187^b, 236^b, 253^b, 350^b etc.) angeführten Verse dieses Dichters beweisen, hat er auch — und wohl als einer der ersten, wenn nicht gar als der erste in der persischen Literatur überhaupt — Maṯnawîs verschiedener Art verfasst, und eins derselben, unter dem einfachen Namen „Kitâb“, das im Jahr 330 von ihm vollendet sein soll (also wohl am Ende seines Lebens), wird ausdrücklich von Wâlih angeführt.

---

1 Ḫulâṣ.: بست.

5. **Abulḥasan Śahîd aus Balḫ.** Quellen: ʿAufî f. 80; H. Iḳl. Ell. 158 f. 228b, 160 f. 18, Ouseley 377 f. 216; Maḫz. f. 183; Ḫulâṣat-ulafk. f. 334; Safîn. f. 12; Wâlih Ell. 402 f. 162, Sprenger 332 f. 231b; Lubb-i-Lub. f. 90b; Ataśkadah Ell. 17 f. 178, 387 f. 172b; Nadrat f. 33b; Ḥadiḳat-uṣṣafâ Ell. 156 f. 405b.

الشیخ ابو الحسن شهید بلخی ، شهید شاعری شهید سخن شاهد کلام بود چون خطبهٔ فصاحت خواندی همه فصحا گوش شدندی و چون عروس بلاغت را خطبه کردی بی دست پیمان دست به پیمان او دادی ورودکی بتقدیم او معترف بوده است و سبق او تکرار کرده شهید را شعر تازی است و بهر دو زبان نظم پرداخته است ودر هردو میدان سواری نموده ، Śeiḫ Abulḥasan aus Balḫ mit dem Dichternamen Śahîd (der Zeuge) war ein Dichter von überzeugungskräftiger Sprache und schönheitbezeugendem Redefluss; so oft er wohlgefügte Worte recitirte, waren alle Redekünstler Ohr, und so oft er um die Braut der Beredtsamkeit freite, lieh sie auch ohne den Handschlag der Bundestreue zum Treubund willig ihm die Hand. Er war von trefflichem Geist, anmuthiger Conversation und edler Sinnesart, zugleich hochberühmt in Wissenschaft und Gelehrsamkeit (Safîn.). Sein Ingenium war aller Formen der Poesie mächtig (Ataśk. u. Nadrat), und alle seine Zeitgenossen haben seine Meisterschaft anerkannt (Maḫz., Safîn. und H. Iḳl.). Rûdagî selbst hat ihm den Vorrang zugestanden und seine Ueberlegenheit zu wiederholten Malen laut bekannt [1]. Auch arabische Verse hat er verfasst und also in beiden Sprachen gedichtet, auf beiden Hippodromen seine Reiterkunst bewiesen. Obgleich, wie Safîn. bezeugt, seine persischen Lieder in einem Dîwân gesammelt worden sind, so hat sich doch nur wenig von ihnen erhalten, und sie sind, nach einem bekannten Sprüchwort, so kostbar und selten wie rother Schwefel (H. Iḳl.). [2]

Folgende persische Gedichte sind uns von Śahîd erhalten:

a) ʿAufî. H. Iḳl. (nur die beiden letzten Verse enthalt.) Maḫz. Ataśkad. Wâlih. Ḫulâṣat-ulafk. (in den letzten vier nur der Schlussvers):

---

1 Beweis dafür ist auch das Trauerlied, das Rûdagî ihm, dem früher vom Tode abberufenen Freunde und Altersgenossen, in die Gruft nachgesungen, vergl. meine Abhandl. über Rûdagî p. 740 Nr. 47. 2 India Office 256 enthält den ziemlich umfangreichen Dîwân eines Dichters Śahîd, doch gehört dieser nach dem ganzen Ton seiner Lieder zweifellos der modernen Zeit, wahrscheinlich dem 11. Jahrh. der Hiǵra, an.

دانشا چون دُر یتیم ای از آنك   بی بهای ولیکن از تو بهاست
بیتو از خواسته مبادم[1] گنج   همچنین زاروار با تو رواست
با ادب را ادب سپاه بسست   بی ادب با هزار کس تنهاست،

„Schier der Edelperle gleichst du, Weisheit, denn du musst wie diese,
Ob du selber auch unschätzbar, aller Schätzung Maassstab sein.
«Wärest du nicht mein, o nimmer einen andren Schatz begehrt' ich,»
So mit Recht mag jeder seufzen, freut er voll und ganz sich dein!
Wiegt doch dem, dem sie vergönnt ist, ganze Heere auf die Bildung,
Steht doch der, dem sie versagt ist, unter Tausenden allein!"

b) ʿAufî. Mahz. Nadrat. H. Iḳl. Wâlih. Ataśkad. Safîn. (in den letzten beiden nur der erste Vers):

اگر غم را چو آتش دود بودی   جهان تاریك[2] بودی جاودانه
[3]برین گیتی سراسر[4] گر بگردی   خردمندی نیابی شادمانه،

„Hätte Rauch der Gram auch gleich dem Feuer,
Ewig wär' die Erde dunstumhüllt;
Drum, durchpilgerst du die ganze Welt auch,
Nirgends triffst du Weise freuderfüllt."

c) Mahz. Ataśkad. Wâlih. Lubb-i-Lub. Hadîḳat-uṣṣafâ:

دوشم گذر افتاد بویرانهٔ طوس
دیدم[5] چغدی نشسته برجای خروس
گفتم چه خبر[6] داری ازین ویرانه
گفتا خبر اینست که افسوس افسوس،

„Wie durch's öde Land von Ṭûs ich gestern Nacht so ziellos gehe,
Und wo sonst der Haushahn nistet, eine Eule hocken sehe,
Ruf' ich: welche Kunde bringst du mir von dieser Wüstenei?
Und sie krächzt: die einz'ge Kunde ist ein lautes Wehe, Wehe!"[7]

---

1 H. Iḳl.: هیچ. 2 ʿAufî: بود Safîn.: ماندی. 3 H. Iḳl.: بدین Nadr.: درین. 4 Nadr.: که. 5 Ataśkad.: مرغی. 6 Wâlih (Sprenger 332): گوئی. 7 Bezieht sich wohl auf die vielen Verwüstungen Ḫurâsâns während der ewigen Kriege unter Naṣr ibn Aḥmad und Nûḥ ibn Naṣr.

d) Ataškad. Nadrat. II. Ikl. Safîn.:

[1]بر فلك [2]بر دو شخص پیشه ورند [3]این یكی درزی وآن دگر جولاه
[4]این ندوزد مگر كلاه ملوك [5]وآن نبافد مگر [6]پلاس سیاه ،

„Zwei sind geschäftig stets am Sphärenkreise.
Der eine webt, der andre schneidert dort;
Am Königsturban näht beständig jener,
Und der webt schwarze Kittel fort und fort.“

e) 'Aufî. II. Ikl. Vullers, lex. I, 742ᵇ. Safîn. (nur den zweiten Vers enthaltend):

دانش و [7]خواسته است نرگس وگل
كه بیك جای نشگفند بهم
[8]هر كرا دانش است [9]خواسته نیست
[10]هر كرا [11]خواسته است [12]دانش كم

„Mit Weisheit ist's und Reichthum just wie mit Narciss' und Rose,
Denn beide blühen nimmermehr an einem Ort zugleich;
Wohl immerdar an ird'schem Gut ist arm zumeist der Weise,
Und kaum ist wohl ein Reicher je zugleich an Wissen reich.“

f) 'Aufî (zum grössten Theil ausradirt) und Maḥz. Ein Kiṭ'ah, mit dem sich der Dichter dem Abû 'Abdallâh Muḥ. bin Aḥmad Ǵahânî (seinem spirituellen Lehrer, wie es scheint) wieder ins Gedächtniss zu rufen suchte:

گر فراموش كرد خواجه مرا خویشتن را برقعه دادم یاد
كودك شیر خواره تا نگریست مادر اورا بمهر شیر نداد ،

„Erlischt mein Angedenken je in meines Meisters Geist,
Es aufzufrischen brauch' ich nur ein Brieflein flugs zu senden —
So lange nicht der Säugling selbst durch Weinen kund sich thut,
Wird auch bei aller Liebe nie die Mutter Milch ihm spenden.“[13]

---

1 Nadr. u. Safîn.: بفلك. 2 Nadr.: هر. 3 u. 4 Nadr.: آن. 5 Nadr.: وین H. Ikl.: آن. 6 Nadr.: گلیم. 7 Vullers: خواهش اند. 8 u. 10 Vullers: هركجا 'Aufî im 2. Hemist.: و آنكه را. 9 Vullers: وخواهش. 11 Vullers: خواهش. 12 Vullers: ودانش. 13 Ich nehme die Präterita hier in dem so häufig vorkommenden Sinne des sich seit jeher Wiederholenden und dadurch zur Regel Gewordenen.

g) ʿAufî (zum Lobe des Herrschers von Ḫurâsân Emir Saʿîd Abulḥasan Naṣr bin ʾIsmaʿîl bin Naṣr des Sâmâniden[1]):

جهان گواست مراورا که در جهان ملکست
بزرگوار وسزاوار نصرت و تایید
بداد نعمت وبس شاکرست در نعمت
برین دو باشد سلطان تخت را تایید،

„Die Welt bezeugt es ihm ja selbst, dass er allein der Weltenkönig,
Dass gross er, und mit vollem Recht sich Sieg und Macht ihm zugewandt.
Er gibt und ist voll Dank zugleich für alles, was ihm selbst gegeben,
Und nur der Fürst, der beides übt, wird stark durch Gottes starke Hand.“

h) H. Ikl. u. Safîn.:

تنش از نازکی زبار نظر   کسوت خون کشد چو لاله ببر،

„So zart ist er, dass von der Last der Hulderweise, die er trägt,
Um seine Brust der Tulpe gleich sich eine blut'ge Hülle legt.“

i) ʿAufî:

ابر همی گرید چون عاشقان   باغ همی خندد معشوق وار
رعد همی نالد مانند من   چونکه بنالم سحرگاه زار،

„Die Wolke träufelt gleich Verliebten Thränen,
Und gleich dem Liebchen lächelt hold der Hain;
Doch an mich selbst gemahnt des Donners Stimme,
Er seufzt, wie ich beim ersten Morgenschein.“ —

6. Abû ʿAbdallâh Muḥammad Farâlâdî[2]. Quellen: ʿAufî f. 80^b; Wâlih Ell. 402 f. 329, Sprenger 332 f. 473^b.

ابو عبد الله محمد بن موسی فرالادی، فرالادی از شعرای معروف بودست وبحسن نظم موصوف واو با شهید دریك قرن بوده اند ودریك مرتبه ورودگی هردو را دریك سلك کشیده است و ذکر هردو بیکخانه آورده چنانکه گوید بیت شاعر شهید و شهره فرالادی،[3]

---

1 So ist der Name ausdrücklich angegeben, wahrscheinlich ist Naṣr bin Aḥmad bin ʾIsmaʿîl gemeint. 2 So deutlich ʿAufî. Wâlih liest nach dem Elliot Cod. الموسی oder الدوسی, nach dem Sprengerschen الاوسی. 3 Das 2. Hemist. im Text unverständlich.

Abû ʿAbdallâh Muḥammad bin Mûsa Farâlâdî gehört zu den wohlbekannten Dichtern und zeichnet sich durch schöne Poesie aus. Er und Šahîd waren gleich alt und von gleichem Rang (als Dichter). Rûdagî (der auch noch in die Zeit dieser beiden hineinfällt) hat sie beide auf einen Faden gereiht und sie beide nebeneinander in einem Verse aufgeführt, nämlich: „der Dichter Šahîd und der berühmte Farâlâdî.“ Von ihm ist (in beiden Quellen, in Wâlih aber nur der 2. Vers):

چو شغل باشد واجب‌تر از زیـارت آن
اگرچه نیك بكوشم بواجبش نرسم
همی شفیع نیابـم[1] ازو بعذر گـنـاه
كريم طبعئ او نزد او شفیع بسـم

„Da das Geschäft weit dringender, als ihm Besuche machen,
So bring' ich's nie trotz aller Müh' zu dem, was ihm gebührt —
Doch, will bei ihm auch Niemand mir Verzeihn erflehn, mir g'nügt es,
Wenn seine Güte selbst für mich bei ihm das Wort nur führt.“

7. Šeiḫ Abulʿabbâs aus Buḫârâ. Quellen: ʿAufî f. 82 und Ataškad. Ell. 17 f. 190, 387 f. 181ᵇ.

الشيخ ابو العبّاس الفضل بن عبّاس از اماثل واعيان فضلاء اين عهد بودست و شعر او در غايت[2] دقّت ونهايت رقّت Šeiḫ Abulʿabbâs alfaḍl bin ʿAbbâs Fâḍilî aus Buḫârâ (Ataškad.[3]) gehört zu den Vorbildern und Führern der Trefflichen dieses Zeitalters; seine Verse sind von äusserster Subtilität und höchster Zartheit. Er war ein Zeitgenosse Rûdagî's und bekannt als Weiser und wortkundiger (eigentl. wortausbreitender سخن گستر) Dichter (Ataškad.). Als Trauerlied auf Naṣr ibn Aḥmad († 331) und zugleich als Begrüssung des neuen Herrschers Nûḥ ibn Naṣr[4] dichtete er folgende Verse (in beiden Quellen):

پادشاهی گذشت خوب نژاد　　پادشاهی نشست فرّخ زاد
زان گذشته[5] زمانیان غمگین　　زین نشسته[6] جهانیان دلشاد

---

1 Wâlih بيارم. 2 Im Text beide Male رقّت. 3 ʿAufî gibt einen anderen Geburtsort an, der leider in der Handschr. unleserlich ist; wahrsch. ist es aber nur eine bei Buḫârâ gelegene kleinere Ortschaft. 4 Nicht Nûḥ bin Manṣûr, wie ʿAufî und Atašk. fälschlich angeben, indem sie ihn mit dem späteren Fürsten dieses Namens (365—387) verwechseln. 5 u. 6 Eine Copie des Ataškad. hat beide Male جهانيان, die andere beide Worte in umgekehrter Folge.

بنگر اکنون بچشم عقل بگو   هرچه برما زایزد آمد داد [1]
گر چراغی زپیش ما [2] بردست   باز شمعی بجای او بنهاد
ور زحل نحس خویش پیدا کرد   مشتری نیز داد خویش بداد [3]'

„Ein Edler ward vom Thron hinweggenommen.
Ein Edler hat des Thrones Höh' erklommen,
Und seiner freu'n sich alle Erdensöhne,
Sind gleich um jenen alle grambeklommen.
Verständ'gen Auges schau's und sprich drum: alles,
Was Gott verhängt, ist uns zu Nutz und Frommen.
Ist eine Leuchte uns durch ihn erloschen,
Ist einer andren Strahl uns neu entglommen,
Und hat Saturn sich feindlich uns erwiesen,
Ist Heil vom Jupiter uns zugekommen."

8. Abulmużaffar Naṣr aus Nîśâpûr. Einzige Quelle: ʿAufî f. 82.

ابو المظفّر نصر بن محمّد [4] النّیشاپوری ' از معارف وفضلاء نیشاپور بفضل ودانش مذکور و در میان طبقات شعرای آن عصر مشهور '

Abulmużaffar Naṣr bin Muḥammad war unter den ausgezeichneten und trefflichen Männern von Nîśâpûr durch Tüchtigkeit und Gelehrsamkeit hochberühmt und genoss unter den Dicherclassen jener Zeit eines vorzüglichen Ansehns. Von ihm ist folgendes Ḳiṭʿah [5]:

بماه ماند اگر نیستیش زلف سیاه
بزهره ماند اگر نیستیش مشکین خال
رخانش را بیقین گفتمی که خرشیدست
اگر نبودی خرشید را کسوف وزوال '

„Hätt' er keine schwarzen Locken, ganz dem Monde würd' er gleichen,
Fehlte ihm das Moschusmaal nur, Venus wär' er ganz und gar,
Und sein Wangenpaar, ich möcht' es wirklich gern die Sonne nennen,
Wäre sie nur des Erlöschens, der Verfinsterungen baar!"

---

1 Ataśkad. liest so:

بنگر اکنون بچشم عقل نکو   هرچه از ما گرفت ایزد داد '

„Verständ'gen Auges schau's: was Gott uns raubte,
Wir haben's ganz von ihm zurückbekommen."

2 Ataśkad.: بر داشت. 3 Dieser letzte Vers fehlt in Ataśkad. ganz.

4 Hinter محمّد steht im Text noch ein mir unverständliches الاسعاتی.

5 Nicht Rubâʿî, wie ʿAufi fälschlich angibt.

9. Abû ʿAbdallâh Muḥammad alǵunaidî. Einzige Quelle: ʿAufî f. 82ᵇ.

ابو عبد الله محمد بن عبد الله الجنيدی از افاضل آن دیار واماثل فضلا بوده است ودر تازی وپارسی اورا قدرتی تمام و بر نظم و نثر اورا مهارتی شامل وابو منصور ثعالبی در یتیمة الدهر ذکر او آورده است، Abû ʿAbdallâh Muḥammad bin ʿAbdallâh aus Ǵunaid gehört zu den vorzüglichen Männern jenes Landstriches und den hervorragendsten unter den Trefflichen. Er beherrschte das Arabische und Persische gleichvollkommen und besass eine ebenso bedeutende Geschicklickeit in Versen wie in Prosa. Ausser verschiedenen arabischen Gedichten (die in der Jatîmat-uddahr des Abû Manṣûr Ṯaʿâlabî erwähnt werden) ist uns das folgende persische Lied von ihm überliefert:

شبگیر صبوح را بـه سـر گیر — بر بانگ خروس ونـالـهٔ زیـر
خورشید که بر زند سر از کوه — آن به که خورد زجام تشویر
از جام بجامـه در شبانـگـاه — وز جامه بجام روز شـبـگـیـر
شیراست غذای کودك خورد — شیره است غذای مردم پیر،

„Zum Frühtrunk greif', wenn kaum die Sterne weichen,
Der Hahnschrei gibt, der Laute Klang das Zeichen.
Erhebt vom Berg her dann ihr Haupt die Sonne,
Lass vor dem Glas sie nur in Schaam erbleichen;
Vom Becher sollst in's Bettuch spät zur Nacht du,
Vom Bett zum Becher früh am Morgen schleichen!
Wohl muss mit Milch man zarte Kinder nähren,
Doch Rebensaft zur Kost den Alten reichen!"

10. Maʿnawî[1] aus Buḫârâ. Quellen: ʿAufî f. 83. H. Ikl. 158 f. 560ᵇ, 159 f. 191ᵇ, Ouseley 377 f. 545ᵇ.

ابکار افکار او دلفریب و لطایف معانی جان آویز، Seine jungfräulichen Gedanken sind herzberückend und seine geistvollen Feinheiten seelenentzückend. Seine Gedichte, setzt H. Ikl. hinzu, sind wie Milch und Honig. Von ihm ist dieses Ḳiṭʿah (in beiden Quellen):

---

1 In ʿAufî fehlt der Name, und es steht blos Buḫârî. Ausser dem hier aufgeführten Ḳiṭʿah findet sich in ʿAufî noch ein zweites über die willenlose Ergebung in Gottes ewige Vorherbestimmung; aber den verdorbenen Text herzustellen ist mir bisher noch nicht geglückt.

هرچه آن بر تن تو زهر بود بر تن مردمان مدار تو نوش
ندهی داد داد کس مستان انگبین خر مباش وزهر فروش '

„O wähne nie, es werde das, was Gift für deinen Körper ist,
Noch gar als süsser Labetrunk dem Körper Anderer zum Heil!
Nimm keines Menschen Gabe an, wenn du ihm selbst nichts geben willst,
Und kauf' nicht Honig für dich selbst und biete Gift den Andren feil!"

11 u. 12. Ḥakîm Ḫabbâz[1] und Sohn aus Nîśâpûr. Quellen: ʿAufî f. 83ᵇ; Ḥadîḳat-uṣṣafâ Ell. 156 f. 294ᵇ; Ḫulâṣat-ulafk. f. 95ᵇ; Ataśkad. Ell. 17 f. 81ᵇ, 387 f. 85ᵇ; Wâlih Ell. 402 ff. 111ᵇ und 22, Sprenger 332 ff. 147ᵇ und 32.

خبّاز نیشاپوری بفضل و هنر نان خبّازی پخته ودُر فضل او بمسبار سفته ' Ḥakîm Ḫabbâz (der Bäcker) aus Nîśâpûr verstand nicht nur als trefflicher und tüchtiger Bäcker Brod zu backen (daher sein Dichtername), sondern auch die Perlen trefflicher (dichterischer) Leistungen mit dem Tüchtigkeitsstichel zu durchbohren. Von ihm ist (in allen Quellen):

می بینی آن دو زلف که بادش همی برد
گوئی که عاشقیست که هیچش قرار نیست
یا نِه که دست حاجب سالار لشکرست
از دور مینماید کامروز بار نیست

„Siehst du jenes Lockenpaar dort, hin- und herbewegt vom Windhauch?
Wahrlich, ganz wie ein Verliebter, dem's an Ruh und Rast gebricht.
Oder wie die Hand des Höflings eines grossen Heeresfürsten,
Die von ferne schon verkündet: Einlass gibt es heute nicht!"

Dass übrigens Ḫabbâz neben seinem Bäckerhandwerk auch der ärztlichen Praxis und zwar nicht gerade mit Glück obgelegen, geht aus einem der Lieder seines ebenfalls dichterisch thätigen Sohnes Abû ʿAlî ibn Ḥakîm Ḫabbâz hervor, der sich besonders durch Satiren auf

---

1) So nach Ḫulâṣ., Ḥadîḳ. (wo خیار ganz deutlich ein blosses Versehen für خبّاز ist) und der Sprenger'schen Copie des Wâlih. In den übrigen خبّازی; doch da der folgende Ibn Ḫabbâz jedenfalls ein Sohn dieses Dichters ist und er selbst seinen Vater خبّاز nennt, so wird das wohl die richtige Form sein.

seinen Vater mit Einflechtung aus dessen eigenen Poesien hervorgethan hat. Dies Lied lautet (Wâlih Ell. 402 f. 22, Sprenger 332 f. 32):

گفتم از روی نصیحت بحکیم خبّاز
جهد کن تا که مریض از درت آزاد رود
نه که هر عاجز بیمار باتّمید شفا
شادمان سوی درت آید و ناشاد رود
گفت بابا تو ندانی که گناه از من نیست
صید را چون اجل آید سوی صیّاد رود،

„Dem weisen Ḫabbâz gab ich einst den guten Rath: sei drauf bedacht,
Dass stets, verlässt ein Kranker dich, er frei auch sei von allen Plagen,
Und dass kein armer Patient, der sicher auf Genesung hofft,
Mit frohem Sinn dein Haus betritt, dein Haus verlässt mit bittren Klagen!
Da sprach Papa: du weisst noch nicht, dass mich ja nie ein Vorwurf trifft?
Das Wild läuft selbst dem Jäger zu, wenn seine Stunde erst geschlagen!"

13. Abulma al aus Buḫârâ. Einzige Quelle: ʿAufî fol. 83.
ابو المثل بخاری در سخن سازی بی مثل ودر فنون هنر مثل بوده،
Abulmaṯal aus Buḫârâ war beispiellos in der Redekunst und selbst ein Beispiel auf allen Gebieten der Tüchtigkeit. Auf einen Greis hat er folgendes Ḳiṭʿah gedichtet:

بر افکند پیری ضیا بر سرت بچشم بتان ظلمتست آن ضیا
نه بینی [1]ببباز سپیدی کنون اگر کبک بگریزد از تو سزا
نه بینی سمن برگ نسرین شده زکافور پوشیده برگ گیا،

„Auf dein Haupt hin hat das Alter seinen Schimmer nun geworfen,
Aber in der Liebchen Augen ist solch Schimmer pure Nacht;

1 Im Text, der leider so sehr durch Wurmfrass gelitten, steht gegen das Metrum ببباز سپید, aber auch mit سپیدی bleibt das ب vor باز immer noch etwas seltsam, und könnte, wenn richtig, wohl nur als persische Nachbildung des bekannten Gebrauches der arabischen Präposition بِ erklärt werden.

Siehst du's nicht, wie du zum Falken ganz, zum weissen, nun geworden?
Flieht drum scheu vor dir das Rebhuhn, nun es hat's ganz recht gemacht!
Siehst du's nicht, wie weisse Blätter du bekommen, Centifolie?
Wie des Kampfers weisse Hülle ganz um's Grün dich, Blatt, gebracht?"

14. Abû Śu'aib Ṣâliḥ aus Harât. Einzige Quelle: 'Aufî f. 81.
ابو شعیب صالح بن محمّد الهروی ‘شعر بو شعیب لطیف و بی عیب بود و ذات او نادرهٔ عالم غیب’ Abû Śu'aib Ṣâliḥ bin Muḥammad aus Harât. Seine Poesie ist zart und makellos und sein innerstes Wesen ein auserlesener Theil jener Welt des göttlichen Mysteriums. Auf eine Christenmaid (ترساچه) hat er folgendes Ġazal gedichtet:

دوزخی گیتی بهشتی روی قد   آهو چشمی حلقه زلفی لاله خد
لب چنان کز خانهٔ نقّاش چین   بر جگر از سیم بر اشگرف[1] مد
گر ببخشد حسن خود بر زنگیان   ترك را بیشك ززنك آید حسد
بینیٔ آن نازك ابریشمین   بسته بر تاری زابریشم عقد
از فروسو گنج واز برسو بهشت   سوزنی سیمین میان هردو حد’

„Die Welt ist Hölle, doch ihr Wuchs ist paradiesesreizumfangen,
Ihr Aug' Gazelle, ringelkraus ihr Haar und tulpengleich die Wangen.
Die Lippe ist so tadellos, als formte Chinas Bildner sie,
Hoch auf ob ihrem Herzen wallt die Silberbrust in Lustverlangen.
Und gäbe Negern ihren Reiz sie preis, es würden zweifellos
Der Türkenknaben Blicke all voll Neid an diesen Negern hangen[2];
Als wär's auf seidnem Faden schier geschürzt zum Knoten, so erscheint
Ihr Näschen, hat's zum zarten Schmuck der Seide Weichheit doch empfangen!
Von unten leuchten Schätze her, von oben strahlt das Paradies,
Und zwischen beiden mitten drin sieht man ein Silberpolster prangen!"

15. Śeiḫ Abû Zarrâ'ah alma'marî[3] aus Ǵurǵân. Quellen:

---

1 Im Text unmetrisch شگرف; das Gedicht scheint überhaupt etwas corrumpirt. 2 Wörtlich: Turkistân würde Neid anwandeln ob Zanguebar. 3 Oder auch geradezu almi'mâr (der Architect) wie Safîn. und H. Ikl. lesen, wenngleich es scheint, als sei diese Bezeichnung erst aus dem wie gewöhnlich in Wortspielen sich ergehenden Texte 'Aufî's in den Namen selbst herüberge-

ʿAufî f. 82; Safîn. f. 14; H. Iḳl. Ell. 158 f. 446, 160 f. 200, Ouseley 377 f. 426.

الشیخ ابو زرّاعه المعمری الجرجانی' ابو زرّاعه [1] که معمار دیار فطنت و معیار دینار صنعت بود امیر خراسان اورا گفت شعر چون رودکی گوی و گفت حسن نظم من از آن بیش است امّا احسان و بخشش تو در می باید که شاعر مرضیّ [2] همگنان انگاه کردد که نظر رضای [3] صاحب بوی متّصل شود' Zum Abû Zarrâʿah, der der Architect der Behausungen der Intelligenz und der Werthabwäger des Denars der Kunstfertigkeit war, sagte einst der Emîr von Ḫurâsân: „dichte doch mal Verse wie Rûdagî“ [4], und Jener erwiderte: „die Schönheit meiner Poesie steht der Rûdagî's noch voran, aber von deiner Seite bedarf es der Wohlthatsspenden und Huldgeschenke, denn der Dichter wird erst dann von Allen mit Wohlgefallen aufgenommen, wenn der wohlgefällige Blick des Herrschers auf ihm geruht.“ Ueber denselben Gegenstand hat er diese drei Verse gedichtet:

a) in allen Quellen:

اگر بدولت با رودکی نه [5] همسانم
عجب مکن سخن از رودکی نه کم دانم
اگر بکوریٔ چشم او [6] بیافت گیتی را
زبهر گیتی من کور بود نتوانم
هزار یك زان کو یافت از عطای ملوك
بمن دهی سخن آید هزار چندانم'

„Vermag ich nie mich auch an Glück so hoch wie Rûdagî zu schwingen,
Ich kann doch — staunst du? — um den Preis getrost mit ihm als Dichter ringen!

---

nommen. Besagter Text zeigt übrigens deutlich, dass almuʿizzî, wie Sprenger Cat. Oudh p. 3 liest, falsch ist. Statt Zarrâʿah hat Safîn.: Zarʿah, statt Gurǵân Safîn. und H. Iḳl.: Astarâbâd. 1 Hier stehen in ʿAufî noch ein paar verdorbene Textworte, die augenscheinlich ein Wortspiel mit Abû Zarrâʿah enthalten. H. Iḳl. liest genau so wie oben. 2 u. 3 Beide Worte stehen nur in H. Iḳl., nicht in ʿAufî. 4 Nach Safîn. und H. Iḳl. bedient sich der Emîr dieser Wendung: „Kannst du auch Verse wie Rûdagî machen?“ 5 So H. Iḳl. ʿAufî hat: هم مانم; Safîn. gar reimlos: همسر. 6 Safîn.: نیافت.

Und hat trotz seiner Blindheit er die ganze Welt erfasst, wird mir
Mit seh'n'den Augen blind zu sein für weltlich Gut wohl nie gelingen.
Und giebst du mir ein Tausendtheil von dem nur, was von Fürsten er
Erhalten, will ich tausendmal soviel, wie er, dir Verse singen!"

b) ein Ḳiṭ'ah zur Warnung. 'Aufî.

چه پوشی[1] جوشن غفلت که روزی   تو باشی تیر محنت را نشانه
امل با عمرت اندر نه بمعیار   نگه کن تا کجا گردد زبانه

„Was panzerst du mit Thorheit dich, damit du eines Tages
So recht als Zielpunkt dienen kannst dem Pfeile Ungemach?
O wäge deine Hoffnung wohl mit deiner Lebensdauer,
Und wohin da das Züngelchen der Wage schlägt, schau nach!"

16. Abulmuwajjad aus Balḫ. Einzige Quelle: 'Aufî fol. 83.

ابو المؤیّد البلخی بناء معانی برین مؤیّد مشیّد بود و باز همای معنی در دام بیان او مقیّد Abulmuwajjad aus Balḫ. Das Gebäude der feinen Gedanken war hoch aufgerichtet auf diesem festen Grund, und der Königsfalke des tiefen Sinns gefangen in der Schlinge seiner Rhetorik. Ueber den Finger der Geliebten singt er:

انگشت را زخون دل من بود خضاب
کفّی کزو بلای تن و جان هر کس است

„Ha, wie der Finger dort gefärbt vom Blute meines Herzens ist,
Das ist die Hand, die Seel' und Leib von Jedermann zu Schaden bringt!"

17. Abulmuwajjad Raunaḳî[2] aus Buḫârâ. Quellen: 'Aufî f. 83; Ḫulâṣat-ulafk. f. 102^{b}; Wâlih Ell. 402 f. 125^{b}, Sprenger 332 f. 178; H. Iḳl. Ell. 158 f. 562, 159 f. 192^{b}, Ouseley 377 f. 547.

أبو المؤیّد بخاری روز بازار هنر او با رونق وگلستان شعر او رشک بستان خورنگه Abulmuwajjad aus Buḫârâ, mit dem Dichternamen Raunaḳî (der Glanzreiche) lebte in den letzten Zeiten der Sâmâniden und den ersten der Ġaznawidendynastie (Wâlih)[3]. Der Markttag seiner

---

1 Im Text unrichtig: جوشنی. 2 Der Taḫalluṣ Raunaḳî ist in 'Aufî ausgelassen. Mit diesem Dichter beginnt übrigens die Reihe der Sâmânidenpoeten, die noch in die Zeit der Ġaznawiden hinüberreichen und theilweise an deren Hof als Lobdichter fungirten. 3 H. Iḳl. dagegen bemerkt, er habe Raunaḳî's Zeitalter nicht in Erfahrung bringen können.

Tüchtigkeit war glanzreich und der Garten seiner Poesie war der Neid des Parks von Ḫorangah (Ḫawarnaḳ, Bahrâmgûr's berühmtes Schloss). Von ihm ist:

a) zum Lob des Emîrs von Ḫurâsân, in allen Quellen:

جانیست تیغ شاه که دید اینچنین شگفت
جانی کزو بود تن وجان همه [1] خراب
لرزان بجای گوهر در جرم او پدید
جانهای دشمنانش چو ذرّه [2] در آفتاب

„Beseelt schier ist das Schwert des Śâhs — wer hat solch Wunder schon gesehen?
Doch nur beseelt, um Aller Seel' und Leib dem Untergang zu weihn;
Und zitternd auf der Fläche rings erglänzen statt der Damascirung
Die Seelen seiner Feinde all, wie Stäubchen in der Sonne Schein."

b) 'Aufî. II. Iḳl. Wâlih:

[3] نبیذی که نشناسی از آفتاب
چو با آفتابش کنی مقترن
چنان تابد [4] از جام گوئی که هست
عقیق یمن در سهیل یمن

„Ein Wein ist's, den vom Sonnenlicht du nimmer unterscheidest,
Wenn du ihn mitten nur hinein in's Sonnenlicht gerückt;
Und dort das Glas, dem er entstrahlt, Suhail ist's, Stern von Jemen,
Dess inn'res Rund mit rothem Glanz Rubin aus Jemen schmückt."

18. **Abulfatḥ aus Bust** (in den Districten von Ḳandahar). Quellen: Safîn. f. 14 u. II. Iḳl. Ell. 158 f. 126, 159 f. 67^{b}, Ouseley 377 f. 114^{b}.

Abulfatḥ, der als Licht im Garten der Klugheit und Einsicht leuchtete und über Tüchtigkeit und Trefflichkeit gebot (Safîn.), war im Anfang Secretair des Sâmânidenfürsten Nûḥ bin Manṣûr (365—387) und verbrachte später längere Zeit sorgenfreien Herzens und heiteren Sinnes unter den Emiren von Bust (II. Iḳl.). Nachdem Nâṣir-uddîn Sabuktagîn

---

1 II. Iḳl.: بتاب. 2 II. Iḳl. in Ell. 159 und Ouseley 377: بآفتاب. Wâlih: زآفتاب. 3 II. Iḳl.: شرابی. 4 'Aufi: آن جام.

jene Herrschaft von Grund aus vernichtet, nahm er Abulfatḥ, dessen Verstand und Geistesgrösse er wohl erkannt, unter seine Protection, und in seinem Maǵlis stieg er zu hohem Rang und Ansehn empor (Safîn. u. H. Iḳl.). Seine glänzendhelle Poesie (چو آب) schmeckte schier nach dem Lebenswasser (آب حیات), und seine flüssige Prosa (نثر روانش) besass die specifische Eigenthümlichkeit der Seele (خاصیّت روان). Er hat sowohl arabische wie persische Lieder gedichtet, und erstere, die in lieblicher Sanftheit an den Nordwind gemahnen (H. Iḳl.), sind in einem Dîwân gesammelt, letztere dagegen nicht. Zu diesen gehört folgendes Ḳiṭʿah (in beiden Quellen):

یکی نصیحت من گوش دار و فرمان کن
که از نصیحت سود آن کند که فرمان کرد
همه بصلح گرای وهمه مدارا کن
که از مدارا کردن ستوده گردد مرد
اگرچه قوّت داری وعدّت بسیار
بگرد صلح گرای وبگرد جنگ مگرد
نه هر که دارد شمشیر حرب باید کرد
نه هر که دارد پازهر زهر باید خورد[1]

„O hör' auf einen Rath von mir und leist' ihm Folge durch die That,
Denn Nutzen bringt der Rath nur dem, der durch die That ihn auch bewährt:
Mach' alles stets im Frieden ab und menschenfreundlich handle stets,
Es wird durch Menschenfreundlichkeit der Mann erst wirklich lobenswerth.
Und ob du gleich mit Kraft bewehrt und ob gerüstet noch so sehr,
O neige stets zum Frieden dich, und nie sei Streit von dir begehrt!
Es thut nicht noth, dass Krieg beginnt, wer mit dem Schwert gewappnet ist,
Nicht noth, dass der, dem Gegengift zur Hand, auch wirklich Gift verzehrt!"

1 In Safîn. hat dies Gedicht nur 2 Verse, von denen der erste, aus Theilen von V. 1, 2 und 3 zusammengesetzt, so lautet:

یکی نصیحت در گوش دار و فرمان کن
همه بصلح گرای وبگرد جنگ مگرد

der zweite entspricht dann ganz dem obigen vierten.

In Prosa hat Abulfatḥ verschiedene (arabische) Schriften über Epistolographie verfasst, von denen eine den Titel عادات السادات وسادات العادات (die herkömmlichen Gebräuche der Grossen und die grossen unter den herkömmlichen Gebräuchen) führt, und das folgende gereimte Prosastück (فِقْرِه) ist derselben entlehnt: من لم يكن نسيبًا لا ترج منه نصيبًا in persischer Uebersetzung: هر كه نباشد صاحب اصل و نسب اميد مدار ازو هيچ بهره نصيب „Wer nicht von guter Geburt, von dem erwarte auch für dich nichts Gutes."

19. Abû Manṣûr Muḥammad Daḳîḳî. Quellen: Maḫz. f. 122; Nadrat f. 33ᵇ; Ḥadiḳat-uṣṣafâ f. 396ᵇ; Ataśkad. Ell. 17 f. 199, 387 f. 189; Safîn. f. 13; H. Iḳl. Ell. 158 f. 553ᵇ, 159 f. 186, Ouseley 377 f. 538ᵇ; Ġâmî p. ٨٣, Uebersetz. S. 96.

Abû Manṣûr Muḥammad bin Muḥ. bin Aḥmad Daḳîḳî[1] aus Ṭûs (nach Anderen aus Buḫârâ, nach dem Ataśkad. gar aus Samarḳand) trat unter den Sâmâniden als Dichter auf und lebte bis zur Zeit der Ġaznawiden. Wie bekannt, begann er zuerst die dichterische Bearbeitung der alten Königssagen, und Safîn. sowie H. Iḳl. berichten darüber in folgender Weise: Als der Scheitel der Sâmâniden mit dem Kranz der Herrschaft von Ḫurâsân und Ṭûs bekränzt war (H. Iḳl.), wünschten sie, dass die Thaten der altpersischen Sultane in Verse gebracht würden. Da nun aber zu jener Zeit der Grad der dichterischen Kunst kein hoher war, so konnte dies Verlangen keine Befriedigung finden, bis die Regierung endlich an den Emîr Nûḥ bin Manṣûr (365) kam (Safîn.). Der verwandte nun allen seinen Eifer darauf, dass der helle Glanz dieser Bestrebung aus der Leuchte seiner Huld hervorgehe, und legte deshalb dem Daḳîḳî, der das Vorbild aller Dichter seiner Zeit war und den er mit Huldgaben und Ehrenbezeugungen aller Art überhäuft, die Halskette dieses Dienstes um den Nacken (H. Iḳl.). 1000 Verse[2] von der

1 So Maḫz. nach ʿAufî, dessen Bericht in der Berliner Handschrift fehlt. Da nun auch Bland in seiner Abhandlung: on the earliest Persian biography of poets (Journ. of the R. As. Soc. IX, p. 112 ff.) ausdrücklich Daḳiḳi unter den von ʿAufi behandelten Dichtern aufzählt und sogar den Anfang des Textes citirt, so geht daraus hervor, dass es 2 Redactionen von ʿAufi's Werk geben muss, von denen unsere Handschrift nur die kürzere enthält. Nadrat nennt den Dichter: Abû Manṣûr Aḥmad, Ataśkad.: Manṣûr ibn Aḥmad.
2 Andere geben 10,000, noch andere sogar 20,000 an. Das Richtige ist wohl 1000, wie Firdûsî selbst in der bekannten Stelle im Shâhnâma, die mit den

Geschichte des Guśtâsp vollendete der Dichter, da ward seinem Leben durch die Hand eines schönen Türkenknaben, der sein Sclave und Geliebter (معشوق ومملوک) zugleich war und der ihm eines Nachts das Messer in die Seite stiess, ein jähes Ende bereitet. Wegen der Subtilität seiner Gedanken und der Zierlichkeit seiner Ausdrücke wurde er mit dem Dichternamen Daḳiḳî ausgezeichnet (ʿAufî); hatte doch die Zartheit seiner Rede dem Zephyrgeflüster selbst den Sieg abgewonnen und die Feinheit seiner Stylistik das Lebenswasser spur- und namenlos gemacht (H. Iḳl.). Er hat viele Ḳaṣîden zum Lobe der Sâmânidenfamilie gedichtet, die meisten seiner Lieder aber sind der Verherrlichung des Weines gewidmet. Erhalten sind uns folgende Proben seines bedeutsamen Talents:

a) in allen Quellen ausser Ǵâmî:

[1]بر افکند ای صنم ابر بهشتی
جهان را خلعت اردی بهشتی
بهشت عدن را گلزار ماند
درخت آراسته حور بهشتی
چنان گردد جهان هر[2] نان که گوئی
پلنگ آهو نگیرد جز بکشتی
جهان طاوس گونه[3] گشت[4] بنگر
بجای نرمی وجای درشتی
بدان ماند که گوئی از می ومشک
مثال دوست بر صحرا[5] نبشتی
زگل بوی گلاب آید[6] از انسان
که پنداری گل اندر گل سرشتی
دقیقی چار خصلت بر گزیده است
[7]بگیتی از همه خوبی و زشتی

Worten beginnt: جوانی بیامد کشاده زبان, vergl. Mohl I, v. 146 ff., ausdrücklich angibt. 1 Ataśkad.: در. 2 So deutlich in allen drei Copien von H. Iḳl.; ich habe daher dies mir in dieser Anwendung absolut unbekannte Wort nicht zu ändern gewagt. 3 Ataśkad.: کذبه. 4 H. Iḳl.: دیدار. 5 Safîn.: نشستی. 6 Ataśkad.: بدانسان. 7 Nadr.: بعالم.

لب یاقوت رنگ و نالهٔ چنگ[1]

مئ خون رنگ ودین زردهشتی[2]

„Ein Hauch von Eden hüllt, o Liebchen mein,
In Lenzes Festgewand die Erde ein;
Die Rosenflur, sie gleicht dem Paradiese,
Die Bäume zieren Hûrîs schmuck und fein.
So feucht erscheint die Welt, als könnt' ein Tiger
Den Hirsch nur jagen, wär' ein Nachen sein;
Und Pfauenschmuck prangt ringsum auf der Erde,
Wo glatter Boden sonst und rauh Gestein.
Sie glänzt, als ob dem Feld mein Lieb geboten:
Besteh aus Wein und Moschus ganz allein!
Quillt selbst aus Thon doch Duft des Rosenwassers,
Als müsst' im Thone Rosenmischung sein.
Und ird'scher Dinge vier erlas Daķiķî
Für sich, gleichviel ob unrein sie, ob rein:
Rubinenlippen und der Zither Klänge
Und Zarathustras Lehr' und rothen Wein!" —

Aus diesen Versen, setzt Safîn. hinzu, geht deutlich hervor, dass Daķiķî der Secte Zoroasters angehörte, also ein Parsî war. Maḫzan dagegen sucht ihm einen Ausweg zur religiösen Rechtfertigung offen zu lassen, indem es bemerkt: نعوذ بالله اگر اعتقاد این مرد بدین زردهشت باشد اگر لازم صنعت الفاظ شعر است خیر خدا از سر تقصیرش بگذرد.

b) Maḫzan und Ǵâmi (nur die beiden letzten Verse):

ای ابر بهمنی نه بچشم من اندری
دم زن زمانکی وبس آسای کم گری
این روز وشب گریستن زار بهره چیست
نی چون منی غریب وغم عشق سرسری
دردا جدا بماندم ودر غم زعشق یار
من زین توانگرم که مباد این توانگری

1 H. Ikl.: لبی. 2 Maḫz. und Ḥadiķat-uṣṣafâ haben nur V. 7 und 8. Ataśk. nur V. 1, 5—8; Nadr. nur 1, 2, 7 u. 8. V. 2 findet sich überhaupt nur in Nadrat.

یاری گزیدم از همه [1] خلقان پری نژاد
زان شد زپیش چشم من امروز چون پری
لشکر برفت وآن بت لشکر شکن برفت
هرگز مباد کس که دهد دل بلشکری،

„O der du wie Gewölk im Jänner, — bist doch in meinem Aug' nicht drin?
Drum hör' zu weinen auf ein Weilchen und still gefasst zu sein beginn![2]
Was frommt es dir, dass du so kläglich bei Tag und Nacht dem Weinen fröhnest?
Du bist ja nicht wie ich ein Neuling, und Liebesgram bringt nie Gewinn!
Ja ich, ich leider bin geblieben in Einsamkeit und Liebeskummer,
Das sind die Schätze, die verwünschten, mit denen ich gesegnet bin!
Ich hatte ausgewählt aus allen ein Schätzchen mir vom Peristamme,
Und drum nach Periweise schwand es vor meinem Blick auch heut dahin.
Von dannen zog das Heer und mit ihm von dannen zog mein tapfres Liebchen,
O käm's doch Keinem, an Soldaten sein Herz zu hängen, je zu Sinn!"

c) Maḥz.:

کاشکی اندر جهان شب نیستی   تا مرا هجران آن لب نیستی
زخم عقرب نیستی بر جان من   گر ورا زلف معقرب نیستی
ور نبودی کوکبش در زیر لب   مونسم تا روز کوکب نیستی
ور مرکّب نیستی از نیکویی   جانم از عشقش مرکّب نیستی
ور مرا بی یار باید زیستن   زندگانی کاش یا رب نیستی،

„O folgten hier im Weltenlauf doch Nächte nie den Tagen,
Nie braucht' um ihre Lippen dann ich Trennungsweh zu tragen!
Und wär' nicht scorpionengleich geringelt kraus ihr Haar,
So würden Scorpionen nie die Seele wund mir schlagen!
Und trüg' ihr Kinn ein Grübchen nicht, ein rundes, sternengleich,
Ich brauchte Sternen nicht mein Leid die Nacht hindurch zu klagen;

1 Ǵâmi: مردم. 2 wörtl.: „halt den Athem ein Weilchen an (d. h. verhalte dich schweigend, ruhig), fasse dich und weine nicht!"

Ach, wär' kein Doppelwesen sie, gepaart mit Lieb' und Huld,
Der Seeleneinheit würd' ich nie um ihre Lieb' entsagen.
Und dennoch, sollte — o mein Gott! — ich ohne Liebchen sein,
Dann sagt' ich lieber ganz Valet des Erdendaseins Plagen!"

d) Safîn. u. II. Ikl.:

مئ صافی بیار ای بت که صافی است
جهان از ماه تا آنجا که ماهی است
چو از کاخ آمدی بیرون بصحرا
کجا چشم افکنی دیبای رومی است
بیا تا می خوریم وشاد باشیم
که هنگام می وایّام شادی است'

„Reich den Wein mir her, den hellen, Liebchen, dass das Weltall ganz
Hoch vom Mond zum Fisch hernieder rings erstrahlt in hellem Glanz!
Eben erst vom Belvedere eiltest du hinaus — und alles,
Drauf dein Aug' im Blachfeld weilet, sieh, Brocat ist's aus Byzanz!
Komm drum, komm, lass Wein uns schlürfen, lass uns ganz der Freude leben,
Heut ist ja die Zeit des Weines, heut der Tag zu Lust und Tanz!"

e) Ǵâmî:

من اینجا دیر ماندم خوار گشتم　عزیز از ماندن دایم شود خوار
چو آب اندر شمر بسیار ماند　عفونت گیرد از آرام بسیار'

„Zu spät verweilt' ich hier — nun sank mein Ansehn,
Wer ewig weilt, sieht seinen Ruhm verwehn;
Denn bleibt im Teich das Wasser allzulange,
In Fäulniss über geht's vom vielen Stehn."

f) Ataśkadah[1]:

گویند صبر کن که ترا صبر بر دهد
آری دهد و لیك بعمر دگر دهد
من عمر خویش را بصبوری گذاشتم
عمر دگر بباید تا صبر بر دهد'

1 In Lubb-i-Lub. f. 155 wird dieses Lied dem Kasâi zugeschrieben.

„Man sagt: geduldig harre aus, dass Gott Geduld einst an dir übe,
Schon gut — doch leider zahlt uns Gott im Jenseits erst des Dankes Schuld.
Hienieden hab' ich in Geduld verbracht nun schon mein ganzes Leben,
Ein andres braucht's, dass er an mir auch Langmuth übe und Geduld!"

20. Amîr Abulḥasan ʿAlî alagâćî. Quellen: Maḫz. f. 203ᵇ; Wâlih Ell. 402 f. 208ᵇ, Sprenger 332 f. 295; Nadrat f. 33ᵇ; H. Iḳl. Ell. 158 f. 554, 159 f. 186ᵇ, Ouseley 377 f. 539; Ataśkad. Ell. 17, f. 190, 387 f. 181ᵇ; Safîn. f. 13ᵇ.

Amîr Abulḥasan ʿAlî ibn Iljâs alagâćî (الاغاچى) aus Buḫârâ war ein Mann des Schwertes und der Feder zugleich (Maḫz.) und gehörte zu den Zeitgenossen des Śahîd und Daḳîḳî. Der Unterschied zwischen ihm und dem letzteren bestand, wie ʿAufî bemerkt[1], nur darin, dass Daḳîḳî der lobspendende Dichter war, Agâćî aber der Emîr, dem selbst Lob gespendet wurde, daher er auch überall der Gefeierte der Dichter und der Gepriesene der Trefflichen genannt wird. Aber auch sein eigenes poetisches Talent war der Art, dass er in den Augen aller Sâmânidendichter als Autorität galt (Wâlih), und mit vorzüglichen dichterischen Eigenschaften verband er eine Geistestüchtigkeit, die ihn besonders zur Lösung von schwierigen Problemen, hauptsächlich in der rhetorischen Stylistik, befähigte, daher auch ʿAufî von ihm sagt, er habe in jenen Zeiten die Herrschaft über das Land des Bajân geführt. Dass Agâćî etwa eine selbständige Herrschaft ausgeübt oder von Seiten der Sâmânidenfürsten mit einem wirklichen Emirat betraut gewesen, davon verlautet nichts; augenscheinlich gehörte er zu den der Sâmânidenfamilie persönlich Attachirten (Safîn.). Von ihm sind folgende Lieder:

a) in allen Quellen:

اگر از دل حصار شاید کرد   جز دل من ترا حصار مباد
مهربانیت را شماری نیست   زندگانیت را شمار مباد،

„Frommt dir eines Herzens Schutzwehr,
Nimm als Schutz mein Herz allein!
Endlos ja ist deine Liebe,
Endlos soll dein Leben sein!"

b) Maḫz. Ataśk. Safîn. H. Iḳl.:

بهوا در نگر که لشکر برف   چون کند اندرو همی پرواز
راست همچون کبوتران سپید   راه گم کردگان زهیبت باز،

1 So geben Wâlih, H. Iḳl. und Safîn. ausdrücklich an; in unserer Handschrift des ʿAufî fehlt er ebenso wie Daḳîḳî.

„Schau, wie durch die Luft des Schnees
Flockenheere eilig ziehn,
Just, als ob erschreckt vom Falken
Pfadirr weisse Täubchen fliehn!“

c) Maḫz. Nadr. Safîn. H. Iḳl.:

ای آنکه نداری خبری از هنر من
خواهی که بدانی که نیم نعمت پرورد
اسپ آر وکمند آر وکتاب آر وکمان آر
شعر و قلم و بربط وشطرنج ومی ونرد ،

„Du da, der du garnicht ahnest, was zu leisten ich im Stande,
Ist genehm dir's, zu erproben, wie ich fein erzogen ward,
Wohl — so bringe Ross und Lasso, bring' das heilge Buch, den Bogen,
Lied und Feder bring' und Cither — bringe Wein und Schach und Nard [1].“

d) H. Iḳl.:

نه نکبتی نه بلائی نه محنتی است مرا
که روزگارم نوش است وزندگانی قند
ولیك آنکه خداوند چون تو یافت کریم
ازو بنعمت بسیار کی شود خرسند ،

„Ich fühle nichts von Ungemach, von Leiden nichts und Kümmernissen,
Denn süss ist mein Geschick und ganz dem Zucker ist mein Dasein gleich;
Doch ach! wer einen Herrn wie dich, so voll von Edelmuth gefunden,
Wie wäre der zufrieden je, und macht' ihn jener noch so reich?“

21. **Abû Manṣûr ʿUmârah aus Marw.** Quellen: ʿAufî f. 82^b; H. Iḳl. Ell. 158 f. 207, 160 f. 2^b, Ouseley 377 f. 198; Wâlih Ell. 402 f. 218^b. Sprenger 332 f. 309; Safîn. f. 15; Maḫz. f. 253^b; Nadr. f. 33^b; Ǵâmî p. ۸۳ u. 96.

ابو منصور عماره بن محمّد المروزی ، عماره که در عمارت [2]بناش

---

1 Das von Nûširwân's Wazîr Buzurǵmihr erfundene Nard entspricht dem Trictracspiel, vgl. Shâhn. ed. Mohl VI, p. 390. 2 Im Text بناشتا, augenscheinlich corrumpirt aus بنات نعش oder den im Pers. gebräuchlichen Abkürzungen بناش und بنات. Dass ʿUmârah in Astronomie Bedeutendes leistete, wird ausdrücklich von Wâlih bezeugt, wo es heisst: in der مهندسی

مهندس ایستاد و شعر او از متانت رفیع ایوان محکم بنیاد در دولت آل سامان چشم بخت برو ناظر ودر عهد آل ناصر ریاض قبول او ناضر و شعرای عصر آخر اورا مقتدای خود دانسته وشعر اورا بجوده صفت کرده چنانکه شاه ابو علی رجائی گوید مصراع ‹من خود ترا بشعر گرفتم عمارهٔ› Abû Manṣûr ʿUmârah[1] bin Muḥammad (nach Andern bin Aḥmad) aus Marw. Er hat die astronomische Messkunst am Bau der Sterne erprobt, und seine Poesie, festgefügt wie sie ist, strebt hoch empor und ruht auf sicherem Grund. Schon unter der Herrschaft der Sâmâniden blickte das Auge des Glückes huldvoll auf ihn hin; aber erst zur Zeit der Ġaznawiden standen die Auen seines guten Ansehns in voller Blüte. Die Dichter der späteren Zeit haben ihn als ihr würdiges Vorbild anerkannt und seiner Poesie das Prädikat „trefflich" beigelegt, wie Śâh ʿAbû ʿAlî Raġâi (aus Ġazna, Lobdichter von Bahrâmśâh) — und zwar, sich selbst anredend (Safîn.) — singt: „Für einen ʿUmârah halt ich dich, was deine Verse anbelangt." Auch Anwarî, der berühmte Panegyriker, hielt grosse Stücke auf ihn (Nadr.). In den Makâmen des Śeiḫ Abû Saʿîd Abulḫair (des berühmten 440 gestorbenen Weisen und Rubâʿîdichters) wird erzählt (Ġâmî, Maḫz., Safîn., Wâlih und H. Iḳl.), dass einst ein Sänger vor ihm und seinen Genossen diesen Vers recitirte:

اندر سخن خویش نهان خواهم گشتن
تا بر لب تو بوسه زنم چونش بخوانی

„Ganz bergen will ich in meinem Lied,
Dass — singst du's — ich dir so die Lippe küsse".

Der Śeiḫ ward tiefgerührt davon und frug, von wem der Vers sei. „Von ʿUmârah!" hiess es. Da sprach er: erhebt euch, damit wir seinem Grab einen Besuch abstatten!" und er mit einer Schaar seiner Schüler ging und besuchte ʿUmârah's Grab[2]. Von sonstigen Liedern aus ʿUmârah's Dîwân ist Folgendes erhalten:

---

raubte er selbst dem Saturn den Ball des Sieges. Saturn ist deshalb gewählt, weil dieser den Titel مهندس فلك, Himmelsastronom, trägt. 1 Ġâmî nennt ihn anfangs عمار (ʿAmmâr), später auch عماره. 2 Dass hier nicht ein Besuch des lebenden, sondern des todten ʿUmârah gemeint ist, beweist noch Safîn. deutlich durch ein: طواف مرقد او. Nadrat erzählt ganz verschieden davon: „eines Tages recitirte der Verfasser (also ʿUmârah selbst) dieses Bait, als er dem Śeiḫ seine Aufwartung machte. Dieser ward tief gerührt davon, und als ʿUmârah berühmt geworden, machte er selbst ihm seinen Besuch.

a) in sämmtlichen Quellen:

غرّه مشو [1]بآنکه جهانت عزیز کرد
ای بس عزیز راکه جهان کرد [2]زود خوار
[3]مار است اینجهان وجهانجوی مارگیر
وزمارگیر مار برآرد [4]گهی دمار،

„Sei von Hochmuth nicht verblendet, giebt die Welt dir Macht und Ehre,
Manche schon, die hochgeklommen, warf sie hin in Gram und Staub;
Diese Welt, sie gleicht der Schlange, Schlangen greift der Weltumwerber,
Und gar oft fällt durch die Schlange, wer sie jagt, dem Tod zum Raub!“

b) ʿAufî. Ǵâmî und Maḫz. (in den beiden letzteren nur V. 1 u. 2):

جهان زبرف اگر چندگاه سیمین بود
زمرّد آمد وبگرفت جای تودهٔ سیم
[5]نگارخانهٔ کشمیریان بوقت بهار
بباغ کرد همه نقش خویشتن تسلیم
بدور باد همه روی آبگیر نگر
پشیزه ساخته بر شکل پشت ماهی [6]شیم،

„War lange Zeit vom Schnee die Welt gleich Silber,
Nahm nun Smaragd statt seiner sie in Pacht;
Es schenkte Kaśmîrs [7] Bildersaal zur Lenzzeit
Dem Hain all seiner Bilder bunte Pracht.
Und gleich des Fisches [8] Schuppen ward der Spiegel
Des Weihers durch des Wirbelwindes Macht.“

c) ʿAufî. H. Iḳl. Safîn. Aus einer Elegie auf Abû Ibrâhîm Manḳaṣ:

از خون او چو روی زمین لعل فام شد
روی وفا سیه شد وروی امید زرد
تیغش بخواست خورد همی خون مرگ را
مرگ از نهیب خویش مر آن شاه را بخورد،

---

1 Wâlih: بدانکه, Safîn.: ازآنکه 2 Nadr. خوار خوار 3 Safîn. ماریست 4 ʿAufî, H. Ikl. u. Safîn.: شبی. Wâlih: بسی. 5 ʿAufî: بهارخانه. 6 Nach dem Text سیم (Nebenform zu شیم), doch passt شیم besser des Reimes wegen. 7 wörtl. der Kaśmîrbewohner, vgl. Schlechta zu Ǵâmî. 8 eigentl. gleich den Rückenschuppen des شیم (eine Art Stör).

„Wie sein Blut der Erde Antlitz roth gefärbt, so hat der Treue
Wange sich in Schwarz, der Hoffnung Angesicht in Gelb verkehrt;
Da, als kühn sein Schwert des Todes Blut sogar verzehren wollte,
Hat um eigne Rettung bange rasch der Tod ihn selbst verzehrt."

d) ʿAufî u. H. Iḳl. Zum Lobe des Sultâns Jamîn-uddaulah Maḥmûd (von Gaznah):

از کفّ شاه نور بود بر جبین جود
جودش مرا سهیل نمودست بر جبین
گر بر کران دجله کسی نام او برد
آب انگبین ناب شود گَلْگَل انگبین ،

„Strahlt der Güte Stirn im Lichtglanz von der Hand des Śâhs, so leuchtet
Meine Stirn durch seine Güte wie der Stern Suhail so klar!
Lässt man laut am Tigrisstrande seinen Namen nur erschallen,
Wird das Wasser reiner Honig — Honig die Citrone[1] gar"!

e—g) ʿAufî. Drei Lieder zum Lob des Weins und Weinbechers:

آتش بدیدی ای عجب وآب ممتزج
اینك نگاه کن تو بدان جام وآن شراب
جام سفید و لعل [2]می صاف اندرو
گوئی که آتشی است بر آمیخته بآب

„Hast du — o Wunder — je sich schon mit Wasser Feuer mischen sehn?
Wohlan denn, hieher schau und sieh dies Glas und diesen Wein mitsammen!
Der helle Kelch und drin so klar und voll Rubinengluth der Wein —
Fürwahr, es ist, als einten sich dem feuchten Nass des Feuers Flammen!"

آن می بدست آن بت سیمین من نگر
گوئی که افتاب به پیوست با قمر
وآن ساغری که سایه فکند [3]آن مئ برو
برگ گل سپیدست گوئی بلاله بر ،

---

1 Galgal ist eine besonders herbe Citronenart. 2 Im Text ein störendes و vor می. 3 آن habe ich des Metrums wegen eingeschoben.

„Sieh, wie den Wein dort in der Hand mein silbergleiches Liebchen trägt,
  Als ob die Sonne mit dem Mond vertrauten Freundesumgang pflegt!
Und jener Becher, angefüllt mit jenem Wein[1] — ein Anblick wahrlich,
  Als ob sich um der Tulpe Roth der weissen Rose Blatt gelegt.“

بر روی او شعاع می از رطل بر فتاد
روی لطیف ونازکش از نازکی بخست
می چون میان سیمین دندان او رسید
گوئی کران ماه به پروین درون نشست،

„Als ihr Antlitz blos vom Humpen her des Weines Strahlen trafen,
  Ward ihr feines, zartes Antlitz — weil's so fein — schon wundgebrannt.
Nahte ihren Silberzähnen selbst der Wein dann, war's, als dränge
  Mitten zwischen die Plejaden sich hinein des Mondes Rand.“

h) ʿAufî. An einen Depossedirten:

امروز اگر مراد تو بر نامد   فردا رسی بدولت آبا بر
چندین هزار امید بنی آدم   طوقی شده بگردن فردا بر،

„Schlug heut dein Wunsch dir fehl — nun, morgen[2] wirst du
  Gewiss in's Reich der Väter heim gelangen!
Viel tausend Mal wird so der Menschen Hoffnung
  Als Halsschmuck ja dem „morgen“ umgehangen!“

i) ʿAufî:

شاخ بید سبز گشته روز باد   چون یکی مست نوان سرنگون
[3]لعل برگ لعله بنگر بامداد   چون سر شمشیر آلوده بخون،

„Es ist der Weide grüner Zweig am Tag des Sturmes anzuschauen
  Gleich einem Trunknen — denn er schwankt wie der und hat das Haupt gesenkt.
Und schau, rubinenroth ist schier der Tulpe Blatt im Morgengrauen,
  Der Spitze eines Schwertes gleich, das ganz und gar mit Blut getränkt!“

---

1 wörtl.: und jener Becher, auf den jener Wein seinen Schatten geworfen, d. h. den er sich zum Wohnsitz erwählt. 2 Die reizende Zweideutigkeit dieser Verse liegt in dem Doppelsinn von فردا „morgen“ und „am jüngsten Tage“. 3 Der Text hat: لاله برگ لعل.

k) 'Aufî.

زاد مردئ مرد دانی چیست   باهنرتر زخلق گویم کیست.
آنکه با دوستان بداند ساخت   وآنکه با دشمنان تواند زیست،

„Weisst du, wie sich ächt bewährt der Mann?[1]
Wer der Menschen Trefflichster? hör' an!
Der da umzugehn versteht mit Freunden
Und der selbst mit Feinden leben kann."

l) Safîn.

دیوان شعر من ملك تیغ زن بدید
بر شعر من زهی طرب آورد ومی کشید،

„Als der Fürst, der just das Schwert zog, meinen Liederdîwân sah,
Flugs zu meinen Versen tanzt' er, flugs zum Weine griff er da!"

---

1 wörtl.: „Worin die Wegkost der ächten Männlichkeit für den Mann besteht?"

III.

DER

GRUNDSTAMM DES STARKEN VERBUMS IM SEMITISCHEN

UND SEIN VERHÄLTNISS ZUR WURZEL.

EIN BEITRAG

ZUR VERGLEICHENDEN GRAMMATIK DER SEMITISCHEN SPRACHEN

VON

FRIEDRICH WILHELM MARTIN PHILIPPI.

Die bisherigen Resultate der vergleichenden Grammatik der semitischen Sprachen leiden noch an grosser Unsicherheit. Wir besitzen weder ein auch nur in seinen Hauptzügen allgemein als richtig anerkanntes Bild von der semit. Grundsprache, noch einen klaren Einblick in die Entwickelung der Formen der einzelnen semit. Sprache aus jener oder das Verhältniss der einzelnen semit. Sprachen zu einander. Stimmen doch z. B. die meisten Forscher noch nicht in einer so wichtigen Frage der vergleichenden semit. Grammatik überein, wie der nach der Grundform des Grundstammes des dreiconsonantigen starken Verbums, des Stammes, welcher der ganzen übrigen Entwickelung des starken, und da ja bekanntlich das starke Verbum den Typus für das schwache hergiebt, des Verbums im Semitischen überhaupt zu Grunde liegt. Der Hauptgrund dieser Erscheinung dürfte in der Art und Weise der bisherigen Behandlung semitischer Sprachvergleichung liegen. Sprachvergleichung ist nämlich hier bisher hauptsächlich in den Grammatiken der einzelnen Sprachen betrieben. Nun soll sich ja freilich heut zu Tage auch die wissenschaftliche Grammatik einer einzelnen Sprache auf dem Grunde solider vergleichender Studien aller dieser einzelnen verwandten Sprachen erheben. Indess bei vorzugsweiser Behandlung einer einzelnen Sprache drängt sich diese naturgemäss dem Forscher immer in den Vordergrund, und wo wie hier noch nicht durch eine alle semit. Sprachen gleichmässig umfassende vergleichende Grammatik sichere Grundlagen für die wissenschaftliche Behandlung der einzelnen Sprachen gelegt sind, liegt daher die Gefahr nur zu nahe — der unseres Erachtens die wenigsten Forscher entgangen zu sein scheinen — nicht überall das Verhältniss der einzelnen Sprache zu den verwandten und zur Grundsprache genau abzuwägen, sondern nur zu oft von vorn herein und im Gegensatz zum wirklichen Thatbestand die einzelne gerade zu behandelnde Sprache als die relativ ursprünglichste anzusehen und in der Darlegung der Entwickelungsgesetze dieser Sprache von ihren Formen als den der Grundsprache am nächsten stehenden auszugehen, oder doch als Ausgangspunkt für die Formen der einzelnen Sprache Grundformen oder Formen der Grundsprache aufzustellen, welche eine allseitigere und so zu sagen unpartheiischere Betrachtung aller einschlagenden Sprachen nicht als solche gelten lassen kann. Den Beweis für die Richtigkeit dieser Behauptung wird die folgende Abhandlung ergeben, in der unter gleichmässiger Berücksichtigung aller semit. Sprachen jener schon erwähnte für die vergleichende semit. Grammatik wichtige Punkt, nämlich „der einfache oder Grund-Stamm des starken — zunächst des dreiconsonantigen starken Verbums — und weiter sein Verhältniss zur Wurzel“ behandelt und so versucht werden soll, die auch hier noch herrschenden Unsicherheiten und Unklarheiten wenn nicht zu beseitigen, so doch zu verringern.

Der einfache Stamm des dreiconsonantigen semit. Verbums ist derjenige, welcher nur aus den drei jetzt fast allen semitischen Wurzeln eigenen Radicalen besteht im Gegensatz zu allen übrigen Stämmen, welche entweder durch Wiederholung eines oder mehrerer Radicale oder Hinzutritt neuer Bildungselemente entstanden sind. Daher ihn die jüdischen Grammatiker nicht mit Unrecht קל den leichten nannten gegenüber den כבדים, den durch Bildungszusätze beschwerten.[1] Wir bezeichnen ihn aber auch als Grundstamm, weil er allen übrigen zu Grunde liegt, alle andern sich nicht direct aus der Wurzel sondern erst aus ihm entwickelt haben.[2] Denn dass die Stämme kattab und kâtab — wir bedienen uns hier wie im Folgenden des in hebräischen wie arabischen Grammatiken gewöhnlichen Paradigmas katab; dass aber jene Formen die Grundformen dieser Stämme bilden, können wir hier nicht weiter begründen, ist übrigens auch ziemlich allgemein anerkannt — aus einem katab hervorgegangen, bedarf keines weiteren Nachweises. Aber auch die im Arabischen als IX, VIII, VII Form bezeichneten Stämme gehen nachweisbar auf unser katab zurück. Das arabische اِكْتَبَّ ('iktabba) ist zweifelsohne nach einem im Arabischen häufigen Lautgesetze, den Vocal des ersten Radicals am Anfang des Worts in offner Sylbe vor dem Ton abzuwerfen und dem vocallosen Consonanten dann ein mit i vocalisirtes 'Elif vorzusetzen, aus katabba entstanden. Darnach ist aber ein اِكْتَبَبْتَ ('iktababta) aus katababta hervorgegangen, und wir erhalten so als Grundform für's Arabische ein katabab also katab + ab, offenbar die Form der semit. Grundsprache, welche die übrigen semitischen Sprachen, da sie die identischen Laute nicht contrahirten, zu einem katbab verkürzten.

---

1 Kimchi מכלול p. 19. 2 Anders Ewald: Ausf. Lehrb. der hebr. Sprache § 126ᵃ 127ᵃ u. Dillmann: Grammatik der aeth. Sprache p. 130.

So hebräisch רִבְּנֵן cf. קוֹנֵים (aus קִנְנֵים), aram. ܦܰܘܫܶܩ, ܢܽܘܟܪ̈, aeth. ደምሰሰ፡ etc.[1] Das arab. اِكْتَتَبَ ('iktataba) ist ferner unbestritten aus اِتْكَتَبَ ('itkataba) entstanden = dem aram. 'etk^{e}teb. Auch hier behandelt aber das Arabische das 'Elif durchaus als prosthetisches, was sich bekanntlich an seiner eventuellen Waṣlirung zeigt, und wir haben daher nach dem zur neunten Form schon Bemerkten als arab. Grundform ein takatab anzusetzen, offenbar die ursemitische Grundform aus ta + katab, welche das Aeth. im Perf. dieses Stammes noch in ursprünglichster Gestalt besitzt ተሀቀበ፡, während es seinem Imperf. die arab. aram. Formation zu Grunde legt.[2] Ebenso ist das arab. اِنْكَتَبَ ('inkataba), gleichfalls wieder mit prosthetischem 'Elif, nothwendig auf ein nakatab = na + katab zu reduciren, der semit. Grundform, welche das Hebr. im Perf. zu naktab (jetzt niktab) zusammengezogen hat, während sein Impf. gleichfalls von der arab. Form (nur mit dem im Hebr. und Westaramäischen beliebten ה für א) ausgeht.[3] Nach Analogie dieser Formen dürfen wir schon von vorne herein auch für die Causativstämme saktab resp. 'aktab ein sakatab = sa + katab, 'akatab = 'a + katab als Grundformen ansetzen, was uns aufs Eclatanteste durch Vergleichung amharischer Formen wie አስቀመጠ፡[4] mit aethiopischen wie ሰንቀወ፡ bestätigt wird. So gehen also alle anderen Verbalstämme — denn die übrigen hier nicht erwähnten haben immer einen dieser zur Voraussetzung, — von einer Form katab aus. Diese ist aber die ursprünglichste Form unseres Stammes, die Form auf welche sich alle verschiedenen Formen dieses Stammes in den einzelnen semit. Sprachen zurückführen lassen, die Grundform oder Form der semit. Grundsprache. Ihr zur Seite stehen die beiden intransitiven Stämme katib und katub. Gegen unsere Beweisführung verschlägt selbstverständlich die Thatsache nichts, dass jetzt öfter neben den abgeleiteten Stämmen kein einfacher mehr existirt, oder

---

1 cf. Dillmann l. c. p. 109, auch § 77; Stade: Ueber den Ursprung der mehrlautigen Thatwörter der Ge'ezsprache p. 29 flgd. 2 cf. Dillmann l. c. p. 124, auch § 97. 3 Es ist also durchaus unbegründet, als ursprüngliche Formen des Refl. Praefixes mit Dillmann u. a. ein 'it und 'in aufzustellen (Dillmann l. c. § 80) und ta und na erst als Abschwächungen dieser anzusehen; cf. auch V und VI im Arab., wo sich doch ein 'it im Verhältniss zu ta klar als secundär erweist. Wohin man aber geräth, wenn man auch im Semitischen keine Sprachvergleichung üben will, zeigt uns hier recht klar Nägelsbach (Hebr. Gramm. 2. Auflg. § 18) nach dem נִקְטַל aus ursprünglichem הִנְקְטַל, das zu הִקָּטֵל, נִקָּטֵל, יִקָּטֵל sich entwickelte, entstanden sein soll. 4 cf. Isenberg: Grammar of the amharic language p. 53 flgd.

dass die abgeleiteten Stämme jetzt öfter eine ursprünglichere Bedeutung bewahrt haben als der einfache, ja dieser selbst denominativ oder deverbal, d. h. aus einem abgeleiteten Stamm erst wieder rückgebildet sein kann.[1] Allerdings halten viele Sprachforscher, welche mit Recht das auslautende a der dritten pers. masc. Perf. im Arab. und Aethiop. für ursemitisch erklären, dieses a für ursprünglichen Stammesauslaut und stellen daher als Grundform unseres Stammes ein kataba (katiba, katuba) auf.[2] In der dritten pers. masc. Perf. habe sich dieser Auslaut erhalten und sei nun charakteristisches Zeichen dieses Tempus im Gegensatz zum Impf. geworden; im Impf. aber habe er schon in der semit. Grundsprache den Subjunctiv bezeichnet im Gegensatz zu dem u des Indicativs, das sich aus ihm erst verfärbt, im Nomen seien aber daraus die drei Casus-Zeichen entstanden.[3] Allein daraus, dass der erste und zweite Radical dieses Stammes mit einem Vocal versehen ist, folgt doch noch keinenfalls, dass nun auch der dritte ursprünglich vocalisirt gewesen sein müsse. Und das ist eigentlich das einzige Argument für diese Behauptung. Wenn aber die Casus-Zeichen ganz entschieden nicht auf diese Weise entstanden sind, sondern analog dem Indogermanischen durch Anschmelzung selbständiger Wörtchen an den Nominalstamm,[4] so dürften wir auch für die Modusvocale des Impf. und den Auslaut des Perf. von vorn herein eher eine analoge Entstehung annehmen. Ein entscheidendes Argument aber gegen jene Erklärung des auslautenden a des Perf. sehen wir darin dass wir nirgends mehr in den Personen mit consonantisch anlautendem Afformativ des Perf. ein zwischen Afformativ und Perfectstamm lautendes a antreffen. Wenn aber z. B. die zweite pers. Perf. aus kataba + ta entstanden wäre,[5] so sollten wir nach den Bildungsgesetzen des Semitischen eigentlich noch in fast allen semit. Sprachen hier jenen Zwischenlaut erwarten. Denn wenn auch bei Präfigirung von Wörtern der erste Radical des Stammes öfter zu engerer Verschmelzung des Praefixes mit dem Stamm seinen Vocal aufgiebt (conf. oben saktab, 'aktab aus sa + katab etc., naktab aus na + katab; beachte auch hebr. לִכְתֹּב aus לְכְתֹב), so sehen wir doch überall sich den auslautenden Vocal eines Wortes im Schutze engster Verbindung mit einem

---

1 Ewald l. c. § 126. 2 So Bickell: Grundriss der hebr. Sprache § 63; Schleicher: Abhandlungen der K. S. G. der W. W. 1865 p. 515; Fr. Müller: Sitzungsbb. der K. Ac. der W. W. zu Wien 1869, pp. 513; 525. 3 So bes. Schleicher l. c. p. 515. 4 cf. meine Abhdlg. über Wesen und Ursprung des Stat. constr. im Hebr. Thl. II § 6. 5 cf. Fr. Müller l. c. p. 525.

folgenden Wort oder Wörtchen erhalten.[1] Das auslautende a der dritten pers. masc. sing. kann demnach nicht etwa in den anderen Personen zwischen Stamm und Afformativ ausgefallen sein, was schon die arab. Grammatiker annahmen,[2] es muss vielmehr hier, sofern es überhaupt Tempuscharakter und nicht etwa Personenzeichen ist, erst zu einer Zeit entstanden sein, wo die Personenzeichen der ersten und zweiten pers. mit dem consonantisch auslautenden Stamm schon zu einer Worteinheit zusammengeschmolzen waren, wo also z. B. aus katab + ta schon katabta geworden. Man wird sich dieser Auseinandersetzung gegenüber doch kaum auf mandäische Formen wie אלבֵּשִׁיתן[3] berufen und ebensowenig in dem ô hebräischer Formen wie סַבּוֹתָ die letztenSpufen eines ursprünglich überall zwischen Afformativ und Stamm lautenden a sehen wollen. Dass diese hebr. Formen erst verhältnissmässig späte specifisch hebr. Bildungen sind, zeigen klar die ganz analogen Formen dieser Wurzeln im Vulgärarab. in ihrem Verhältniss zu den entsprechenden Formen des Altarabischen.[4]

Wenn einige Forscher, wie wir eben sahen, dem dritten Radical der Grundform dieses Stammes einen Vocal geben wollen, der ihm nicht zukommt, so wollen wiederum andere dem ersten seinen Vocal nehmen, den er gewiss von Anfang an besessen. Nach Ewald[5] nämlich sollen sich Verbum und Nomen von Anfang an durch den Sitz des sogenannten Stamm- oder Sinnvocals unterschieden haben. Im Nomen soll derselbe seine Stelle in der ersten Sylbe (Grundform daher katb), im Verbum stets in der zweiten (Grundform also ktab) gehabt haben. Diese nach hinten drängende Aussprache des Verbums soll das Bewegen, das Treiben, den Verbalbegriff, jene des Nomens das sich Zurückziehen, in sich Ruhen und Abgeschlossensein, also den Nominalbegriff zum Ausdruck bringen. Daher auch, wie man aus dem Nordsemitischen sehe, ursprünglich die zweite Sylbe des Verbums überall betont gewesen (katáb). Ganz ebenso urtheilen Dillmann,[6] Schrader,[7] Böttcher[8] u. a. Darnach hätte das Aram. in seinem כְּתַב die ursprünglichste Form dieses Stammes

---

1 conf. den sog. Bindevocal vor Suffixen des Nomens wie Verbums, der sich überall als ursprünglicher Auslaut des voraufgehenden Worts zu erkennen giebt, der ausserhalb solcher engen Verbindung abgefallen ist, s. m. o. a. Abhdlg. p. 129 flgd. 2 cf. Alfijjah ed. Dieterici p. 9. Z. 12. 3 cf. Merx: Gramm. syr. p. 268. 4 cf. Caussin de Perceval: Grammaire arab. vulg. trois. edit. p. 44 flgd. 5 l. c. § 119[b] u. [d], auch § 148 flgd. 6 l. c. § 76. 7 De linguae aethiopicae indole universa p. 46. 8 Ausf. Lehrb. der hebr. Sprache § 545, auch § 552; cf. auch Fried. Delitzsch: Studien über indog. semit. Wurzelverwandtschaft p. 36 Anm. 1. und Steinthal: Charakteristik der hauptsächlichsten Typen des Sprachbaus p. 258.

bewahrt.[1] Allein wenn das Arabische, dessen ursprünglicher Vocalismus notorisch ist, beide Radicale stets gleichmässig vocalisirt, wenn alle semit. Sprachen mit Ausnahme des Aramäischen diese Form zeigen, wenn die Vocalarmuth des Aram. offenbar den Eindruck späteren Verfalls macht, so fragen wir billig nach den Beweisgründen für jene Annahme. Man berufe sich nicht darauf, dass der für die Bedeutung dieses Stammes charakteristische Vocal in allen semit. Sprachen der zweiten Sylbe angehört (katab, katib, katub). Denn daraus könnte man höchstens folgern, dass diese Sylbe ursprünglich den Hauptton gehabt — obwohl sich uns übrigens auch diese Schlussfolgerung sogleich als unrichtig ergeben wird — keineswegs aber die Unursprünglichkeit des Vocals der ersten. Und diese Annahme verliert dadurch ihren letzten Halt, dass wir die Form katab als die auch dem Aram. ursprünglich eigene mit voller Sicherheit erweisen können. Die dritte pers. sing. fem. wie die erste sing. des Perf. lauten bekanntlich im Aram. ܩܶܛܠܰܬ݂ resp. קְטַלַת daneben im späteren Chald. auch כַּנְשַׁת, כַּשְׁרַת, und ܩܶܛܠܶܬ݂ resp. קְטָלֵת, und die dritte sing. masc. dieser Zeitform mit Suffixen ܩܰܛܠܶܗ, ܩܰܛܠܳܟ݂ resp. קְטָלֵהּ, קְטָלָךְ. Nun lesen wir zwar noch in den meisten Grammatiken des Aramäischen, dass in diesen Formen nach Abfall des Stammvocals, mit dem der mittlere Radical versehen, ein Hülfsvocal i (e) oder a für den ersten angenommen sei.[2] Allein wenn uns auch solche grammat. Erklärungen bei den jüdischen Grammatikern nicht befremden können, so sollten doch moderne Sprachforscher dergleichen nicht mehr behaupten. Denn es ist doch nicht recht denkbar, dass falls ḳᵉṭal die aram. Grundform war, die Sprache in den betreffenden Formen den Stammvocal ausgeworfen haben sollte, um dadurch eine völlig unaussprechbare Form (ḳᵉṭᵉlat) zu gewinnen, die sie durch Annahme eines Hülfsvocals erst wiederum aussprechbar machen musste. Von einer Grundform ḳᵉṭal aus hätten wir nur Formen wie ḳᵉṭalat etc. erwarten können, Formen die sich in der That im bibl. Aram. bei mittlerem i so: בְּטֵלַת, קְטִילַת etc., im späteren Chald. auch bei mittlerem a יְדַעַית, טְעַיַּית und ganz gewöhnlich bei mittlerem i und u: סְלִיקַת, חֲרוּבַת neben jenen anderen finden.[3] Jene lassen sich aber nur von einer Grundform ḳaṭal oder katab aus erklären, — und von ihr aus mit Leichtigkeit —

1 So in der That Schrader l. c. p. 46 u. Fürst: Lehrg. der aram. Idiom. pp. 80. 81. 104. 2 cf. Fürst l. c. § 121; Winer: Gramm. des bibl. und targ. Chald. § 11, 6; Uhlemann: Grammat. der syr. Sprache 2. Ausg. p. 22; Hoffmann: Grammat. syriac. libri III, § 37; cf. auch § 66 wo für die Formen ܩܰܛܠܶܗ etc. Transposition des Vocals angenommen wird. Das Richtige hat dagegen Merx l. c. § 36, § 50, IV. 3 cf. Merx l. c. p. 251. 258.

nach folgenden zum Theil auch in anderen semit. Sprachen nachweisbaren Lautgesetzen: In offner Vortonsylbe fiel hier der kurze Vocal aus, daher aus ḳaṭal ein ḳ^{e}ṭal wurde; gingen aber zwei offne Vortonsylben beide mit kurzem Vocal der Tonsylbe voraus, so traf der Vocalverlust der Regel nach — von der es aber, wie wir schon sahen, Ausnahmen giebt, wo der Vocal der ersten Sylbe ausfiel — die zweite Sylbe,[1] demnach ward aus ḳaṭalat ein ḳaṭlat (ḳaṭ^{e}lat), gewöhnlich weiter mit Schwächung des a zu i, resp. e, ḳiṭlat (ḳiṭ^{e}lat) ḳeṭlat, aus ḳaṭalēh ein ḳaṭlēh (ḳaṭ^{e}lēh) etc. Wenn nun aber von jener Grundform die Form ḳ^{e}ṭal wie die im Ganzen selteneren Formen ḳ^{e}ṭalat etc. wenn auch nicht an sich nothwendig, so doch gleichfalls leicht und ungezwungen, wie wir hier schon erkannten, abgeleitet werden können, so müssen wir auch für das Aram. als Grundform dieses Stammes die Form ḳaṭal, resp. katab ansetzen. Wenn sich demnach aus sämmtlichen semitischen Sprachen als Grundform dieses Stammes die Form katab ergiebt, so müssen wir unseres Erachtens ebensogut für den ersten als den zweiten Vocal dieses Stammes volle Ursprünglichkeit in Anspruch nehmen, und jene von Ewald aufgestellte Unterscheidung zwischen Nominal- und Verbalstamm ist vollständig hinfällig. Die Formen katab — übrigens, wie wir noch sehen werden, gleichfalls eine ursprüngliche Nominalform — und katb unterscheiden sich nur durch die Ein- resp. Zweisylbigkeit des Stammes. Diese Behauptung wird zu voller Evidenz erhoben durch den gleich zu führenden Nachweis, dass der Hauptton dieser Form ursprünglich nicht wie jene Forscher annehmen, und wie man auch bei ihrer Annahme nur erwarten könnte, auf der Ultima, sondern der Paenultima geruht hat. Schon Olshausen[2] hat darauf hingewiesen, dass die hebr. Verbalformen wie כָּתְבָה und כָּתְבוּ sich im Vergleich mit den analogen Nominalformen: כְּתָבָה und כְּתָבִים, und mit denselben aber mit Suffix versehenen Verbalformen wie כְּתָבַתְנִי und כְּתָבוּנִי nur aus einer ursprünglich verschiedenen Betonung dieser Formen erklären lassen. In der That war die noch jetzt im Arab. herrschende Betonung ursemitisch, sprach man ursprünglich kátabat und kátabû, aber im Nomen mit seiner gewiss ursprünglichen Flexionsendung katábatun, katabína, so erklärt sich leicht wie im Hebr. bei Rückgang des Tones in den betreffenden Verbalformen auf Ultima, im Fem. des Nomens auf Paenultima — indem hier die Flexionsendung nicht schwer genug war, um den Accent auf sich zu

1 So auch in hebr. קָטְלָה, קָטְלוּ, anders dagegen in קְטָלוֹ, דְּבָרִים, dagegen wieder in דִּבְרֵי, natürlich nicht aus דְּבָרֵי sondern aus דַּבְרֵי zu erklären, gleichfalls mit Schwächung des a zu i, doch conf. daneben: כַּנְפֵי, מַלְכֵי etc.
2 Lehrb. der hebr. Gramm. p. 474.

ziehen, — die erste ursprünglich betonte Sylbe der Verbalformen noch den Nebenton hielt und so aus kátabat, kátabû, ein kátabàt (kát^{e}bàh), kátabù (kát^{e}bù) wurde, im Fem. des Nomens aber die nunmehr unmittelbar auf die Tonsylbe folgende Flexionsendung abfiel, die ursprünglich betonte Sylbe dagegen als Vorton blieb und so aus katábatun ein katabátun, k^{e}tābáh entstand, im Plur. des Nomens endlich, wo der Accent auf derselben Sylbe bleiben musste, das auslautende a hinten abfiel und von den beiden der Tonsylbe voraufgehenden unbetonten offenen Sylben die dem Hauptton am meisten entfernte ihren Vocal verlor, die zweite als Vorton sich erhielt, und so sich ein katabína zu einem k^{e}tábîn (k^{e}tābîm) entwickelte. Nach dem Gesagten bedarf es aber keiner weiteren Erklärung wie ein ursprüngliches katabátnî und katabûnî zu einem k^{e}tābátnî, k^{e}tābûnî wurden. Darnach erhalten wir aber für unsere Grundform die ursemitische Betonung kátab (kátib, kátub). Lag ferner der Ton ursprünglich auf Ultima, so sollte doch aus einem katáb im sogen. Ziel- oder Einwirkungsstamm ein katâb, nicht aber ein kâtab — die Grundform dieses Stammes offenbar mit ursprünglicher Betonung in der ersten Stammsylbe (kâtab) — hervorgegangen sein. Nach Ewald sollten wir eine solche Form eher im Nomen erwarten, während wir — für jene Forscher unseres Erachtens unerklärlicher Weise — gerade im Nomen Formen wie katâb (cf. كِتَاب — כְּתָב) antreffen. Weiter scheint uns der Abfall des na resp. n in der dritten plur. masc. Perf., der sich in allen semit. Sprachen findet und daher jeden Falls schon ursemitisch ist, darauf hinzuweisen, dass man im Plural nach Analogie des Singulars den Accent möglichst nach vorn zog[1]. Endlich erklären sich unseres Erachtens hebr. Formen wie כִּתֵּב (kittēb) הִכְתִּיב (hiktîb) und auch כּוֹתֵב (kôtēb) nur von ursprünglich auf der ersten Stammsylbe betonten Formen, von einem káttab (káttaba), háktab (háktaba), kâtab (kâtaba) aus, die letzteren Formen haben aber alle ein kátab zur Voraussetzung[2]. Denn lag der Ton in dem Grundstamm und daher in diesen von ihm derivirten Stämmen ursprünglich auf Ultima, so lässt sich die Schwächung des a zu i in dieser ursprünglichen Tonsylbe der Formen schlechterdings nicht erklären. War dagegen ursprünglich die erste Stammsylbe betont, so leuchtet von selbst ein, wie leicht sich in der auf die schwer betonte erste folgenden zweiten das a zu i senken konnte, also aus káttab, háktab, kâtab zunächst ein Káttib (káttiba),

1 Es mag hier das Streben mitgewirkt haben, die Verbalformen von den ursprünglich ganz ebenso lautenden Nominalformen zu differenziren. 2 Dass aber die Grundformen dieser Stämme mit a in beiden Sylben vocalisirt waren, darüber vgl. schon oben p. 72.

háktib (háktiba), kátib (kátiba) wurde, Formen wie sie uns ja noch das Aram. zum Theil darbietet, im Syrischen auch noch mit dem Accent auf der ersten Sylbe[1]. Indem nun aber weiter im Hebr. der Accent auf die zweite Stammsylbe zurückging, musste sich nach einem im Hebr. fast durchgehenden Gesetze das a in der jetzt unbetonten geschlossenen ersten Sylbe zu i schwächen, also aus einem káttib, háktib, ein kattíb, haktib (haktíb) und dann weiter ein kittib (kittéb), hiktíb werden. Wir sehen, das Arab. bietet uns auch hier wieder in seinem káttaba und 'aktaba das Ursprünglichste dar, das Aethiop. steht ihm in Bezug auf die zweite Form gleich ('ámsala), hat aber in der ersten Form die ursprüngliche Betonung schon abgeändert (faṣṣáma), dann folgt hier das Aram. und erst an letzter Stelle das Hebr. Nach dem Gesagten dürfen wir aber nicht mehr von einer arab. Eigenthümlichkeit reden, den Accent im Grundstamm und den derivirten Stämmen auf die erste Sylbe, weil die vorletzte kurz sei, zurückzuziehen. Auf den ersten Blick kann darnach allerdings befremden, dass der characteristische Vocal des Perfects (a, i, u) nicht in der Tonsylbe steht. Allein der Sitz dieses Vocals erklärt sich vollständig aus dem Verhältniss der intransitiven zur passiven Form. Die der transitiven mit a der zweiten Sylbe der Form wie Bedeutung nach entgegengesetzteste Form ist bekanntlich die mit u (katub), während die Form mit i (katib) zwischen beiden in der Mitte steht. Nun liegt die formale wie materiale Verwandtschaft der u-Form mit der passiven auf der Hand, — die formale, denn beide haben den Passiv-Charakter u (katub, kutab) und die eine ist offenbar nur die Umkehrung der anderen, — die materiale, denn beide bezeichnen das Passive, die eine allerdings nur das Halbpassive, die andere das volle Passiv. Darnach ist es aber doch ebenso erklärlich wie von der Sprache sinnig angeordnet, dass, obwohl beide den Charakter-Vocal u haben, dieser in der halbpassiven Form an zweiter unbetonter Stelle steht im Gegensatz zur vollen Passiv-Form, wo er die erste betonte einnimmt. Und selbstverständlich steht nun in der Form mit mittlerem i nach Analogie der u-Form der charakteristische i-Vocal gleichfalls in der zweiten unbetonten Sylbe.

Demnach glauben wir erwiesen zu haben: Die der semitischen Grundsprache angehörige Form des ersten oder Grundstamms lautete: kátab (kátib, kátub). Das Arab. hat in Betonung wie Form die ursprüngliche Form bewahrt, das Aethiop. wenigstens in der Form[2], das Hebr. wie Aram. haben den Ton und damit die Form verändert.

---

1 cf. Merx l. c. § 38, auch p. 220. 2 wenigstens was die transitiven Stämme mit mittlerem a betrifft, von denen hier überall zunächst die Rede ist.

In beiden ging der Ton auf die zweite Stammsylbe zurück, in der offenen Vortonsylbe fiel dann im Aram. der Vocal der ersten Sylbe weg, dehnte sich dagegen im Hebr. zu langem ā (כָּתַב, כְּתַב)[1].

Es taucht nun aber die schwierige Frage auf: Haben wir in der Stammform katab noch eine Wurzel vor uns — wie ja im Indogermanischen oft die Wurzel zum Verbalstamm erhoben ist, cf. z. B. die sogen. zweite Verbalclasse des Sanskrit[2] — oder aber eine aus der Wurzel schon entwickelte Wortform? Zur Beantwortung dieser Frage werden wir etwas eingehender das Verhältniss von Wurzel und Wort sowie die Art der Entwickelung dieses aus jener darlegen müssen.

Man spricht heut zu Tage noch öfter von Mehrsylbigkeit der semitischen Wurzeln und stellt unseren Stamm als eine solche mehrsylbige Wurzel auf[3], indess wenigstens meist zugestandener Massen nur in uneigentlichem Sinn, indem man die ursprüngliche Gestalt der Wurzel nicht mehr eruiren zu können erklärt und daher unsere Form als die relativ ursprünglichste die Stelle der Wurzel einnehmen lässt. Eine Form k^{e}tab aber im Verhältniss zu katab als Wurzel auszugeben, wie Nägelsbach thut[4], entbehrt jedes stichhaltigen Grundes. Wollte man sich dafür auf hebr. Formen wie niktab oder hiktîb berufen, denen doch eine Wurzel k^{e}tab zu Grunde liege, so haben wir ja schon oben erkannt, dass auch diese Formen von dem Stamm katab ausgegangen sind. Nach der jetzigen Ausbildung der semitischen Sprachen liegt, wie schon W. v. Humboldt[5] klar erkannte, die Wurzel hier lediglich in den Consonanten des Worts, der Vocal dient überall schon der Wortbildung. So besteht die Wurzel von katab in den drei Consonanten ktb, die beiden vom Standpunkt der jetzigen Sprache aus sich hinsichtlich der Ursprünglichkeit völlig gleichstehenden Vocale bilden diesen Wortstamm aus der Wurzel im Gegensatz zu einem katib, katub, kutab, katb, kâtib, katîb etc. Die Bedeutung der Wurzel haftet hier also nur an den Consonanten, jeder Vocal fügt der Bedeutung eine Beziehung hinzu. Und während jede Wurzel des Indogermanischen auch ihren bestimmten Wurzelvocal hat, während also hier auch der Vocal eine Beziehung zur Bedeutung der Wurzel hat, hat er im Semitischen, — übrigens wohl verstanden vom Standpunkt der Sprache in ihrer jetzt vorliegenden vollendeten Gestalt aus — nur eine Bedeutung

---

1 Auf die Dehnung des jetzigen Tonvocals i und u im Hebr.-Aram. zu ē und ō können wir hier nicht weiter eingehen. 2 Bopp: Kritische Grammatik der Sanskr. Spr. §§ 271. 308. 3 cf. Schleicher l. c. 514. 15; auch Ewald l. c. § 4^{d} und Bopp: Vergleichende Grammatik 3. Ausg. I p. 206. 4 l. c. § 18. 5 cf. über die Verschiedenheit des menschlichen Sprachbaus § 23.

für die Beziehung derselben. Darnach ist wenigstens vom jetzigen Standpunkt der Sprache aus unser Stamm katab schon eine Wortform. Auch lässt uns die Sprache in gar keinem Zweifel, welche Bedeutung sie dieser Wortform, — sobald sie wenigstens als solche, durch das Princip der innern Flexion von andern unterschieden, auftrat — beigelegt. Es bedarf ja kaum mehr eines Nachweises, dass die Participia unseres Grundstamms ursprünglich lautlich vollkommen mit der in Rede stehenden Grundform dieses Stammes übereinstimmten [1]. Nun hat zwar Ewald [2] mit grosser Emphase behauptet, dass das Particip. erst vom Perf., wie der Infin. vom Impf. und nicht umgekehrt abzuleiten. Indess wird, denke ich, zunächst „jeder etwas Nachdenkende" leicht einsehen, dass wenigstens für das Verhältniss von Impf. und Inf., — falls dieselben überhaupt zusammenhängen — eher das Umgekehrte zu statuiren. Denn wenn wir einen arab. Infin. wie كُتْبٌ mit einem hebr. כְּתֹב, mit Suffix aber כָּתְבִי vergleichen, so ist es unwidersprechlich klar, dass das Arab. die Grundform des Infin. kutb darbietet. Nun könnte wohl aus einem ja + kutb ein jaktub (jiktōb) hervorgegangen sein; wie aber aus einem jaktub ein kutb entstanden sein soll, ist nicht recht zu begreifen, oder aber man müsste auch einer aram. hebr. Nominalform wie כְּתַב (גְּבַר), vor einem arab. katb (cf. hebr. גֶּבֶר, גַּבְרִי) Priorität und Ursprünglichkeit einräumen. Darnach dürften wir aber schon von vorn herein für das Verhältniss von Perf. und Partic. gleichfalls eher das Umgekehrte vermuthen. Die Ewaldsche Aufstellung leidet zunächst in der That an grosser Unklarheit. Denn nach Ewald ist der Grundstamm katab gleichfalls nicht mehr Wurzel sondern aus der Wurzel herausgebildeter Verbalstamm. Ein solcher Verbalstamm aber, der doch noch nicht selbst ein Verbum ist, kann doch nur einem infinitivischen oder participialen Nomen gleichen. Und nun bei der vorhandenen ursprünglichen Uebereinstimmung von Partic. und Perf. dem letzteren die Priorität zuerkennen, heisst gerade so viel als etwa behaupten, die Nominalform bôdha im Sanskrit sei erst aus der Verbalform bôdhati herausgelöst. Dazu kommt, dass das Perf. in der dritten sing. fem. wie in der dritten plur. entschieden ursprüngliche Nominalformen darbietet [3], was sich doch nur bei Hervorgang unseres Stammes aus einer ursprünglichen Nominalform befriedigend erklärt. Auch spricht entschieden für uns die ganz analoge Art und Weise, in der sich im Neusyrischen aus Participialformen neue Verbalformen herausgebildet haben [4]. Es ist demnach

---

1 cf. m. o. a. Abhdl. p. 168 flgd. 2 l. c. §§ 148. 150. 3 s. m. o. a. Abhdlg. p. 168. 169. 4 Nöldeke: Neusyr. Gramm. § 102 flgd. auch p. 314. 335.

ganz unzweifelhaft, dass die Sprache wenigstens in der Periode, wo sie ihre jetzige Formation erhielt und das Verbum sich entwickelte, unseren Grundstamm zunächst als eine participiale Form betrachtet und behandelt hat, und demnach im Semitischen das Verbum aus einer Nominalform hervorgegangen ist, wofür uns übrigens doch nicht nur das türk. sever und ein sanskr. dâtâ, dâtâras, sondern sämmtliche indog. Praesensstämme, die als Tempuscharakter ein ursprüngliches Nominalsuffix zeigen, wie bôdha, tuda, çukja, kinu[1] etc. eine treffende Analogie darbieten. Diese Ansicht über den Ursprung des semit. Verbums sprach schon Spinoza in seinem Compendium Grammatices linguae hebraeae aus und sie wird heut zu Tage von Benfey, Dietrich, J. Olshausen, Schleicher, Fr. Müller u. a. vertreten[2]. Dass wir übrigens damit nicht dem Nomen eine Priorität vor dem Verbum einräumen, ist schon in m. o. a. Abhdlg.[3] dargethan.

Eine andere Frage ist es nun freilich, wie sich diese Stammform nominalen Charakters zu ihrer bisher gefundenen vocallosen Wurzel, ein katab zu ktb verhalte? Es ist selbstverständlich, dass eine solche unaussprechbare Wurzel (ktb) kein geschichtliches Leben gehabt, niemals in der Sprache wirklich existirt haben kann. Sie ist eine reine Abstraction. Wäre also der jetzige Zustand des Semitischen der ursprüngliche, so würde daraus folgen, dass das Semitische nicht wie andere Sprachen, so z. B. das Indogermanische, von einer Wurzelperiode ausgegangen wäre, dass es nicht zunächst mit Schöpfung der Wurzeln begonnen, sondern mit der Wurzel immer zugleich schon das Wort geschaffen. Die Wurzel, dieses unaussprechbare und daher unausgesprochene Etwas, hätte der Seele des sprachbildenden Semiten gleichsam nur wie ein Bild vorgeschwebt, und sich erst in der bestimmten Gestalt des Worts seinen Lautkörper geschaffen, in ihr erst wirkliches Leben gewonnen. Diese Ansicht vertritt heut zu Tage besonders Renan[4]. Er theilt noch ganz die mystische Anschauung Fr. Schlegels[5] von der Entwickelung der Sprache, die wir die organische nennen können gegenüber der mechanischen, besonders von Bopp inaugurirten. Denn nach Renan ist es durchaus absurd „de supposer le langage d'abord ne possédant que des radicaux purs, puis arrivant par degrés

---

1 cf. Curtius: Zur Chronologie der indog. Sprachf. in d. Abhdlg. der K. S. G. der W. W. 1870 p. 226. 227. 2 cf. Benfey: Geschichte der Sprachwissenschaft etc. p. 692, cf. auch Sitzungsber. der K. A. der W. W. zu Wien 1869 p. 512 flgd. 3 p. 171 Anm. 1. 4 cf. s. histoire générale des langues sémitiques p. 428—447; vgl. auch Pott: Etymol. Forschungen 2. Auflg. II, 1 p. 95, der wenigstens die Möglichkeit einer solchen Sprachentwickelung zugesteht. 5 cf. Max Müller: Vorlesungen über die Wissenschaft der Sprache I. p. 184.

à la conquète de la grammaire (l. c. p. 443) ..... De là cette conséquence que ce n'est pas par des juxtapositions successives que s'est formé le langage; mais que semblable aux êtres vivants il fut dès son origine en possession de ses parties essentielles ..: . Tout y était (nämlich in der primitiven Sprache), mais confusément et sans distinction. Le temps seul et les progrès de l'esprit humain pouvaient opérer un discernement dans cette obscure synthèse et assigner à chaque élément son rôle speciale (l. c. p. 444. 45). Indem er nun gleichfalls die Wurzel der jetzigen Sprache lediglich in den Consonanten des Worts erkennt, ist ihm natürlich nach dem Gesagten dieser Zustand der Sprache zugleich der primitive und er bezeichnet es als eine charakteristische „manière abstraite dont les Sémites ont conçu une sorte de racine imprononçable attachée à trois articulations et se déterminant par le choix des voyelles (l. c. p. 429). So setzt er an die Stelle der Entwickelung der Sprache von einer niedern zu einer höhern Stufe. eine Art Abklärung von noch unbestimmten verwischten zu bestimmten klaren Formen. Wir brauchen diese Anschauung Renans nicht ausführlich zu widerlegen, — zumal nach der scharfen Kritik derselben — durch Steinthal[1], — da die Sprache sie selbst widerlegt. Denn die Sprache gibt uns auch in ihrer jetzigen Gestalt noch Fingerzeige genug, die uns darauf hinweisen, dass ihre jetzige Gestalt nicht die ursprüngliche gewesen, dass sie erst Resultat einer langen voraufgegangenen Entwickelung ist und dass ursprünglich auch hier die Wurzel vor dem Wort geschichtliches Dasein gehabt hat. Wir behaupten damit nicht, dass das Semitische ursprünglich auf dem Standpunkt des Chinesischen gestanden und von da etwa auf die agglutinirende Stufe der turan. Sprachen getreten, um schliesslich die höchste Stufe einer flectirenden Sprache zu erreichen, wie Max Müller in seinen oben citirten Vorlesungen über die Wissenschaft der Sprache den Entwickelungsgang jeder flectirenden Sprache auffasst. Der Gegensatz Renans gegen eine solche, wir möchten sagen äusserliche Auffassung bildet ein grosses Moment der Wahrheit in seinen Ausführungen. Müllers Auffassung bekundet in der That einen Rückschritt, in Vergleich mit W. v. Humboldts Darlegungen des Verhältnisses der verschiedenen Sprachstämme zu einander, in denen mit so grosser Feinheit gerade das individuelle Princip jedes Sprachstamms herausgestellt ist[2]. Denn das höchst eigenthümliche grammat.

---

1 Z. d. D. M. G. XI, p. 396 flgd., cf. auch ib. XXVII, p. 452. 453. 2 Humboldts Ansicht ist bekanntlich geläutert und weitergebildet von Steinthal in seiner Charakteristik der hauptsächlichsten Typen etc. Gegen Müller cf. auch Pott in Z. d. D. M. G. IX, p. 405 flgd.

System des Chinesischen ist in der That grundverschieden von dem ursprünglichen, grammatisch für unsere Erkenntniss wenigstens noch ganz indifferenten Wurzelstandpunkt der semit. oder indogerm. Ursprache[1].

Schon die alten arab. Grammatiker erkannten bestimmt und klar, — was älteren jüdischen Grammatikern erst unbestimmt und unklar vorschwebte[2], — dass ganze Reihen dreiconsonantiger Wurzeln zwei identische Laute aufweisen, welche sich als die Grundelemente dieser Wurzeln an denen der Grundbegriff der Wurzel haftet, darstellen. Sie nannten das Zusammentreten zweier Consonanten zu einer solchen Urwurzel تركيب oder تأليف, Zusammensetzung, Verbindung. So ergeben nach Baiḍâwi die Wurzeln فلح, فلج, فلق, فلذ, فلى den Terkîb فل, an dem der Grundbegriff des Spaltens, Aufmachens haftet[3], den Wurzeln aber دلك, دلج, دلح, دلع, دلف, دله liegt der Terkîb دل zu Grunde[4]. Die Richtigkeit dieser Beobachtung bedarf heut zu Tage keines Erweises mehr. Sämmtliche semit. Sprachen bieten uns in ausgedehntestem Maasse die Erscheinung dar, dass sich eine ursprünglich bilitterale Wurzel erst durch Hinzutritt eines neuen Elements zu einer trilitteralen erweitert hat, und zwar tritt das die Urwurzel erweiternde Element gewöhnlich hinten an, wie in den angeführten arab. Beispielen, kann sich aber auch vorsetzen (cf. نقط W. قط neben קטב, قطا, قطع etc., יקע W. קע neben קצע, קצה, קצר etc., אלם W. לם cf. لمّ etc.), ja selbst die beiden Grundelemente von einander trennen (cf. קוע W. קע; חוט W. חט neben חטט, חטר, חטב etc., גיל W. גל neben גלל, גלה etc., כרת W. כת neben כתת, כתר, כתם etc., شرق W. شق neben شقّ, سلم momordit W. سم neben سمط, سمر, سمع etc.). Eine treffende Analogie für diese semitischen Wurzelerweiterungen bietet uns bekanntlich das Indogermanische. Denn vergleichen wir Wurzelgruppen wie ja, ja-t, ja-bh, ja-s;

---

1 cf. Steinthal l. c. p. 107 flgd. 2 cf. Delitzsch: Jesurun etc. p. 181 flgd.; auch derselbe: zur Gesch. der jüdischen Poesie § 30 und Wissenschaft, Kunst, Judenthum p. 257 flgd. 3 cf. Beidhawii Comment. in Coran. ed. Fleischer p. ١٨ letzte Zeile und p. ١٩: وهذا التركيب وما يشاركه فى الفاء والعين نحو فلق وفلذ وفلى يدلّ على الشقّ والفتح. 4 l. c. p. ٥۴٨ Z. ۲ und ٣; cf. auch ib. Sur. 81. V. 1, wo es in Bezug auf das Wort كُوِّرَت heisst والتركيب للادارة والجمع = die Zusammensetzung von ك und و dient dazu das Drehen und Verbinden zu bezeichnen.

ad, da, da-k, da-p, da-r; ta-r, tra, tar-k, tar-p, tar-s, tar-gh; ma, ma-k, ma-r, mar-k, mar-g, mar-d, mar-dh etc.[1], so sehen wir auch hier ein durch jede Gruppe hindurchgehendes Grundelement, eine Urwurzel sich durch Antritt neuer Elemente erweitern. Allerdings findet sich im Indog. diese Urwurzel als solche noch neben ihren Erweiterungen in der Sprache, was, wie wir noch sehen werden, im Semitischen nie der Fall ist. Dagegen treten die erweiternden Elemente hier nur ans Ende der Urwurzel. Wenn aber in den angeführten indogerm. Beispielen die Urwurzel öfter durch zwei hinzutretende consonantische Elemente vermehrt wird (cf. z. B. ta-r-k; ta-r-p etc.), so finden wir auch dafür in den semitischen sogenannten Quadrilitteris eine treffende Analogie; cf. z. B. جَرْدَبَ aus W. gar + d + b; جَرْدَمَ aus W. gar + d + m; جَرْعَبَ aus W. gar + ʿ + b etc.[2] Bei dieser vollständigen Analogie der semit. und indogerm. Wurzelerweiterungen stehen wir nicht an, auch die ersteren mit dem für die letzteren von **Curtius**[3] erfundenen, nicht unpassenden Namen der „Wurzeldeterminative" zu benennen. Für die ganze vorliegende Untersuchung ist es nun aber von entscheidender Bedeutung festzustellen, ob einer solchen auf dem Wege der Analyse gefundenen zweiconsonantigen semit. Urwurzel wie etwa kt, Urwurzel von ktb nur eine ideelle und begriffliche oder aber eine reelle und zeitliche Priorität vor der aus ihr erweiterten dreiconsonantigen Wurzel zukommt, ob diese Urwurzeln „bloss theoret. Constructionen ohne wirkliches Dasein und Leben" sind, oder reale Wesen, Urwörter, die in der Schöpfungsperiode der Sprache für sich und zeitlich vor den erst aus ihnen erwachsenen existirten. In letzterem Falle müssen jene Urwurzeln selbstverständlich mit irgend welchem Vocal ausgesprochen sein wie etwa kat etc. Denn es ist ebenso absurd anzunehmen, dass die Sprache von einem kt, pr, br, wie dass sie von einem dreiconsonantigen „Lautungeheuer" ktb wirklich ausgegangen sei, — obwohl übrigens **Benfey** — allerdings unter allseitigem Widerspruch seiner Fachgenossen — für's Griechische Wurzeln wie γλ, κρ, κν etc. ansetzt.[4] Dass **Renan** unsern Urwurzeln nur begriffliche Priorität zuschreibt, kann nach seiner ganzen, schon dargelegten Auffassung vom Wesen und der Entwickelung der Sprache nicht befremden. „Dans la synthèse primitive de l'esprit humain — sagt er — l'accessoire ne se distinguait pas du principal; l'idée

---

1 cf. **Fick**: Vgl. Wörterb. der indog. Sprache p. 1016 flgd. 2 cf. **Dietrich**: Abhandlungen für semit. Wortforschung p. 315 flgd.; auch **Gesenius**: Lehrgeb. p. 861 flgd. 3 Grundz. der griech. Etymol. 3. Aufl. p. 70. 4 cf. **Curtius**: Grundzüge p. 46.

se produisait comme un tout avec l'ensemble de ses circonstances. Le Sémite n'aura pas commencé à exprimer l'idée de briser par le monosyllabe פר d'où seraient dérivés postérieurement פרץ, פרד etc. Toutes ces variantes du thème primordial ont dû coexister dès l'origine et פר n'est qu'une abstraction logique, un être de raison, formant il est vrai l'essence des mots précités, mais n'ayant jamais eu d'existence isolée[1]. Ganz ähnlich fasst Max Müller das Verhältniss der einfachen zur erweiterten Wurzel im Indogermanischen auf, nur dass er hier natürlich der einfachen neben der erweiterten reale Existenz in der Sprache zuerkennt, auch eine wirkliche Wurzelperiode statuirt. Die letzteren sind ihm aber zugleich mit den ersteren entstanden, ihnen durchaus parallele Schöpfungen[2] und Curtius[3] hält diese Entstehung der Wurzeldeterminative wenigstens für möglich. Friedr. Delitzsch will im Semitischen zwischen den schwachen Consonanten, zu denen er א, ע, ה, י, ו und נ rechnet, und den starken als Wurzeldeterminativen unterschieden wissen und während er im ersteren Fall der zweiconsonantigen Urwurzel vor der erweiterten dreiconsonantigen selbständiges Dasein vindicirt, so behauptet er für den letzteren Fall die uranfängliche Ursprünglichkeit der dreiconsonantigen Wurzel, behauptet dass z. B. dreiconsonantige Stämme oder Wurzeln wie marag, marad, maraḥ, maraṭ, maraḳ u. a. m. von jeher neben einander bestanden hätten und legt der Reduction der dreiconsonantigen Wurzel auf eine zweiconsonantige Urwurzel für diesen Fall nur theoretischen Werth bei[4]. Wenn Delitzsch Renan grosser Unklarheit in seiner Darstellung dieses Punktes bezichtigt, so müssen wir ihm den Vorwurf einer nicht geringen Inconsequenz in seiner Auffassung machen, die Renan jedenfalls nicht trifft. Woher haben wir denn das Recht zu einer solchen von Delitzsch beliebten Unterscheidung, woher das Recht dem starken Consonanten als Wurzeldeterminativ primären, dem schwachen dagegen secundären Charakter zuzuerkennen? Delitzsch scheint dieses Recht durch die Behauptung gewinnen zu wollen, dass der schwache Consonant keinen Einfluss auf die Bedeutung der Urwurzel ausübe und daher die durch schwache Consonanten erweiterten Wurzeln derselben Urwurzel in ihren Bedeutungen auch wesentlich übereinstimmten, dagegen der starke Consonant die allgemeine Grundbedeutung der Urwurzel nüancire und daher die hier zu einer Sippe sich zusammenschliessenden dreiconsonantigen Wurzeln in ihren Bedeu-

---

1 l. c. p. 89. 2 Lectures of science II, p. 312. 3 Grundzüge etc. p. 70 Anm. vgl. auch Friedr. Delitzsch l. c. p. 34. 4 l. c. pp. 40. 41. 61. 69 flgd.

tungen oft sehr weit auseinander gingen[1]. Allein aus einer solchen Thatsache könnte mit demselben Recht gerade das Gegentheil gefolgert werden; die Thatsache selbst ist aber unerwiesen und unerweisbar. Einige Beispiele mögen das darthun. Die W. bar bedeutet Etwas von Etwas mit einem scharfen Instrument abtrennen, scheiden, ablösen, daher auch schaben, hobeln etc.; davon: ברר absondern; ברא bilden, schaffen, arab. auch rein sein; برء convaluit, auch album habuit corpus (frei und rein von aller Krankheit sein); برع ausgezeichnet sein (entweder vom Begriff des Abgesondert- oder des Geglättetseins aus); بعر excrevit (ausscheiden); برا und برى zurechtschneiden, zuschneiden hebr. ברה essen und wählen; בור, بار ausforschen (ebenso auch ברר), im Arab. auch periit, auch ignavus fuit cf. برد; — برد feilen, poliren, auch kalt sein, erfrischen, cf. בָּרָד, auch schwerfällig, thöricht, dumm sein, cf. بلد; ברז (בַּרְזָא) stechen, im Arab. auch manifestus fuit (offen, frei daliegen); ברך beugen, برك schneiden; ברם drehen, nach Dietrich (Handwörterb. s. v.) denominativ von بُرْم ein abstechender, zweifarbiger Faden. Die Wurzel gar dient zur Bezeichnung rauher Kehl- und Gurgellaute. Von ihr gehen aus: جرجر schlürfen, auch laut schreien; גרר sägen, wiederkäuen (eigentl. wiederaufziehen) cf. VIII von جرّ; جرُؤ kühn sein, wagen (losziehen), جأر anrufen, brüllen; جرع schlucken, hebr. an- und abziehen; גער anschreien; جرى fliessen, laufen, auch = جرو, hebr. Piel erregen; גור wohnen, sich fürchten, sich versammeln, arab. vom Wege abbiegen; יגר sich fürchten; אגר sammeln, (zusammenscharren); — גרב kratzen; גרד dasselbe, arab. auch abziehen, entblössen cf. גרע; גרז abschneiden; גרם abschneiden, abpflücken; גרן (جرن) abgerieben sein; גרס (جرش) reiben, abreiben; גרף wegreissen; arab. II u. IV abreissen und mit sich fortziehen; גרשׁ zerreiben. Die Wurzel mar bedeutet streichen, streifen, straff, stramm sein.[2] Davon: مرمر rinnen, fliessen (dahinstreichen); מרר bitter sein (von stringentem Geschmack), arab. مرّ auch vorübergehen, aber auch binden, fesseln; מרא stark, fest, fett, gesund, kräftig sein (eigentl. stramm, straff sein), Hiph. auch schlagen, peitschen; arab. wohl bekommen von Speisen, doch cf. auch مَرْءٌ Mann, eigentlich der kräftige = גֶּבֶר; مرع kämmen, salben, aber

---

1 l. c. pp. 41. 61. 69 flgd. 2 Ueber diese Wurzel cf. Fleischer in d. bibl. Commentar über d. poet. B. B. des A.T. von Franz Delitzsch, II, das Buch Job p. 276 Anm. 1.

auch voll sein (gestrichen voll sein); مره krank sein; מרה widerspenstig sein, widerstreben cf. מורה Scheermesser (vom Abstreichen, Abstreifen), arab. مرى ubera strinxit mulgendi causa, daneben noch schlagen, peitschen; מור Hiph. vertauschen = Hiph. von ימר syr. kaufen, arab. med. ى verkaufen (vom Begriff des Uebergehens, Vorübergehens aus) مار hin- und herbewegen, langsam dahinfliessen, auch raufen, reissen; — מרד ungehorsam, widerspenstig sein (cf. מרה), مرد aufweichen, saugen, auch abschneiden; مرج frei herumstreichen lassen; מרח erweichen cf. مرخ seinen Körper mit Oel bestreichen, einreiben, erweichen, مرح munter, froh sein, dasselbe auch مرخ; מרט raufen cf. مار; مرن weich und hart sein (durch Streichen etwas weich machen; auf der andern Seite stramm, straff, hart sein); מרץ Niph. kräftig sein, مرص fest drücken; مرض krank sein (conf. مره); מרק, مرق reiben, abreiben; مرس aufweichen; abwischen (abstreifen); مرش dasselbe, auch reiben; مرت glabrum reddidit, مرث aufweichen, sanft, milde sein, aber auch firmus et constans fuit in litigando und II. allmählich zerreiben. Diese Beispiele, die leicht nach Belieben vermehrt werden könnten, werden zur Genüge dargethan haben, dass weder die durch schwaches Wurzeldeterminativ vermehrten Wurzeln im Allgemeinen irgendwie der Grundbedeutung der Wurzel näher stehen, als die durch starkes, noch die ersteren sich zu einer Sippe zusammenschliessenden unter sich in ihren Bedeutungen mehr übereinstimmen als die zusammengehörenden letzteren, dass vielmehr oft eine dreiconsonantige schwache Wurzel sich in ihrer Bedeutung weit mehr zu einer dreiconsonantigen starken Wurzel derselben Sippe stellt, als zu allen übrigen verwandten schwachen, und dass daher dem hinzutretenden schwachen Consonanten gerade in demselben Maasse als dem starken die Fähigkeit die Grundbedeutung der Urwurzel zu nüanciren beigelegt werden kann und demnach ein Grund zu jener von Delitzsch aufgestellten Unterscheidung wenigstens nach seiner Beweisführung nicht vorliegt.[1] Trotzdem scheint jene Unterscheidung — wenigstens eine Unterscheidung zwischen den schwachen Consonanten א, ה, ו, י und den starken — durch die heut zu Tage sehr beliebte

---

1 Dass aber die schwachen Wurzeln, da sie sich formell so nahe stehen und oft in ihrer Abwandlung lautlich sehr ähnliche Formen darbieten, öfter in einander übergehen, also z. B. im Hebr. ein ע"ו nach einem ע"ע sich flectirt, sich auch dialectisch gegenseitig vertreten, kann ja nicht auffallen. Letzteres begegnet uns übrigens auch bei den starken Wurzeln, so heisst z. B. chald. בַּקַּר dasselbe was hebr. בִּקֵּשׁ.

Annahme gerechtfertigt werden zu können, dass jene schwachen Consonanten als ursprüngliche Wurzelvocale anzusehen oder doch solchen ihre Entstehung verdankten. Für ein ולד wäre demnach als ursprüngliche Wurzelform ein ûld, für יטב ein îṭb, für קום ein ḳûm, für גיל ein gîl, für גלו ein glû, für רמי ein rmî anzusetzen. א und ה sollen aber als Wurzeldeterminativ an einer der drei Stellen der dreiconsonantigen Wurzel aus einem â an betreffender Stelle hervorgegangen sein. Demnach würde die Sprache in Formen wie kûm, gîl etc. noch ursprüngliche zweiconsonantige Wurzeln zugleich mit einem bestimmten Wurzelvocal bewahrt haben.[1] Diese Ansicht ist freilich heut zu Tag so verbreitet, dass ein Recensent im Zarncke'schen Centralblatt kürzlich[2] die frühere Meinung, nach der wir in den in Rede stehenden Lauten überall ursprüngliche Consonanten zu sehen hätten, als einen längst beseitigten Irrthum glaubt bezeichnen zu können. Allein trotzdem wagen wir die frühere Meinung als die allein richtige zu vertheidigen und wagen diese Vertheidigung um so ungescheuter als wir noch Männer wie Olshausen[3] auf unserer Seite sehen. Für das Indogermanische steht jetzt die Annahme der ursprünglichen Kürze sämmtlicher Wurzelvocale ziemlich fest[4] und immer allgemeinerer Anerkennung erfreut sich die Behauptung, dass als ursprünglicher Wurzelvocal nur a zu gelten hat, und u wie i daraus entweder durch Schwächung entstanden[5] oder durch Verkürzung eines mit dem Wurzelauslaut a schon verschmolzenen Suffixes va resp. ja, also eines ursprünglichen ava, aja[6]. Dieser Sachverhalt im Indogermanischen soll nun freilich für das Semitische durchaus keinen stringenten Beweis liefern, aber bedenklich macht er uns freilich gegen die Aufstellung semitischer Wurzelvocale wie â, î, û. Was uns aber eigentlich bestimmt zu jener früheren Meinung zurückzukehren, sind folgende Gründe: 1. die Wurzeldeterminative א und ה erklären sich wenigstens an zweiter und dritter Stelle der Wurzel schlechterdings nicht aus einem ursprünglichen Wurzelvocal â

---

1 cf. Ewald l. c. §§ 113—117. Dillmann: Grammat. der äth. Sprache §§ 67 68 u. a. 2 1873 Nr. 45. 3 in seinem Lehrbuch der hebr. Sprache. 4 Cf. Curtius: Grundzüge etc. p. 45; Schleicher: Compendium der vergl. Grammat. 3. Aufl. p. 332. 333. 5 cf. Fick l. c. p. 943 flg. 6 So Ascoli: Studj ario-semit. art. II, § 14. Die Vergleichung der Formen dravati, drāti, dramati (cf. διδρασκω) macht es in der That sehr wahrscheinlich, dass wir diese Formen in ein dra + va + ti, resp. dra + a + ti, resp. dra + ma + ti zu zerlegen und also als gemeinschaftliche Wurzel für alle dra aufzustellen haben. Wo sich daher in anderen Formen ein dru zeigt, dürfte dieses aus drava zusammengezogen sein. Ebenso würde darnach ein kšajati in kša + ja + ti zu zerlegen sein.

an betreffender Stelle. Denn lautet die 3. Pers. perf. einer sogenannten mittelvocaligen Wurzel wie ḳûm — ḳâm, nach jenen Grammatikern aus aus ḳû-a-m entstanden, einer Wurzel wie sîr — sâr wieder aus sî-a-r, so sollte man doch gewiss als Form dieses Stammes von einer W. sâl aus ein sâl aus sâ-a-l erwarten, aber nicht ein sa'al, von einer W. mâr aus ein mâr, und nicht ein mahar etc. Und ferner, wie ist es denn zu erklären, dass aus einer W. brâ sich ein bara', wie nach dem Arab., Aeth. und Hebr. die Grundform dieses Stammes von einer solchen Wurzel anzusetzen, aus br-a-â und nicht einfach ein barâ entwickelte, da ja doch daneben aus Wurzeln wie glû und rmî ein galâ, ramâ hervorgegangen sein soll? Meint man aber, das Aleph sei erst entstanden als der Auslaut des Perf. sich dem Stamm anfügte, um dieses nicht mit dem Stammesauslaut â wieder zu â zusammenfliessen zu lassen und so sei aus barâ-a ein bara'a hervorgegangen — so entgegnen wir, warum finden wir denn dieses א (ء) in allen übrigen Formen des Perf., die, wie wir oben sahen, vor Anfügung des auslautenden a an die 3. Person sing. masc. entstanden sein müssen, und wo es also keine solche Function gehabt haben kann, warum zeigen sich als ursprüngliche Formen dieser Personen, wie aus dem Arab., Aeth., Hebr. klar hervorgeht, ein بَرَأَتْ (בָּרְאָה), بَرَؤُوا (בָּרְאוּ), بَرَأْتَ etc. und nicht ein barât, barû oder barau, barâta, während doch daneben Formen wie سَرُوتَ, رَضِيتَ stehen, nach jenen Grammatikern von WW. srû, rḍî ausgehend?

2. Der Abwandlung der schwachen Verba mit v und j an einer der drei Stellen der dreiconsonantigen Wurzel liegt unseres Erachtens durchgehends so zu sagen das Schema des starken Verbums zu Grunde und die Abweichungen vom starken erklären sich mit Leichtigkeit aus wenigen in der Natur dieser weichen Consonanten begründeten Lautgesetzen. Diese Thatsache erklärt sich nicht, wenn diese Verba von so andersgestalteten Wurzeln wie behauptet wird, ausgegangen wären. Nöldeke[1] ist allerdings der Meinung, dass die von den Formen der starken Wurzeln abweichenden Gebilde der schwachen sich nur aus einem Ringen der ursprünglich verschiedenen Wurzelgestalt der letzteren und der Analogie der Abwandlung der ersteren erklären lasse. Wenn er aber zum Erweise, wie wenig gleichmässig das Streben die unvollständigen Wurzeln vollständig zu machen, durchgeführt sei, sich auf das Nebeneinanderbestehen der Formen jissōb und jāsōb beruft, so dürfte jedenfalls dieses eine von ihm allein angeführte Beispiel eher das Gegentheil erweisen. Denn

1 Orient und Occident I, p. 761.

Nöldeke hat nicht bewiesen und kann nicht beweisen, dass gleichzeitig ein jasōb und jissōb aus der W. sab hervorgegangen, und doch hätte dieses Beispiel nur dann für seine Behauptung Beweiskraft. Wenn aber das Arabische nur die Form jasubbu bietet, das Hebr. neben יָסֹב die dem Aram. eigenthümliche Form יִסֹּב, so ist es klar, dass wir als ursprüngliche Form nur jasubbu aufstellen können, aus der ein jassub (jissōb) erst entstand, als die Modusvocale hinten abfielen und man so der am Ende verloren gehenden Verdoppelung durch Vorrückung derselben einen Ersatz schaffen wollte. Gegen Nöldeke und für uns sprechen aber ferner folgende Erwägungen: Existirten ursprünglich wirklich Wurzeln wie etwa ûld und îṭb, sollte man da nicht als Grundform des ersten Stammes Formen wie ûlad oder îṭab erwarten, zumal nach den meisten Forschern, die für diese ursprünglichen Wurzelgestalten plaidiren, der erste Vocal dieser Form des starken Verbums nur Hülfslaut ist, der ja bei vocalisch anlautenden Wurzeln unnöthig war. Wie erklärt sich aber diesen Falls, dass wir hier als Grundform nur die mit dem starken Verbum aufs Genauste übereinstimmenden Formen walad, jaṭab aufstellen können? Denn für syrische Formen wie ܝܺܠܶܕ wird doch wohl Niemand Ursprünglichkeit in Anspruch nehmen. Dass ferner aus einem ḳawama ein ḳâma, aus einem ḳawamta ein ḳamta etc. wurde, ist sehr erklärlich.[1] Aber wie erklären sich denn diese Formen von einer W. ḳûm aus? Sollte man da nicht für ḳâma ein ḳauma aus ḳû-a-m, für sâra ein saira aus sî-a-r erwarten und für ḳamta und sarta ein ursprüngliches ḳumta und sirta? Und sollten dann die intransitiven Grundformen dieses Stammes nicht eher mût und 'ûr aus mû-i-t und 'û-u-r lauten, während sie factisch, wie wir gleich sehen werden, die Formen mait und 'aur darbieten? Allerdings finden wir im Aethiop. hier Formen wie ḳôma und bêta,[2] und das ô wie ê erhält sich hier durch alle anderen Personen des Perf. hindurch, das Arab. bietet uns aber Formen wie ḳumta und sirta. Allein diese Formen des Aethiop. wie Arab. sind entschieden erst spätere specifische Bildungen dieser Sprachen. Denn von einer Grundform ḳauma (ḳôma) wie ḳumta etc. aus lassen sich aram., hebr., arab. Formen wie ḳâma, und aram.-hebr. wie ḳamta schlechterdings nicht erklären, wogegen die umgekehrte Entwickelung eines ḳauma aus ḳâma und ḳumta aus ḳamta durch Einwirkung der Analogie der intransit. Formen dieser Wurzeln wohl verständlich ist. Die Entwickelung dürfte hier folgende gewesen sein:

---

1 conf. Analogieen für den Schwund von v und j zwischen 2 Vocalen z. B. im Griech. und Lat. bei Schleicher: Compend. pp. 211, 215, 217. 2 Dillmann l. c. §§ 93, 102[d].

Die ursprüngliche trans. Form lautete ḳâma — allerdings nur erklärlich von ḳavama aus — die intrans. mit mittlerem i maita aus mavita, mit mittlerem u 'aura aus 'avura. Das Hebr. hat hier in Formen wie קָם, מֵת, בּוֹשׁ, אוֹר offenbar das Ursprüngliche bewahrt, das Aram. bietet wenigstens noch ein מִית offenbar aus מֵת geschwächt dar, das Arab. aber hat hier die trans. Form überall durchdringen lassen, sagt daher nicht nur قام sondern auch طال aus طَوُل und خاف aus خَوِف, eine Erscheinung, die uns das Hebr., wie wir gleich sehen werden, in anderen Personen des Perf. darbietet, während das Aeth. umgekehrt überall die intransit. Form sich hat festsetzen lassen, um so zwar den Unterschied zwischen trans. und intrans. Aussprache zu verlieren, dagegen aber den Unterschied zwischen den Wurzeln med. v und j klar durchzuführen. In den Personen mit cons. anlautendem Afformativ aber lautete die ursprüngliche trans. Form ḳamta, sarta, die intrans. mit i mitta, mit u 'urta, indem in den beiden letzteren Formen der charakterist. intransitive Vocal den a-Laut der ersten Sylbe verdrängte. Denn ein diphthongischer Laut konnte hier in doppelt geschlossener Sylbe nach ursemitischen Lautgesetzen nicht entstehen. Das Hebr.-Aram. hat hier wieder die trans. Grundform bewahrt: hebr. ḳamtā, aram. ḳāmtā, das Hebr. auch die intransitive Grundform mit u (jetzt ŏ resp. ō) בֹּשְׁתְּ, בָּשְׁתֶּם und das Aram. die Grundform mit i: מִתְּ, die intrans. mit i ist dagegen hier im Hebr. durchaus „in den Typus der häufigeren Verba med. a zurückgefallen" מַתָּה[1]. Das Arab. bietet in den intransit. Formen hier das Ursprüngliche dar: طُلْتَ, خِفْتَ, hat dagegen die transit. Formen nach Analogie dieser intransit. abgewandelt قُمْتَ, سِرْتَ, um so hier den für die Sprache noch lebendigen Unterschied zwischen den beiden Wurzelclassen durchzuführen. Das Aethiop. endlich hat von der dritten Person her überall das ô resp. ê durchdringen lassen[2]. — Um den Formen der Wurzeln med. v resp. j nur noch ein Beispiel zum Erweise der Richtigkeit unserer Behauptung zu entnehmen: Von einer Wurzel ḳûm aus sollte man doch als Grundform des Niphʿal ein naḳûm,

---

1 cf. auch כָּבֵד, כָּבַדְתָּ, aber קָטֹן, קָטֹנְתָּ. 2 Für das Aethiop. könnte man hier auch eine dem Arab. mehr analoge Entwickelung statuiren. Es wäre nämlich möglich, dass das Aeth. auf einem dem Arab. analogen Wege zunächst zu Formen wie ḳumka, bitka gekommen wäre, dann aber, um das u resp. i nicht in das tonlose e zusammenfallen zu lassen und so den Unterschied der Wurzelclassen ganz zu verwischen, das u resp. i zu ô resp. ê gedehnt hätte (cf. hômu aus humu). Von diesen Formen aus wäre dann das ô resp. ê auch in die dritte Person Perf. der betreffenden Wurzelclassen eingedrungen.

resp. nasîr oder doch höchstens ein naḳaum aus nakû-a-m, nasair aus na-sî-a-r erwarten, nicht aber die Grundform, die uns das Arab. für beide Wurzelclassen bietet naḳâm und nasâr und deren Entstehung aus einem naḳwam, nasjar der Erklärung keine Schwierigkeiten bereitet[1]. Wenn Ewald ein hebr. נָקוֹם aus dem Vortritt des a vor das wurzelhafte û erklärt also aus ursprünglichem naḳû-a-m, so hat er eine erst spätere hebr. Form als Urform angesehen und ist der geschichtlichen Entwickelung der Sprache nicht gerecht geworden. Denn vergleichen wir die hebr. Form mit der arab., und erinnern uns der im Hebr. so gewöhnlichen Trübung eines â zu ô (cf. z. B. عالم und עוֹלָם, يَأْكُل und יֹאכַל aus יָאכַל etc.), so ist ohne Frage die hebr. Form erst aus der arab. auf jenem Wege der Trübung hervorgegangen[2]. — Wenn aber in den Formen der Wurzeln tertiae v oder j diese Laute im Arab. und besonders im Aeth. noch ganz gewöhnlich als Consonanten auftreten cf. arab. غَزَوَا, يَغْزُوَان, رَضِىَ, سَرُوَ etc., aeth. ተለወ፡, ፈተወ፡, ተለዉ፡, ሰረየ፡, ፈርየ፡[3] etc., wenn uns auch im Hebr. wie Aram. noch Formen mit consonantischem j begegnen: hebr. חָסָיָה, גָּלְיָה etc.[4], syr. ܥܰܡܝܳܐ, chald. סְגִיַּת, סְגִיאַת[5], cf. auch aram. Formen mit Suffixen wie ܚܰܕܝܳܢܝ, ܐܶܚܕܝܳܢܝ, בְּדָאַנִי, חֲזָאָה, בְּכָיַה, מַנְיֵיה, אַשְׁקִיָנִי etc., so werden wir, zumal nach dem was wir hinsichtlich der Beschaffenheit dieser Laute als ersten oder mittleren Radicalen erkannt haben, auch hier ursprüngliche Consonanz für diese Laute in Anspruch nehmen. In der That erklärt sich doch auch leichter wie aus einem ursprünglichen galawa, der Form die das Aeth. noch bewahrt hat, ein galâ wurde, als wie aus einem galâ mit plötzlichem Wiederauftauchen des wurzelhaften û jene aeth. Form hervorgegangen sein soll[6].

---

1 cf. griech. σω für σjω oder lat. minor für minjor, ero für esjo etc. 2 Unerklärlich ist es uns aber, wie Ewald als Grundform für ein hebr. נוֹלַד, נָסוֹר, נָמוֹג Formen wie nivlad, nisvar, nimvag ansetzen kann cf. l. c. §§ 51ᵃ. 55ᵇ. 140ᵃ. Als wenn das i in נִקְטַל ursprünglich wäre, und ursprünglicher als das a in נָקוֹם und letzteres erst aus ersterem entsprungen! Die Darstellung wird aber bei Ewald um so confuser als andererseits auch nach ihm das i in נִקְטַל erst aus a abgeschwächt sein soll cf. §§ 32, 55ᵇ. 3 cf. Dillmann l. c. §§ 51. 94. 102ᶜ. 103. 4 cf. Ewald l. c. §§ 41ᵈ. 115ᵈ. 194ᵃ. 5 cf. Merx l. c. § 67. 6 wie der Recensent im Centralbl. l. c. will. Wenn derselbe aber erklärt, dass sich nach hebr. Laut- und Tongesetzen platterdings nicht begreife, wie ein śaḥava zu śaḥā habe werden können, so geben wir ihm zunächst zu bedenken, dass es sich bei Hervorgang dieser jetzigen hebr. Formen aus den Grundformen doch um eine Zeit handelt wo platter-

3. Schliesslich dürften sich Wurzeln wie חוה, חיה, קוה, כוה etc. doch leichter von consonantisch schliessenden Wurzeln aus wie חו, חי, קו etc. als von vocalisch auslautenden wie ḥû, ḥi, ḳû etc. erklären lassen und wie Wurzeln der Form ראה, דאה etc. aus einem rû, dû etc. hervorgegangen sein sollen, ist erst recht nicht ersichtlich. Endlich besitzt die Sprache ganz unzweifelhaft v und j als ursprüngliche Wurzeldeterminative. Denn in doppelt schwachen Wurzeln, deren erster und dritter Radical ein v resp. j bildet wie ورى, ירה (cf. ארה) وقى, وفى etc. liegen sie klar in dieser Eigenschaft an erster oder dritter Stelle vor. Wir werden daher um so mehr auch in all den anderen bisher erwähnten Fällen diese Laute ebenso zu fassen berechtigt sein.

Die vorstehende Untersuchung hat uns demnach das Resultat ergeben: Die schwachen Wurzeldeterminative der jetzigen Sprache sind als ursprüngliche Consonanten zu betrachten und ihr Ursprung also nicht anders als der der starken zu beurtheilen. Uns bleibt jetzt daher nur noch die Alternative entweder mit Renan beide für primär oder beide für secundär zu erklären. Wir glauben uns ganz bestimmt für das Letztere entscheiden zu müssen. Denn Curtius hat mit vollem Recht in Bezug auf das ganz analoge Verhältniss der mit Wurzeldeterminativ beschwerten zu der einfachen Wurzel im Indogermanischen bemerkt, dass „die Consequenz es fordere, die kürzere Wurzel, die wir die primäre zu nennen pflegen, als die ältere, die längere als die daraus entstandene jüngere zu betrachten[1].“ In der That, wenn wir aus Formen wie ǵanâmi oder ǵaǵanmi, ǵanas = γενος, genus, ǵanitar = γενετηρ, genitor etc. durch Abstreifen der Wortbiegenden und -bildenden Suffixe die Wurzel ǵan herauszuschälen und dieser als solcher vor jenen erweiterten Bildungen ein selbständiges Dasein zu vindiciren uns für berechtigt halten, ist es da nicht offenbare Inconsequenz, wollten wir, wenn sich nun unter den auf diese Weise hergestellten Wurzeln wiederum fast identische, nur am Schluss mit verschiedenen consonantischen Suffixen beschwerte Lautcomplexe zeigen und daneben noch oft eine reine jeglicher Determination entbehrende Wurzel, also neben gan (ǵan) ein gam, gar, gas, ga[2], jetzt plötzlich den Analysirungsprocess sistiren und nicht auch hier durch Ab- und Ausscheidung des Verschiedenen, das Gleiche als das relativ Ursprünglichere zu gewinnen suchen und mit anderen Worten die der fremden Bestandtheile entkleidete Wurzel —

dings von specifisch hebr. Ton- und Lautgesetzen noch nicht die Rede sein kann. Warum aber ein ursemitisches śâḥava nicht zu śâḥâ habe werden können, gestehen wir nicht einsehen zu können. 1 Abhdlg. der K. S. G. d. W. W. 1870 p. 206; auch Grundzüge p. 70 Anm. 2 Fick l. c. p. 1026.

hier also ga — als die ursprünglichste Gestalt derselben, die als solche auch den Ausgangspunkt für alle weitere Entwickelung gebildet haben muss, anerkennen? Und wenn wir daher ebenso einem קטל vor einem קטלת, קטלים, קטלן, קטלי (als Adjectivform) etc. zeitliche Priorität einräumen müssen, so wird auch für uns, wenn wir nun neben einem קטל ein קטב, קטף, קטם, קטן etc. finden, die allen diesen längeren Bildungen gemeinsame kurze Form קט vor jenen zeitlich existirt haben, jene aus dieser erst zeitlich hervorgegangen sein müssen. Wenn man gegen diese Annahmen auf semit. wie indogerm. Gebiete eingewandt, dass man, so lange der Ursprung und die Function der Wurzeldeterminative nicht festgestellt, nicht berechtigt sei, die längeren Wurzeln als erst in einer späteren Periode der Sprachentwickelung aus älteren kürzeren weitergebildet zu betrachten [1], so entgegnen wir: Hier wie überall auf dem Gebiete der Wissenschaft ist doch eine Thatsache niemals von ihrer Erklärung resp. Erklärbarkeit abhängig zu machen. Wie oft müssen wir in der Sprache etwas als Thatsache hinnehmen, ohne es erklären zu können! Können wir denn vielleicht angeben, woher die Nominalsuffixe im Indogermanischen wie Semitischen den Grundbegriff des Worts gerade in die jedesmalige Kategorie verweisen, der Bedeutung jedesmal gerade diese bestimmte Form verleihen und halten wir sie nicht trotzdem dass dieser Beweis noch nicht erbracht, für von der Wurzel abscheidbare Suffixe, die sich erst allmählich mit der Wurzel verschmolzen? Nach dem Analysirungs-Princip aber, das heut zu Tage allgemein zur Erforschung der Sprache und ihrer Entwickelung angewandt wird, und sich nach den bisherigen Ergebnissen der Sprachwissenschaft als richtig erwiesen, müssen wir den geschichtlichen Hervorgang der durch Wurzeldeterminative erweiterten dreiconsonantigen Wurzel aus der zu Grunde liegenden zweiconsonantigen im Semitischen zunächst einfach als Thatsache anerkennen. Man könnte nun freilich meinen, dass unsere ganze Beweisführung für eine solche primäre Wurzelgestalt im Semitischen doch schliesslich daran scheitere, dass wir wenigstens aus der Sprache selbst nur eine vocallose Form für eine solche zweiconsonantige Urwurzel, etwa ein kt von ktb oder kṭ von kṭl gewinnen könnten und daher hier am Ende auf eine unaussprechbare und daher sprachlich unmögliche Form hinaus-

---

1 So Friedr. Delitzsch l. c. pp. 35. 70, der aber die Inconsequenz begeht, diese Behauptung nur auf die starken Wurzeldeterminative zu beschränken, während er selbst die schwachen für secundär erklärt, obwohl es sich nach ihm „vorerst wenigstens empfiehlt mit der Beantwortung der Frage nach dem Ursprung dieser zurückzuhalten". p. 61; auch p. 41.

kämen. Allein wir können auch diese letzte Klippe glücklich umschiffen, indem wir uns des überall einzig rechten Compasses, der Sprache selbst in rechter Weise bedienen. Denn genauer zugesehen liefert sie uns selbst den Beweis für eine bestimmte vocalische Aussprache solcher Urwurzeln in die Hand. Die in allen semit. Sprachen am häufigsten vertretene Art der sogenannten Quadrilittera ist bekanntlich durch Wiederholung einer zweiconsonantigen Wurzel entstanden, so im Arab. جرجر, كركر, صلصل, زلزل, زعزع etc., im Aeth. በድበደ፡ ተንተነ፡ ቀልቀለ፡ etc., im Hebr. גלגל, פרפר, פצפץ, זעזע etc., im Syr. ܙܢܙܢ, ܐܠܐܠ, ܓܪܓܪ etc. Es ist nun eine völlig willkührliche Annahme vieler Grammatiker, dass diese Formen Intensivstämme von Wurzeln med. gem. oder med. v resp. j seien.[1] Wir haben hier klar und offenbar noch der semit. Wurzelperiode angehörige Bildungen, und wie ein indogerm. dada aus da, so ist hier ein karkar aus kar, wie ein indogerm. gargar aus gar, so ist hier ein gleichlautendes gargar aus gar hervorgegangen.[2] Wenn im Hebr. und Aram. sich später eine solche ihrer Natur nach mit intensiver Bedeutung begabte Bildung als Intensivstamm zu einer Wurzel ע"ע oder ע"ו resp. ע"י festgesetzt, so ist das ja weiter nicht auffallend; wir werden desshalb aber eine solche Bildung doch ebensowenig von einer schwachen Wurzel der besagten Art ableiten, als wir ein הוֹבִישׁ, das gewöhnliche Hiphîl zu בּוֹשׁ auf ein בּוֹשׁ zurückführen.[3] Auch hat das Arab. wie Aethiop. diese Bildungen stets als einfache Stämme angesehen und behandelt, besitzen auch beide viele solcher Bildungen, ohne dass sich daneben schwache Wurzeln jener besprochenen Art finden.[4] Wenn wir nun nach dem obigen Princip auch hier dem Einfachen vor dem Zu-

1 So de Sacy: Gramm. arab. I, p. 124 (2. édit.); Ewald l. c. § 121[b], auch Nachricht. von d. K. G. d. W. z. Gött. 1871 p. 588; Gesenius: Lehrg. § 73, 2; Merx l. c. p. 230; Nöldeke: Neusyr. Gramm. § 95; auch Grill: Z. d. D. M. G. 1873 p. 445 u. a. m. 2 cf. Friedr. Delitzsch pp. 102. 103. 3 Wir wollen natürlich nicht die Möglichkeit bestreiten, dass im Hebr. wie Aram. später, zu einer Zeit wo die sogen. Pilpelbildungen schon die Function von Intensivstämmen der angegebenen schwachen Wurzeln übernommen hatten, sich nach Analogie dieser Bildungen von schwachen Wurzeln aus neue Intensivstämme dieser Art bildeten. Nur dass diese Pilpelbildungen niemals ihren Ausgang von schwachen Wurzeln jener Art genommen! 4 cf. Stade: Ueber den Ursprung der mehrlautigen Thatw. in der Ge'ezspr. p. 3 flgd. p. 7 flgd. p. 17 flgd.; Fr. Delitzsch l. c. pp. 40. 41; Wright: A grammar of the arab. lang. § 67. Ewald scheint die Arab. Bildungen dieser Art nicht auf schwache Wurzeln zurückzuführen cf. Gramm. ling. arab. § 191. 92, auch Dillmann l. c. § 71[a], α.

sammengesetzten zeitliche Priorität zuschreiben, so existirte wie im Indogerm. ein da vor einem dada, so im Semitischen ein gar vor einem gargar wirklich in der Sprache. Und wie ein gargar sich erst zeitlich aus einem gar entwickelte, so müssen auch die neben dieser Erweiterung stehenden Wurzelerweiterungen wie gar', garj, garb, garf, garm, garn, gars etc. erst zeitlich aus der Urwurzel gar hervorgegangen sein. Demnach ergiebt uns die Sprache noch selbst für die zweiconsonantige Urwurzel die erforderte aussprechbare Grundform kat (von ktb). Wir sind selbstverständlich berechtigt, diese Grundform überall für eine eruirte zweiconsonantige Urwurzel anzusetzen, auch da wo sich jetzt neben der durch Wurzeldeterminativ erweiterten dreiconsonantigen Wurzel keine durch Reduplication der zweiconsonantigen Urwurzel entstandene vierconsonantige mehr nachweisen lässt. Aber nur diese Grundform lässt sich für jene Urwurzel aufstellen. Es wäre Willkühr, weil nicht nachweisbar, daneben noch andere Grundformen mit anderen Vocalen oder anderer Reihenfolge der Laute anzunehmen, also neben kat ein kit, kut, oder akt, kta etc. Wir sehen demnach, dass in vielen Fällen die dreiconsonantige Wurzel der jetzigen Sprache sich auf eine kürzere zweiconsonantige Form reduciren lässt, die als solche einmal wirklich in der Sprache existirt hat und der Ausgangspunkt für jene erweiterte Bildung gewesen ist. Es fragt sich nun aber, ob nur eine mehr oder weniger beschränkte Zahl dreiconsonantiger Wurzeln der jetzigen Sprache oder aber diese alle und da bekanntlich in der jetzigen Sprache keine Wurzel weniger als drei Consonanten zeigt, die mehr als dreiconsonantigen aber, sofern sie nicht durch Wiederholung einer zweiconsonantigen Urwurzel entstanden, sich mindestens auf drei Consonanten reduciren lassen, ob nicht alle Wurzeln der jetzigen Sprache von einer so gestalteten Urwurzel ihren Ausgang genommen. Es wird das Letztere von vielen Grammatikern entschieden bestritten, aber von allen, soweit sie sich überhaupt auf eine nähere Begründung ihrer Ansicht einlassen, nur aus dem einen Grunde, „weil in manchen dreilautigen Wurzeln jeder der drei Laute zur Sinndarstellung von Anfang her nothwendig erscheint.“ [1] Indess wir befinden uns hier auf dem unsicheren Boden der Schallnachahmungen oder symbolischen Lautdarstellungen. Und wenn sich in sämmtlichen für diese Behauptung angeführten Beispielen durch Vergleichung mit verwandten Wurzeln einer der drei Radicale klar als secundäres Wurzelelement er-

1 So Böttcher: Ausführl. Lehrb. der hebr. Spr. §§ 538 und 543 cf. auch Ges.-Rödiger § 30, 2 f.; Dillmann l. c. § 67; Ewald: Göttg. Gel. Anz. 1845 p. 1964; de Lagarde: Gesammelte Abhdlg. p. VIII.

giebt,[1] so müssen wir auch für alle diese Wörter zweiconsonantige Urwurzeln in Anspruch nehmen, ist demnach der Beweis für jene Behauptung nicht geliefert und wir können höchstens zugeben, dass in

---

1 So ist in צחק (ضحك) unter Vergleichung von צחח, צחה, צוח das ק entschieden als Wurzeldeterminativ anzusehen, die Wurzel also צח mit dem Grundbegriff des Glänzens, Helleseins; — das Lachen daher als Erglänzen des Gesichts zu fassen; cf. griech. γελαν und vgl. dazu Curtius: Grundzüge p. 164; in חנך, חנק, ענק aber ist ך resp. ק Wurzeldeterminativ, Wurzel also חן resp. ען mit dem Grundbegriff des Biegens, Abbeugens, Krümmens, Einengens, was durch Vergleichung der verwandten حنّ, חנן, حنب, حنث (eth. beugen, Unrecht thun), حنج, حنش, حنف, حنا, خنّ (krümmen, abbrechen, auch dunkle Nasenlaute, gleichsam eingeengte Töne von sich geben cf. خنخن), خنب, خنث, خنس, خنع (improbe egit), خنف, خنا (eig. Jemand durch dumpfe Nasenlaute seine Verachtung zu erkennen geben, Schmähworte reden cf. سكر), خنى (dasselbe wie das Vorherg.); عنك, عنز, عنس (hebr.-chald. ענין), عنش, ענה (عنا) sicher gestellt wird. Das k, ḳ ist hier ebensowenig ursprünglich als das n in dem ähnlich lautenden indogerm. ἄγχω, ango etc., cf. Curtius a. a. O. p. 180. Die Wurzel ist hier ἀχ (agh) und ἄγχω: ἀχ-νυ-μ = pango: πηγνυμ, cf. Joh. Schmidt: Zur Gesch. des indogerm. Vocalismus p. 30. In פלח, פלט, כלט ist aber ח resp. ט Wurzeldeterm. und Wurzel pal, eine niedere Potenz von par mit dem Grundbegriff des gewaltsamen Trennens, Brechens, Durchbrechens, cf. פלל, פלה, פלג, פלח, פלס, פלץ etc.; über ברם ferner vgl. das schon von Dietrich in seinem Handwörterb. s. v. Bemerkte; in דרך endlich ist ך Wurzeldeterminativ, Wurzel also דר mit dem Grundbegriff des schwirrenden Hervorstossens, was sich durch Vergleichung der dreiconsonantigen Wurzeln دَرّ strahlen, درأ zurückstossen und strahlen, درء zurückstossen, zurücktreiben, דהר jagen, schnell dahineilen, درع abziehen, ablösen, درا wissen (vom Begriff des Stossens, durch Stossen Zerreibens aus cf. rem terere), täuschen (gerieben sein), דור, دار kreisen, درح impulit, repulit, درج schreiten (treten, den Boden mit den Füssen stossen), درس reiben, zerreiben, ein Buch tractiren, lernen und lehren cf. درا = דרש suchen, forschen, syr. ܕܪܫ einen Weg betreten, auch dreschen, درص prae senio fractos habuit dentes, درق eilen, auch erreichen, דרך treten, arab. درك Jemand erschreiten, einholen, erreichen; درم schreiten mit Sicherheit ergiebt. Die eben gegebene Darlegung der aus der Urwurzel dar hervorgegangenen dreiconsonantigen Wurzeln ist übrigens ein neuer Beleg für die Richtigkeit unserer oben p. 87. 88 aufgestellten Behauptung.

diesen und ähnlichen Fällen sich gerade dieses und kein anderes Wurzeldeterminativ festgesetzt, weil die Sprache hier das Streben hatte, sich für die Vorstellung ein noch lebhafteres Abbild im Klange des Worts zu schaffen, oder um mit **Fick** zu reden[1], „Klänge und klingende Gegenstände durch (stärker) anklingende Wörter zu bezeichnen".[2] Die Entscheidung in der obschwebenden Frage kann auch hier nicht a priori sondern nur a posteriori gewonnen werden. Wenn aber die Reduction der dreiconsonantigen auf die zweiconsonantige Wurzel in den weitaus meisten Fällen schon gelungen ist — ich verweise hier auf das was in dieser Beziehung schon von **Gesenius** in seinem Thesaurus, dann von **Dietrich** in seinen Abhandlungen und seinem hebr. Handwörterbuch, **Fleischer** u. a. geleistet ist — so halten wir den Inductionsbeweis schon vollständig für die Behauptung erbracht, dass **alle semit. Begriffswurzeln ihren Ausgangspunkt von einer zweiconsonantigen Urwurzel der Form kat genommen haben.** Wenn wir allerdings die Pronominal-Wurzeln sämmtlich ursprünglich vocalisch auslauten sehen, so taucht der berechtigte Zweifel auf, ob wir in dieser zweiconsonantigen Begriffs-Urwurzel überall schon wirklich die ursprünglichste Gestalt der Wurzel vor uns haben, und man könnte sich wohl versucht fühlen zu untersuchen, ob sich nicht wenigstens in manchen Fällen diese Urwurzel auf eine noch kürzere, gleichfalls vocalisch auslautende Form reduciren und sich so eine noch vollkommenere Uebereinstimmung zwischen der semit. und indogerm. Wurzelbildung nachweisen lasse, indem sich im Indogerm. jedenfalls in den meisten Fällen diese Gestalt der Begriffswurzel darbietet. In der That ist diese Untersuchung schon von verschiedenen Forschern angestellt, unseres Erachtens aber bisher ohne jeglichen Erfolg. **Dietrich** betrachtet die nicht seltenen Wörter im Semitischen, welche aus zwei gleichen, gewöhnlich durch einen langen Vocal getrennten Consonanten bestehen wie קוק, טיט, חוח, ריר, דוד etc. mit Recht als abgekürzte Reduplications-Formen, aber näher als abgekürzte Reduplicationen einfacher vocalisch schliessender Wurzeln und stellt demnach die Urwurzeln ḳa, ṭa, ra, da etc. auf.[3] **Friedr. Delitzsch** sucht aber aus mehrfach schwachen semitischen Stämmen vocalisch auslautende Wurzeln wie ra, la, na, da, ba etc. zu gewinnen.[4] Indess

---

1 l. c. p. 931. 2 Wir bedienen uns absichtlich hier des Comparativs. Denn ursprünglich muss überall irgendwelcher sei es onomatopoietischer, sei es lautsymbolischer Zusammenhang zwischen Vorstellung und Laut bestanden haben, cf. **Heyse**: System der Sprachwissenschaft § 35 flgd. 3 Abhdlg. für sem. Wortforschg. p. 262 flgd., auch p. 300 flgd. 4 l. c. p. 62 flgd.

vor allem muss constatirt werden, dass wir auch hier überall zunächst consonantisch auslautende Wurzeln vor uns haben. Denn wenn wir neben קוק ein קאקא, קיקי, קהה finden, so haben wir für ersteres als Wurzel קא anzusetzen und קוק selbst ist wohl aus קאק getrübt, wenn wir ferner neben טיט ein טאטא, طأطأ, طوى, طها, nachweisen können, so erhalten wir für jenes als W. טא, ebenso ergiebt sich für ריר unter Vergleichung von רוה, ריה, ראה etc. als W. רא oder רי etc. Nach Delitzsch's eigner Darstellung geht aber sein ra zunächst auf ein raʾ oder raʿ, sein la auf ein laʾ oder laʿ, sein ba auf ein bah etc. zurück. Wir können doch nun die hier überall die Wurzel zunächst schliessenden Gutturale oder Halbvocale nicht einfach ganz ignoriren und gleichsam für blaue Luft erklären, oder die ersteren für blosse Aushauchungen des Wurzelvocals[1], und die letzteren gar für blosse zur Vermeidung eines Hiatus eingeschobene Hülfslaute, wie Dietrich thut, der z. B. ein דוה, רוה aus da + â, ra + â erklärt. Dazu kommt, dass solche Wurzeln wie die in Rede stehenden sich genauer zugesehen Gruppen verwandter Wurzeln, die mit festen und sehr festen unablösbaren Consonanten schliessen, einreihen, so stellt sich W. רא zu den WW. רק (cf. רקק, רקב, רקח, רקע, רקד etc.), רך (רכך, רכב Etwas auf Etwas stossen, setzen, ركد constitit, festgestossen sein, ركا hineinstossen, fest binden, ركز, ركح, ركل, ركم zusammenstossen, congessit, coagmentavit, ركن, רכס, ركس, רכש, ركع, ركض ein Pferd oder Kameel mit Füssen stossen, antreiben (Tebrîzi in der Hamâsa erklärt es: تحريك الفارس رجليه على الفرس عند الاستحثاث), רג (رجّ, رجب, رجد, رجا speravit timuit, von der innern Erregung cf. chald. רגג; رجز, رجح, رجل, رجم, رجن, רגן, رجس, רגש, رجع, רגע), רח (رحب auseinanderstossen, erweitern, weit sein = רחב, رحا cf. ركا, رحل, رحم, רחק cf. رخّ, رخى, رخم, رخص etc.), רע (רעע, رعب, رعج, رعد, رعز, رعل, רעל, رعم, רעם, رعن, רען, رعف, رعص, רעץ, رعس, רעש, رعش, רעב) mit dem Grundbegriff des Stossens oder durch Stossen in Erregung und Bewegung Setzens, eine W. דא zu den WW. דק (דקק, דקר etc.), דך (דכך, דוך, דכא etc.), דח (דחה, דחל, דחף, דחק, נדח), דע (دعّ, دعدع, دعب, دعث, دعس etc.) mit dem Grundbegriff des Fortstossens, eine W. בה (cf. בהה) zu den WW. בק (בקק, בקר, בקש, ܒܩܐ etc.), בך (بكّ, בכר, بكع etc.), בח (بحث, בחן,

1 cf. Dietrich l. c. p. 300.

בתר etc.) mit dem Grundbegriff des Spaltens etc. Wir haben hier offenbar Beispiele der im Semitischen so verbreiteten Wurzelvariation vor uns[1] und unsere WW. ra', da' etc. bilden offenbar die niedrigste Potenz dieser Reihen. Wir glauben demnach, dass sich weder für diese Fälle noch überhaupt eine ursprünglich vocalisch auslautende Begriffswurzel im Semit. nachweisen lässt und es scheint uns als wenn sich der „Materialismus“ des semit. Geistes[2] auch in diesen den indog. Wurzeln gegenüber stofflicheren, sinnlicheren Wurzelformen ausgeprägt hätte. Die semit. Sprachbildung hat also mit Schöpfung von Wurzeln und zwar nur von Begriffs-Wurzeln der Gestalt kat begonnen. Renans Ansicht ist demnach widerlegt, nach der der jetzige Zustand der Sprache auch der ursprüngliche und die von der jetzigen Bildung der Sprache abstrahirte vocallose dreiconsonantige Wurzel die ideale Urwurzel der Sprache gewesen sein soll. Es bleibt uns nur noch die Frage zu beantworten, wie sich denn der Grundstamm katab aus jener von uns angesetzten Urwurzel kat entwickelt habe? Die Beantwortung dieser letzten, aber auch schwie-

---

1 d. h. der Erscheinung, dass ganze Reihen zweiconsonantiger in ihrem Grundbegriff übereinstimmender Urwurzeln nur in dem Grade der Stärke des an- oder auslautenden Consonanten desselben Organs variiren, und zwar entspricht der Regel nach die Stärke der Bedeutung der Stärke der beiden Consonanten. So haben wir ferner neben einander die WW. קט (קטט, قطا, قطع, قطر, קטל etc.), קץ (קצץ, קצה, קצע, קצר etc.), קס (קסס, קסם etc.), קד (קדד, قدا, قدع, قدر etc.), כת (כתת, كتع, כתר, כתם etc.), כס (كسّ, كسأ, כסח, كسر etc.), כד (כדד, كدكد, كدأ, كدح, كدع etc.), גד (גדד, גדע, גדה, גיד etc.), גז (גזז, جزأ, جزح, جزع, גזר, גזל etc.), חט (חטט, חטא, חטר, חטב, חטף, חטם etc.), חץ (חצץ, חצה, חצר, חצף etc.), חת (חתת, حتأ, ختع, חתר, חתם, חתף etc.), חס (חסה, חוס, חסר etc.), חד (חדד, حدّ, خدّ, خدب, חדק, aram. חדת, ar. حدث, hebr. חדש etc.), חז (חזז, خزع, خذع, חזה, خزل, حذف, حزم etc.), je nach der Stärke der Consonanten ein stärkeres oder schwächeres Schneiden, Hineinschneiden, Hauen bezeichnend; ferner die WW. פר (פרר, פרק, פרח, פרה, פרא), בר (ברר, ברא, ברד etc. s. ob. p. 87) = mehr oder weniger gewaltsam trennen, weiter die WW. פט (פטר, פטש etc.), פת (פתת, פתח, פתה, פתע etc.), פד (פדד, פדה, פדע, פדר etc.), פז (פזז, פזר etc.), בת (בתת, בתר, בתל etc.), בד (בדד, בדא, בדל, בדק etc.), בז (בזז, בזה, בזר, בזק etc.) = mit mehr oder weniger Gewalt Etwas auseinandernehmen, daher aufbrechen, öffnen, scheiden, trennen etc. 2 cf. Grill: Z. d. D. M. G. 1873 p. 439.

rigsten Frage hängt ab von der Lösung des Problems, das der Ursprung der sogenannten Wurzeldeterminative uns darbietet. Auch auf indogermanischem Gebiet ist seine Lösung noch keineswegs vollständig gefunden.[1] Wir müssten aber die uns für diese Abhandlung gesteckten Grenzen weit überschreiten, wollten wir uns hier an eine Lösung des Problems auf semitischem Gebiete wagen. Wir können uns hier nur noch auf einige Andeutungen beschränken. Wenn Ewald[2] das Gesetz der Dreilautigkeit im Semitischen als eine rückwirkende Kraft des Semitischen gegen die Verblassung der Wurzel wie sie schon in der Ursprache begonnen haben und sich klar im Mittelländischen (z. B. sanscr. i, as, da etc.) zeigen soll, auffasst, so setzt er damit an die Stelle von etwas bisher Unerklärtem etwas Unerklärliches. Denn es ist in der That ebenso unbegreiflich, dass schon in der Ursprache solche Abschwächungen oder Abblassungen wie Ewald sie statuirt vorgekommen, als dass die verschiedensten Consonanten — denn es zeigen sich fast sämmtliche Consonanten des semit. Alphabets als Wurzeldeterminative — den schwindsüchtigen Wurzeln nur so zur Stärkung gleichsam angeflogen sein sollen.[3] E. Meiers Reduplicationstheorie ferner, nach der der sogenannte dritte Consonant durch Wiederholung des ersten oder zweiten Wurzelconsonanten der ursprünglichen zweiconsonantigen Wurzel zwecks Bildung eines Perfect-Stammes und eventuelle Dissimilation des so wiederholten Lautes entstanden sein soll, ist längst zu den Todten gewandert.[4] Ein gleiches Schicksal hat die Fürst-Delitzsch'sche Praepositionaltheorie gehabt, nach der die Wurzel grösstentheils in den beiden letzten Consonanten stecken, und der Anfangsconsonant eine Art Praepositionalpraefix sein soll.[5] Bei Lösung dieses Problems muss man sich unseres Erachtens vor Allem davor hüten, Alles über einen Kamm zu scheeren. Das Wurzeldeterminativ kann einen sehr verschiedenen Ursprung gehabt haben. In Fällen wie שׁרשׁ, עלע, ברך etc. טיט, ריר etc. liegen anerkanntermassen verkürzte Reduplicationsformen vor, שׁרשׁ aus שׁרשׁר, טיט aus טיטי etc.[6] In an-

---

1 cf. Curtius: Abhdlg. d. K. S. G. d. W. W. 1870 p. 209 flgd. 2 Abhdlg. der K. G. der W. W. Göttingen X. p. 61 flgd. 3 cf. dagegen auch Pott: Anti-Kaulen 1863 pp. 282. 283. 4 cf. dagegen Ewald: G. Gel. Anz. 1845. p. 1961 flgd. und die letzte Widerlegung dieser Ansicht bei Grill: Z. d. D. M. G. 1873. p. 440 flgd. 5 cf. dagegen zuletzt Friedr. Delitzsch: l. c. pp. 57. 69. Nicht viel anders ist es übrigens auf indogerm. Gebiete der analogen Praefixtheorie Pott's ergangen, cf. Etymolog. Forschungen 2, 1 § 14 und dagegen Curtius: Grundzüge etc. p. 32 flgd., Fick l. c. p. 938. 6 cf. Ewald: Ausführl. Lehrb. etc. p. 307. Ganz analoge Wurzelbildungen auf indogerm. Gebiete sind kak aus kaka, kuk aus kuku, barb aus barbar, dad

derer Weise dürfte durch Ausfall des dritten Radicals aus einem שׁרשׁר ein שׁרר, aus כרכר ein כרר also ursprünglich zu sprechen šarar, karar entstanden sein.[1] Im Aethiopischen sind oft aus den in Rede stehenden Quadrilitteris durch Assimilation des zweiten und dritten Consonanten Trilittera hervorgegangen, so ቀቀየ፡ aus ቀይቀየ፡ etc.[2] Damit vergleiche man hebr.-aram. Bildungen wie כִּכַּר, ܟܒܪܐ, קִיקָלוֹן statt קִקָלוֹן aus קְלַקְלוֹן, סִיסְרָא statt סִסְרָא aus סִרְסְרָא etc. Bisweilen ist der erste oder auch letzte Consonant einer dreiconsonantigen Wurzel als ein ursprünglich Nominal- oder Verbalstamm bildendes Element einer schwachen Wurzel anzusehen, das wurzelhaft geworden ist, so z. B. im Hebr. הכן von כון, נכר denom. von נֵכָר (כרה); Arab. تجه, تخذ, تقى etc. von وجه, اخذ, وقى[3], مكن, مدن, مصّر von مكان etc., Aram. סרק von ריק, סגל von גלגל, סרח von רוח, הגל, הצב, הבל etc.,[4] ܨܢܒܪ von ܢܒܪ, ܡܫܟܢ von ܡܫܟܢܐ, ܬܟܫܦ von ܟܫܦ etc.[5] Wir haben hier also überall secundäre Wurzeln vor uns, die eigentlich nicht hergehören. Gesenius, besonders aber Dietrich haben nachgewiesen, dass die sogenannten Quadrilitterae in vielen Fällen dadurch entstanden sind, dass die Verdoppelung des mittleren Radicals der dreiconsonantigen Wurzel durch Einschiebung einer Liquide (r, l, n und m), eines Gutturals (א, ה, ע, ח) — falls diese Formen nicht genauer als Nebenformen von kâtaba anzusehen — oder, wie wir noch hinzufügen müssen, der Halbvocale v und j ersetzt ist, so z. B. hebr. קַרְדֹּם aus קַדֹּם conf. arab. قَدّوم, כרסם aus כסם, זלעפה aus זעפה; arab. زهلج aus زلّج, تفيهق aus تفهّق etc.[6] Man wird nun zugeben können, dass der Ursprung derselben Consonanten als mittlerer Wurzeldeterminative einer dreiconsonantigen Wurzel wenigstens in manchen Fällen auf analoge Weise hergeleitet werden kann, wie also ein חרצב aus חצב, so ein כרת aus כת,

---

aus dada etc., cf. Fick l. c. p. 973, auch Kraushaar: de radicum quarund. indogerm. variatione p. 49 flgd.

1 Im Indogermanischen ist in ganz analoger nur umgekehrter Weise ein vidvid zu einem vivid ein tuptup zu einem tutup verkürzt, cf. Schleicher: Compendium etc. pp. 716 u. 750.

2 cf. Dillmann l. c. pp. 101. 108; Stade l. c. p. 15.

3 cf. Fleischer in Sitzgsbr. der K. S. G. der W. W. XV, p. 147.

4 Kohler: Zur semit. Lexicographie, Z. d. D. M. G. 1869 p. 684.

5 Für's Aeth. vgl. noch Dillmann l. c. § 70; für's Neusyr. Nöldeke: Grammat. der neusyr. Sprache p. 195.

6 cf. Gesen. Lehrg. p. 863 flgd.; Dietrich: Abhdlg. p. 305 flgd.; auch Ewald: Ausf. Lehrb. § 106[c]; Gramm. Arab. § 191; Dillmann l. c. p. 110; auch § 78; Stade l. c. p. 21 flgd.; Z. d. D. M. G. 1871 p. 681—84; Merx l. c. § 25 II; § 56. B. 3.

wie ein زهلج aus زجّ, so ein زهل aus زلّ entstanden sein dürfte. Indess müssen wir hier doch die Möglichkeit offen lassen, dass in anderen dieser Fälle ein Bildungselement von aussen her in die Wurzel eingedrungen ist.[1] Immerhin wird aber in den meisten Fällen, namentlich wo das Wurzeldeterminativ die erste oder dritte Stelle einer dreiconsonantigen Wurzel einnimmt — und dasselbe gilt natürlich von dem die dreiconsonantige zur vierconsonantigen Wurzel erweiternden Element an erster oder letzter Stelle — kein solcher rein phonetischer Ursprung desselben angenommen werden können. Es wird nach aller Sprachanalogie nichts übrig bleiben, als hier[2] in diesen Zusätzen Bildungselemente zu sehen, also ursprünglich selbständige Wörtchen oder Wurzeln, die zu näherer Stoff- oder Formbestimmung unserer zweiconsonantigen Urwurzel vor- oder nachgesetzt wurden, und dann mit ihr allmählich zu einem Wortcomplex verschmolzen resp. auch von aussen in das Innere der Wurzel drangen. Wir werden aber diesen Falls die Wurzeldeterminative nicht als Reste einer ursprünglich gleichfalls zweiconsonantigen, jetzt nur verstümmelten Begriffswurzel ansehen können. Denn Zusammensetzungen der Art entbehren im Semit. vollständig aller Analogie. Die Versuche, Quadrilitterae in dieser Weise zu erklären, sind durchaus gescheitert.[3] Auch kennt ja das Semit. überhaupt keine wahre Zusammensetzung; denn das mechanische Verwachsen zweier im Gebrauch fast stets mit einander verbundenen Wörter zu einem Wort ist davon noch sehr verschieden.[4] Im Indogerm. liegt die Sache anders. Hier finden sich notorisch Wurzelzusammensetzungen der in Rede stehenden Art.[5] Uebrigens lassen sich doch auch hier nur die wenigsten Wurzeldeterminative in dieser Weise erklären.[6] Wir können diese Elemente im Semitischen eigentlich nur für Pronominal-Wurzeln halten. Das Semitische würde sich dann hier in seinen primärsten Bildungen mit dem Indogerm. berühren. Denn in den meisten indogerm. Wurzeldeterminativen dürften Wurzeln

---

1 Analogien für diesen Vorgang im Semitischen sind die VIII F. des Arab. und das assyr. Ifteal u. Iftaal. Aus dem Indogerm. gehört hierher die VII. Conjugation des Sanskrit, sowie die schon oben angeführten Beispiele aus dem Lateinischen wie pango, frango etc., auch Sanskr. Wurzeln wie bhańǵ, ańk etc., cf. Bopp: Krit. Gramm. der Sanskr. Spr. § 340. 2 wie dasselbe jetzt doch ziemlich allgemein von den indogerm. Wurzeldeterm. gilt. 3 So Gesenius: Lehrgeb. pp. 866. 868; dagegen Dietrich: Abhdlg. p. 304; auch p. 283 flgd. 4 cf. m. o. a. Abhdlg. pp. 44—53; auch Dietrich a. e. a. O. p. 304. 5 cf. Curtius: Abhdlg. der K. S. G. der W. W. V, 1870 p. 207. 6 cf. Curtius a. e. a. O. p. 207 flgd.; Fick l. c. p. 968 flgd. Ascoli (l. c.) bestreitet diesen Ursprung der Wurzeldeterminative überhaupt.

dieser Art stecken.[1] Wir können diese unsere Ansicht hier nicht näher begründen, auch nicht entscheiden, ob diese Elemente noch Wurzel- oder schon Wortbildend sind. Nur noch auf einen Punkt möchten wir aufmerksam machen. Wenn nämlich in den Wurzeldeterminativen meist ursprünglich selbständige Wurzeln stecken, so müssen diese auch ursprünglich einen eigenen Vocal besessen haben. Darnach erhalten wir als Grundform einer jetzigen dreiconsonantigen Wurzel mindestens eine Form wie katba aus kat + ba. Ein solches katba dürfte sich zunächst einerseits zu einem katb abgeschliffen, — wie ja auch ein indogerm. judh aus judha, tark aus tarka hervorgegangen ist[2], andererseits sich durch Vorwerfen des Suffixvocales zu engerer Verschmelzung beider Wörter — ein im Semit. auch sonst belegbarer Vorgang[3] — zu einem katab entwickelt haben. Trat das Determinativ vor die Wurzel, so erhalten wir von vorneherein die Form katab (cf. naṣab = na + ṣab etc.). Ausserdem konnten solche vocalisch verschieden formirte Wörter noch auf andere Weise entstehen. Wir sahen ja oben, dass aus einem katkat durch Verkürzung entweder ein katka (katk) oder katat hervorgehen konnte (cf. ob. p. 101). Wir sehen demnach, dass die jetzt begrifflich so verschiedenen Formen wie katab und katb auf rein phonet. Wege aus ein und derselben Grundform entstanden sind. Es dürfte nun nicht zu kühn sein, auch für die Formen katib und katub, auch kutab und kitab einen analogen Ursprung zu behaupten. Wir sehen in den verschiedenen Vocalen der zweiten resp. ersten Sylbe dieser Formen nicht ursprünglich ganz indifferente Lautschattirungen[4] — Abschwächungen des ursprünglichen a-Lauts können wir für diese Sprach-Periode kaum statuiren — sondern wir betrachten sie als die ursprünglich auslautenden, event. gleichfalls zurückgeworfenen Vocale der Wurzeldeterminative. Haben wir hier wirklich Pronominal-Wurzeln vor uns, so wäre es jedenfalls sehr erklärlich, dass neben einer Pronominal-Wurzel mit a sich auch eine mit i und u, alle drei ursprünglich wohl in verschiedenem Sinn, zu verschiedener Nüancirung des Begriffs der Stoffwurzel, freilich wohl zu so feiner Nüancirung wie wir sie nachzudenken kaum mehr im Stande sein dürften[5], der Stoff- oder Begriffswurzel anfügten. Selbstverständlich schwand dieser feine Unterschied, sobald die pronominale Wurzel eng mit der Begriffswurzel verschmolz, so dass sich also anfänglich ein katb

---

1 cf. Curtius, Fick, Ascoli a. ee. aa. OO., auch Curtius: Grundzüge etc. p. 60 flgd. 2 cf. Curtius Abhdlgn. etc. p. 211; Fick a. c. a. O. 3 cf. m. o. a. Abhdlg. p. 131. 4 So Friedr. Müller: Sitzungsbr. der K. A. der W. W. zu Wien 1869 p. 513. 5 cf. Steinthal l. c. p. 283.

katab, katib und katub ziemlich parallel gegenüberstanden. Nun tritt uns ja in den verschiedensten Sprachen die Erscheinung entgegen, dass auf rein mechanischem Wege entstandener Lautwechsel dynamisch verwandt wird,[1] und wenn weiter dem Semiten vermöge der Innerlichkeit seiner Natur eine besondere Anlage zur Symbolik eignet[2], so kann es uns nicht Wunder nehmen, dass sich diese Erscheinung hier in besonders extensivem wie intensivem Maasse zeigt, dass man also die auf mechanischem Wege entstandenen lautlich verschiedenen, aber dem Sinne nach gleichen Formen symbolisch d. h. nach dem inneren Wechsel der Vocale zu differenziren und so das Princip der innern Flexion die ganze Sprache zu beherrschen begann. Darnach wäre allerdings dies vielbesprochene Princip der semit. Sprachen gerade wie im Deutschen durchaus secundärer Natur, was auch schon Benfey mit Recht vermuthet hat.[3]

Fassen wir schliesslich das Resultat unserer Untersuchung kurz zusammen: Für den Grundstamm des starken Verbums im Semitischen haben wir die Grundform kátab (kátib, kátub) anzusetzen. Diese hat sich überall erst aus einer zweiconsonantigen Urwurzel der Form kat entwickelt. Ueber dieser Entwickelung schwebt noch „das Dunkel der Geburt.“ Jedenfalls ist aber in den die bilitterale zur trilitteralen Wurzel erweiternden Determinativen, soweit sie nicht auf rein phonetischem Wege entstanden, ein ursprünglich selbständiges Wurzelelement zu sehen, das zu näherer noch nicht klar gelegter Bestimmung sich jener Urwurzel zunächst entweder vorn oder hinten anfügte und dann mit ihr zur Einheit verschmolz. Durch die verschiedene Art dieser Verschmelzung, auch durch die verschiedene Art der Verkürzung der reduplicirten Urwurzel, sowie vermöge der verschiedenen Vocalisation der Wurzeldeterminative entstanden verschiedene ursprünglich gleichbedeutende Formen, die dann aber nach dem Princip der inneren Flexion begrifflich differenzirt wurden. In dieser Periode der Sprachbildung erhielt unsere Form katab (katib, katub) die Bedeutung eines participialen Nomens und ward als solches die Grundlage für die Bildung des Verbums.

---

1 cf. im Deutschen: Vater, Väter und den deutschen Ablaut in Grab, grub, Grube etc., s. Steinthal l. c. pp. 302. 303; auch p. 161. 2 cf. Steinthal l. c. pp. 242. 243. 3 Geschichte der Sprachwissenschaft pp. 483. 484.

IV.

LE LIVRE DES LOCUTIONS VICIEUSES

DE DJAWÂLÎKÎ

PUBLIÉ POUR LA PREMIÈRE FOIS

D'APRÈS LE MANUSCRIT DE PARIS

PAR

HARTWIG DERENBOURG.

AVANT-PROPOS.

La publication du mou'arrab en 1867 m'inspira dès lors l'idée de faire connaître un autre traité de Djawâlîḳî, dont une très belle et très ancienne copie se trouve à la Bibliothèque nationale de Paris[1]. L'illustre maître, à qui nous présentons aujourd'hui chacun notre offrande, plus ou moins précieuse selon nos forces et nos talents, dans un sentiment d'égal respect et de même reconnaissance, reçut la confidence de ce projet et l'encouragea avec sa bienveillance accoutumée. Le dourrat elgawwâṣ ne m'était connu que par les morceaux contenus dans l'Anthologie arabe de Sacy: je craignais, avant l'édition définitive de Thorbecke que, l'ouvrage de Ḥarîrî et celui de Djawâlîḳî faisant double emploi, la publication du premier ne rendît inutile celle du second. C'est tout le contraire que m'a démontré une étude attentive du dourra: le sujet est le même, le terrain d'observation identique, la manière d'envisager les phénomènes analogue; mais là s'arrète la ressemblance, et c'est à peine si dans le livre de notre auteur se sont glissées quelques observations en très petit nombre, qu'on dirait empruntées au dourra. Tout au contraire il y a comme un parti-pris d'originalité dans le choix des articles, et je ne m'étonnerais pas que Djawâlîḳî se fût proposé précisément de compléter Ḥarîrî, et de nous donner comme un supplément au travail de son prédécesseur[2].

D'ailleurs la police de la langue devenait plus difficile, à mesure que chaque nouvelle génération apportait ses velléités d'indépendance et d'infidélité à l'égard de la tradition: le peuple, en parlant, ajoutait sans cesse de nouveaux chapitres au livre de ses locutions vicieuses. Les grammairiens et les lexicographes arabes soutinrent chacun dans leur sphère d'action une même lutte, les uns pour défendre les vieilles formes

1 Ancien fonds, no. 1328. Les mélanges contenus dans ce volume sont, à l'exception de notre traité, assez exactement indiqués dans l'ancien Catalogus codicum, etc. 2 Cf. Ḥâdjî Khalifa No. 3506 et 4947: تكملة درة الغواص. Cependant Soyoûṭi considère le تتمة ما يلحن فيه العامة et le درة الغواص comme deux ouvrages de Djawâlîḳi. Cf. Journal asiatique 1867. II, p. 343. En identifiant les deux ouvrages diversement nommés, je suis l'opinion d'Ibn Khallikân.

et les anciennes flexions, les autres pour combattre les erreurs de prononciation, les acceptions détournées de mots et d'expressions, les fautes d'orthographe. Djawâlîḳî, successeur de Tabrîzî dans la chaire d'humanités (الأدب) à l'université Niṭhṭhâmîya de Bagdad, avait charge, pour ainsi dire, de corriger les erreurs du vulgaire et peut-être avons-nous aussi bien dans le Khaṭa' el ʿawwâmm, que dans le mouʿarrab des extraits de son enseignement. Dans les deux ouvrages en effet, Djawâlîḳî fixe les limites de la langue classique et en détache d'un côté les emprunts faits à des idiômes étrangers, de l'autre les vulgarités que l'usage mêlait au pur arabe du Ḥidjâz[1].

On s'étonnera peut-être que dans un livre destiné à continuer la „perle du plongeur" de Ḥarîrî il ne soit question ni de cet ouvrage ni de son auteur. Les étudiants, qui assistaient aux savantes leçons de Djawâlîḳî, avaient probablement sous les yeux ou dans la mémoire les observations contenues dans le dourra: on pouvait facilement sous-entendre et omettre ce qui était dans l'esprit de chacun. Un témoignage nous reste pour nous prouver que Djawâlîḳî aimait à prendre comme thême de ses cours le œuvres de Ḥarîrî; on nous raconte que les fils de celui-ci eurent à lui accorder l'autorisation de commenter oralement les „Séances" de leur père[2].

L'hypothèse, d'après laquelle nous possèderions le cours de Djawâlîḳî à la Niṭhṭhâmîya, explique aussi le désordre d'un ouvrage, où se succèdent plutôt une foule de notes jetées au hasard qu'une série d'exemples habilement groupés et systématiquement ordonnés. Les divisions mêmes, quand il y en a, sont arbitraires, et les paragraphes pourraient en général être déplacés sans grand inconvénient. Les dernières pages font seules exception: on dirait que l'auteur, pressé de terminer, aît réuni sous un certain nombre de rubriques les faits qu'il avait hâte d'énumérer encore, et c'est à quoi se borne son travail decomposition.

L'éditeur du texte n'a eu à sa disposition qu'un seul manuscrit excellent il est vrai, et de l'année 631 de l'hégire ($12^{33}/_{34}$ ap. S. C.), mais où ne manquaient ni les accidents d'écriture, ni les erreurs qui se glissent dans les meilleures copies. Dans une publication collective comme celle-ci, on comprendra et on approuvera l'extrême sobriété des notes. Il valait mieux, je pense, donner aux indices si nécessaires la plus large part de la place qui m'était accordée.

---

1 „Je me suis attaché, dit l'auteur dès le début de sa préface, à l'Arabe pur (الفصيح) à l'exclusion de tout autre." 2 Sacy, Chrestomathie arabe III, p. 178.

كتاب

خطأ العوامّ تأليف

الشيخ الامام ابى منصور

موهوب بن احمد بن محمد بن الخضر

الجواليقى رحمه الله

بسم الله الرحمن الرحيم ربِّ يَسِّرْ بكرمك

قال الشيخ الامام أبو منصور مَوْهوبُ بن أَحْمَدَ بنِ محمّدِ بن الخِضْرِ الجَواليقى رَه هذه حروفٌ أَلْفَيْتُ العامّةَ تُخطئُ فيها فأَحببتُ التّنبيهَ عليها لانّى لم أَرها او أَكثرَها فى الكتب المُؤَلَّفةِ فيما تَلْحَنُ فيه العامّة فمنها ما يَضَعُهُ الناسُ غيرَ موضعه او يقصرونه على مخصوصٍ وهو شائعٌ ومنها ما يَقلبونه ويُزيلونه عن جهته ومنها ما يُنْقَصُ ويُزادُ فيه ويُبَدَّل بعضُ حركاته وبعضُ حروفه بغيره واعتمدتُّ على الفصيحِ[1] من اللغات دونَ غيره فإِنْ ورد شىءٌ مما مَنَعْتَهُ فى بعضِ النوادرِ فَمُطَّرَحٌ لقلّته وَرَدَاءَتِهِ فقد أُخْبِرْتُ عن الفَرّاء أَنّه قال وأَعلم أَنّ كثيرا ممّا نهيتُك عن الكلام به من شاذّ اللغات ومُسْتَكْرَهِ الكلام لو توسّعتَ بإِجازته لرخّصتَ لك أَن تقولَ رأيتُ رجُلانِ[2] ولَقُلْتَ أَرَدْتُ عَنْ يقولَ ذاك[3] ولكن وَضَعْنَا ما يتكلّم به أَهل الحجاز وما يَختارُه فصحاء أَهلِ الأَمصار ولا نَلتفِت الى من قال يجوز فإِنا قد سمعناه الّا أَنّا

---

1 Ms.: واعتمدت الفصيح. 2 A l'origine probablement la forme unique du duel. Cf. Journal asiatique 1867. II, p. 380 et Sacy, Grammaire arabe I, p. 399. 3 C'est le عنعنة بنى تميم; cf. Moufaṣṣal, p. ١٤٩; Hariri, Séances, p. ٤٤٧; Dourra, p. ١٨٣, etc.

نُجيزُ للأعرابىّ الذى لا يَتخيَّرُ ولا نُجيزُ لأهل الحِضر والفَصاحة أن يقولوا السلامُ عليكم[1] ولا جئتُ الى عِنْدِك[2] وأشباهُه ممّا لا نُحصيه من القبيحِ المرفوضِ وما توفيقى الّا بالله .

فممّا تَضَعُهُ العامّةُ غيرَ موضعِهِ

قولُهم فيما بين صلاةِ الفجر الى الظُّهر فَعَلْتُ البارِحَةَ كذا وكذا[3] وذلك غَلَطٌ والصوابُ ان تقولَ فعلتُ اللَّيْلَةَ كذا الى الظهر وتقولَ فعلتُهُ البارحَةَ الى آخِرِ اليوم والصَّباحُ عند العرب من نِصف الليل الاخير الى الزَّوال ثم المساءُ الى آخِرِ نصف الليل الاوّل وكذا رُوِىَ عن ثَعْلَبٍ رَه وممّا يَشْهَدُ بصحّة ذلك ما رُوِىَ عن النبىّ صلعم أنّه قال مَنْ فاتَهُ شىءٌ من وِرْدِهِ او قال حِزْبِه من الليل فقرأَهُ ما بين صلاة الفجر الى الظُّهر فكانّما قَرَأَهُ من ليلته وقال صلعم ذاتَ ليلةٍ فى دُعائِهِ فَحَمِنى عن أَذًى او طاعون فلمّا أَصْبَحَ قال له انسانٌ من اهله يا رسولَ الله لقد سمعتُك الليلةَ تدعو بدُعاءٍ وعنه صلعم أنّه كان اذا قَعَدَ بعد صلاة الغُداة يقول هل رأى احدٌ منكم الليلةَ رُؤْيا وقال لبلالٍ عند صلاة الفجر يا بلالُ خبِّرنى بإِرجاء عمل عملتَه منفعةً فى الاسلام فانّى سمعتُ الليلةَ خشفَ نَعْلَيْك بين يَدَىَّ فى الجَنَّةِ ومن ذلك قولُهم بعد الغُروب فعلتُ اليومَ كذا وكذا وذلك غلطٌ

---

1 Dans l'expression السلام عليكم, l'article est de trop; cf. Coran VI, 51; VII, 44 etc. 2 Ms.: جئت من عندك il faut évidemment lire الى; cf. Djauhari, Sahâh s. r. عند, Alfîya (ed. Dieterici) p. ١٥٩. Dourra. p. ٢٥ et plus loin. p. 132. 3 Dourra, p. ١١ et ١٢.

والصوابُ ان تقول فعلتُه أمسِ الأَحدَ لانّ مقدار اليوم من طُلوع الشمس الى غُروبها فاذا غَربتِ الشمسُ فقد ذهب اليومُ ومضى ومن ذلك قولهم الايّامُ البيضُ فيجعلون البيضَ وصفًا للأيام والايامُ كلُّها بيضٌ وهو غلطٌ والصوابُ أن يقالَ ايّامُ البيضِ اى أيام الليالِي البيضِ لان البيضَ وصفٌ لها دونَ الايام فتَحذفَ الموصوفَ وهو الليالى وتُقيمَ الصفةَ مقامَها وهو البيض وتُضيف الايّامَ اليها والليالِي البيضُ الثالثةُ عشرةَ والرابعةُ عشرةَ والخامسةُ عشرةَ وسُمِّيَتْ بيضًا لطلوع القمر من اوّلها الى آخرها والعربُ تسمِّي كلَّ ثلث من ليالى الشهر بآسم[1] فتقول ثلاثٌ غُرَرٌ وغُرّةُ كلّ شيء اوّلُه وثلاثٌ نُفَلٌ لانها زيادةٌ على الغُررِ وثلاثٌ تُسَعٌ لانّ آخِر ايامها التاسعُ وثلاثٌ عُشَرٌ لانّ اوّل أيامها العاشرُ وثلاثٌ بيضٌ لانها تبيَضُّ بطلوع القمر من اوّلها الى اخرها وثلاثٌ دُرَعٌ لاسوِدادِ اوائلها وابْيِضاضِ سائرها وثلاث ظُلَمٌ لإظلامها وثلاثٌ حَنادِسُ لسَوادِها وثلاثٌ دَآدِئُ لانها بقايا وثلاثٌ مَحاقٌ لإمّحاقِ القمر او الشَهْر ومن ذلك قولهم فى الدعاء نعوذ بك من طوارِقِ الليل وطوارِقِ النّهار وهو غلط لانّ الطُروقَ الأُتيانُ بالليل خاصّةً[2] ولهذا سُمِّيَ النجمُ طارقا قال اللهُ تعالى والسَّماء والطَّارِقِ[3] والصوابُ أن يقالَ نعوذ بالله من طوارقِ الليل وجَوارِحِ النهار لانّ أبا زيد حَكَى عن العرب جرحتُه نهارًا وطرقتُه ليلًا قال

---

1 Mas'oûdi, Les prairies d'or (éd. Barbier de Meynard) III, p. 429; Sacy, Chrestomathie I, p. 476. 2 Dourra, p. ١٢. 3 Coran LXXXVI. 1.

الله تعالى وَهُوَ ٱلَّذِى يَتَوَفَّاكُمْ بِٱللَّيْلِ وَيَعْلَمُ مَا جَرَحْتُمْ بِٱلنَّهَارِ[1] ومن ذلك العامُ والسنةُ لا يفرّق عوامُّ الناس بينهما ويَضعون احدَهما موضعَ الآخَر فيقولون لِمَنْ سافَرَ فى وقتٍ من السنة الى مثلِهِ أىَّ وقتٍ كان سافَرَ عامًا وذلك غلطٌ فالصوابُ ما أُخبرتُ عن أحمدَ بنِ يحيى رَه أنّه قال السنةُ من أىِّ يوم عددتَّها الى مثله فهى سنةٌ والعامُ لا يكون الا شتاءً وصيفًا[2] وليس السنةُ والعامُ مشتقَّيْنِ من شىءٍ فاذا عددنا من اليوم الى مثله فهو سنةٌ يدخل فيه نصفُ الشتاء ونصفُ الصيف والعام لا يكون الا صيفا وشتاءً ومن الاول يقع الرُّبْعُ والرُّبْعُ والنِّصْفُ والنصف فاذا حَلَفَ لا يُكلِّمُه عاما لا يَدْخُلُ بعضُه فى بعض انما هو الشتاء والصيفُ فالعامُ اخصّ من السنة فعلى هذا نقول كلُّ عامٍ سنةٌ[3] وليس كلُّ سنةٍ عامًا ؛ ومن ذلك قولُهم تَواتَرَتْ كُتُبى إليك[4] يعنون ٱتّصلتْ اليك من غير ٱنقطاعٍ فيضعون التواتُر فى موضع ٱلاتّصال وذلك غلطٌ انّما التواتُر مجىءُ الشى ثمّ ٱنقطاعُه ثم هو مجيئُه[5] وهو تفاعُلٌ من الوِتْر وهو الفَرْدُ يقال وَاتَرْتُ الخبرَ أَتبعتُ بعضَه بعضًا وبين الخبرين هُنَيْهَةٌ[6] قال الله تعالى ثُمَّ أَرْسَلْنَا رُسُلَنَا تَتْرَى[7] أصلُها وَتْرَى من المُواتَرَة فأُبدلت التاءُ من الواو ومعناه منقطِعةٌ متفاوِتةٌ لانّ بينَ كلّ نَبِيَّيْنِ دهرًا طويلًا وقال ابو هريرةَ لا بأسَ بقضاء رمضانَ تَتْرَى اى منقطِعًا[8] فإذا قيل واتَر فلانٌ كتبَه فالمعنى تابعها

---

1 Coran VI, 60. 2 Ms.: او صيفا. 3 Voir d'autres opinions sur la synonymie de سنة et de عام dans Lane, Lexicon p. 1449. 4 Dourra p. ٩. 5 Ms.: مجيئه. 6 Ms.: هينهة. 7 Coran XXIII, 46. 8 Djauharî s. r. وتر.

وبين كلِّ كتابَيْنِ فترةٌ ومن ذلك قولهم هذه قدورُ بِرامٍ يعنون بالبِرام الحجارةَ وذلك خطأ انّما البرامُ جمعُ بُرْمَةٍ وهى القِدْرُ من الحجارة كما تقول جُلَّةٌ وجِلال وعُلْبَةٌ وعلاب والصواب أن تقولَ بِرامُ الحجارة او تقولَ بِرامٌ فيُعلمَ أنها من الحجارة لانّ البُرمة لا تكون من غير الحجر ويُجْمَعُ البُرْمَةُ على البِرام والبُرَم والبِرَم قال طَرَفَةُ [كامل]

أَلْقَتْ إِلَيْكَ بِكُلِّ أَرْمَلَةٍ   شَعْثَاء تَحْمِلُ مُنْقَعَ البُرْمِ[1]

وقال آخر [بسيط]

وَالبَائِعاتِ بِشَطَّىْ نَخْلَةَ البُرَما[2]

ومن ذلك قولهم فلانٌ ظريفٌ يعنون أنّه حسنُ اللِباس لَبِقُهُ ويَخُصّونه به وليس كذلك انما الظَرْفُ فى اللسان والجسم لا فى اللباس أُخبرتُ عن الحسن بن على عن الخَزّاز عن ابى عُمَر عن ثعلب قال الظريفُ يكون حسنَ الوجه وحسنَ اللّسان الظرفُ فى المنطِق والجسمِ ولا يكون فى اللباس قال ابن الأَعرابىّ عفيفُ الطَّرِفِ تقىُّ الظرف قوله تقى الطَّرَف يعنى البَدَنَ وقال عُمَرُ رضه اذا كان اللصُّ ظريفا لم يُقْطَعْ معناه اذا كان بليغا جيّدَ الكلام آحْتَجَّ عن نفسه بما يُسْقِطُ عنه الحدَّ والفِعْلُ من هذه الكلمة ظَرُفَ يَظْرُفُ ظَرْفًا فهو ظَرِيفٌ والجمع الظُرَفاء ولا يوصَفُ بذلك السيّدُ ولا الشيخُ وانّما يوصف به الفِتيانُ الأَزوالُ والفَتَيَاتُ الزَّوْلاتُ وقال ابن الاعرابىّ الظَّرْفُ فى اللسان والحَلَاوةُ فى العينين والملاحةُ فى الفم والجمالُ فى الانف وقال محمّد بن زيد

---

1 Sitta ed. Ahlwardt, p. ٧٢. 2 Hémistiche presque semblable dans le Diwân de Nâbiga VI, 3.

الظريف مشتقّ من الظَرْف وهو الوِعَاء كانّه جَعَلَ الظَريفَ وعاء للأدب ومَكارمِ الأَخلاق ومن ذلك قولُهم الثجير[1] عُصارةٌ وانّما العُصارة ما يُحْلَبُ من الشيء المعصور وكلُّ شيء عُصِرَ ماؤُه فهو عَصيرٌ والماء عُصارَةٌ قال آمرؤُ القيس [طويل]

كأَنَّ دِماءَ الهادِياتِ بِنَحْرِهِ عُصارَةُ حِنّاءٍ بِشَيْبٍ مُرَجَّلِ[2]

وقال آخرُ [طويل]

انّ العَذارَى قَدْ خلَطْنَ لِلِمَّتِي عُصارَةَ حِنّاءٍ مَعًا وَصَبِيبِ[3]

وقال اخَرُ أَنْشَدَنِيهِ آبن بُنْدارَ عن آبن رَزْمَةَ عن أبى سعيدٍ عن آبن دُرَيْدٍ [كامل]

والعُودُ يُعْصَرُ ماؤُهُ وَلِكُلِّ عِيدانٍ عُصارَهْ[4]

وقال جرير [بسيط]

أَنْتَ آبْنُ بَرْزَةَ مَنْسُوبًا إِلَى لَجَاءٍ عِنْدَ آلْعُصارَةِ وَالعِيدانُ تَعْتَصِرُ[5]

وقال ايضا يَهْجو الفرزدق [طويل]

لَحَا آللَّهُ مَاءً مِنْ عُرُوقٍ خَبِيثَةٍ سَقَتْ سابِياءً جَاءَ مِنْها مُحَمَّرا

فما كانَ مِنْ فَحْلَيْنِ شَرُّ عُصارَةٍ وَأَلْأَمُ مِنْ حَوْضِ الحِمَارِ وَكَيْمَرا[6]

---

1 Sur les fautes que le vulgaire commet relativement au mot ثجير, cf. Mouʿarrab p. ۴۱; Dourra p. ۹۹; Ibn Doraid, Ischtiḳâḳ (ed. Wüstenfeld), p. ۱۲۰ etc. 2 Vers 62 du Moʿallaḳa. 3 Cf. le vers de ʿAlḳama dans le Sitta, p. ۱۰۲ l. ult. 4 Vers effectivement cité par Ibn Doraid, Ischtiḳâḳ p. ۱۹۴. 5 Agânî, ed. de Boûlâḳ VII, p. ۹۷ (var. منسوب). 6 Nous traduisons: „Puisse Allâh vouer au déshonneur une eau provenant de sources impures, qui arrosent un délivre, d'où elle revient toute rougie. Jamais de deux étalons n'est sorti suc plus mauvais ni plus détestable que Khauḍ elḥimâr et Kaimar.“ Il y a jeu de mots entre محمرا et حمار; de

حَوْضِ الحمار لقبٌ كان لغالبٍ وكَيْمَر ٱشتقّهُ من الكَمْرَة وقال ايضا يهجو التَّيْم [كامل]

يا تَيْمَ خالِطَ خَبْثِ مَاءِ أَبِيكُمُ   يَا تَيْمَ خَبْث عُصارَةِ الأَرْحامِ

ولا نَلْتَفِتُ الى ما سواه ، ومن ذلك السُوقَةُ[1] يذهب عوامُّ الناس الى أنّهم اهل السُّوق وذلك خطأٌ انّما السوقةُ عند العرب مَنْ ليس بملكٍ تاجرًا كان او غيرَ تاجر بمنزلة الرعيّة التى يسوسها الملوكُ وسُمُّوا سوقةً لان الملك يَسوقُهم فيَنْساقُونَ له ويُصَرِّفُهم على مُرادِه يقال للواحد سُوقة وللجمع[2] سوقة وربّما جُمِعَ سُوَقًا قال زهير [بسيط]

يَطْلُبُ شأْوَ ٱمْرَأَيْنِ قَدَّمَا حَسَنًا   نَالَا المُلوكَ وبَذَّا هذه السُّوَقَا[3]

وقال ايضا[4] [بسيط]

يا حارِ لا أُرْمَيَنْ مِنْكُمْ بِداهِيَةٍ   لَمْ يَلْقَهَا سُوقَةٌ قَبْلِي وَلا مَلِكُ

وقال حُرَقَةُ بنتُ النعمان [طويل]

بَيْنَا نَسُوسُ[5] النّاس والأَمْرُ أَمْرُنَا   إِذَا نَحْنُ فِيهِمْ سُوقَةٌ نَتَنَصَّفُ

فامّا اهلُ السُّوقِ فالواحد منهم سُوقيٌّ والجماعةُ سُوقيّونَ ومن ذلك اليَقْطِينُ تذهب العامّةُ الى أنه القَرْعُ خاصّةً وليس كذلك انّما اليقطينُ كلُّ شجرٍ ٱنبَسط على وجه الارض ولا يقوم على ساق مثل

---

plus Djarîr a rapproché avec intention حمار (ânes) de كيمر (كمرة mule). Gâlib ben Ṣa'ṣa'a était le père du poète Farazdaḳ; il était surnommé كيمر d'après le ḳâmoûs cité par M. Wüstenfeld, Register zu den genealogischen Tabellen, p. 169. 1 Dourra p. ١٩٨. 2 Ms.: وللاثنين سوقة. 3 Sitta p. ٨٥. 4 Ms.: وقال ايضا اخر. Vers de Zohair dans le Sitta p. ٨٧. 5 Hamâsa p. ٥٣٤; dans Dourra, l. cit., la variante بينا نسوق.

القَرْع والقِثّاء والبِطّيخ ونحوِ ذلك وقال سعيدُ بن جُبَيْرٍ كلُّ شىء ينبُتُ ثم يموت من عامِهِ فهو يَقْطِينٌ ومن ذلك قول المتكلّمين فى صفة الله تعالى الذّاتُ قال ابن بَرْهانَ وذلك جَهْلٌ منهم لا يَصِحُّ فيها إلحاقُ تاء التأنيث ولهذا ٱمتُنع أن يقالَ فيه علّامةٌ وإن كان أعلمَ العالِمين فذاتٌ بمعنى صاحبةٍ تأنيثُ قولك ذُو بمعنى صاحب وقولهم الصفاتُ الذاتيّةُ جَهْلٌ منهم ايضا لان النَّسبَ الى ذو ذَوَوِىٌّ أَخبرنا بذلك ابو زكريّا وكذلك قولُهم المحسوساتِ أى المعلومات خطأٌ ايضا والصّوابُ ان يقالَ المُحَسّاتِ لانّه يقال أَحْسَسْتُ الشىء وحَسَّسْتُ به فاما المحسوساتُ فمعناها فى اللغة المقتولات يقال حَسَّهُ اذا قتَلَهُ وكذلك قولُ العامّةِ حسّ فى معنى سَمِعَ ووَجَدَ غلطٌ العربُ تقول أَحَسَّ إذا وَجَدَ فامّا حَسَّ فَقَتَلَ وحسّ الدابّةَ بالمِحَسَّةِ وحسّ النارَ اذا رَدَّها بالعَصا على خُبْزِ المَلّةِ وحسّ اللحمَ اذا وضعه على الجَمْر ومن ذلك الخِرْوَع [1] تذهب العامّةُ الى أنّه نَبَتٌ بعينه ويَفْتَحون خاءَهُ فيُخطئون فى لفظه ومعناه وانّما الخِرْوَع كلُّ نبت يَنْثَنِى اىّ نبتٍ كان ولهذا قيل للمرأةِ الليّنةِ الجسدِ خَرِيعٌ ومنه حديثُ ابى سعيد الخُدْرِىّ لو سمع احدُكم ضَغْطَةَ القبرِ لَخَرِعَ اى ٱنكسر وضَعُفَ وليس فى كلام العرب شىء على فِعْوَلٍ بكسر الفاء الا حرفانِ خِرْوَعٌ وعِتْوَدٌ [2] وهو اسمُ وادٍ او موضع ومن ذلك البَقْلُ تذهب العامّةُ الى انّه ما يأكُله الناسُ خاصّةً دونَ البَهائمِ من النَبات الناجمِ الذى لا يُحتاج

---

1 Ms.: الخَزوع. 2 Cf. Dj. s. r. خرع et Yâkoût III, p. ٦١٢.

فى أكله الى طَبْخ وليس كذلك انما البَقْلُ العُشبُ ومما يُنبتُ الرّبيعُ مما تَأْكله البهائمُ والناسُ قال الشّاعر [متقارب]

فَلا مُزْنَةٌ وَدَقَتْ وَدْقَهَا ولا أَرْضَ أَبْقَلَ أَبْقالَهَا[1]

وقال آخَر [كامل]

قَوْمٌ إِذَا نَبَتَ الرَّبيعُ لَهُمُ نَبَتَتْ عَداوَتُهُمْ مع البَقْلِ[2]

وقال زهير [طويل]

رَأَيْتَ ذَوِى الحَاجاتِ حَوْلَ بُيوتِهِمْ قَطينًا لَهُمْ حَتَّى إِذا أَنْبَتَ البَقْلُ[3]

وقال ابو دُؤاد[4] [خفيف]

مِثْلُ عَيْرِ الفَلاةِ صَعْلَكَهُ البَقْلُ مُشِيحٌ بأَرْبَعِ عُشرَاتِ

يقال منه بَقَلَتِ الارضُ وأَبْقلتْ لغتانِ فصيحتانِ اذا أنبتتِ البَقْلَ وٱبتقلتِ الابلُ وتبقّلت اذا رَعَتْهُ قال أبو النّجم يصف الابلَ [رجز]

تَبَقَّلَتْ فى أَوَّلِ التَّبَقُّلِ بَيْنَ رِمَاحَىْ مالِكٍ ونَهْشَلِ[5]

---

1 Vers de عامر بن جوين الطاهر d'après Dj. s. r. خوع. Dj. observe ولم يقل ابقلت لأنّ تأنيث الارض ليس بتأنيث حقيقى. Ms.: أَرْضٌ; Alfiya (ed. Dieterici) p. ١٢٤: أرضٌ; de même Sacy, Grammaire arabe II, p. 198. Je lis أَرْضَ avec Broch dans son édition du Moufaṣṣal p. ٧٢ et avec le Ṣaḥâḥ autographié à Tabrîz (s. r. بقل). Cf. aussi Dj., s. r. ودق. Les deux constructions possibles après لا sont tour à tour employées. Le contexte de notre passage indique la lecture أبقالها, comme on la trouve d'ailleurs dans l'édition citée du Ṣaḥâḥ. 2 Dj. s. r. بقل 3 Sitta p. ٩١ (cf. p. 43 où est donnée la leçon de Djawâliḳi) et Sacy, Anthologie grammaticale, p. ٢٩. 4 Ms.: ذاود. Le sens de ce vers est très obscur. Voici un essai de traduction: „Semblable à un onagre qui s'est bourré de légumes, il se tient sur ses gardes auprès des quatre asclepias". 5 Cf. le premier hémistiche dans Dj. s. r. بقل, le second dans

والفَرْقُ بين البَقْل ودِقِّ الشجر أنّ البقلَ اذا رُعِىَ لم يبقَ له ساق والشجرُ يَبْقَى له سُوقٌ وان دَقَّتْ وكذلك يجعلون الحَشيش ضربًا من رَطْبِ العُشْب وانّما الحشيشُ يابسُ العُشب كلّه ولا يقع على شىء من الرطب ورَطْبُ العُشْب يُدعى الرُّطْبَ بضمّ الراء والخَلَى جميعا والكَلَأُ يَجْمَعُهُمَا ومن ذلك الصَّلَفُ تذهب العامّةُ الى انه التِيهُ والذى حَكاهُ اهلُ اللغة فى الصَّلَف أنّه قلّةُ الخير يقال آمرأةٌ صلِفَةٌ قليلةُ الخير لا تَحْظَى عند زوجها وقد صَلِفَتْ صَلَفًا اذا لم تحظ عنده ورَجُلٌ صَلِفٌ اى قليلُ الخير ومن أَمثالِهم رُبَّ صَلِفٍ تحتَ الراعدة[1] ومن ذلك البَهْنانَةُ تذهب العامّةُ الى أنّها ذمٌّ ويعنون بها المرأةَ البَلْهَاء وليس كذلك انما البَهْنانَةُ صفةٌ تُمْدَحُ بها المرأةُ يقال آمرأةٌ بَهْنانَةٌ إذا كانتْ ضاحكةً متهلّلةً وقيل هى الطيّبةُ الرائحةِ الحسنةُ الخلقِ المُتَحَبِّبَةُ لزوجها وقال ابن الاعرابىّ فى قول الشاعر [وافر]

أَلَا قَالَتْ بَهانِ وَلَمْ تَـأَبَّـقْ نَعِمْتَ وَلَا يَليقُ بِكَ النَّعيمُ[2]

أَراد بَهْنانَة وتأَبَّق تأثّم ومن ذلك المُتَفَتِّيَةُ تذهب العامّةُ الى انها الفاجرةُ وليس الامر كذلك انّما المتفتّية الفتاةُ المراهقةُ يقال تَفَتَّتِ الجاريةُ اذا راهقَتْ فخُدِرتْ ومُنِعَتْ من اللعب مع الصِّبيان وقد فُتِّيَتْ تفتيَةً يقال لفُلانةٍ بنتٌ قد تَفَتَّتْ اى تَشَبَّهَتْ بالفِتيان وهى

---

le Moufaṣṣal p. ٧٥. 1 Freytag, Arabum Proverbia I, p. 535.
2 D'après Dj. qui cite ce vers s. r. بهن, Bahâni serait un nom propre de femme, comme قطام. Var.: كبرت ولا يليق.

أُصغرُهنّ ويقال للجارية الحَدَثَةِ فَتاةٌ والغلامُ فتًى قال القَيْسِىُّ الفَتى بمعنَى الشابّ والحدث وانّما هو بمعنى الكاهل الجَزْلِ من الرجال ومن ذلك قولهم لكثيرِ الأَشغالِ مَرْبوبٌ وذلك قلبٌ للكلام والوجهُ أَنْ يقالَ رابٌّ فأمّا المربوبُ فهو المُصْلَحُ المُرَبَّى قال الشاعر [بسيط]

يُعْطَى دَوَاءَ قَفِىِّ السَّكْنِ مَرْبوبُ[1]

ويقال سِقَاءٌ مربوبٌ إذا مُتِّنَ بالرُبّ يقال رَبَّ فلانٌ وَلَدَه يَرُبُّهُ رَبًّا وربَّ صَنيعَتَه يَرُبُّها رَبًّا اذا تَمَّها وأَصلحها فهو ربٌّ ورابٌّ قال الشّاعرُ [طويل]

يَرُبُّ ٱلَّذِى يَأْتِى مِنَ العَرْقِ إِنَّهُ   إذا سُئِلَ المَعْرُوفَ زادَ وَتَمَّمَا

والرَبُّ يَنقسِم الى ثلثة أَقسام رَبٌّ مالكٌ يقال هو ربُّ الدابّةِ وربُّ الدارِ وكلُّ شىءٍ مَلَكَ شيـًا فهو ربُّه وربٌّ سيّدٌ مُطاعٌ قال الله تعالى فَيَسْقِى رَبَّهُ خَمْرًا[2] اى سيّدَه وربٌّ اى مُصلِحٌ يقال رَبَّ الشىءَ اذا أَصلحه ولا يقال الربُّ بالألف واللام لغيرِ اللهِ تعالى وكذلك قولهم لِساقِى الماء شاربٌ هو قلبٌ للكلام المُسْقَى الشاربُ وصاحبُ الماء الساقِى ومنه قولهم لضربٍ من المَشْمومِ الشَّمّامُ والشَّمّامةُ فيجعلونه للمفعول وانما الشمّامُ والشمّامةُ بناءٌ للفاعل للمُبالَغة ولا يكون للمفعول ومن ذلك الغلامُ والجاريةُ يذهب عوامُّ الناس الى انّهما العبدُ والأَمةُ خاصّةً وليس كذلك انّما الغلامُ والجاريةُ الصغيران وقيل الغلامُ الطارُّ الشاربُ ويقال للجارية غُلامَةٌ ايضا قال الشّاعر [وافر]

---

1 Dj. s. r. ربب; var. يُسْقَى.   2 Coran XII, 41.

تُهانُ لَهَا الغُلَامَةُ والغُلَامُ[1]

وقد يقال للكَهْلِ ايضا غلامٌ قالت الأُخَيْلِيَةُ تمدح الحجاج [طويل]

غُلامٌ إِذا هَزَّ القَناةَ سَقاها

وكان قولَهم للطِفل غلامٌ على معنى التفاؤُل اى سَيَصيرُ غُلاما وقولُهم للكهل غلامٌ اى الذى كان مرّةً غلامًا وهو فُعالٌ من الغُلْمَةِ وهى شدّةُ شَهْوةِ النِكاحِ وقالت آمرأةٌ تَرْقُصُ بنتًا لها [رجز]

وَما عَلَيَّ أَنْ تَكُونَ جارِيَهْ حَتّى إِذا ما بَلَغَتْ ثَمانِيَهْ

زَوَّجْتُها عُتْبَةَ أَوْ مُعاوِيَهْ أَخْتانُ صُدْقٍ ومُهُورٍ غالِيَهْ

وقال شاعرٌ اخَرُ [رجز]

جارِيَةٌ أَعْظَمُها أَجَمُّها قَدْ سَمَّنَتْها بِالسَّوِيقِ أُمُّها

وقال الشاعرُ [طويل]

جَوارٍ يُحَلَّيْنَ اللِطاطَ يُزِينُها سَرائِحُ أَحْوافٍ[2] مِنَ الأَدَمِ الصِّرْفِ

اللِطاطُ جمعُ لَطّ وهو قلادةٌ من حَنْظَلٍ والأحواف جمع حَوْفٍ[3] وهو شبيهٌ بالمِئزر ويُتَّخَذُ للصّبيان من أَدَمٍ يُشَقُّ من أَسافِلِه ليُمْكِنَ المشىُ فيه ومن ذلك الدُّبُرُ تذهب العامّةُ الى أنّه الاستُ خاصّةً وليس كذلك دُبُرُ كلِّ شىء خلافُ قُبُلِهِ بضمّ الدّال ما خَلا قولَهم جَعَلَ فلانٌ كلامَك دَبْرَ أُذْنِهِ[4] اَىْ خَلْفَ أذنه فانّه بفتح الدال قال اللهُ تعالى سَيُهْزَمُ الجَمْعُ وَيُوَلُّونَ الدُّبُرَ[5] وقال عزّ اسمُه وَأَدْبارَ السُّجُودِ[6]

---

1 Dj. s. r. غلم: وقال يصف فرسا. 2 Ms.: شرائج اجوافه. 3 Ms.: والاحواف جمع جوف. 4 Freytag, Arabum Proverbia I, p. 288. 5 Coran, LIV, 45. 6 Coran, L, 39.

وقال وَٱللَّيْلِ إذا أَدْبَرَ[1] وكذلك يجعلون للضَّبِّ[2] الجُحْرَ ٱسما لها خاصّةً وانما الجحرُ كلّ ما يَحْتَفِرُه فى الارض من الدّوابّ ما لم يكن من عِظام الخَلْق نحو جُحْرِ اليَربوعِ والثعلبِ والأَرنبِ وشبهِ ذلك

ومن ذلك الذميم بالذال المُعْجَمة يَضَعُهُ الناسُ فى موضع الدميم بالدّال غير المعجمة[3] فيقولون فلانٌ ذميمٌ اى قَمِىٌّ[4] حقيرٌ والصوابُ ان يقالَ دَميمٌ فإن كان سيّئَ الخُلْق قيل ذميمٌ يقال مِن الاوّلِ رجلٌ دميمٌ وٱمرأةٌ دميمةٌ من نساء دمائمَ ودِمامٍ وما كنتَ يا رجلُ دميمًا ولقد دَمِمْتَ بعدى تَدِمُّ دَمامةً وٱشتقاقُه من الدِمّةِ وهى النَّمْلَةُ أو القَمْلَةُ الصّغيرةُ فالدَّمامةُ بالدّال مُهْمَلةً فى الخَلق والذَّمامةُ بالذال مُعْجمةً فى الخُلق يقال منه ذَمَّ الرجلُ يَذُمُّ ذَمًّا وهو اللَّوْمُ فى الأَساء

ومن ذلك الانتفاخُ بالخاء يَضَعُهُ الناسُ موضعَ الانتفاج بالجيم ولكلٍّ واحدٍ منهما موضعٌ يوضَعُ فيه فأمّا الانتفاخُ بالخاء فعِظَمُ الجَنْبَيْنِ الحادثُ عن علّةٍ او أكلٍ او شربٍ والانتفاجُ بالجيم عِظَمُ الجنبينِ خَلقةً من غيرِ علّةٍ[5] يقال رجلٌ مُنْتَفِجُ الجنبينِ وفرسٌ منتفجُ الجنبينِ قال الشّاعر [رجز]

مُنْتَفِجُ الجَوْفِ عَظيمُ كَلْكَلِهْ

فَمَدَحَهُ بذلك ولو قاله بالخاء لَكان ذمًّا ويقال ٱنتفجتِ الأرنبُ اذا ٱقْشَعَرَّتْ وكلُّ شىء ٱختال[6] فقد تَنَفَّجَ ومن ذلك التّحليقُ تذهبُ

---

1 Coran, LXXIV, 36. 2 C'est par conjecture que j'ai ajouté للضبّ; ms.: يجعلون الجحر. 3 Dourra p. ٣٤. 4 Ms.: قمّى. 5 Dj. regarde نفخ et نفج comme synonymes; voir s. r. ن ف خ. 6 Ms.: اجتالّ.

العامّةُ الى انّه رَمْىُ الشىء من عُلْوٍ الى سُفْلٍ فيقولون حلّقتُ الشى اذا ألقيتَه وذلك غلطٌ إنّما التّحليقُ عند العرب الارتفاعُ فى الهواء يقال حَلَّقَ الطائرُ فى كَبْدِ السّماء اذا آستدار وآرتفع فى طَيَرانِهِ وحَلَّقَ النّجمُ اذا آرتفع قال آبنُ زُبَيْرٍ الأَسَدِىُّ [كامل]

رُبَ[1] مَنْهَلٍ طامٍ وَرَدتُّ وَقَدْ خَوَى نَجْمٌ وَحَلَّقَ فى السَّمَاءِ نُجُومُ

وفى الحديث فَحَلَّقَ ببصرِهِ إلى السّماء اى رَفَعَ البصرَ إلى السماء كما تَحَلَّقَ الطّائرُ اذا آرتفع فى الهواء ومنه الحالِقُ الجبلُ المُشْرِفُ وقال النابغةُ فى حَلْقِ الطّائر [طويل]

إذا ما آلْتَقَى الجَمْعَانِ حَلَّقَ فَوْقَهُمْ
عَصَائِبُ طَيْرٍ تَهْتَدِى بِعَصَائِبِ[2]

وانّما سُمِّىَ تَحليقا لانّ الطّائرَ يَطْلَعُ فيدورُ فى طلوعِهِ كما تَسْتَديرُ الحَلْقَةُ ومن ذلك اليتيمُ تذهب العامّةُ الى أنّه الصبىُّ الذى مات أَبوه وأُمّه وليس كذلك إنّما اليتيم من الناس الّذى مات أَبوه خاصّة ومن البهائم الذى ماتت أُمّه فاليتيمُ فى الناس من قِبَلِ الأَب وفى البهائم من قِبل الأمّ فإذا بَلَغَ الصّبىُّ زال عنه آسمُ اليُتْم يقال يَتِمَ يَتيمُ يُتْمًا ويَتْمًا وأَيْتَمَهُ اللّهُ وجَمْعُ اليتيم يَتامَى وأَيتامٌ وكلُّ منفردٍ عند العرب يتيمٌ ويتيمةٌ وقيل أَصلُ اليُتم الغفلةُ وبه سُمِّىَ اليتيمُ يتيما لانّه يَتَغافلُ عن بِرِّهِ والمراةُ تُدعى يتيمةً ما لم تُزَوَّجْ فاذا

1 Ms.: رُبَّ. 2 Sitta p. ٢, l. ult. et p. ٣, l. 3, deux vers dont notre texte présente la combinaison.

تَزَوَّجَتْ زال عنها ٱسمُ اليتم وقيل المرأةُ لا يَزول عنها ٱسمُ اليتم أبدًا وقال أبو عَمْرٍو اليتمُ الإبطاء ومنه أُخِذَ اليتيمُ[1] لانّ البِرَّ بطىءٌ عنه ومن ذلك المِثْقالُ يظنّه الناسُ وزنَ الدينارَ لا غير وليس كما يظنّون مثقالُ كلّ شىء وزنُه وكلُّ وزنٍ يسمّى مثقالا وَإنْ كان وزنَ الِفٍ قال اللهُ تعالى وَإِنْ كَانَ مِثْقَالَ حَبَّةٍ مِنْ خَرْدَلٍ[2] وقال أبو حاتمٍ سألتُ الأَصمعىّ عن صَنْجَةِ الميزانِ فقال فارسىٌّ[3] ولا أدرى كيف أقول[4] ولكنّى أقول مثقالٌ فاذا قلتَ للرجل ناولْنى مثقالًا فأعطاك صنجةَ الِفٍ او صنجةَ حبّةٍ كان مُمَثِّلًا ومن ذلك تَنَهَّسَ النَّصارَى اذا أكلوا اللحمَ قَبْلَ[5] صومِهم وذلك غلطٌ فى اللفظ وقلبٌ للمعنى الى ضِدّهِ أما اللفظُ فانّه يقال تَنَحَّسَ النصارَى بالحاء وامّا المعنى فانّهم يقال لهم ذلك اذا تركوا أَكْلَ اللحم ولا يقال لهم ذلك اذا أكلوه قال ابن[6] دريدٍ هو عربىٌّ معروفٌ لتركِهم أكلَ الحيوان قال فلا أدرى ما أصله ويقال تَنَحَّسَ اذا تَجَوَّعَ كما يقال تَوَحَّشَ وكأنّه مأخوذٌ منه كأنّهم تَجَوَّعوا من اللّحم ومن ذلك قولهم فلانٌ حسنُ الشّمائل اذا كان حسنَ التَّثَنِّى والتعطُّفِ فى المشىِ وانما الشمائلُ الخلائقُ عند العرب واحدُها شِمالٌ والنّحويّون يذهبون الى أنّ شِمالا يكون واحدا وجَمْعًا قال الشاعرُ [طويل]

أَلَمْ تَعْلَمَا أَنَّ المَلامَةَ نَفْعُها قَليلٌ وَما لَوْمِى أَخِى مِنْ شِمالِيا[7]

---

1 Ms.: اليتم. 2 Coran XXI, 48. 3 Mou'arrab p. ٩٧. 4 Il semble manquer ici un mot, comme بالعربية; Djawâlîkî reprend: „Quant à moi, je dirai....“ 5 Ms.: قبيل. 6 Ms.: ابو. 7 Vers de Djarir

يريد من خُلقى ومن ذلك قولهم للشىء اذا كرِهوا ريحَه ما أَزْفَرَه وانما الكلامُ أن يقالَ ما أَذْفَرَهُ بالذال المعجمةِ والذَّفَرُ حدّه ريحُ الشىء الطّيّبِ والخبيثِ الرّيحِ قال الشاعرُ فى خَبْث الرّيح [كامل]

ومُأَوْلَقٍ أَنضجتُ كَيَّةَ رَأْسِهِ ... وتَرَكْتُهُ ذَفِرًا كريحِ الجَوْرَبِ[1]

وقال الراعىُّ وذكر ابلا قد رعتِ العُشْبَ وَزَهْرَه فلمّا صدرتْ عن الماء نَدِيَت جلودُها ففاحت منها رائحةٌ طيّبةٌ فيقال لتلك فأرةُ الابل قال الشاعر [طويل]

لَهَا فَأْرَةٌ ذَفْرَاءُ كُلَّ عَشِيَّةٍ ... كما فَتَقَ الكافورُ بالمِسْكِ فاتِقُهْ[2]

فامّا الزَّفْرُ فهو الحَمْلُ والزِّفْرُ الحِمْلُ وليس من هذا فى شىء والزَّفْرُ والزَّفيرُ أَنْ يَمْلأَ الرّجلُ صدرَه غمًّا ثم يَزْفِرَ به وهو من شديد الأَنينِ وَقَبيحِهِ ومن ذلك الحَليلُ تضعه العامّة موضعَ الإِحْليلِ ويَعنون به الذَّكَر وهو غلطٌ انّما الحليلُ الزَّوْجُ والحليلة المَرْأَةُ وسُمِّيا بذلك إمّا لانّهما يَحِلّانِ فى موضعٍ واحدٍ او لانّ كلَّ واحد منهما يُخالِطُ صاحبَهُ اى يُنازِله او لانّ كلّ واحد منهما يحلّ إزارَ صاحبه وأمّا الإحليلُ فهو ثَقْبُ الذَّكَر الذى يخرجُ منه البَوْلُ وجَمْعُه الأَحاليلُ والأَحاليلُ ايضا مخرجُ اللَّبَنِ من طَبْيِ النّاقةِ وغيرِها ومن ذلك قول الناس فلانٌ يَتَأَثَّمُ ويَتَحَنَّثُ يذهبون الى أَنّ معناه يقع فى الحِنْثِ والإِثْم وليس كما ذهبوا اليه وانّما معنى تَحَنَّثَ اى يَفْعَلُ فِعْلًا يُخْرِجُ

---

d'après Dj., s. r. شمل, de عبد يغوث الحارثى d'après Lane, Lexicon p. 1601. 1 Dj. s. r. ألق et Mou'arrab p. ٤٥. 2 Dj. s. r. فأر et Lane, Lexicon p. 967.

به من الحِنْث وهو الإِثم يقال هو يَتحنّث اى يَعْبُدُ[1] قال ابن الاعرابىّ وللعربِ أَلفاظٌ تُخالِفُ مَعانِيها أَلفاظَها يقولون فلانٌ يتنجّس اذا فعل فعلا يخرج به من النجاسة وكذلك يتأثّم ويتحرّج اذا فعل فعلا يخرج به من الاثم والحِرْج ومن ذلك الخُنانُ يَضَعُه النّاس موضعَ الحَنَك فيقولون خَنَّه اذا ضَرَبَ حَنَكَهُ كما يقولون حَنَّكَهُ وانّما الخُنان داءٌ يَأْخُذُ الابلَ فى مَناخِرِها تَموتُ منه وهو فى الابل مثل الزُّكام فى النّاس والخُنان أيضا داءٌ يأخذ الناس قال الشّاعر [وافر]

وَأَشْفِى مِنْ تَخَلُّجِ كُلِّ جِنٍّ　　وَأَكْوِى النّاظِرَيْنِ مِنَ الخُنانِ

والخُنانُ ايضا داءٌ يأخذ الطّير فى رؤوسها يقال طائرٌ مخنونٌ ومن ذلك أَمَّا وإِمَّا لا يفرقون بينهما وفرقٌ بينهما أَنَّ الّتى يُفصَّل بها الجُمَلُ وتُجابُ بالفاء مفتوحةُ الهمزةِ تقول أَمّا زيدٌ فغافِلٌ وأَمّا عمرٌو فعالمٌ والّتى تكون للشّكّ او التخييرِ مكسورةُ الهمزة تقول لقيتُ إِمّا زيدا وإِمّا عمرا وخُذْ إِمَّا هذا وإِمّا ذاك ومن ذلك العُضْروطُ يذهب العامّة الى أَنّه الّذى يُحْدِثُ اذا جامَعَ وليس كذلك انّما العُضْروطُ والعُضْرُطُ والعُضارِطُ[2] الّذى يَخدمك بطعامِ بطنِه وهم العَضارِطَةُ والعَضارِيطُ وقال الأَصمعىّ هم الأَجراء وأَنشد [رجز]

إِذاكَ خَيْرٌ أَيُّها العُضارِطُ

وقال طُفَيْلٌ [طويل]

---

1 Ms.: يبعد (sic), où il faudrait ajouter من الحنث (ou عن); j'ai supposé qu'il faut lire يعبد. 2 Ce mot manque dans le ms.

وَراحِلَةٍ وَصَّيْتُ عُضْرُوطَ رَبِّهـا   بِها وَالَّتِى تَحْتِى لِتَدْفَعَ أُنْكَبُ[1]

يريد أنّه كان على راحلةٍ يَجْنِبُ فرسَه فلمّا دنا من القِتال رَكِبَ الفرسَ ووصّى للتّابع بالرّاحلة وأُنْكَبُ يعنى الفرس الّتى تحتَهُ قد تُحْرَقَ للعَدْوِ لِمَا لَحِقَهُ من الرَّمَع فامّا الّذى يُحْدِثُ عند الجماع فهو العِذْيَوْطُ ومن ذلك التّابَل والأَبزارُ تَفْرُقُ عوامُّ الناس بينهما والعربُ لا تفرق بينهما التّابل والأَبزارُ والقِزْحُ والقَزْحُ والفَحَا والفِحَا كلّه بمعنًى واحدٍ يقال تَوْبَلْتُ القِدْرَ وفَحيْتُها وقزحتُها اذا أَلقيتَ فيها الأِبزارَ والأَبْزارُ بفتح الهمزة وليس بجمعٍ وهو فارسىّ مُعْرَبٌ وبعضُهم يَكْسُرُ الهمزة[2] ويقولون للخارِجِ من الحَمّام طابَ حمّامُك وليس كذلك معنًى وانّما الكلامُ طابَ حَميمُك وان شئتَ قلتَ طابَتْ حِمّتُكَ اى طاب عَرَقُك لان عَرَقَ الصّحيحِ طيّبٌ وعرقَ السّقيمِ خبيثٌ ويقولون اقْطَعْهُ من حيثُ رَقَّ بالقاف وكلامُ العرب اقْطَعْهُ من حيثُ رَكَّ اى من حيثُ ضَعُفَ[3] ومن ذلك قولهم قد زافَ الوقتُ اذا قَرُبَ وهو خطأٌ والصّوابُ ان يقال قد أَزِفَ الوقتُ وكلُّ شىءٍ اقْتَرَبَ قد أَزِفَ أَزَفًا قال اللهُ تعالى أَزِفَتِ الآزِفَةُ[4] اى دانتِ القيامةُ فامّا زاف فيُستعمَلُ فى الحَمامة يقال زافتِ الحمامةُ اذا نَشَرَتْ جناحَيْها وذَنَبَها على الأَرض وزافتِ المرأةُ فى مَشْيِها كأنّها تستدير وزافَ الجَمَلُ فى مِشْيَتِه زَيَفانًا وهو سرعةٌ فى تمايُلٍ ومن ذلك العَروسُ تذهب العامّةُ

1 Ms.: ليدفع. 2 Mou'arrab p. ١٥. 3 Dourra p. ١٥٨. Cf. Maidânî dans Freytag, Proverbia Arabica II, p. 306. 4 Coran LIII. 58. Cf. Dourra p. ٧.

الى أنّه يقع على المرأة خاصةً دونَ الرجل وليس كذلك بل يقال رجل عروسٌ وٱمرأةٌ عروسٌ ولا يسمَّيان عروسَيْنِ الا أيّامَ البِناء قال الشّاعر [كامل]

وَهَذا عَروسًا بِاليَمامَةِ خالِدُ

ومن أمثالِهم كاد العروسُ يكونُ أميرًا[1] ويقال لهما ايضا عِرْسان فى كلّ وقتٍ قال الرّاجز

أَنْجَبُ عِرْسٍ جَمَعًا وَعِرْسِ

وممّا يُنْقَصُ منه ويُزادُ فيه

ويبدَّلُ بعضُ حركاته او بعضُ حروفه بغيره

يقولون قرأتُ الحواميمَ وذلك خطأٌ ليس من كلام العرب والصّوابُ ان يقال قرأت آل حمٓ وفى[2] حديث عبد ٱللّه بن مسعود اذا وقعتُ فى آل حمٓ وقعتُ فى رَوْضاتٍ دَمِثاتٍ ومرَّ رجلٌ بأبى الدَرْدَاء وهو يَبْنِي مسجدا فقال أَبْنِيه لآل حمٓ وقال الكُميت [طويل]

وَجَدْنا لَكُمْ فى آلِ حمٓ آيَةً تَأَوَّلَها مِنّا تَقِيٌّ ومُعْرِبُ

ويقولون امرٌ مُهَوِّلٌ وإنّما هو أمرٌ هائلٌ يقال هالَنى الشىءُ يَهولُنى هَوْلاً اذا أفزعك فهو هائل والهَوْلُ المَخافة من الامر لا تَدْرِى ما

---

1 Ṣaḥâḥ, s. r. عرس et Freytag, Arabum Proverbia II, p. 362.
2 Dourra p. ١٥ et ١٩; Ṣaḥâḥ, s. r. حمم. Vers traduit dans Sacy, Chrestomathie II, p. 522; pour le scander, il faut lire فى آلِ حامِيمَ. On appelle آل حمٓ les chapitres du Coran, commençant par حمٓ, le quarantième et les six suivants. D'après le dourra, Koumait fait dans ce vers allusion à Coran XLII, 22.

تَجْجُمْ عليه وتقول[1] أُفِّ منه وأُفَّ وأُفُّ وأُفٍّ وأُفًّا وأُفٌّ وأُفِّى مضافٌ وأُفَّةً وأُفَّةٌ وأُفًّا بالالف ولا تقل أُفَّى بالياء فانه خطأٌ ومعنى أُفٌّ التبرّمُ والتضجّرُ واصلُها نَفْخُك[2] الشيء يسقط عليك من ترابٍ ورمادٍ وللمكان تريد إماطَةَ الأذى عنه فقيلتْ لكلّ مستثقَل[3] وتقول هوّشت الشيء اذا خلطتَهُ ومنه أُخِذَ اسمُ ابى المُهَوِّش الشاعرِ ولا تَقُلْ[4] شَوَّشْتُهُ[5] فقد أَجْمَعَ أهلُ اللغة أَنّ التشويش لا أَصلَ له فى العربيّة لانّه من كلام المُوَلَّدين وخَطَّأُوا اللَّيْثَ فيه[6] وهو أَبو رِياحٍ لهذا الّذى يلعب به الصّبيانُ وتُديره الريحُ ولا تقل بُرْياحٍ وكذلك يقولون للقِرْد بوزنَةٌ وانما هو أَبو زِنَّةَ[7] وهى كنيته وتقول لمُرْسِلِ الحمام زجّالٌ باللّام والزِجْلُ إرسال الحمام الهادِى من مِزْجَلٍ بعيدٍ وقد زَجَلَ به يَزْجُلُ ولا تقل زَجّانٌ فانّه خطأٌ ويقال للقَناةِ الجوفاء المضروبةِ بالعَقَب يُرْمَى فيها سِهامٌ صِغارٌ يُنْفَخُ نَفْخًا فلا تَكاد تُخطِئُ سَبَطانَةٌ ولا يقال زَرْبَطانة كما تقول العامّة[8] وهى السُّمَيْرِيَّةُ لضربٍ من السُفُن بالياء وهى منسوبة الى رَجُلٍ يقال له سُمَيْرٌ[9] أَظُنُّه كان بالبَصْرة وهو أَوّلُ مَنْ عملها فنُسِبَتْ اليه ولا تقل سُمارِيّة فانه خطأٌ والضَبَغْطَى شيءٌ يفزّع به الصّبيانُ ولا تقل الضَبعطَعُ قال الرّاجز

1 Ms.: ويقول. 2 Ms.: نَحْخُك. 3 Tout ce passage est traduit dans Lane, Lexicon I, p. 67, col. 3. 4 Ms.: تقول. 5 Dourra p. ٣٧.

6 Il s'agit ici de الليث بن المظفر بن نصر بن سيّار un des auteurs du كتاب العين. Fihrist p. ٤٣; cf. Flügel, Die grammatischen Schulen der Araber p. 39. 7 Ms.: زناء. 8 Dourra p. ١٨٧.

وَزَوْجُهَا زَوَنْزَكٌ زَوَنْزَا   يَفْزَعُ إِنْ فُزِّعَ بِالضَّبَغْطَا[1]

ويقولون لِمَنْ يَنسبونه الى السّرقة هو بُرْجاصُ اللصّ وانما هو برجانْ بالنون[2] وهو فُضَيْلُ بن برجانَ ويقال فَضْلُ أحدُ بنى عُطارِدَ من بنى سعدٍ وكان مولًى لبنى آمرئ القيس وكان له صاحبانِ يقال لهما سهمٌ وبسّامٌ فقتلهم مالكُ بن المنذر بن الجارود وَصَلَبَ ابنَ بُرْجان بعد ما قَتَلَهُ فى مَقْبَرَة العتيك وكان الّذى تَوَلَّى ذلك شُعَيْبُ ابن الجَنْحاب وأخَذَ اللّصوصَ المشتهرينَ بالبصرة فقتلهم فقال خَلَفُ بنُ خليفةَ [بسيط]

إِنْ كُنْتِ لَمْ تَسْأَلِي سَهْمًا وَصاحِبَهُ   عَنْ مالِكٍ فَسَلِي فَضْلَ بْنَ بُرْجانِ
يُخْبِرْكِ عَنْهُ الّذِى أَوْفَى عَلَى شَرَفٍ   حتّى أَنافَ عَلَى دُورٍ وبُنْيانِ

ويقولون جئتُ الى عِنْدِكَ وهو خطأٌ يقال جئتُ من عندِهِ ولا يقال جئت الى عنده لانّ عندَ لا يَدْخُلُ عليها من حُروفِ الجرّ غيرُ مِنْ وحدَها[3] ويقولون الكَبولة وانما هى الجَبولاء بالجيم والمدّ[4] وآشتقاقُها من الجَبْلِ ويقولون كَبَلْتُ الشىء اذا خلطتَه والمعروفُ لبكتُ وبكلتُ وزبّقتُ[5] اذا خلطتَ فامّا كبلتُ فمعناه قيّدتُ يقال كبلتُه كَبْلا والكَبْل القَيْد ويقولون آفعَلْ كذا أَمّالَى والصّوابُ إِمّالاَ[6] وأصله إِنْ لا يكون ذلك الامرُ فآفعَلْ هذا وما زائدةٌ أنشدنى ابو زكريا [رجز]

---

1 Ms.: وزوجُها زويزلٌ زَوَنْزَرا يفزع ان فزّع بالضبعطا; le texte a été restitué d'après le Ṣaḥâḥ, s. r. ضبط, où le vers est donné au nom d'Ibn Doraid. 2 Mouʿarrab p. ٣; Freytag, Proverbia Arabica I, p. 641; II, p. 524. 3 Voir plus haut p. 113 et Dourra p. ٢٥. 4 Sans doute le même mot qui dans Freytag est écrit كبولاء „panade". 5 Ms.: وربّكتُ. 6 Dourra p. ١٧.

أَمْرَعتِ الأَرْضُ لَوِ انَّ مَالَا لَوِ انَّ نُوقًا لَكَ أَوْ جِمَالَا

أَوْ ثَلَّةً مِنْ غَنَمٍ إِمَّالَا

ويقولون فَعَلَتْ سِتِّى وقالتْ سِتِّى والصَّوابُ أن يقال سَيِّدتى لانه تأنيثُ السَّيِّد وقرأتُ بخطّ ابى الحُسين على بن محمّد الكوفى حدّثنى عبد الله بن عمّار الطحنى قال حدّثنى الرغلُ[1] قال رأيتُ ابن الاعرابىّ فى منزلنا فقالت عجوزٌ لنا سِتّى تقول كذا وكذا قال فقال ابن الأعرابى إنْ كان من السُّوْدَدِ فسَيِّدَتِى وان كان من العَدَد فسِتَّتِى لا أَعرف فى اللغة لِسِتِّى معنًى وقد تَأَوَّلَهُ ابن الأَنبارىّ فقال يريدون جِهاتى وهو تأوُّلٌ بعيدٌ مخالِفٌ للمُراد ويقولون حَطَبٌ زَجْلٌ وانما هو جَزْلٌ وهو الغليظُ من الحَطَب وقيل اليابس قال الشاعر [طويل]

وَلَكِنْ بَهَا ذاكَ اليَفاعُ فَأَوْقَدِى بِجَزْلٍ إذا أَوْقَدتِ لا بِضِرامِ

والضِّرام والشَّخت ضِدُّهُ ثم كَثُرَ الجزلُ فى كلامهم حتّى صار كلُّ ما كَثُرَ جزلاً فقالوا أَعطاه اللهُ عطاءً جَزْلا وأَجزلتُ الرجلَ وجَزَلَ لى من مالِهِ ويقولون فى جمع المَكُّوكِ مَكاكٍ[2] وانما المَكاكِى جمع مُكَّاءٍ وهو طائرٌ يسقُطُ فى الرِياض ويَمْكو اى يَصفِر والصواب أَنْ يقال فى جمع المكّوك مَكاكيك ويقولون لهذا الاناء من الخَزَف الذى يُتطهَّر فيه صاغِرَةٌ بالغين وانما هو صاخِرَةٌ ويقولون لما يُدْفَعُ بين السَّلامة

---

1 Ce passage, qui se trouve ainsi dans le manuscrit, parait altéré. 2 Ms. مكاكٌ.

والعَيْب فى السِّلْعَة هَرْشٌ وقد هَرَّشَ السِّلْعَةَ وانما هو أَرْش وقد أَرَّشْتُ الثَّوبَ وسُمِّىَ أَرْشا لانّ المُبْتاعَ للثّوب على أنّه صحيحٌ اذا وَقَفَ منه على خَرْق او عيب وَقَعَ بينه وبين البائع أَرْشٌ اى خُصومةٌ من قولك أَرَّشْتُ بينهما اذا أغريتَ أحدَهما بالآخر فسمّى ما نَقَصَ العيبُ الثّوبَ أرشًا إذْ كان سببا للأَرْش ويقولون أَنا مُوَيِّسٌ من خيرك والصّواب انْ يقال انا يائسٌ من خَيْرك يقال يَئِسْتُ[1] وأَيِسْتُ لغتانِ ويقولون لدُوَيْبَّةٍ أَصْغَرَ مِن الضَّبِّ الوَرَنُ بالنّون وانما هو الوَرَل باللام وجمعُها الوِرْلانُ وهى احدُ الحروف الّتى اجتَمعتْ فيها الراء واللامُ ولم يَجتمِعْ الرّاء واللّام فى شىء من لغة العرب الّا فى أحرفٍ يسيرةٍ هذا احدُها وَأُرُلٌ وهو جَبَل معروفٌ[2] وغُرْلَةٌ وهى القُلْفَةُ وجَبْرَلٌ وهى الحجارةُ المجتمِعة ويقولون السُّكَرَّجَةُ بفتح الراء والكاف وانما هى الأُسْكُرَّجَةُ بضمها وبالهمزة وهى أعجميّة مُعْرَبةٌ ومعناها بالفارسيّة مُقَرَّبُ الخَلِّ[3] ويقولون الهاوَنُ والصّوابُ ان يقالَ الهاوُونُ[4] بواوَيْنِ على مثال فاعولٍ لانه ليس فى كلام العرب كلمةٌ على فاعَلٍ موضعُ العين منها واوٌ ويقولون الدَّستك وانما هو الدَّسْتج وهما أعجميّانِ مُعْرَبانِ ايضا[5] ويقولون لضَرْب من الثيابِ تُتَّخَذُ من صوفٍ مِنْطَرٌ والصواب مِمْطَرٌ[6] وهو مِفْعَلٌ من المَطَر كانّهم ارادوا انّه يُلْبَس فيه

---

1 Ms.: يايست. 2 Yâkoût I, p. ٢١. 3 Moufarrab p. ٨٩ et ٢٠. 4 Dourra p. ١٧٧; Moufarrab p. ١٥١. 5 دستك en persan signifie „petite main“. La prononciation arabe est دستج. هما الخ se rapporte à الهاوون et à الدستج. 6 M. Dozy, Dictionnaire des noms de vêtements, p. 408.

ويقولون ما وَملت قيل كذا وانما الكلام ما أَملت ويقولون الميضة لموضع الطَّهارةِ وانّما هى الميضأَةُ وهو ما يُتَوَضَّأُ منه أَوْ فيه ويقولون لاصلِ ذنبِ الطائر زِمِكّاةٌ والصوابُ ان يقال الزِمِكَّى والزِمِجَّى ويقولون لما يُنْذِرُ بين يَدَىِ الأَسَدِ فروانِقٌ وانما هو فُرانِقٌ وهو سَبُعٌ يَصيح بين يدَيْه كانّه يُنْذِرُ النّاسَ به ويقال أَنّه شبيهٌ بابن آوَى يقال له فُرانِقُ الأَسَدِ ويقال انه الوَعْوَعُ وهو اعجمىّ مُعْرَبٌ[1] ويقولون لضربٍ من الحَلْواء المعقودةُ والصواب أَن يقال المِعْقَدَة[2] ويقولون فى جمع قَرْيَةٍ قَرَايَا وانما جمعُ قَرْيَة هو قُرًى[3] لا غيرَ وهو جمعٌ نادرٌ لانّ جمعَ فَعْلَة من الياء والواو يجىء على فِعال فيكونُ ممدودا مثل رَكْوةٍ ورِكاء وشَكْوة وشِكاء وقَشْوة وقِشاء ولم يُسمع فى جمعٍ من هذا القَصْرُ[4] الا كَوّةٌ وكُوًى وقَرْيَة وقُرًى وقال بعضهم هو جمعُ قِرْيَة بكسر القاف لغة يمانيّةٌ كِكِسْوة وكُسًى وقد رُدَّ عليه وقالوا القَرية بفتح القاف لا غيرَ والنِّسبةُ الى القُرى قَرَوِىٌّ ويقولون الأُنْبوبَةُ والأَنابِبُ فى جمعها وهذا لَفْظٌ يشيعُ وبناءٌ منكَرٌ وانما الكلامُ الأُنبوبةُ والأَنابيب كالأُعْجوبَةِ والأَعاجيبِ ويقولون لهذا النّبات الأَصفر المُحَبَّبِ الذى يتعلّق بأَطراف الشَّوْك الأُكْشوثُ وانما هو الكَشوثُ والكَشوثاء وجاء على فَعولاء ممدودٌ كدبوقاء العَذِرَة قال رؤبة [رجز]

لَوْلَا دَبُوقَاءُ ٱسْتِهِ لَمْ يَبْطَعْ[5]

—

1 Mouʿarrab p. ١٠٩. 2 Sorte de gelée. Cf. عقدة dans Sacy, Chrestomathie arabe I, p. 280. 3 Ms.: وانما هو جمع قرية قرى. 4 Ms.: القصرِ. 5 Ṣaḥâḥ s. r. دبق.

اى لم يَتلطَّخ وجَلُولاء وحَدُوداء وهما بالمدّ بَلدانِ[1] وكَشُوثاء وبِزِرْ قَطوناء بالمدّ وقد يُقْصَرانِ[2] قال الشّاعر [بسيط]

هُوَ الكَشوثُ فَلا أَصْلٌ وَلاَ وَرَقٌ وَلا نَسيمٌ ولا ظِلٌّ وَلا شَجَرُ[3]

ويقولون لفَمِ المَزادَةِ العَزْلة وانما هى العَزْلاء[4] ويقولون للجُبَّة من الصُّوف زُرُنبانَقَةٌ وانما هى زُرْمانِقَةٌ وهى عِبْرانِيَّةٌ وقد تكلّمت بها العربُ وفى الحديث عن عبد الله بن مسعودٍ أنّ موسى لمّا أتى فِرْعَوْنَ أتاه وعليه زُرمانقة[5] ويقولون العِتْق والصّواب العِدْق ويقولون للخُيوط المعقَّدة كُدّادٌ وكلام العرب جُدّادٌ[6] قال الأعشى يصف الخَمّارَ [متقارب]

أَضاء مِظَلَّتَهُ بِالسِّرا جِ وَاللَيْلُ غامِرُ جُدّادِها[7]

ويقولون لبَثْرَةٍ تَخْرُجُ فى جَفْن العين الكُدْكُدُ وذلك غلطٌ والصّواب الجُدْجُدُ بجيمَيْنِ هذه لغةُ تميمٍ وربيعةُ تُسمّيه القَمَعَ قال سُوَيْدُ بن أبى كاهِلٍ [رمل]

صافِىَ اللَّوْنِ وَطَرْفًا ساجِيًا أَكْحَلَ العَيْنَيْنِ ما فيه قَمَعْ

وقال الأعشى [بسيط]

وَطَرْفًا لَمْ يَكُنْ قَمَعا

ويقولون للّذى يُسْتَصْبَحُ به على أبواب الملوك مِنْيارٌ بالياء والصّواب

---

1 Yâkoût II, p. ١٠٧ et ٢٢١. Yâkoût lit حَدَوْداء. 2 Voir plus bas p. 155 et Zamakhschari, Lexicon arabicum (ed. Wetzstein), p. 198. 3 Ṣaḥâḥ s. r. كشث. 4 Dourra p. ١٩٩. 5 Mou'arrab p. ٧٩ et ١١. 6 Mou'arrab p. ٤٢. 7 Mou'arrab, l. cit.; Ṣaḥâḥ s. r. جدد.

ان يقال مِنْوارٌ لانه مأخوذ من النُور او من النار وكلاهما من الواو ولو بَنيتَ مِفعالا من النَول والقَوْل لقلتَ مِنْوال ومِقْوال بالواو ولم تقلْه بالياء ويقولون على فلانٍ حُلاسٌ والكلام أَحلاسٌ كأخلاقٍ وهى جمع حِلْسٍ وهو ما بُسِطَ تحت حُرِّ الثياب وفى الحديث كُنْ حِلْسَ بَيْتِك والحِلْسُ للبعير كِساءٌ رقيقٌ يكون تحت البَرْذَعة ويقولون للسّائل شَحّاثٌ بالثا وانما هو شَحّاذٌ بالذال وهو السّائل المُلِحُّ فى مَسْئلته[1] من قولك شَحَذَ الصّيقلُ السّيفَ اذا أَلحّ عليه بالتحديد وشفرةٌ مشحوذةٌ قالتْ عائشةُ بنتُ عبد المدار [بسيط]

حَدَّثتُ نُشْرًا وما صَدَّقْتُ ما زَعَمُوا من قولِهِمْ ومن الأَفكِ الّذى اقترفُ
الْحَى على ودَجَىْ أُنْثَى مُرَهَّفةٌ مَشْحوذةٌ وكذاك الاثم يَقْتَرِفُ[2]

والصّيقل شاحذٌ وشَحّاذٌ والمُلِحُّ فى مسئلته مُشَبَّهٌ به ويقولون فلانٌ يتلطّع علينا باللام والصوابُ يتنطّع بالنون والمتنطّع المتعمّق فى كلامه ومنه حديث ابن مسعود رة ايّاكم والتنطع واشتقاقه من نِطْعِ الفمِ وهو اعلاه حيث يُحَنِكُ الصّبىُّ ويقولون فلانٌ بَدَنٌ من الأَبدان وليس للبدن هاهنا موضع وانما هو بَدَلٌ من الأَبدال وهو المبرّزون فى الصَّلاح وسُمّوا أبدالا لانه اذا مات منهم واحدٌ بَدَلَ اللهُ مكانَه آخَرَ والواحدُ بِدْلٌ وبَدَل وبَديل ويقولون قد قَرْفَسَهُ اذا أخذه وانما هو قَرْفَصه ومَعْناه شَدَّ يدَيْه الى رجلَيْه ثم اخذه كما

---

1 Dourra p. ١٩٣. 2 Le premier de ces deux vers se trouve dans Aboû'lfidâ. Annales (éd. Reiske) I, p. 332.

يفعل اللّصوص وهم القرافِصَةُ ويقولون لضرب من السّمك الكَنْعَتُ بالتاء وهو الكَنْعَدُ بالدّال قال جرير يهجو آلَ المهلّب [بسيط]

كانوا إذا جعلوا فى صِيرِهِمْ بَصَلاً ثمّ آشْتَوَوْا مالِحًا من كَنْعَدٍ جَدَفُ[1]

ويقولون للصّغار نَشْوٌ بالواو وانما هم النَّشَأُ والنُّشْءُ بالهمز ويقولون للموضع الذى يُجَفَّف فيه التَّمْرُ والتَّمَرَةُ مِشْطاحٌ بشينٍ معجمةٍ وزيادةِ[2] الفٍ وهو خطأ فاحشٌ والصواب مِسْطَحٌ بسينٍ غيرِ معجمةٍ على وزن مِفْعَلٍ[3] ومثله المِرْبَدُ والجَرِينُ وهما لأهل نجد ومثله للطّعام البَيْدَرُ لاهل العِراق والأَنْدَرُ[4] لأهل الشّأم واهلُ البَصرة يسمّون المِربدَ الجُوجانَ والجوجانُ فارسىّ معرّبٌ ويقولون للشىء الذى تُذيبُ فيه الصّاغةُ ونحوُهم من الصيّاغ البُوتَقَةُ وقال الخليل هى البوطَقَةُ ويقولون نَحْنَا فعلنا ذلك يريدون نحنُ فعلنا ذلك وهى لُكْنةٌ قبيحةٌ ويقولون لرؤوس الحُلِىّ وما يكسّر منه خَشْرٌ بالراء وهو خطأ والصواب خَشْلٌ باللّام قال ذو الرمّة [طويل]

وساقَتْ يَبيسَ القُلْقُلانِ كأنّما هو الخَشْلُ أعْرافُ الرّياحِ الزّعازِعِ

ويقولون بَصَلُ العُنْصُرِ بالرّاء وانما هو العُنْصُلُ باللّام وهو بَصَلٌ بَرّىٌّ يُعْمَلُ منه خَلُّ عُنْصُلانَ وهو شديدُ الحُموضةِ قال آمرؤُ القيس [طويل]

كأنَّ السِّباعَ فيه غَرْقَى عَشِيَّةً بأَرْجائه القُصْوَى أنابِيشُ عُنْصُلِ[5]

ويقولون جاء فلانٌ يَطْحَلُ وانما هو يَطْحَرُ اذا تَنَفَّسَ نفسا عاليا

---

1 Ṣaḥāḥ s. r. كنعد. 2 Ms. معجمةٌ وزيادةٌ. 3 Mou'arrab p. ١٤٣. 4 Pour الايدر. En araméen אידר. 5 Mo'allaka vers 81.

ويقولون المَرْزَنْكوش وهو خطأ والصواب المَرْزَجُوش[1] والشَّهْدانك والصوابُ الشَّهْدانَجُ[2] وجلستُ هَوْنَا والصوابُ هاهنا ويقولون خَرْمَشَ وَجْهَهُ وانما هو خَمَشَهُ ويقولون للمُتَأَنِّف قد كَدَّف وهو يكدِّف وانما يقال جدّف الرَّجُلُ وَهْوَ يُجدِّفُ تجديفًا بالجيم اذا ٱستقَلَّ ما أَعْطاه اللهُ وكَفَرَ النِّعمةَ يقال لا تُجدِّفْ بأيّام اللهِ[3] وفى الحديث شَرُّ[4] الحديث التَّجديفُ وقال الشاعر أنشده ابو عُبَيْدٍ [وافر]

ولكنّى مَضَيْتُ ولم أُجَدِّفْ   وكان الصَّبْرُ عادةَ أَوّلينَا[5]

ويقولون هَوْلَى فعلوا كذا وانما هو هؤلاء بالمدّ وان شئت قَصَرْتَ ويقولون لِمِدَقِّ القَصّار الكوذين والكلام الكُذِينَقُ[6] قال الشاعر [خفيف]

قامَةُ الفُصْعُلِ الضَّئيلِ وكَفٌّ   خِنْصِراها كُذِينَقا قَصّارِ[7]

ويقولون للرِّيح زيقًا وكلامُ العرب الصِّيق وهو الغبارُ ايضا قال الشاعر [منسرح]

مَنْ رَأَى يَوْمَنا ويَوْمَ بَنِى التَّيْمِ   اذا ٱلتَفَّ صِيقُهُ بِدَمِهْ[8]

ويقولون هذا الشىء مُبَرْطَحٌ والكلام مُفَلْطَحٌ يقال دِرْهَمٌ مُفَلْطَحٌ ونَعْلٌ مفلطحةٌ وكذلك قُرْصٌ مفلطحٌ اذا بُسطَ ومرّ الحسن البصرى على باب ٱبن هُبَيْرَةَ[9] وعليه القُرّاء فسلّم ثم قال ما لكم جلوسًا

---

1 Mou'arrab p. ١٣٧. 2 Mou'arrab p. ٩٣. 3 Sur les ايّام الله, cf. Coran XIV, 5 et XLV, 13. 4 Ms.: سرّ. 5 On lit ainsi dans le ms.; peut-être faut-il corriger مضيت en مضضت. 6 Mou'arrab p. ١٣٢. 7 Ḥamâsa p. ٨١٨. 8 Mou'arrab p. ٩٥ et ٩٩; Ḥamâsa p. ١٩٣. 9 Ibn Khallikân (ed. de Slane) p. ١٨٩ nous donne un exemple analogue de la fran-

قد أَحْفَيتم شَوارِبَكم وحَلَقْتم رؤوسَكم وقصّرتم أَكمامَكم وفَلْطَحْتُمْ نِعالَكم أَمَا واللهِ لو زَهِدتّم فيما عند الملوك لرَغِبوا فيما عندكم ولكنّكم رَغِبْتُمْ فيما عندهم فزهِدوا فيما عندكم فَضَحْتُمُ القُرَّاء فَضَحَكُمُ اللّهُ وقال رجلٌ من بنى الحارث بن كعبٍ يَصِفُ حيّةً [كامل]

جَعَلَتْ لَهازِمَهُ عِزِينَ ورأْسُه ... كالقُرْصِ فُلْطِحَ من طَحِينِ شَعِيرِ[1]

ويقولون فى جمع خَيْشوم وهو الأَنْف مَخاشيمُ والصّوابُ خَياشيمُ وخَياشيمُ الجبالِ أُنوفُها ويقولون القَسِيلُ بالسين وانما هو بالصاد وسُمِّىَ قَصِيلا بالقَصْل وهو القَطْع فَعِيلٌ فى معنى مفعول يقال قَصَلْتُ الشىء أَقْصِلُه[2] قَصْلا اذا قطعتَه ويقال سيفٌ مِقْصَلٌ وقَصّالٌ اذا كان قطّاعا ويقولون لدابّةٍ كثيرةِ الأَرْجُلِ دُخانُ الأُذنِ بالنون ويذهبون الى تشبيهه بالدُّخانِ ولا معنَى لذلك وانما هو دُخالُ الأُذْنِ فُعالٌ من الدُّخول اى إنّه يَدْخل الأُذنَ كثيرا وتسمِّى العربُ هذه الدّابةَ الحَرِيشَ بالياء على وزن حَرِيصٍ ويقولون لضَرْب من النّبت الشابابَك وهو بالقاف ويقولون البُوتنك وهو الفَوْتَنْج وهذانِ معرَّبانِ والفوتنج بالعربيّة يسمَّى الحَبَقَ ويقولون سِلْعةٌ غالَةٌ والصواب غاليةٌ ومنه سُمّى هذا الضربُ من الطّيب غاليةً فيما حَكَى المفضّلُ بن سَلَمَةَ أَنّ معاويةَ بن أَبى سفيان شَمَّها من عبد الله بن جعفر بن ابى

---

chise, avec laquelle الحسن البصرى parlait devant ابن هبيرة. 1 Ṣaḥâḥ s. r. فرطح le deuxième hémistiche. Ms. لهازمةٌ (sic). Le vers me parait signifier: „Il (le serpent) a mis à nu les os maxillaires de sa victime, dont la tête est devenue comme un pain étiré de farine d'orge.“ 2 Ms.: اقصُله.

طالب فٱستطابها فسأله عنها فوصفها له فقال هذه غالية فسُمّيَتْ غاليةً وهذه الحكايةُ ضعيفةٌ لِمَا رُوِيَ عن عائشَةَ رضها أنّها كانتْ تطيّبُ النبيّ صلّعم بالغالية اذا اراد ان يُحْرِمَ وعنها أَنّها قالت كنتُ أُغَلِّلُ لِحْيَةَ النبيّ صلّعم بالغالية ثم يُحْرِمُ فدَلَّ على انّ الغالية كانت معروفةً قبل ذلك ويقولون لِلخَشْبةِ التى رأسُها مُجْنَةٌ عَرْقافةٌ وقد عَرْقَفْتُ الشىء وانما هى عُقافةٌ وقد عَقَفْتُ الشىءَ أَعْقِفُه عَقْفا بمعنى عطفتُه فٱنعقف اى ٱنعطف ويقولون فلانٌ مُقْرًى بكذا والصوابُ مُغْرًى بكذا ولا يقال مُقْرًى وقد أُغْرِيَ به وغُرِّيَ به وعَسِكَ به وعَشِقَ به وسَدِكَ[1] به ولَكِيَ به ولَزِمَ به وأُلْزِمَ به ولَكِدَ به وأُغْرِمَ به وأُولِعَ به اذا لم يفارِقْه ويقولون نَبِيَّةٌ وانما يقال نَفِيَّةٌ بالفاء وهى سُفْرَةٌ تُعْمَل من الخُوص وعن زيدِ بنِ أَسْلَمَ نَصْنَعُ لنا نفيّتين نُشَرِّرُ عليها الأَقِطَ ويقولون تَدَرْمَنَ على كذا وهو خطأٌ والصواب تَمَرَّنَ على كذا اذا ٱعتادَه وٱستمرّ عليه وقد مَرَّنتُ الجلد اذا ليّنتَه ويقولون فى كنية الثعلب ابو الحُسَيْن وانما هو ابو الحُصَيْن ويقولون فلانٌ تَذيفُ الجسم والصواب تَضيف الجسم وجاريةٌ تضيفةٌ وقد تَضُفَ تَضَفا وتِضَفا وتَضافَةً وهو النّحيف خلقةً لا من هُزالٍ ويقولون لطّس الكتابَ اذا محاه وانما يقال طَلَسْتُهُ اذا محوتَه لتُفْسِد خَطَّه فاذا أنعمتَ مَحْوَه قلت طرسته[2] ويقال للصحيفة اذا مُحِيَتْ طِلْسٌ وطِرْسٌ وفى الحديث أنّ النّبىّ صلّعم أَمَرَ بطَلْسِ الصُّورِ التى فى الكعبة اى

[1] Ms.: وعسل et وسدل.   [2] Ms.: طرشته.

بطَمْسِها ويقولون ما بفلانٍ خَساسةٌ يَذهبون الى الخِسّةِ وانما الكلام
ما به خَصاصةٌ اى حاجةٌ واصلُه من الخَصاص وهو الفَرْجُ وكلُّ خَلَلٍ
او خَرْقٍ يكون فى مُنْخَلٍ او بابٍ او سحابٍ او بُرْقُعٍ فهو خصاصٌ
والواحدُ خَصاصةٌ ويقول بعض المتحذلِقين الإِبِطُ بكسر الباء
والصوابُ الإِبْطُ بسكون الباء ولم يأتِ فى الكلام شىءٌ على فِعِلٍ الا
إِبِلٌ وإِطِلٌ وحِبِرٌ وهى صُفْرة الأَسنان وفى الصّفات امرأة بِلِزٌ وهى
السّمينة وأتانٌ إِبِدٌ تَلِدُ كلَّ عام وقيل التى أتى عليها الدّهرُ
ويقولون للأمير من الروم القُمُسُ والصوابُ القُومِسُ كذا تكلّمتْ به
العربُ وهى روميّة مُعَرَّبَةٌ قال الشاعر [كامل]

فَعَلِمْتُ أَنّى قَدْ رُمِيتُ بِنَبْطَلٍ   إِنْ قيل صار من آلِ دَوْقَنَ قُومِسُ[1]

ويقال انّ القُومِسَ يكون تحت يده نِيفٌ وثلاثون رجلا ويقولون
المُهَنْدِزُ بالزاى وهو المُهَنْدِسُ بالسين لا غيرَ وهو مشتقٌّ من
الهِنداز فصُيِّرَتِ الزّاىُ سينا لانه ليس فى كلام العرب زاى بعد
الدال والاسمُ الهَنْدَسَة[2] ويقولون لما يُلْقَى من الشّجر خَشَبُ التَّشنيج
والصوابُ ان يقال خَشَبُ التَّشْديخِ يقال شدّختُ الغُصْنَ ونحوَه
اذا كسّرتَه ويقال ايضا الشُّداخةُ[3] وقد حُكِىَ عن ابى عمرو أنّه قال
شَدَّخَ نخلَهُ[4] اذا نَزَعَ عنه سُلّاءه ويقولون قد مزّج العنبُ اذا بلغ
والصوابُ مجّج بجيمينِ والمَجَجُ بلوغُ العِنَبِ وفى الحديث لا تَبِعِ

---

1 Mou'arrab p. ١١٧; مُتَلَمِّس y est nommé comme l'auteur de ce vers.
2 Mou'arrab p. ١٥٤ et ١٥٥. 3 Ms.: الشُّذاخة. 4 Ms.: نخلُه.

العنبَ حتّى يظهر نَجَجُه وقال ابن عبّاس لا يُباعُ العنبُ حتّى يُنَجِّجَ ويقولون الصَّدِى فى الصَّذَقِ[1] وهو عَيْذٌ للفرس يوقدون فيه النّارَ ليلا ويقولون للّذى لا غيرةَ له على أهله القَرْطَبانُ وهو مُغيَّرٌ عن وجهه وانما هو الكَلْتَبان رَوَى ثعلبُ عن ابى نصر عن الأصمعىّ قال الكلتبان مأخوذٌ من الكَلْب وهى القِيادة وَالتاء والنون زائدتانِ قال وهذه اللفظةُ هى القديمةُ عن العرب وغيّرتها العامّةُ الأُولَى فقالتِ القَلْطَبان قال وجاءتْ عامّةٌ سُفْلَى فغيّرتْ على الاولى فقالت القَرْطَبان ويقولون قد هَجَزَ بقلبى كذا وهو بالسّين ويقولون شمَمْتُ راحةَ الشىء والصوابُ رائحتُه فامّا الراحةُ فراحةُ اليدِ والرفاهيةُ ويقولون لَوْلاكَ والجيّدُ لولا أَنْتَ قال اللهُ تع لَوْلَا أَنْتُمْ لَكُنَّا مُؤْمِنِينَ[2] ويقولون الحارصُ والحَرَصُ بالصاد وهما جميعا بالسين وقانصةُ الطائرِ بالصاد وهم يقولونها بالسين ويقولون سَيَلان السّكّين بفتح السين والياء والصوابُ السِيلانُ بكسر السين وإسكانِ الياء وأنشد ابو عمرو [بسيط]

وَلَنْ أُصالِحَكُمْ ما دام لِى فَرَسٌ ... وَٱشْتَدَّ قَبْضًا على السِّيلانِ إِبْهامِ[3]

ويقولون[4] فى الدّعاء للمريض مَسَحَ اللهُ ما بك وكان النَّضْرُ يقول الصوابُ مَصَحَ اللهُ ما بك بالصاد اى أَذْهَبَه وغيرُه يُجيزُ مَسَحَ وروَى ابن الكوفىّ فيما قرأتُه بخطِّه عن محمّد بن حاتم المؤدِّبِ قال مَرِضَ

---

1 Peut-être faut-il lire السذق comme dans le dictionnaire de Freytag.
2 Coran XXXIV, 30. 3 Vers de الزبرقان بن بدر cité et traduit dans Lane, Lexicon I. p. 1486. 4 Dourra p. ١٥.

النَّضْرُ بنُ شُمَيْلٍ فدخل عليه الناسُ يَعودونه فقال له رجلٌ من القوم مَسَحَ اللهُ ما بك فقالِ له النَّضْرُ بن شُميل لا تقلْ مَسَحَ وقُلْ مَصَحَ اللهُ ما بك أَلَمْ تَسْمَعْ قولَ الأَعْشَى فى قصيدتِه الحائيةِ [رمل]

واذا الخَمْرةُ فيها أَزْبَدَتْ   أَفَلَ الإِزْبادُ فيها فمَصَحْ[1]

فقال الرجلُ لا بأسَ بالسّينِ قد تُعاقِبُ الصّادَ فتقوم مقامَها فقال النضرُ فيَنْبغى ان تقولَ لمن كان ٱسْمُه سليمٰن يا صليمٰنُ وتقولَ قال رصول الله ثم قال النضرُ لا تكون الصادُ مع السين الّا فى أَربعة مواضعَ اذا كانت مع الطاء والخاء والقاف والغين تقول فى الطاء سَطْرٌ وَصَطْرٌ وفى الخاء صَخْرٌ وسَخْرٌ وفى القاف صَقَبٌ وسَقَبٌ وفى الغين صُدْغٌ وسُدْغٌ فاذا تقدّمتْ هذه الاربعةُ الاحرفُ السينَ لم يجز ذلك لا يجوز ان تقول خَصْرٌ وخَسْرٌ ولا قَسْبٌ وقَصْبٌ ولا طِرْسٌ وطِرْصٌ ولا غَسْلٌ وغَصْلٌ ويقولون الحَلِىُّ وانما هو الحَلْىُ وجمعُه الحُلِىُّ كثَدْيٍ وثُدِىّ فأمّا الحَلِىُّ فهو يُبْسُ النَّصِىّ ويقولون رَجُلٌ أَثَطُّ وانما هو ثَطٌّ قال الشاعر [رجز]

كلِحْيَةِ الشَّيْخِ اليمانِيّ الثَّطِ

ويقولون دِيارٌ براقعُ للخالِيةِ وانما البَراقِعُ جمعُ بُرْقُعٍ وهو ما تَجْعَلُه المرأةُ على وجهها والصوابُ بَلاقِعُ وفى الحديث اليمينُ الفاجرةُ تَدَعُ الدِّيارَ بَلاقِعَ قال رؤبةُ [رجز]

فَأَصْبَحَتْ دِيارُهُمْ بَلاقِعَا

---

1 Voir la traduction de ce vers par M. Fleischer dans le Dourra (ed. Thorbecke) p. 22.

ويقولون للجُوالِقِ الصغيرِ كُرْزُكة وانما هو الكُرْزُ ومنه المثل يا رُبّ شدٍّ فى الكُرْزِ[1] ويقولون التغار وهو التيغارُ بالياء على وزن تِفْعالٍ مثلُ تِجْفاف كذا أملاه علىّ ابو زكريّا عن ابى العلاء فى باب تِفْعال ويقولون القِشْمِش بالقاف وهو الكِشْمِش قال الشاعر [متقارب]

كَأَنَّ الثّآلِيلَ فى وَجْهِها اذا سَفَرَتْ بِدَدُ الكِشمِشِ[2]

ويقولون فى اللغة العبرانيّةِ العمرانيّةُ وانما يقال بالباء قال الشاعر [طويل]

كما ٱخْتَطَّ عِبْرانيّةً بِيَمينهِ بتَيْماء حَبْرٌ ثُمّ عَرَّضَ أَسْطُرَا

والعِبْرانيّةُ مَعْدولةٌ عن السريانيّة ويقولون للأمْرِ الفظيعِ هذه رَدّةٌ والصوابُ هذه إدّةٌ اى داهيةٌ ويقولون للجاسوسِ ذو العُوَيْنَتَيْنِ وانما يجب ان يقالَ ذو العُيَيْنَتَيْنِ[3] ويقولون الشاةُ تَشْتَرُّ والصواب تَجْتَرُّ وٱسْمُ ما تدفَعُه من كَرْشِها الى فيها الجِرّةُ وفى المثل ما ٱختَلف الدِرّةُ والجِرّةُ[4] واختلافُهما أنّ الدِرّة تَسْفُلُ والجِرّةَ تَعلو ويقولون حَيَا[5] الشاةِ والصّوابُ حِياؤُها ممدودٌ ويقولون فى موضعِ وَىْ التى يُكْنَى بها عن الوَيْلِ واشت وهو خَلْفٌ من الكلام ومثلُه من كلامهم المُحالِ الغَثِّ جئتُ تَى أَلْقاك يريدون حتّى أَلقاك وجِبّهُ يريدون جِئْ به وقولهم مُدْريك يريدون ما يُدْريك وقولهم المَسِيد

---

1 Freytag, Proverbia Arabica I, p. 549. 2 Mouarrab p. ١٣٢; Ḥamâsa p. ٨٢٣; vers d' ابو الغطمش الحنفى. Ms.: وجوهها et ندد. 3 Dourra p. ١٦٩. 4 Freytag, Proverbia Arabica II, p. 522. 5 Ms.: حَىَ.

يريدون المَسْجِد وقولهم الأَيْدُ فى اليَدِ وقولهم ضَرَبَهُ بالعُصى يريدون العُصِىَّ وقولهم فى موضعِ أَيضا هَمْ[1] وفى موضع حَسْبِ بسّ[2] وغيرُ ذلك من الكلام الظّاهِرِ الفَسادِ الّذى رُغِبَ عن ذكره ويقولون هى تُسْتَرُ بالتاء[3] وأَذَرْبيجان[4] وهى الشّأمُ بوزن رأسٍ مهموز[5] والبراستق[6] والجُلْنارُ[7] والفَرَوْنَد للبَرْبَنْد وهى الفاخِتَةُ وآشتقاقُها من الفَخْتِ[8] وهو ظِلّ القَمَر[9] وهو الوَعِلُ والنِّمْرُ[10] والإِعْرابىّ[11] ولا تقلِ العَرابىُّ وهى المَنْطِقَة[12] ولا تقلِ المَنْتِقَةُ وتقول ايشٍ فَعَلْتَ[13] بالتنوين واصله أَىّ شىءٍ فعلتَ ومما يُكْسَرُ والعامّةُ تَفْتَحُه او تَضُمُّه هو الشِّطْرَنْجُ[14] بكسرِ الشينِ على فِعْلَلٍ كجِرْدَحْلٍ وليس فى كلام العرب شىءٌ على فَعْلَلٍ بفتحِ الفاء وهو المِرّيخ للنجم بكسر الميم ولا يُفْتَحُ والتِّنّينُ بكسر أَوّله والخِنْزيرُ كذلك والجِراحاتُ بالكسر وكذلك الشِّغارُ الّذى نُهِىَ عنه والوَتِدُ بكسر التاء وهى القِنّينة بكسر القاف وتقول سألْتُك بالله

---

1 Dourra p. ١٨٣. 2 Dourra p. ١٨٣. 3 Ms.: تُسْتَرُ بالتاء. C'est la vraie prononciation; cf. Mou'arrab p. ٤٠ et Yâḳoût I, p. ٨٤٧ et suiv. 4 Au lieu de أَذْرَبيجان, cf. Yâḳoût I, p. ١٧١. 5 Yâḳoût III, p. ٢٣٩, après avoir donné successivement les trois lectures الشّام et الشَّأْم, الشَّآم ajoute pour celle-ci: كذا تزعم اللغويون. 6 Je ne comprends pas ce mot. 7 Pour جُلَّنار. 8 فاختة doit être employé dans le sens de „colombe". Persan فاخت. 9 Ṣaḥâḥ s. r. ظلل: الظلّ فى الحقيقة انما هو ضوء شعاع الشمس دون الشعاع. 10 Pour الوَعْلُ et النَّمِرُ. 11 Pour الأَعْرابىُّ. 12 المِنْطَقة. 13 Ms.: فعلتُ. Au lieu de أَيْشٍ, le vulgaire dit أَيْشْ. 14 La prononciation شَطْرَنج, blâmée ici, est donnée dans le Mou'arrab p. ٩٤, mais repoussée également dans le Dourra p. ١٣١.

إِلَّا فعلتَ[1] وهى السِّنُون بكسر السّين وفلانٌ تِلميذ فلانٍ وهى الغِرارةُ والبِلَّوْر بكسر الباء وفتح اللام وهو المِرْبَدُ بكسر الميم وفتح الباء وهى الشِّقْوَة وجِرْمُ الشَّمْس وسِلخ الحيّة وهى الوِقاية بكسر الواو وهو الشِّحْنَة بكسر الشين ولا يُفْتَحُ وهو اسمٌ للمرابطة من الخيل فى البلد لضَبْط أَهله من أَوْلياء السُّلطانِ وليس بٱسمِ الامير او القائد كما تَذهب اليه العامّةُ والنِّسبةُ اليه شِحْنِيٌّ وشِحْنيّةٌ ولا تقلْ شَحْنَكِيّةٌ ولا شَحْنَهِيّةٌ وهذه الكلمةُ عربيّةٌ صحيحةٌ واشتقاقها من شَحَنْتُ البلدَ بالخيل اذا ملأتَه[2] بها والفُلْكُ المَشْحونُ اى المملوء وهى السِّقايةُ والبِرْطيل للرِّشْوَة بكسر الباء وكذلك كلُّ ما كان على فِعْليلٍ نحوُ زِحليف وهو آثار تَزَلُّجِ الصّبيان[3] وشِمْليل وهم إِخوةُ زيدٍ بكسر الهمزة وهى المِصيصَةُ بكسر الميم وهو الزِّرْنيخ بكسر الزّاى[4] وشِراعُ السّفينة وهم فى خِصْبٍ وهو المأصِرُ بكسر الصاد وفتحها خطأ[5] ومعنى المأصِر فى اللغة الموضعُ الحابِسُ من قولهم أَصَرْتُ فلانا على الشىء آصِرُهُ أَصْرًا اذا حبستَه عليه وعطفتَه ومِمّا يُفْتَحُ والعامّةُ تَكْسِرُهُ هو الرَّيْحان والأَمْنُ والأَكّارُ وبَيْرَمُ النَّجّار[6] وهو الخَلْخَال وهى السَّعَةُ والضَّيْعَة وهو الدَّيْزج بفتح الدّال والعَناق. بالفتح فامّا العِناقُ فمصدرُ عانَقَ وهو الوَداعُ والغَسول[7] وهو الحَمَض بفتح الميم وقد تُكْسَرُ وهو الكَثير والكَبير بالفتح فلا تُكْسَرُ وانما يُكْسَرُ

---

1 Le vulgaire dit أَلّا. 2 Ms.: ملأته. 3 Ms.: زحليف وهو آثار ترح (sic) الصبيان. 4 Mou'arrab p. ٧٨. 5 Dourra p. ١١٧. 6 Mou'arrab p. ٣٥. 7 Dourra p. ١٥٥.

اوّل فَعيلٍ اذا كان ثانِيَهُ حرفٌ من حروف الحلق نحوُ شِعيرٍ ورِغيف وبِهيمة وسِعيد وما أشبه ذلك والقَيْرَوان بفتح القاف [1] وهو السَّكْران والجَناح والغَضارَةُ والنَّجْدَةُ وفى عين فلانٍ حَوَرٌ وهى الأَنبارُ وهو الْحَاقُ وكَرْمانُ [2] بفتح الكاف وهو الخَشْخاش لهذا الحبّ المعروفِ بالفتح وهو عربىٌّ صحيحٌ وهو الحَبير [3] وهى القَصْعَةُ وتقول للمرأة تعالَى بفتح اللام وفلانٌ يَشْتَهِى كذا بفتح التاء وهى المَنارةُ بفتح الميم وهذا نادرٌ لانه من الآلة ومثله فى الشُّذوذ المَنْقَلُ الخُفُّ بفتح الميم والمَنْقَبة [4] حديدةٌ يَنْقُبُ بها البيطارُ وهى المِكْنَسَةُ بفتح النون ولا تُكْسَر وهو كَسْلانٌ ولا تقلْ كِسْلان وهى الشَّجَرُ بفتح الشين ولا تُكْسَر وهى تَكْرِيتُ [5] وهو السَّبْىُ ولا تقل السِّبْىُ وهى اللَّهاةُ والأَرْبَعون بفتح الباء فلا تُكسر والمَجْلِس بفتح الميم وليس فى الكلام مِفْعِلٌ بكسر الميم والعينِ الّا مِنْخِرٌ ومِنْتِنٌ ومِغِيرةٌ [6] والشَّنُّ القِرْبَةُ الخَلَقُ اليابسةُ وكلّ وعاءٍ أَخْلَقَ من أَدَمٍ وجَفَّ فهو شَنٌّ بالفتح ولا تقلْ شِنٌّ فليس بشىء وممّا جاء مفتوحًا والعامّة تَضُمّه هو الكَوْلانُ والمَصْطَكَى بفتح الميم [7] وهى سَروج بفتح السين [8] ولا تُضَمّ وقَتَلَهُ صَبْرًا ولا يقال صُبْرا وهو السَّفَرْجَلُ بفتح السين ولا تُضَمّ وهى الزَّرافةُ بفتح الزّاى لهذه الدابّة التى جُمِعَتْ فيها خِلَقٌ شَتَّى مأخوذٌ من قولهم للجمع من الناس زَرافة وهو الوَجْه بفتح الواو

---

1 Mou'arrab p. ١١٥. 2 Yâkoût IV, p. ٢٩٣. 3 Ms.: الجبير. 4 Dourra p. ١٥٧. 5 Yâkoût I, p. ٨٦١. 6 Ms.: ومعيرة. 7 Mou'arrab p. ١٤١, où il faut lire المَصْطَكى (μαστίχη). 8 Yâkoût III, p. ٨٥.

والعامّة تَضمّها وهو الجَوْذابُ وتقول هو مَرْمِيٌّ مَطْوِيٌّ ومَقْضِيٌّ ومسْنِيٌّ[1] وكذلك كلُّ ما أَشْبَهَه بفتح الميم وضمّها خطأٌ واذا نسبتَ الى حيّ من الأَنصار يقال لهم بنو الحُبْلَى[2] قلت حُبَلِيٌّ بفتح الباء ولا تقلْ حُبْلِيٌّ[3] وفلانٌ التَيْمَلِيّ[4] بفتح الميم اذا نسبتَه الى تَيْم اللاتِ كما تقول عَبْدَرِيٌّ فى النَسَب الى عبد الدار وعَبْشَمِيٌّ فى النسب الى عَبْدِ شمسٍ[5] وهو النَّقوعُ والبَخورُ ، والزَّعْفَرانُ بفتح الفاء ولا تُضَمُّ[6] وهو النَّوْرُ والعامّة تقول نُورٌ بالضمّ وهو خطأٌ والزَّوْشُ العبدُ اللَّئيمُ والعامّة تقول زُوْش وهى سَوْرَى لهذه القَريةِ بفتح السين[7] وهى الجَنوبُ للرّيحِ بفتح الجيم ولا تقلِ الجُنُوبُ إنّما الجُنوب جمع جَنْبٍ وهى السَّموم ولا تقل السُّموم الّا فى جمع سَمٍّ وهو ابو دُلَفَ على مثالِ فُعَلِ عُمَرَ ولا تقل دُلْف وهى المَزُون لعُمانَ[8] وفلانٌ مَزُونيٌّ ولا تقلِ المُزون وهذه يَهُودُ ومَجُوس بفتح اوّلهما ولا تُضَمُّ وهو البَوْرَقُ لهذا الذى يُلْقَى فى العَجين ولا تقل بُورَقٌ بضمّها لانه ليس فى الكلام فُوعَلٌ بضمّ الفاء وكلُّ ما جاء على فَوعَلٍ فهو مفتوحُ الفاء نحوُ جَوْرَبٍ ورَوْشَنٍ وكَوْسَجٍ ورَوْزَنَةٍ[9] وما أَشبه ذلك ومما جاء مضموما والعامّة

---

1 Ms.: مسيى. 2 Dans ce passage, le ms. a partout un ج au lieu d'un ح. 3 C'est la prononciation que donne Soyoûṭî dans le لبّ اللباب, p. ٧٥. 4 Soyoûṭî ibid. p. ٥٩ lit التَّيْمُلِيّ. 5 Dourra p. ١٥٥. 6 Mou'arrab p. ٧٨. 7 Yâḳoût attribue l'opinion opposée à Djawâliḳi, cf. III, p. ١٨٤. 8 Yâḳoût IV, p. ٥٢١. 9 Mou'arrab p. ٤٥, ١٣٨ et ٧٣; روشن et روزنة sont deux formes arabes pour un même mot persan: رَوْزَنْ „fenêtre".

تَفْتَحُه او تَكسرُه هُوَ المُشانُ بضمّ الميم وحُواقة القوم بالضمّ ولا تُفْتَحُ ومُعاوِيَةُ بضمّ الميم ولا تُفْتَحُ وهو البُهارُ بالضمّ قال الشاعر [وافر]

كعِيرِ الشّامِ يَحْمِلْنَ البُهارَا[1]

وهو المُطْبَق بضمّ الميم للسّجن لانه أُطْبِقَ على مَن فيه ولونٌ من الصِّبَغ أَسودُ يُقال له حُماحِمُ بالضمّ والنِّسْبةُ اليه حُماحِمِيٌّ بالضمّ ولا تقلْ حَماحِمِيٌّ وتقول قَرَأْتُ السَّبْعَ الطُّوَلَ فلا تقل الطِّوَلَ انما الطِّوَلُ الحَبْلُ[2] قال الشاعر [بسيط]

سَكَّنْتُهُ بَعْدَ ما طارتْ نَعامَتُهُ   بِسُورَةِ الطُّورِ لمّا فاتَنِي الطُّوَلُ

وهو كُلْثوم بضمّ الكاف والمُصْرانُ بضمّ الميم ولا يُكْسَر وهو جمعُ مَصِيرٍ وليس بواحدٍ كما تَذْهَبُ العامّةُ وهو الجُوَالِقُ بضمّ الجيم ولا تفتح فى الواحد انما تُفْتَحُ فى الجمع ومِثْلُه حُلاحِلٌ وتُلاتِلٌ وقُلاقِلٌ[3] والكُمْنَةُ بالضمّ وهو وَرَمٌ فى الأَجْفان وغِلَظٌ وقيل قَرْحٌ فى المأق وقيل جَرَبٌ وحُمْرةٌ تَبْقَى فى العين من رَمَدٍ يُساء عِلاجُه وهى الأُسْطُوانةُ بضمّ الهمزة والطّاء ولا يُكْسَرانِ ووزنُها أُفْعُوَالَةٌ وكان الاخفش يقول هى فُعْلُوَانَةٌ وقيل أُفْعُلانَةٌ وتقول أَصابَهُ دُبّاحٌ وهو تحزُّزٌ وتشقُّقٌ بين أَصابِعِ الصِّبيانِ والتُّراب[4] بالضمّ ولا يفتح ومِمّا يُشَدِّدُ العوامُّ تُخَفِّفُه يقولون مائةٌ ونَيْفٌ وانما هو ونَيِّفٌ بالتشديد[5] ولا يجوز تخفيفه

---

1 Vers de بُرَيق الهذلى d'après Mou'arrab p. ٢٧ et Lane, Lexicon I, p. 266. 2 Dourra p. ١٣٥. 3 Ainsi dans le ms. Peut-être faut-il lire: حُلاحِلٌ وحَلاحِلُ وقُلاقِلٌ وتَلاتِلُ. 4 Ms.: من التراب. 5 Dourra p. ١٣٧.

كما يخفَّف مَيْتٌ لأمرَيْنِ احدُهما أنّه قَلَّ استعمالُه والآخَر أنّ[1] هذا لا يُقاسُ ، وهى المَرَقِيّة بفتح الميم وتشديد القاف لانّها منسوبةٌ الى المَرَقِّ[2] واحدِ مَراقِّ البَطْنِ ولا تقلْ مُراقيَةٌ وهو السِّبِتُّ[3] بتشديد التاء ولا يجوز تخفيفُها وهو الجانُّ لضرب من الحيّات وأَنْطاكِيّةُ بتشديد الياء[4] والخِطْمِيّ بالتشديد والدَّوابُّ بتشديد الباء ولا تخفَّف وكذلك دُوَيْبَّةٌ وهى هَوامُّ الأرض بتشديد الميم الواحدةُ هامّةٌ وسُمِّيَتْ بذلك من الهَمِيم وهو الدَّبيب والسُّلّاق[5] عِيدٌ للنَّصارَى بتشديد اللام ولا تقل السُّلاقُ وممّا يُخَفَّفُ والعامّةُ تُشَدِّدُه هو الهَنُ بالتخفيف ولا يشدَّدُ وهى مَلَطْيَةُ وسَلَمْيَةُ وقُسْطَنْطِينِيَةُ[6] بتخفيف الياء فيهنّ وهى الدِّيَةُ بتخفيف الياء والخرافات بتخفيف الراء وهى الحَارَةُ بتخفيف الحاء ولا تشدَّد وقَرْبِسْيَاتٌ[7] بتخفيف الباء وهو ابو نُواسٍ بضمّ النون وتخفيف الواو فلا تقلْ نُوّاسٌ وذو نُواسٍ ايضا مَلِكٌ من مُلوك حِمْيَرَ وهو الحَرَجُ بالتخفيف وأَصْلُه حَرْجٌ وجمعُه أَحْراج قال الفرزدق [رجز]

إنّى أَقودُ جَمَلاً مِمْراحَا ذا قُبَّةٍ مَمْلوءةٍ أَحْراجَا[8]

وهى قُوارةُ القميص بضمّ القاف والتخفيف ولا تقل قُوّارة وكذلك قِياسُ كلِّ ما كان فَضْلةً كالقُصاصَة والقُراضَة والنُّحاتة[9] وتقول هذه

1 أنّ omis dans le ms. 2 Ms.: المَرِقية et المَرِقّ. 3 Mouʿarrab p. ٩٤. 4 Mouʿarrab p. ١٩. Yâḳoût I, p. ٣٨٢ préconise la prononciation sans تشديد, blâmée par Djawâliḳî. 5 Mouʿarrab p. ٨٨ et 42. 6 Yâḳoût IV, p. ٩٣٣; III, p. ١٢٣; IV, p. ٩٥. 7 Je ne comprends pas ce mot. 8 Ms.: مملوءة احراجا. 9 Ms.: والقراصة والنحاتة.

عُقْدَةٌ مُسْتَرْخِيَةٌ وَفلانٌ مَجدورٌ وقد جُدِرَ بالتخفيف ولا يقال جُدِّرَ بالتشديد ولا هو مُجَدَّرٌ وهذا إجماعٌ منهم وهى المِائَةُ ولا تقل مِيَّة والرِّيَةُ فلا تقل رِيَّة وفَراشة القُفْلِ بالتخفيف ولا تقل فَرّاشة يقال لكلّ رَقيقٍ من عَظْمٍ او حديدٍ فَراشةٌ ومنه فَراش الرّأس عِظامٌ رِقاقٌ الواحدة فَراشةٌ قال النابغة [طويل]

ويَتْبَعُها مِنْهُمْ فَراشُ الحَواجِبِ[1]

والفَراشة ايضا الماء الواحد سُلامَى ولا تقل السُّلامَيّاتُ وهو القُلاع من أَدْواء الفم بالتخفيف فلا يشدَّدُ وعلى هذا البناء جميعُ الأَدواء كالصُّداع والسُّعال والزُّكام وممّا جاء ساكنًا فالعامّةُ تُحَرِّكه هى البَكْرَةُ التى يُسْتَقَى عليها بالإسكان وهو الأَثْلُ بسكون الثاء وهى الحَدْبةُ وهو الابْط[2] والمِقْلَى والمَرِيء وهو عامرٌ الشَّعْبىّ وممّا جاء محرَّكًا والعامّةُ تسكِّنه هى النُّعَرَةُ لواحدةِ النُّعَرِ وهو الذُّبابُ الذى يدخل فى أنف الحمار ولا تقل نُعْرَةٌ وتقول قد رَدَّها جَذَعَةً بالفتح فلا تقل جَذْعَةً ومعناه أنّه رَدَّها الى أَوّل ما ٱبتدى بها وهى الضُّبُعُ ولا تقل الضَّبْعُ انما الضَّبْعُ العَضُدُ وهم نُخَبَةُ القوم وكَلْبُ بنُ وَبَرَةَ وممّا يصحّف فيه العوامُّ يقولون للرجل اذا نسبوه الى الجَهْلِ والبَلادة غَلَبَهُ التَّيْتَلُ بتاءَيْنِ وانما هو بثاءٍ وتاءٍ وهو الوَعْلُ ويقولون عند الوَجَع أَخٌ[4] بالخاء المُعْجَمة وكلامُ العرب أَحٌ بالحاء وليس الخاء من كلام العرب وانما هى لغة العَجَم ولمّا ٱشتدّ أَمْرُ شَبِيبٍ على الحجّاج وحَصَرَهُ فى القصر

1 Sitta p. ٣, l. 8. 2 Cf. plus haut p. 142. 3 Dourra p. ٩٩.
4 Sur tout ce passage Dourra p. ١٥.

أَمَرَ غلامًا شجاعًا فلَبِسَ ثيابَ الحجّاج وسِلاحَه وركَبَ فرسَه وصاحَ فى الجُنْد فجمعهم وخرج فقال الناسُ قد خرج الحجّاجُ فأَقْبَلَ شَبِيبٌ ثم قال أَينَ الحجّاجُ فأَوْموا اليه فحمَلَ حتّى خَلَصَ اليه فضَرَبه بالعَمودِ فلمّا أَحسَّ بوقعِهِ قال أَخْ بالخاء فٱنصرف شبيبٌ وقال قبّحك اللهُ يابنَ امّ الحجّاج أَتتّقِى الموتَ بالعبيد وقتل العبدَ ويقولون فلانٌ مُمَشّقِعٌ بالشين وهو خطأ وانما هو مُمَسْقِعٌ بالسّين غير معجمةٍ من قولهم خَطيبٌ مِسْقَعٌ لحُجّتِه[1] وكثرةِ كلامه وتقول قد تَفَلَ عليه يَتْفِلُ بالتّاء ولا تقل ثَفَلَ[2] ويقولون لقَوْسِ السّحاب قَوْسُ قُدَحٍ وهو تصحيفٌ قبيحٌ والصوابُ قوسُ قُزَحَ[3] وٱختَلف العلماء فى تفسيره فرُوِىَ عن ابن عبّاس أَنه قال لا تقولوا قوسُ قُزَحَ فانّ قُزَحَ اسمُ الشيطان ولكن قولوا قوس اللهِ وقيل القُزَحُ الطرائقُ التى فيها الواحدةُ قُزْحَةٌ فمَنْ جَعَلَه ٱسمَ شيطانٍ لم يصرِفْه لانّه كعُمَرَ ومَنْ قال هو جمع قُزْحَة وهى خُطوطٌ من صُفْرَةٍ وحُمْرَةٍ وخُضْرَةٍ صَرَّفَ ويقال قُزَحُ اسمُ مَلِكٍ مُوكَّلٍ به وقيل قُزَحُ اسم جَبَل بالمُزْدَلِفَةِ رُؤِىَ عليه فنُسِبَ اليه قال السكّرى كان يُظْهَرُ من وراء الجَبَل فيُرَى نِصْفُه كانّه قوسٌ فسَمَّوْهُ قوسَ قُزَحَ وهو الجَنِينُ للطفل ما دام فى بَطْنِ أُمِّهِ ولا تقلْ الجَنِى وتقول لَعَبَ الصِّبْيانُ حَدَبْدَبَى وهى لعبةٌ لهم والعامّةُ تجعل مكانَ الباء الأُولَى نونًا ومكانَ الثانية لامًا وهو خطأ قال الراجز

---

1 Ms.: لتجلحة. 2 Dourra p. ٩٥ et ٩٩. 3 Tout le passage qui suit est cité avec des variantes sans importance par Yâḳoût IV, p. ٨٥, introduit par وفى كتاب لحن العامّة لابى منصور.

حَدَبْدَبَى حَدَبْدَبَى يا صُبْيانْ　　إنّ بنى فَزارَةَ بْنِ ذُبْيانْ
قد طَرَّقَتْ ناقتُهُمْ بإنْسانْ　　مُشَيَّإٍ أَعْجِبْ بخَلْقِ الرَّحْمانْ[1]

وممّا جاء بالسين وهم يقولونه بالشين هو تَجّارُ التنّور وقد تجرتُه بالسين ولا يقال بالشين وهو السَّلْجَمُ بالسين ولا تقلْ شَلْجَم ولا ثَلْجَم وفى المثل [رجز]

تَسْأَلُنِى بِرامَتَيْنِ سَلْجَمًا[2]

وهى السَّخْنةُ بالسين وتقول لأصحاب المتاعِ الاستيام بالسين والعامّةُ تقول الاشتيام بالشين وتقول هذا الكُرْدوس والجمعُ كَراديسُ بالسين المهمَلةِ لا غيرَ والعامّة يقولونه بالشين وهو خطأٌ والكراديسُ رؤوسُ العظام وقيل كلُّ عظْمٍ تامٍّ ضَخْمٍ كُرْدوسٌ وفى صفة النبى صلعم أنّه كان ضَخْمَ الكَراديسِ وتقول للحَبْل مَرْسٌ بالسين وفتحِ الراء ولا تقلْ مَرْشٌ وانما المَرْشُ الخَدْش[3] ومما جاء بالذال وهم يقولونه بالدال هو الجُرَذُ بالذال المعجمةِ ولا يقال الجُرَدُ[4] والذَّقَنُ بفتح الذال والقاف ولا يقال دِقَن كما تقوله العامّةُ والنَاجِذُ[5] أقصى الأضراسِ يقال فلان مُنَجِّذٌ اذا أَحْكَمَ الأُمورَ ولا يقال بالدال والأَزاذ لضرب من التمر بالذال ولا يقال بالدال والزُّمُرُّذُ[6] والشِرْذِمَة الطائفةُ من الناس والقِطعةُ من الشىء بالذال ولا تقل شِرْدَمةٌ ولا سَرَدَةٌ فانه خطأٌ وبين الرَّجُلَيْنِ ذَحْلٌ اى حِقْدٌ وعَداوةٌ بالذال والعامّةُ تقول

---

1 Vers d' ابن دارة cités dans Ḥamâsa p. ۱۴۲. 2 Dourra p. ۴۲; Freytag, Proverbia arabica I. p. 214. 3 Ms.: كالخدش. 4 Dourra p. ۳٥. 5 Dourra p. ۳٥. 6 Dourra p. ۳۰.

دَحَلٌ بالدال وهو الطَّبَرْزَذُ[1] بالذال ولا يقال بالدال ومما جاء بالدال وهم يقولونه بالذال هم الدُّعّارُ[2] للخُبَثاء المتلصّصين بالدال مأخوذٌ من العُود الدَّعِرِ وهو الذى يُؤْذِى بكثرة دُخانه قال ابن مقبل [بسيط]

باتَتْ حَواطِبُ لَيْلَى يَلْتَمِسْنَ لَها جَزْلَ الجِذَا غَيْرِ خَوّارٍ ولا دَعِرِ

فإن ذُهِبَ بهم الى معنى الفَزَع جاز ان يقال بالذال ويقولون كَذَبَ العادِلون بالله اى المشركون الذين يَعْدِلون بالله تعالى غيرَه ولا تقل العاذلون يقال عَدَلَ الكافِرُ بربِّه عُدولا قال الله عزّ وجلّ وَهُمْ بِرَبِّهِمْ يَعْدِلُونَ[3] وهو جُرْدانُ الفَرَس لقضيبه بالدال ولا تقل جُرْذان ومما جاء ممدودا والعامّة تَقْصُره كَدَاءُ وحِرَاءُ[4] جبلانِ بمكّةَ ممدودان والقَباءُ[5] ممدودٌ وهو عربىٌّ صحيحٌ وسُمِّىَ قَباءً لاجتماع أَطرافه وكلّ شىءٍ جمعتَه بأَصابِعِك فقد قبوتَه قَبْوًا والمَلْحاءُ من البعيرِ ما تحت سَنامه بالمدّ وايلِياءُ بيتُ المقدّس ولا تقل إِيلِيَا قال الفرزدق [طويل]

وَبَيْتٌ بأَعْلَى إِيلِياءَ مُشَرَّفُ[6]

واللُّوبِياءُ[7] بالمدّ والحِنّاءُ والحِنّاءَةُ ممدودانِ وبِزْرُ قَطُوناءَ[8] بالمدّ وقد يُقْصَرُ والصَّبْغاءُ للقَصَب الشامىّ مفتوحُ الصاد ممدودٌ والنَّشاءُ والكَرَوْياءُ وعاشوراءُ ولم يجئ على فاعولاءَ فى كلام العرب الا عاشوراءُ والضّاروراءُ الضَّرّاءُ والسّاروراءُ السَّرّاءُ[9] والدّالُولاءُ الدّالّةُ وخابوراءُ

---

1 Corriger d'après cela Mou'arrab p. ١٠۴. 2 Dourra p. ٣٣ et ٣۴.
3 Coran VI, 151. 4 Yâkoût IV, p. ٢۴١ et II, p. ٢٢٨; Dourra p. ١۴٠.
5 Mou'arrab p. ١٢٠. 6 Vers entier dans Yâkoût I, p. ۴٢۴. 7 Mou'arrab p. ١٣۴. 8 Voir plus haut p. 136. 9 Ms.: والساروزا السرا.

موضعٌ[1] وهى القُوباء وكَرْبَلاء[2] وسُلّاء النَّخْلِ شوكُهُ الواحدةُ سُلّاءةٌ كلُّ ذلك ممدودٌ وهى الصَّحْراء ولا تقل الصَّحْراءةُ بالهاء وقَرْقِيسِياء وسَمِيراء موضعٌ والرُّهَاء مدينةٌ[3] ومن الأفعال التى غَيَّرَتِ العامّةُ ماضيَها او مُسْتَقْبِلَها فعلتُ عَقَلَ الغلامُ يَعْقِلُ ورجَعَ الشىء يَرْجِعُ وجَهَدَ الرجُلُ يَجْهَدُ ودَرَى أَىَّ علمٍ يَدْرِى وفَرَقَ بينَ المشتبِهَيْنِ يَفْرُقُ ورَجَفَ الشىء يرجُفُ وشَخَصَ البَصَرُ يَشْخَصُ وقَبَضَ الشىء يَقْبِضُهُ وبَهَرَنى الأمرُ يَبْهَرُنى فهو باهرٌ اذا غلبَك وسَحَتُّ أَسْحُتُ وسَفَلَ الشىء يَسْفُلُ ونَزَعَ الميّتُ يَنْزِعُ وغَنانى الشىء يَغْنِينى وسَلَمَ يَسْلِمُ ولا تقلْ سَلِمَ انما يقال سُلِمَ الرّجلُ اى لُدِغَ وقد ردمتُ البابَ والشىء اذا سددتَّه فهو مردومٌ ولا تقلْ مُرْدَمٌ ولا أَردمتُه وسَبَقَ الفَرَسُ يَسْبِقُ وبذل الشىء يَبْذُلُهُ ولَهَثَ يَلْهَثُ وشَهَقَ يَشْهَقُ وغَرَبَتِ الشَّمسُ تَغْرُبُ ومَرَنَ على العملِ يَمْرُنُ وخَلَصَ الشىء يَخْلُصُ وسَهَوْتُ عن كذا فلا تقلْ سَهَيْتُ وقَرَضَ الفأرُ يَقْرِضُ قال ابنُ دُرَيْدٍ وليس فى الكلام يَقْرُضُ البَتّةَ ونَحَلَ جِسْمُه يَنْحَلُ وما شَعَرْتُ بكذا[4] وهَوَى الشىء يَهْوِى وعَرَضَ يَعْرِضُ وضَبَطَ الشىء يَضْبِطُه ومن فَعُلَ تقول صَلُبَ الشىء وضَعُفَ وسَهُلَ وقَرُبَ وحَسُنَ وقَبُحَ وعَتُقَ وكَثُرَ وَرَخُصَ السِّعْرُ وحَمُضَ الخَلُّ وظَرُفَ الرَّجُل كلُّ هذا البابِ تُخْطِئُ فيه العامّةُ فتتكلّمُ به على ما لم يُسَمَّ فاعلُه ولا تَكاد تَلْفِظ به ويقولون

1 Yâkoût II, p. ٣٨٣. 2 Mou'arrab p. ١٣١ et Yâkoût IV, p. ٢٤٩. 3 Yâkoût IV, p. ٩٥; III, p. ١٨٤; II, p. ٨٧٩. 4 On ne doit pas dire وما شُعُرْتُ بكذا.

ايضا فى ضَرِسَ ضُرِسَ وفى وَسِعَ وُسِعَ وفى سَمِنَ سُمِنَ وممّا جاء على أَفْعَلَ تقول أَرْوَحَتِ الجِيفةُ ولا تقلْ راحتْ وقد أَعْوَزَنى الشىء فلا تقلْ عازَنى وأَشْفَقْتُ من كذا ولا تقلْ شَفقتُ وأَباد اللهُ الشىء فلا تقل بادَه وأَخْزاه اللهُ يُخْزِيه ولا تقل خَزاه الّا[1] بمعنى ساسَه وقد أَحْسنتُ الشىء ولا تقل حَسِنْتُهُ وقد أَرَيْتُهُ كذا أُرِيهِ ولا تقلْ أَوْرَيْتُهُ أُورِيه وأَمْسكتُ الشىء ولا تقل مسكتُه وأَصَحَّ اللهُ بدنَك فلا تقل صَحَّ اللهُ بدنَك وأَثْبَتُّ الشىء فهو مُثْبَتٌ ولا تقل مَثْبوتٌ وأَفسدتُّه فهو مُفْسَدٌ وأَنْقَعْتُه فهو مُنْقَعٌ وأَصْلحتُه فهو مُصْلَحٌ وقد أَزَدتُّ ذاك ولا تقل زُدتُّهُ وقد أَفاق من علّته هذا ما تَيَسَّرَ إثباتُه من مَغْفَلِ خَطْئِهم

تمّ الكتابُ بحمد الله ومنّه بتأريخ السّابعِ عَشَرَ من شهرِ رمضان سنة أَحَدٍ وثلاثين وستّمائةٍ

1 Ms.: خزاه بمعنى sans الّا.

INDEX.

فهرست الالفاظ المفردة

V.

ERNEUTE PRÜFUNG

DES ZWISCHEN

DEM PHÖNICISCHEN UND HEBRÄISCHEN

BESTEHENDEN

VERWANDTSCHAFTSGRADES.

EIN BEITRAG

ZUR MORGENLÄNDISCHEN SPRACHKUNDE

VON

BERNHARD STADE.

Die ersten Erklärer phönicischer Inschriften gingen von der Voraussetzung aus, dass die Sprache, in welcher jene verfasst seien, mit der hebräischen des A. T. identisch sei. Und hierfür sprachen gewichtige Gründe. War doch im A. T. keine Andeutung darüber vorhanden, dass die nach und nach in Kenaan eingewanderten hebräischen Hirtenstämme die Sprache der schon früher und von der entgegengesetzten Seite[1] ins Land eingewanderten Kenaanäer nicht verstanden hätten. Ueberall lässt die hebräische Sage die Erzväter mit den Kenaanäern wie mit Leuten gleicher Zunge verkehren. Ja auch der Repräsentant der jüngsten Einwanderung hebräischer Stämme, der schlaue Jacob, redet hebräisch, denn er benennt den Gilead, den sein Verwandter Laban nach der jüngeren Sage auf aramäisch benennt, mit einem hebräischen Namen. Aus der spätern geschichtlichen Zeit finden sich ebenfalls keine Andeutungen überliefert, dass die Sprache der Tyrier und Sidonier von der Sprache der Kinder Israel verschieden gewesen sei. Nur Benennung eines und desselben Gegenstandes mit verschiedenem Namen wird bezeugt.[2] Dies aber findet sich überall, wo eine Sprache über ein grösseres Terrain verbreitet ist oder ein Volk derselben Zunge durch Verschiedenheit der politischen oder religiösen Entwickelung getheilt wurde. Im Gegentheil wird die hebräische Sprache geradezu שְׂפַת כְּנַעַן genannt.[3] Aus Augustin endlich wusste man, dass noch dessen punische Landsleute sich für Abkömmlinge der Kenaanäer hielten, ja sich selbst so nannten. Und nach Hieronymus entstammte die punische Sprache der phönicischen. Mit vollem Recht suchte man daher in jenen Inschriften hebräische Wörter, hebräische Formen.

---

1 S. De Jsaiae vat. Aeth. p. 10 und Dillmann in Schenkel's Bibellexicon III, S. 515. 2 Dt. 3, 9. 3 Jer. 18, 19. Wie konnte es einem Hebräer, welcher doch von anderer Abstammung als die Phönicier zu sein glaubte, Gen. 10, 5, einfallen seine Sprache, selbst wenn er sie nach ihrer Heimath bezeichnete, kenaanäisch zu nennen, wenn sie dieser nicht gleichlautete? Es schaut dieser Vers, in welchem es heisst בַּיּוֹם הַהוּא יִהְיוּ חָמֵשׁ עָרִים בְּאֶרֶץ מִצְרַיִם מְדַבְּרוֹת שְׂפַת כְּנַעַן, noch dazu in die messianische Zukunft des Volkes. Denn solches lehrt ja der Zusatz וְנִשְׁבָּעוֹת לַיהוָה צְבָאוֹת.

Allein je weiter die Entzifferung dieser Inschriften vorschritt, desto unwiderleglicher drängte sich den Entzifferern die Wahrnehmung auf, dass die Sprache dieser Inschriften doch in vielen Stücken von der Sprache des A. T., denn das ist für uns die hebräische, abweiche. Es war zuerst Ewald, der mit Nachdruck diese Erscheinung hervorhob und davor warnte, Hebräisch und Phönicisch für identisch zu halten. Hat nun auch dieser Gelehrte, wie diese Arbeit ergeben wird, den Unterschied zwischen Phönicisch und Hebräisch hin und wieder für zu gross gehalten, so ist es doch sein Verdienst, diesen Unterschied zuerst gefühlt zu haben. Schärfer diesen Unterschied zu erweisen, konnte erst gelingen, nachdem auch das phönicische Mutterland einige der vielen Inschriften, die es getragen haben wird, wieder ans Tageslicht gab. Das wichtigste nnd umfangreichste Schriftstück des phönicischen Alterthumes, die Sarkophaginschrift des Königs Ešmūnāzār, verschaffte den Gelehrten die Möglichkeit, eine genauere Einsicht in das Wesen der phönicischen Sprache und ihrer Eigenthümlichkeiten zu gewinnen, als vordem möglich gewesen war. Daher knüpft sich an die Publication dieser Inschrift durch Dietrich und D'Albert Duc de Luynes und ihre Erklärung durch Dietrich, Rödiger, Ewald, Schlottmann, Munk u. A. ein bedeutender Fortschritt in den phönicischen Studien. Seitdem aber ist die Zahl der Inschriften bedeutend gewachsen. Laodicaea, Cypern, Athen, Malta, Sardinien und nicht zum mindesten die afrikanische Küste haben zahlreiche Inschriften in phönicischer und neupunischer Sprache geliefert. Diese Inschriften sind von tüchtigen Gelehrten besprochen und soweit dies möglich gelesen und erklärt worden. Es mag daher der Versuch wohl gerechtfertigt erscheinen, auf Grund dieses Materiales einmal genauer zu bestimmen, in welchem Verhältnisse denn die phönicische Sprache zur hebräischen gestanden habe.

Zwar könnte es scheinen, als sei jetzt, wo wir P. Schröder's tüchtige Arbeit über die phönicische Sprache besitzen, eine solche Untersuchung um so überflüssiger, als das Material, welches seit dem Erscheinen dieses Werkes entweder neu gefunden oder in besseren Abdrücken veröffentlicht worden ist, von nicht zu grosser Bedeutung ist. Allein immerhin findet sich in ihm so manches, was auf einzelne Dinge neues Licht wirft. Dann aber ist Schröders Plan ein anderer als der der vorliegenden Blätter. Schröder will ein Gesammtbild der Sprache geben und stellt sie daher nach den Regeln grammatischer Behandlung in allen ihren Formen dar. Hier aber sollen diejenigen sprachlichen Erscheinungen, welche entweder dem Hebräischen und Phönicischen gemeinsam sind oder aber sich blos in einer dieser beiden Sprachen finden, übersichtlich gruppirt und danach abgemessen werden, in welchem Verhältnisse beide Sprachen zu einander stehen. Es wird daher alles das entfallen, was beide Sprachen mit sämmtlichen andern semitischen Sprachen gemeinsam haben. Es werden ferner die Eigenthümlichkeiten, welche beide mit den andern nordsemitischen Sprachen theilen, nur dann erwähnt werden, wenn sich diese Sprachen dadurch in einen bedeutungsvollen Gegensatz zu den südsemitischen Sprachen stellen. Endlich aber wird hier etwas zur Sprache kommen müssen was für Schröders Buch ohne Belang war: der lexicalische Bestand der phönicischen Sprache. Denn wenn auch Eigenthümlichkeiten des Wortschatzes im allgemeinen für die Beurtheilung des Verwandtschaftsgrades zweier Sprachen von geringem Werthe sind, da besonders gut gemünzte Wörter von Volk zu Volk wandern, so treten doch bei diesen Sprachen Umstände ein, welche die Herzuziehung des Wortschatzes unumgänglich nothwendig machen. Einmal nämlich ist die Uebereinstimmung des gesammten Wortvorrathes der semitischen Sprachen so gross, dass, wo uns dennoch ein Unterschied entgegentritt, dieser um so mehr zu beachten ist. Dann aber haben Phönicier und Hebräer eine so gänzlich verschiedene staatliche und religiöse Entwickelung durchgemacht, dass in diesen Dingen keins von diesen beiden Völkern von dem andern Wörter wird entlehnt haben. Wo dieselben Ausdrücke sich bei beiden finden, muss dies seinen Grund darin haben, dass sie von beiden aus einer früheren Periode semitischer Rede ererbt worden sind. Hinwiederum wird, wo beide verschiedene Bezeichnungen darbieten, der Grund dieser Erscheinung in der verschiedenartigen Entwickelung beider Völker zu suchen sein.

Man darf nun nicht einwenden, dass dieses Hereinziehen des Wortschatzes um deswillen unthunlich sei, weil wir ja auf den phönicischen Inschriften blos die Mitlaute dieser Sprache überliefert bekommen haben. Denn in der ersten, zweiten und dritten Scene des fünften Aktes des plautinischen Pönulus liegen uns ja vollkommen vocalisirte Texte vor. Freilich sind diese Stücke erst mühsam aus den Handschriften zu construiren, sie liegen zum Theil in einer doppelten Recension vor, ja sie sind mit einem Alphabete niedergeschrieben, welches alle der semitischen Rede characteristischen Laute entweder gar nicht oder doch nur höchst unvollkommen wiedergeben kann. Sie haben sich daneben den metrischen Gesetzen der lateinischen Sprache fügen müssen. Und zudem repräsentiren sie nicht das Phönicische, sondern das Neupunische, welches, wie auch die Inschriften zeigen, erheblich verschiedene und zwar jüngere Formen aufweist. Allein aus den jüngeren Formen einer Sprache lässt sich sehr wohl auf die ihnen zu Grunde liegenden älteren schliessen und deshalb ist es hochwichtig, dass wir neben den neupunischen Inschriften auch diese vocalisirten Texte besitzen. Nun kennen wir zwar auch die Aussprache der Römer nicht mit Sicherheit, allein doch in soweit, um aus ihr einigermaassen Schlüsse ziehn zu dürfen.

Von noch grösserer Bedeutung sind daher alle Glossen, welche uns bei älteren griechischen und römischen Schriftstellern erhalten sind, und zwar nicht zum wenigsten die von diesen überlieferten phönicischen Eigennamen. Allerdings ist die Umschreibung ungenau, allein bei den verschiedenen Schriftstellern wird derselbe Name oft verschieden wiedergegeben, und aus dieser Verschiedenheit lässt sich auf den Klang der Worte schliessen. Freilich stellt sich hier insofern ein nicht zu unterschätzendes Hinderniss für die Vergleichung des Phönicischen und Hebräischen ein, als die Classiker uns die Aussprache des gemeinen Lebens bieten, während uns im Gegentheil nicht bekannt ist, wie das Hebräische im gemeinen Leben gesprochen worden ist. Denn die so vollkommene und fein durchdachte Punctation der Massoreten stellt ja lediglich die Aussprache der heiligen Schriften in feierlicher Recitation dar wie sie zu einer Zeit vorlag, wo das Hebräische längst eine erstorbene Sprache war. Deshalb können zwischen der massoretischen Aussprache und der des gemeinen Lebens grosse Unterschiede gewesen sein.

Für die Sicherheit der Behandlung semitischer Sprachen ist jedoch der Mangel einer sicheren Kenntniss des Vocalismus ein nicht zu hoch anzuschlagendes Hinderniss, denn der Bestand der Mitlaute ist desto gesicherter. Die Alphabete, in welchen die Inschriften und Literaturen semitischer Zunge vorliegen, sind ein diesen so recht auf den Leib geschnittenes Gewand. Sie kennzeichnen scharf den consonantischen Laut und die Consonanten der Sprache haben sich nur in beschränkter Weise verändert. Ferner ergibt sich daraus, dass alle semitischen Sprachen, etwa das Geʿez ausgenommen, gezwungen sind, die Sätze scharf zusammenzuhalten, die Möglichkeit, auch bei unpunktirten Inschriften die einzelnen Formen mit ziemlicher Sicherheit zu bestimmen. Nun ist es auf der andern Seite eine Eigenthümlichkeit der semitischen Sprachen, dass sich die Form der Worte, auch wenn sich der Vocalismus ändert, doch nie sehr verwischt. Es ist dies die nothwendige Folge davon, dass die semitischen Sprachen mit wenigen und geringen Aenderungen im Vocalismus der Wurzel zahlreiche Veränderungen der Bedeutung erreichen und die Zahl der äusseren Bildungen daneben eine beschränkte ist. Dadurch werden grössere Aenderungen im Vocalismus unmöglich, denn hierdurch würde ja zugleich unter Umständen die Bedeutung des Wortes eine andere. Deshalb können wir uns aus den Formen der phönicischen Sprache, wie sie uns in den Inschriften vorliegen, wenn wir sie zusammenhalten mit den Worten, welche uns im Pönulus und sonst erhalten sind, sehr wohl ein Bild von der Sprache machen, welches hinreicht, um auch den Wortschatz des Phönicischen mit ziemlicher Sicherheit mit dem des Hebräischen vergleichen zu können.

Handelt es sich nun um die Bestimmung des Verwandtschaftsgrades zweier semitischer Sprachen, so sind zunächst zwei Fälle möglich. Entweder beide gehören in dieselbe Unterabtheilung des semitischen Sprachstammes, also entweder in die nordsemitische, zu welcher wir auch das Assyrische rechnen, oder in die südsemitische Gruppe, oder aber sie gehören zwei verschiedenen Unterabtheilungen an. Im letzteren Falle ist mit der Erkenntniss dieses Factums die Frage nach ihrer Verwandtschaft im wesentlichen gelöst. Im ersteren Falle jedoch ist wieder eine doppelte Möglichkeit gegeben. Beide können in früherer Zeit dieselbe Entwickelung durchgemacht und sich dann infolge der verschiedenen Geschichte, welche die verschiedenen einst gleichsprachigen Stämme erlebten, getrennt und selbstständig weiter entwickelt haben. Sie können sich getrennt haben, ehe eine Literatur vorhanden war. Die eine bewahrte vielleicht die ursprünglichen Formen getreuer und wurde in diesem Zustande Literatursprache, die andere wurde dies erst, nachdem mannichfache Veränderungen eingetreten waren. Beide stehen dann, bildlich geredet, in geschwisterlicher Verwandtschaft. Oder aber die eine Sprache kann der anderen entstammen. Dann ist entweder die eine Sprache nur eine ältere Gestalt der andern, jene ist dadurch entstanden, dass, nachdem schon eine Literatur vorhanden war, die Sprache des gemeinen Volkes infolge politischer oder religiöser Veränderungen sich weiter entwickelte und diese jüngere Form die ältere in der Literatur ablöste. Oder aber die eine Sprache kann durch einen Regenerationsprocess der andern entstanden sein, indem diese durch Verpflanzung auf fremden Boden, durch Uebertragung auf stammfremde, anders redende Menschen, gezwungen wurde, neue Bahnen der Sprachbildung einzuschlagen. Es fragt sich nun, aus welcher dieser Möglichkeiten sich der Bestand beider Sprachen, des Phönicischen und Hebräischen, genügend erklären lässt.

Im weitern Verlauf der Untersuchung wird sich ergeben, dass keine dieser beiden Sprachen der andern entstammen kann. Denn wir werden sehen, dass, wo beide Sprachen verschiedene Formen aufweisen, diese sich nicht so erklären, dass eine aus der andern entstanden sei. Aber gleich beim Beginne der Untersuchung ergibt sich schon, dass beide Sprachen auch nicht verschiedenen Unterabtheilungen des semitischen Sprachstammes angehören können, denn beide theilen miteinander dieselben

Eigenthümlichkeiten, welche sie zunächst streng von den südsemitischen Sprachen scheiden und den nordsemitischen zuweisen.

Eine solche Eigenthümlichkeit ist die Aspiration der Lippenstummlaute ב, פ, der Zahn- und Zungenstummlaute ד, ת und der Kehllaute ג, כ nach einem Vocale infolge des Hauches, von welchem dieser Vocal begleitet ist. Im Aramäischen wie Hebräischen ist diese Aspiration durchgeführt. Beide Sprachen befolgen dieses Gesetz, wiewohl sie in einzelnen Kleinigkeiten es verschieden anwenden. Nun haben wir genügende Andeutungen darüber, dass auch die Punier, wie die Hebräer und Aramäer, *p*, *t* und *k* nach einem Vocale aspirirten. Die Aspiration von ת und כ lässt sich beweisen aus der dreisprachigen Inschrift[1] N. 4, in welcher der Frauenname ברכת griechisch durch ΒΥΡΥΧΘ, lateinisch durch BYRYCTH, der Mannsname בעלשלך aber durch ΒΑΛΣΙΛΛΗΧ und BALSILECH wiedergegeben wird. Dass aber aspirirtes ת schon damals einem s sehr ähnlich geklungen hat, beweist die ebenfalls dreisprachige N. 5, in welcher dem punischen המקרתי griech. ΜΕΚΡΑΣΙ, lat. MECRASI entspricht. Die Aspiration dieser beiden Laute beweisen ferner folgende im Pönulus sich findende Wörter: y*th*, alonu*th*, sicora*th*i, sy*th* (Pön. V, 1, 1. J. T.[2] Cod. B.) mla*ch*un, y*th*mum (Pön. V, 1, 2 ibid.); cane*th*, binu*th*i (v. 3 ibid.); by*th*, lymmo*th*, (ynnocto) *th*ulec*h* (ibid. v. 5); y*th*, dybur*th*, inno*ch*o (ibid. v. 7); y*th*, emane*th*i (ibid. v. 8); lasibi*th*ym (ibid. v. 9. Cod. C., lasibi*th*im Cod. Lips.); (aly) *th*era (ibid. v. 10), nulec*h* (Pön. V, 2, 50), lec*h*, la*ch*annan (ibid. v. 53), gade*th*a (ibid. v. 57), sucora*th*im (ibid. v. 63). Die Aspiration des ת beweist ferner die Wiedergabe der Femininendung ת in den Namen von Städten und Pflanzen durch αϑ[3]. Dass im entgegengesetzten Falle ת nach einem Consonanten nicht aspirirt wurde beweist Pön. V, 2, 46 is *t*am (אש תם). Die Aspiration des פ ist ebenfalls zu belegen. So findet sich Pön. V, 1, 3 (Cod. B. J. T.), li*ph*o (לי פה), ibid. v. 6, thy*f*el (תִפְעַל), li*f*ul (לִפְעֹל); Pön. V, 2, 46 ru*f*e (רֹפֵא), ibid. v. 50, mu*ph*ursa (?מה פרשא[4]) ibid. v. 63, mu*ph*onnim (?מִפְּנִים).

Für eine Aspiration der weichen Stummlaute b, d, g findet sich kein Beispiel bei Plautus. Es kann das auch nicht Wunder nehmen, denn das Lateinische hat ursprünglich gar keine Aspiraten und hat erst unter dem Einflusse des Griechischen in späterer Zeit die harten

---

1 Ich citire die Inschriften nach der ihnen von Schröder gegebenen Reihenfolge. 2 Die Abkürzungen sind dieselben, welche Schröder S. 286 ff. gebraucht. 3 Vgl. die bei Schröder S. 171 zusammengestellten Namen und Blau in Z. D. M. G. XXVII, S. 530. 4 Also abweichend vom Hebräischen, welches hier Dag. conj. fordern würde.

Aspiraten *ch* und *th* angenommen. Aber auch in griechischen Texten können wir nicht erwarten Belege für eine Aspiration dieser Laute zu finden, denn diese Sprache kennt nur harte Aspiraten. Es hätte höchstens in seinem ζ einen Laut gehabt um semitisches aspirirtes ד annähernd wiederzugeben. Allein dieser Laut war schon in Anspruch genommen durch ז und צ, welche Laute man freilich auch durch σδ und στ[1] wiederzugeben suchte. Und so kommt es, dass man schrieb und sprach Ἄδωνις, Δίδω, aber Βαλεάζαρος, ζέρα, (Dioscor. 2, 125).

Nun wäre es zwar an sich nicht unmöglich, dass das Phönicische die Aspiration von B, D, G aufgegeben hätte, wie ja in ähnlicher Weise im Neusyrischen die Aspiration von P, T, D fast gänzlich geschwunden ist. Auch der Fall wäre denkbar, dass das Phönicische die Aspiration dieser Laute noch nicht gekannt hätte. Denn die Aspiration der einzelnen Stummlaute konnte in den semitischen Sprachen sehr wohl zu verschiedenen Zeiten eintreten. Ein ähnliches Verfahren zeigt sich ja in den südsemitischen Sprachen. P ist im Arabischen und Geʿez[2] überall zu einem Spiranten geworden, selbst wenn es geschärft zu sprechen ist. B hingegen wird nicht einmal aspirirt. Und während in den nordsemitischen Sprachen von den Zahn- und Zungen-Stummlauten blos D und T aspirirbar sind, kennt das Arabische neben ط auch ظ, welches das Geʿez freilich entweder in ጸ verwandelt oder in ጠ hat zurückfallen lassen, wie es ähnlich für ذ theils ዘ theils ደ hat.

Dass jedoch B, D, G aus einem dieser beiden Gründe im Phönicischen nicht aspirirbar gewesen sein, ist deshalb wenig wahrscheinlich, weil die punischen Stellen im Pönulus den Beweis zu liefern scheinen, dass das Punische die Aspiration in viel weiterem Umfange eintreten liess als das Hebräische, ja dass es auf dem Wege war T und K gänzlich in Aspiraten umzuwandeln. So findet sich Pön. V, 1, 6 (J. T. Cod. B) yth *ch*yl, ys *ch*on *th*em (Cod. D), ibid. v. 8 si*th* (שֶׁאִתִּי). Allein diese Beobachtung wird dadurch wieder zweifelhaft, dass bei solchen Worten die Handschriften zu schwanken pflegen. Es kann das kein Wunder nehmen, da die Abschreiber zum weitaus grössten Theile der punischen Sprache unkundig waren. So schreibt Pön. V, 1, 2 J. T. Cod. C. ys*th*yal, Cod. B. aber richtiger ys*t*yal. Ibid. v. 6 steht in Cod. C. D. chon *th*em, aber in Cod. Lips. *t*em. V. 8 hat J. T. Codd. si*th*, aber A. T. Ambros. si*tt*e, Codd. e*tt*e. Ebenda steht im A. T. Ambros. helico*t*, neben helico*s*. (Codd. v. 16). V. 9 schreiben Cod. B

---

1 Ueber die verschiedenen Versuche phönicisches צ wiederzugeben vgl. Schröder S. 111 Anm. und Blau in Z. D. M. G. XXVII. S. 522. 2 ጰ und ፐ sind jüngeren Datums.

und Ambros. (A. T.) *anec*, aber Cod. C. D. *anehc* (für *anech*). Ebenso findet sich v. 10 A. T. Cod. B. *anec*, während Cod. C. *anehc* bietet Daneben ist das Gesetz der Aspiration an einigen Stellen, wo es nach Analogie der übrigen zu erwarten wäre, nicht eingehalten worden. Pön. V, 1, 8 (Ambr.) steht *anec* (אנך) und *nasot* (נָשָׂאתִי) und V, 2, 63 hat Ambros. *siccoratim* d. i. שֶׁקְּרָאתִים. Es lässt sich nun zwar nicht mit Sicherheit ermessen, ob diese Unregelmässigkeiten blos der Nachlässigkeit der Abschreiber ihren Ursprung verdanken oder ob sie eine in der punischen Sprache befolgte Regel wiederspiegeln. So viel geht aber jedenfalls aus den Citaten hervor, dass das Phönicische beziehungsweise Punische gewisse Consonanten, wenn sie nach einem Vocale stehen, unter dem Einflusse des Hauches dieses Vocales aspirirt. Dadurch stellt es sich unter die nordsemitischen Idiome und scheidet sich streng von den südsemitischen, welche eine Aspiration der genannten Laute unter dem Einflusse eines Vocales gar nicht kennen, welche vielmehr aspirirte Kehllaute gar nicht besitzen, P unabhängig vom Einflusse eines Vocales in einen Spiranten verwandelt haben, in welchen Sprachen aspirirte und nichtaspirirte Zahn- und Zungenstummlaute ihre besondere etymologische Bedeutung besitzen.

Auch durch andere Kennzeichen scheidet sich die phönicische Sprache von der südsemitischen Gruppe und stellt sich in die Reihe der nordsemitischen Sprachen. Es ist bekannt, dass Hebräisch und Aramäisch den im Südsemitischen mit W anlautenden Wurzeln solche mit J gegenüberstellen, während das Assyrisch-Babylonische diese Wurzeln mit einem blosen Vocalhauche anlauten lässt. Und zwar ist dieser Lautwechsel in den aramäischen Idiomen völlig durchgedrungen, sodass sich das W blos in solchen Formen der Wurzel erhalten hat, in welchen es mit einem vorangehenden Vocale eine diphthongische Verbindung eingehen konnte, also z. B. beim Thatwort im Aphʿel und Ethtaphʿal (Śaphʿel und Eśtaphʿal). Im Hebräischen hingegen hat sich abgesehen von diesem Falle auch im Anlaute in einigen alterthümlichen Worten W erhalten, nämlich in וָלָד, וָזָר, וָו[1]. Ein mit W anlautendes Wort ist im Phönicischen nicht zu finden. Nach den vorliegenden Resten der Sprache zu schliessen, hat es alle mit W anlautenden Wurzeln in solche mit J an erster Stelle verwandelt und sagt nun יר Holz[2] für hebr. יַעַר, syr. ܝܰܥܪܳܐ, ar. وَعْرٌ; ירח Monat[3] für hebr. יֶרַח, syr. ܝܰܪܚܳܐ, ass. *arḫu*, aeth. ወርኅ፡; ישב

---

1 Ewald § 117ª Anm. S. 302. 2 Augustinus in ψ 123. 3 Sid. 1, 1. 2, 1. Mel. 2, 2.

sitzen[1] für hebr. יָשַׁב, syr. ܝܼܬܸܒ, ass. *usib*, arab. وَثَبَ, aeth. ወሰበ፡

Eine andere Eigenthümlichkeit der nordsemitischen Sprachen einschliesslich das Assyrisch-Babylonischen ist, dass sie das N der Wurzeln פ"נ wenn es vocallos die Sylbe schliesst, wofern nicht ein Hauchlaut an zweiter Stelle der Wurzel steht, gern[2] in den folgenden Mitlaut auflösen, während die südsemitischen Sprachen von diesem Streben ganz frei sind. So sagt das Geʿez ይንበር፡, ያንብር፡, ይንድቅ፡ u. s. w.; das Arabische يَنْزِلُ، يَنْسِلُ، يَنْطِحُ u. s. w. Das Phönicische aber bildet מזל(ן) Glück[3] von נזל, מצבת Denkstein[4] von נצב, משאת Abgabe[5] und ישא 3. pers. perf. Kal[6] von נשא, genau wie auch das Hebräische bildet מַצֶּבֶת, מַשְּׂאֵת, יִשָּׂא, das Syrische ܡܰܦܩܳܐ, ܡܰܦܩܬܐ, ܢܶܦܶܩ, ܢܶܦܩܳܐ und das Assyrische *iddina* (נדן), *iṣṣuru* (נצר), *assuur* (נשא). Ja die Uebereinstimmung zwischen Hebräisch und Phönicisch erstreckt sich hier so weit, dass sie auch das ל des Thatwortes לקח dieser Assimilation im Imperfect des einfachen Stammes unterwerfen und יִקַּח bilden Mass. 20. Ebenso wirft לקח wie die Thatwörter mit נ an erster Stelle im Infinitive dieses ל ab קחת C. 241, 13[7]. Nach derselben Regel behandelt das Hebräische ferner das N der reflexiven Sylbe *hin*, mit welcher es das Imperfect und die von diesem abgeleiteten Formen des Nifʿal bildet und contrahirt ינקטל zu יִקָּטֵל, während das Arab. يَنْقَتِلُ, das Aeth. ይንሰሰሰ፡ bildet. Dass das Phönicische dasselbe thut, würde die Form יקבר Sid. 1, 8 beweisen, wenn man sie mit Sicherheit für ein Nifʿal halten könnte. Allein das ist deshalb zweifelhaft, weil in neupunischen Inschriften das Puʿal im Sinne von „begraben werden“ steht[8].

Die südsemitischen Sprachen kennzeichnen sich ferner dadurch, dass das fürwörtliche Afformativ, mit welchem sie die erste Person Perf. Sing. bilden, auf den Vocal U ausgeht (arab. *tŭ*, aeth. *kû*, amh.

1 Sid. 1, 16. 17. 2 Es finden sich allerdings auch im Hebräischen Formen, in welchen das N erhalten ist, wie יִנְטוֹר Jer. 3, 5. Doch sind sie selten und gehören der gehobenen Rede an. Ewald § 139c S. 365. 3 L. L. 4. 4 Cit. 2, 1. Ath. 1, 1. Einmal Tharr. 2, 1 (vgl. die Abbildung bei Euting, Punische Steine Tafel 36) findet sich dafür מנצבת, welche Form erst durch Einschub eines N aus מצבת entstanden ist. Dieser Einschub findet sich in allen semitischen Sprachen, verhältnissmässig sehr selten im Hebräischen, häufig in den aramäischen Mundarten. Vgl. über denselben Ueber den Ursprung S. 21. Krehl in Z. D. M. G. XXV, S. 682. 5 Mass. 3. 6. 10. 17. 20. 21. 6 Sid. 1, 5. 7. 10. 21. 7 N. 66, 4. 67, 4. 68, 5. 8 ל in לקחת ist die Präposition wie das Z. 16 folgende לשת ergibt.

hû), während die nordsemitischen Sprachen sämmtlich von einer Form *ti* ausgehen. Auch hierin folgt das Phönicische den nordsemitischen Sprachen. Dieser Umstand lässt sich zwar aus den Inschriften nicht erkennen, denn Formen wie יטנאתי Ath. 6, 2, כלתי בנתי Umm. 1, 4, עלמתי N. 86, 3 enthalten das Suffix der dritten Pers. Sing. masc. und sonst wird die erste Person defectiv geschrieben: נגזלת Sid. 1, 2, בנת Sid. 1, 4 Allein es ergibt sich das aus den plautinischen Formen *sicorathi* (Pön. V, 1, 1. J. T. Cod. B.) und *succuratim* (ibid. A. T. Cod. C.) d. i. שְׂקָרְאתִי und שְׂקָרְאתִים. Ebenso bestimmt scheidet sich das Phönicische dadurch von den südsemitischen Sprachen, dass es wie sämmtliche andere nordsemitische Sprachen auch nicht die Spur eines gebrochenen Plurales aufweist.

Aus alle dem geht hervor, dass Hebräisch und Phönicisch innerhalb einer und derselben Unterabtheilung der semitischen Sprachen ihren Platz haben und damit in einem näheren Verwandtschaftsverhältnisse zu einander stehen, als z. B. Assyrisch und Arabisch oder Syrisch und Geʿez. Es bleiben daher noch drei Arten von Verwandtschaft, welche zwischen beiden Sprachen bestehen könnten. Sie könnten mit einander verwandt sein, wie zwei selbständige Sprachen der nordsemitischen Gruppe, also z. B. wie Syrisch und Assyrisch oder wie Hebräisch und Syrisch. Die zweite Möglichkeit wäre, dass beide sich aus einer ältern, in dieser Gestalt nicht mehr erhaltenen nordsemitischen Sprache entwickelt hätten, die dritte, dass die eine von der andern abstammte. Dass das Phönicische vom Hebräischen abstamme ist deshalb von vornherein unwahrscheinlich, weil die Phöniken früher in Palästina ansässig waren als die Hebräer und von einer alten hebräischen Sprache ausserhalb Palästinas nichts bekannt ist. Eher könnte man auf den Gedanken kommen, dass das Hebräische vom Phönicischen abstamme. Denn wenigstens nach der Ueberlieferung der Hebräer scheint es, als hätten ihre Vorfahren, bevor sie nach Palästina einwanderten, eine andere Sprache geredet als die hebräische. Der letzte Hebräerfürst, welcher mit seinem Wanderstamme nach Palästina zog, Jacob, heisst Dt. 26, 5 אֲרַמִּי אֹבֵד und Gen. 31, 47 benennt der in Paddan Aram zurückgebliebene Hebräer Laban, der Sohn Betuels des Aramäers (Gen. 28, 5), den Steinhaufen, welcher von ihm und seinem Eidam Jacob zum Zeichen ihres Bundes aufgerichtet worden war, mit den aramäischen Worten יְגַר שָׂהֲדוּתָא, während ihn der letztere גַּלְעֵד nennt. Der historische Hintergrund, welcher sich aus der Sage vom Steinmale auf dem Berge Gilead erschliessen lässt, ist bereits von Ewald nachgewiesen worden, und eben so klar liegt zu Tage, dass die Benennungen גַּלְעֵד, יְגַר שָׂהֲדוּתָא

blose Etymologien sind, um den Namen des Berges Gilead in Einklang mit der dort localisirten Sage zu bringen. Allein soviel erhellt doch aus dieser Notiz, dass nach der Vorstellung der hebräischen Sage, wie sie der theokratische Erzähler mittheilt, die Hebräer damals in einer von ihrer späteren Sprache verschiedenen, in einer aramäischen Sprache redeten.

Es wird nun erwiesen werden können, dass das Hebräische dem Phönicischen entstamme, wenn die Untersuchung ergeben sollte, dass dieses in seinen characteristischen Formen nur aus jenem sich erklären lasse. Hingegen wird anzunehmen sein, dass sie sich zu einander verhalten wie andere selbständige Glieder der nordsemitischen Gruppe, wenn sich herausstellen sollte, dass sie wie die andern in wichtigen Dingen von einander abweichen und Formen aufweisen, welche sich nur aus den allen nordsemitischen Sprachen zu Grunde liegenden Formen erklären lassen. Für die Sprösslinge einer und derselben nordsemitischen Sprache werden sie zu gelten haben, falls sich zeigen sollte, dass sie in zahlreicheren und wichtigeren Fällen mit einander als mit andern nordsemitischen Sprachen übereinstimmen und dass die Formen, in welchen sie von einander abweichen, sich genügend aus einer ältern Gestalt der Sprache erklären lassen, aus welcher sich andererseits die Abweichungen der übrigen nordsemitischen Sprachen noch nicht erklären lassen.

Die nordsemitischen Sprachen unterscheiden sich in nichts so sehr nicht nur von den südsemitischen Sprachen sondern auch unter einander, als durch den Lautbestand und die Art, wie sie die ursprünglich gemeinsemitischen Laute umgewandelt haben. Um daher zu erfahren, ob Phönicisch und Hebräisch sich wie zwei selbständige nordsemitische Sprachen verhalten, haben wir zunächst den Lautbestand beider Sprachen einer genauen Untersuchung zu unterwerfen. Eine solche Untersuchung ergibt, dass das Phönicische denselben Gesetzen des Wandels der Zahn- und Zungenstummlaute und der Zischlaute wie das Hebräische folgt, Gesetzen, welche das Hebräische nicht nur von allen südsemitischen sondern auch deutlich von den übrigen nordsemitischen Sprachen scheiden. Das Hebräische hat drei Zahn- und Zungenstummlaute D, T und Ṭ, welchen in den andern semitischen Sprachen wurzelhaft zum weitaus überwiegendem Theile dieselben Laute, im Arabischen aber sehr selten auch Aspiraten entsprechen. Hingegen bieten die aramäischen Sprachen jene drei Laute auch in Wurzeln, in denen die übrigen semitischen Sprachen Aspiraten oder Zischlaute haben. Das Phönicische folgt hierin vollkommen dem Hebräischen, nie zeigt es einen Zahn- oder Zungenstummlaut da, wo andere Sprachen Aspiraten oder Zischlaute haben. Wo es die Laute D, T, Ṭ darbietet, sind sie auch in den andern Sprachen wurzelhaft. Es beweisen dies folgende phönicische Worte, und zwar zunächst für D: אחד *einer* Mass. 3. 7. 11. 12. 17. C. 1, 7 (D. 90, 7). אֶחָד, ܚܕ, أَحَد, አሐዱ፡; גדא *Böckchen* Mass. 9, גְּדִי, ܓܕܝܐ, جَدْي; גדר in הגדר dem Namen der Stadt *Gades*, גָּדֵר, גְּדִירָא, جِدَار; חדר Mel. 2, 1, החדרת die Bergende, *Schützende*, Beiname der בעלת C. 215, חֶדֶר, ܚܕܪ, خِدْر, ኀደረ፡; חדש *Neumond* im Namen בנחדש, Νουμήνιος, Ath. 2, 1, חדש *erneuern, restauriren* Mel. 5, 1. C. 195, 1, חֹדֶשׁ, חִדֵּשׁ, ܚܕܬ, حَدَث, ሐደሰ፡; עבד *Knecht* Mel. 1, 2. C. 9, 1 zu Eigennamen mit Gottesnamen überaus häufig zusammengesetzt, ܥܒܕ, عَبْد; צדק Eigenname Sard. 7. C. 60, 2 d. i. צָדוֹק, ܙܕܩ, صَدَق, ጸደቀ፡; צד *Speise* Mass. 12. C. 1, 9, צַיִד, צֵידָה, ܙܘܕܐ, زَاد; קדמת *Erstlinge* (?) Mass. 12, קֶדֶם, ܩܕܡ, قَدَم, ቀደመ፡. Für den harten Zahn- und Zungen-Stummlaut T lassen sich folgende Belege aufführen: חתם *Besiegeler* Ath. 7 [1], חָתַם, ܚܬܡ, خَتَم, ኀተመ፡; תמם *vollenden* Pön. V, 1, 2. (J. T. Cod. B), תם *gut, schön, fromm* Pön. V, 1, 6 (J. T.) 2, 46. N. 55, 2. 58, 3. 69, 3, תָּמִים, ܬܡܝܡܐ, ܬܡܝܡܘܬܐ, تَمّ; תחת *unter* Sid. 1, 12. Umm. 1, 7. N. 66, 4. 68. 69, 2, תַּחַת, ܬܚܬ, تَحْتَ, ታሕተ፡; תשם d. i. תשעם 90 N. 55, 2, תִּשְׁעִים, ܬܫܥܝܢ, تِسْعُون, ተስዓ፡. Für den den semitischen Sprachen eigenthümlichen „mit Erhebung der Zungenwurzel gegen den hintern Theil des Gaumens" oder wie die arabischen Grammatiker sagen mit إِطْبَاق gesprochenen Laut Ṭ kann ich blos eine Wurzel als Beleg aufführen: טבח C. 85, 4 Amtsname eines Mannes, also entweder *Koch* oder *Trabant*, מטבח *Schlachthaus* C. 195, 1, טַבָּח, ܛܒܚܐ, طَبَّاخ, ጠበሐ፡.

Diesen drei Zahn- und Zungen-Stummlauten entsprechen nun vier Zischlaute und zwar dem D und Ṭ je einer[2], ז und צ, dem T zwei,

---

1 Ich verstehe darunter die von Gildemeister, Z. D. M. G. XXVII, S. 130 ff. veröffentlichte einzeilige Inschrift, nicht die aramäische Inschrift einer Messingschale, welche Euting, Punische Steine S. 33 Taf. XI (Mémoires de l'académie Impériale des sciences de St-Pétersbourg. VIIe serie Tom. XVII. St-Pétersbourg 1872) so benennt. 2 Die Laute ጘ, ܓ̰, ז̆ kommen hier nicht in Betracht, denn sie sind sehr jungen Datums und zum Theil aus dem Einflusse nichtsemitischer Sprachen zu erklären.

ס und ש, welches letztere sich im Hebräischen zum Theil in einen dem ס völlig gleichen Laut verwandelt hat. Wie wir nun in vielen Worten die gleichen Zahn- und Zungen-Stummlaute in allen semitischen Sprachen finden, so auch dieselben Zischlaute. Für Z beweisen dies: זרע *Same*, Sid. 1, 8, זֶרַע, ܙܪܥ[1], زرع, ዘርእ፡; חזת *auspicium* Mass. 11, חָזָה, ܚܙܐ, حَزَى; עז *Ziege* Mass. 7, עֵז, ܥܙܐ, عَنْز; עזז *stark*, *mächtig sein* in den Eigennamen עזבעל Abyd. 10, 2, עזמלך C. 124, 3, עזתנת v. M. 48 vergl. עֻזָּה, עָזַז, ܥܙ, عَزَّ, ዐዘዘ und ኀዘዘ፡. Dasselbe findet statt bei dem emphatischen Zischlaute Ṣ: קצא *abschneiden*, *ausrotten* Sid. 1, 10. 19, קָצָה, ܩܨܐ, قَصَى; מצבת *Denkstein* Cit. 2, 1. 23, 1. Ath. 8, 1, נצב Cit. 8, 1. C. 200, 1, מַצֵּבָה, ܢܨܒ, نَصَبَ; חלץ *erretten* in den Eigennamen חלצבעל Mass. 2, 19. C. 35, 3, בעלחלץ C. 105, 1, אשמנחלץ C. 91, 3, מלקרתחלץ C. 49, 4, חָלַץ, ܚܠܨ, خَلَصَ; צלח *beglücken* in Eigennamen בעלצלח C. 186, 5, אשמנצלח Ath. 4, 2, הִצְלִיחַ, ܨܠܚ, صَلَحَ, ጸለሐ፡; צפר *Vogel* Mass. 11, 12, צִפּוֹר, ܨܦܪܐ, عُصْفُور. Besonders hervor zu heben ist, dass das Phönicische das Ṣ auch in der Wurzel צדק Sard. 7, in welcher das Syrische das Ṣ wegen des folgenden D zu Z geschwächt hat, sowie in צר Mass. 12, wo Syrisch und Arabisch das Gleiche gethan haben, gleich dem Hebräischen erhalten hat.

Verwickelter ist das Verhältniss der Zischlaute S und Ś in den semitischen Sprachen. Ursprüngliches ס hat sich in den semitischen Sprachen, abgesehen vom Assyrischen, welches in dieser Beziehung schwankt[2], aber

1 Neben זֶרַע findet sich aber auch דְּרַע. 2 So ist כֹּפֶר zwar sâpiru (Botta & Flandin, IV, pl. 75 l. 4. Schrader, K. A. I, 163. 10. Im Lexicon hat es Schrader jedoch aus mir unbekannten Gründen unter ś aufgeführt), aber כֶּסֶף ist [cuneiform] *ka-aś-pa*. Freilich findet sich daneben auch [cuneiform] *kas-pi* und [cuneiform] *kis-pi*, doch könnten das blos ungenaue Schreibungen sein. Anzunehmen ist dies aber deshalb nicht nöthig, weil auch sonst assyrische Worte sowohl mit S als mit Ś vorgekommen zu sein scheinen. So *sulmu* Frieden, *śalmu* Heil. Da sich ein solches Schwanken auch in andern semitischen Sprachen findet — כָּנַס und כָּנַשׁ, ܟܢܫ und ܟܢܫ, ثَقَلَ und شَقَلَ, סָכַת neben שָׁכַת, ܫܟܬ, سَكَتَ — so kann diese Erscheinung kein Bedenken erregen. Es sei hierbei zugleich bemerkt, dass in der Umschreibung der assyrischen Zischlaute S und Ś mit hebräischen Buchstaben

meist dafür Ś setzt, fast überall erhalten. In diesem Falle stimmen

---

Verwirrung herrscht. Die Assyriologen haben die Zeichen und , und , und , und ganz richtig bestimmt als *śa*, *śi*, *śí*, *śu*. Man muss dabei ausgehen von der Wiedergabe nicht-assyrischer Eigennamen im Assyrischen. Diese bieten die Beweise für die Richtigkeit dieser Bestimmung. שֹׁמְרוֹן wird (Sargon, Fastes l. 23 und öfters) wiedergegeben durch *Śa-mi-ri-na*, יְרוּשָׁלַם W. A. J. I, pl. 39, col. III, l. 8 durch *Ur-śa-li-im-mu*. Hingegen ist Smith, Assurb. 62, 118. 63, 127 *Śa-pa-di-ba-al* Umschreibung des phönicischen Eigennamens שפטבעל, der sich C. 11, 3 findet, und *A-tar-śa-ma-ai-in* (ibid. 295[b]) kann nichts als die Wiedergabe eines aramäischen אֲדַר שְׁמַיִן sein (Schrader, Z. D. M. G. XXVII, S. 424). מְנַשֶּׁה aber erscheint W. A. J. I, pl. 48 Nr. 1, l. 2 als *Mi-na-śi-i* und הוֹשֵׁעַ W. A. J. III, 10 l. 28 als *A-u-śi-'*. Für den letzteren Namen findet sich auf einem Vertrage (W. A. J., III, pl. 46. Nr. 16. l. 3) *U-śi-'*, was mit aramäischen Buchstaben am untern Rande erläutert wird durch d. i. הושע. Für *śu* ist beweisend *La-ki-śu* d. i. לָכִישׁ (Ménant, Syllab. I, p. 162.) Ferner wird auf einer Thontafel (W. A. J. III, 46, Nr. 5 Z. 6) *Ilu-am-bu-śu*, der Name einer Magd (אבתא) auf Z. 3 aramäisch wiedergegeben durch d. i. חבשת. Für die allerdings mehrdeutigen Zeichen *aś* (az, as) und *iś* (iz, is) kann man hinzufügen die Namen *Aś-du-di* (Sargon, Fastes 90. 100. 104) d. i. אַשְׁדּוֹד und W. A. J. I, pl. 48, Nr. 1, l. 4 *Iś-ḳa-lu-na* d. i. אַשְׁקְלוֹן. Diese Zeichen geben also den Laut des semitischen Schin (ـشـ, ش, שׁ) wieder. Da nun dieser assyrische Laut Ś einem hebräischen S (ס) etymologisch zu entsprechen pflegt, wie *śu u-śu* סוּס, *ka aś-pi* כֶּסֶף beweisen, so hat man sich gewöhnt, diese Zeichen, wenn man mit hebräischen Buchstaben transcribirt, mit ס zu transcribiren. Allein völlig mit Unrecht, denn bei einer Transcription handelt es sich darum, den wirklichen Laut wiederzugeben, hier aber kommt man noch dazu zu der verwirrenden Gleichsetzung von ס = Ś. Um-

also auch Phönicisch und Hebräisch. Das Hebräische schreibt

---

gekehrt haben wir die Beweise dafür, dass das Zeichen [Keilschrift] und die sich daran anschliessenden [Keilschrift] und [Keilschrift], [Keilschrift] und [Keilschrift], [Keilschrift] und [Keilschrift], [Keilschrift] und [Keilschrift], [Keilschrift], [Keilschrift], [Keilschrift], [Keilschrift] und [Keilschrift] [Keilschrift], [Keilschrift] und [Keilschrift] den Zischlaut S ausdrücken, welchen die Hebräer mit ס, die Syrer mit ܣ, die Aethiopen mit ሰ bezeichnen, in welchen Zischlaut sich im Ge'ez immer, im Hebräischen zum Theil (שׂ) ursprüngliches Ś verwandelt hat. Der Beweis für diese Bedeutung der zuletzt angeführten Keilgruppen lässt sich aus der Transcription assyrischer Namen mit hebräischen oder aramäischen Buchstaben führen. Das Ideogr. [Keilschrift], welches ein Gewicht bezeichnet, wird in einem Syllabar erklärt durch [Keilschrift] *sa-nu-bi si-i-ni-bi.* (Ménant, Syllab. I, p. 451). Dasselbe wird auf einem Bronzelöwen (Norris in J. R. A. S. XVI, p. 215 ff., Rawlinson ibid. New ser. I, p. 207) wiedergegeben durch [aram. Schrift] d. i. סנב· [Keilschrift] *Arba-ilu-asir-at* (W. A. J. III, pl. 46. Nr. 1. l. 4. Schrader, Z. D. M. G. XXVII, S. 171 Nr. 8) wird aramäisch umschrieben durch [aram. Schrift] d. i. ארבלסר.

Die Gegenprobe aber ergibt sich aus [Keilschrift] *Di-ma-as-ḳi* (W. A. J. I, pl. 25. l. 16. 21) d. i. דַּמֶּשֶׂק, [syr.]. Ferner erscheint der Name des assyrischen Königs *Sarrukin*, welcher mit dem Ideogramm für Fürst d. i. *sarru* (Oppert, Journal. As. 1865, p. 301) geschrieben wird, im Hebräischen als סַרְגּוֹן und [Keilschrift] (Botta & Flandin I, pl. 16 Z. 27) *sa-ak-nu-ti* ist als סְגָנִים ins Hebräische herübergenommen worden. Weil aber nun dieses S des Assyrisch-Babylonischen einem hebräischen שׁ, mag dieses nun seinen ursprünglichen Laut beibehalten (שׁ) oder sich in einen dem ס gleichen Laut (שׂ) verwandelt haben, zu entsprechen pflegt, so haben sich die Assyriologen gewöhnt, die mit den an zweiter Stelle erwähnten Zeichen geschriebenen Worte vermittelst ש zu transcribiren. Allein mit Unrecht, denn es entsteht dadurch die störende Gleichung ש = S. Es ist jedoch die Wiedergabe dieser assyrischen Zeichen mit ihrem wirklichen Laute um so nöthiger, weil dieses assyrische S wie äthiopisches ሰ nicht nur einem ursemitischen Zischlaut, sondern auch solchem hebräischen Š entspricht, welchem im Arabischen T̠, im Aramäischen T gegenübersteht. So in [Keilschrift] *i-su-ḳal er hat gewogen* שָׁקַל, ثَقَل, [syr.], ሰቀለ፡, W. A. J. II, pl. 11. Obv. l. 3 und 4; [Keilschrift] *su-ba-at Wohnung* W. A. J. I, pl. 57. c. VII. l. 19, שֶׁבֶת, ثُبَةٌ, [syr.], ወሰበ፡; [Keilschrift] *sal-gu Schnee*, W. A. J. I, pl. 43. l. 43, שֶׁלֶג, ثَلْج, [syr.]; [Keilschrift] *tam-sil* (Sargon, Fastes l. 161)

in solchen Fällen fast immer ein ס [1], erst später als sich ש in weitem Umfange zu שׂ abgeblasst hatte, begann man dafür auch שׂ zu schreiben [2]. Als Beleg für das Phönizische möge dienen כסף *Silber* Mass. 3, כֶּסֶף, ܟܣܦܐ, von der bleichen Farbe so benannt,[3] und ספר *Schriftführer*, *Notar* C. 4, 5. 62, 3. Sard. 6, 3, סֹפֵר, ܣܦܪܐ Buch, ܣܦܪ scheeren, سَفَرَ. Wohl zu beachten ist ferner, dass Hebräisch und Phönicisch übereinstimmend in denselben Worten ס schreiben. So steht es in יסף *zufügen* Sid. 1, 19, יָסַף; עמס *aufladen*, *bringen* Sid. 1, 5. 7. 21. Mass. 13 עָמַס; סגר Ifʿil *preisgeben* Sid. 1, 21, סָגַר.

Gemeinsemitisches Ś nun unterwarfen die semitischen Stämme einer Lautverschiebung. Und zwar wurde es im Hebräischen und Aramäischen in denjenigen Worten, in welchen es im Südsemitischen[4] blieb zu S (ס, שׂ) verschoben, während umgekehrt gemeinsemitisches Ṡ, welches im Hebräischen[5] und Aramäischen blieb, im Südsemitischen zu S

ähnlich, מָשַׁל (Niph. Hiphʿil), ܡܬܠ, مَثَل, መሰለ፡. Das Assyrische hat also wie die Geʿezsprache die Aspirata in den einfachen Zischlaut S verwandelt. Der zufällige Umstand aber, dass im Hebräischen aus derselben Aspirata ein Š (שׂ) geworden ist, kann bei der Transcription der assyrischen Laute gar nicht in Betracht kommen. Es ist daher, wenn man mit hebräischen Buchstaben transcribirt, die erste Reihe von Zischlauten mit שׂ, die zweite mit ס zu transcribiren und beiden Reihen, wenn man in den Syllabaren nach der Reihenfolge des hebräischen Alphabetes ordnet, danach ihre Stelle anzuweisen. Es wäre zu wünschen gewesen, dass Schrader, welcher (Z. D. M. G. XXVII, S. 195) den Unterschied zwischen der organischen und der etymologischen Bedeutung dieser Zischlaute sehr wohl hervorhebt, die bisherige Transcription der Assyriologen aufgegeben hätte. 1 סָבָא, سِبَاءٌ; סָגַר, ܣܓܪ, سَجَرَ, ሰገደ፡; סוּר, سَارَ; סָחַב, سَحَبَ, ሰሐበ፡; סָמַךְ, ܣܡܟ, አሰመከ፡; סָעָה, سَعَى; סָפָה, سَفَا; סָפַח, سَفَحَ; סָפַק, سَفَقَ; סָרַח, סְרַח, ܣܪܚ, سَرَحَ; סָתַם, סְתַם neben ܣܛܡ, סְטַם, سَطَمَ; סָתַר, ܣܬܪ, سَتَرَ; בְּסַר, بَسَرَ. 2 So ספח und שָׂפַח, ספק und שָׂפַק, סָתַם und שָׂתַם. 3 Vgl. כָּסַף *sich schämen* und كَسَفَ, welches von der sich verfinsternden (erbleichenden) Sonne gesagt wird. 4 Unter den südsemitischen Sprachen nimmt jedoch die Geʿezsprache, in welcher früh die Neigung eingerissen ist, jedes Ś zu S zu schwächen, eine besondere Stelle ein. Sie hat wegen dieses Bestrebens Š zu S zu schwächen oft ሰ wo ሠ zu erwarten wäre. Dillmann § 31 S. 51. 5 In wie weit hiervon der Dialekt des Stammes Ephraim abwich, lässt sich aus Jud. 12, 6 nicht ermessen. Verlassen worden ist die Regel im Hebräischen in שָׂמַח, welches mit سَمَحَ zusammenzustellen ist.

wurde[1]. Das Assyrisch-Babylonische endlich schwächte fast jedes Ś zu S, so dass es nun bald mit den nordsemitischen bald mit den südsemitischen Sprachen zu gehen scheint. Diese Lautverschiebung nun kann, als die Hebräer sich von ihren Stammgenossen trennten, eben erst begonnen gehabt haben, ja sie muss noch im Gange gewesen sein, als die Hebräer das aus den hieratischen Schriftzeichen mit genialem Gefühl für die semitischen Laute von einem unbekannten semitischen Volke entlehnte altsemitische Alphabet annahmen. Denn erst in einigen wenigen Worten, in welchen die Verschiebung stattfand, wird ס geschrieben[2]. In den meisten hingegen wurde das Zeichen des alten Lautes beibehalten und die jüngere Aussprache später durch einen diakritischen Punkt kenntlich gemacht. Und hier zeigt sich nun der merkwürdige Fall, dass das Phönicische überall da, wo das Hebräische ש schreibt — sei es nun שׁ oder שׂ — auch seinerseits dies Zeichen setzt.

Für Hebräisches שׁ, welches Syrischem ܫ, Arabischem س, Aethiopischem ሰ, Assyrischem S entspricht, schreibt das Phönizische ש in folgenden Fällen: אש *Mann* Tyr. 2, אשת *Frau* N. 22, 2. 24, 4. 27, 3, אשם *Männer* C. 195, 1 (vergl. ψ 141, 4. Prov 8, 4. Jes. 53, 3), אִישׁ, אִשָּׁה, ܐܢܫ, إِنْسَانٌ, أنْسٌ, አንስት ፡; חמשת *fünf* Mass. 5 חמשם *fünfzig* Mass. 6

1 Nur in wenigen Fällen ist gemeinsemitisches Ś sowohl in nordsemitischen als in südsemitischen Sprachen erhalten. Wo dies geschieht findet das S. 181 Anm. 2 hervorgehobene Schwanken statt. So findet sich neben رَسَمَ wie wegen רָשַׁם; רָשַׁם zu erwarten ist auch رَشَمَ. شَطَفَ *waschen* hingegen, hebr. שָׁטַף, wird von Ḳ. T. II, p. ٧٨٧ ausdrücklich als سواد عراق لغتى, als dem Dialekt des Sawâd genannten Landstriches von Irâk angehörig, bezeichnet. Nicht hierher zu ziehn ist שֶׁמֶשׁ, شَمْسٌ, denn bei diesem Worte kommt das Princip der Dissimilation in Betracht. Dieses Schwanken der Sprache zwischen S und Ś wurde im Arabischen um so auffälliger, als im Laufe der Zeit allerhand Eigennamen sowie Namen von Dingen, die die Araber durch nordsemitische Völker kennen lernten, in der Sprache Bürgerrecht erhielten. Dies lenkte die Aufmerksamkeit der Grammatiker auf diesen Gegenstand. Fîrûzâbâdî hat darüber eine kleine Schrift verfasst, betitelt كتاب تحبير الموشين فى التعبير بالسين والشين, welche die Refâ'ija besitzt (D. C. 331). Leider enthält auch sie nicht viel mehr, als was man sonst zerstreut in den Lexicis findet. 2 סָבַךְ (neben שְׂבָכָה) شَبَكَ; סָגַר, شَجَرَ, አሥገረ ፡; סְאוֹן, ሣእን ፡; סַמִּים, ܣܡܐ, شَمّ; סְתָו, ܣܬܘܐ, شِتَآء.

חֲמִשָּׁה, ܚܡܫܐ, خَمْس, ኀምስ፡; טישם d. i. תשעם *neunzig* N. 55, 2, תִּשְׁעִים, ܬܫܥܝܢ, تِسْعُونَ, ተስዓ፡; נחשת *Erz* Cit. 1, 2, נְחֹשֶׁת, ܢܚܫܐ, نُحَاس ንሐስ፡; קדש *heilig* Sid. 1, 9, קָדֹשׁ, ܩܕܝܫ, قَدَّسَ, ቀደሰ፡; שבע *sieben* N. 61, 3, שבעם *siebzig* N. 22, 4, שֶׁבַע, ܫܒܥ, سَبْع, ሰብዑ፡; שכב *liegen*, משכב *Lager* Sid. 1, 5. 7, 8. Cit. 2, 2, שָׁכַב, ܫܟܒ, ሰከበ፡; שלם *Friedensopfer* (שֶׁלֶם) Mass. 3, שלם *Heil* (שָׁלוֹם) im Namen יכנשלם Cit. 36, 3, שלם *vergelten* im Namen אשמנשלם Ath. 4, 1, ܫܠܡ, سَلِمَ; שם *Name* Sid. 1, 18. Umm. 1, 6 שֵׁם, ܫܡܐ, שום, ass. *sum*, اِسْم, ስም፡; שמם *Himmel* Umm. 1, 1, שָׁמַיִם, ܫܡܝܐ, سَمَاء, ሰማይ፡; שמן *Oel*, *Fett* Mass. 12, שֶׁמֶן, ܡܫܡܢܐ, سَمْن; שמע *hören* Sid. 1, 6. Cit. 35, 3. Mel. 3, 5, שָׁמַע, ܫܡܥ, ass. *ismi* (סמע) سَمِعَ, ሰምዐ፡; שנת *Jahr* Sid. 1, 1. 2, 9. Cit. 36, 1. Umm. 1, 4, שָׁנָה, ܫܢܬܐ, ass. *sanat*, سَنَة; שרן *Ebene*, Name der Ebene Saron, von der Wurzel יָשַׁר abzuleiten, Sid. 1, 19. 2, 4, שָׁרוֹן, يَسَر; שש *sechs* N. 64, 4, ששם *sechzig* N. 25, 4, שֵׁשׁ, ܫܬ, سِتّ, ሰሱ፡; שת *festsetzen*, *bestimmen* Mass. 17, 20, שִׁית, ܫܬ in ܫܬܐܤܬܐ, اِسْت.

Für שׂ hingegen vermag ich nur folgende Beispiele aufzuführen: ישא Sid. 1, 5. 10. 3. pers. masc. perf. sing. von נשא *aufheben*, נָשָׂא, wohl als Pi'el zu fassen, *darbieten*, *weihen*, ἀνατιθέναι C. 42, 3. 102, 3. 159, 4. Hadr. 8, 2 (vergl. 2. Sam. 19, 43), משאת *Abgabe* Mass. 3, 6, נָשָׂא, نَشَا, ነሥአ፡; עשרת *zehn* Mass. 3. C. 195. 1, עֲשֶׂרֶת, عَشَرَة. Aber wie sprachen nun die Phönicier dies Zeichen ש, sprachen sie es überall überein aus, oder war es ihnen Zeichen für zwei Laute wie den Hebräern? Die Nachlässigkeit des Steinmetzen lässt uns den bündigen Beweis dafür führen, dass ש bei den Phöniciern wie bei den Hebräern in doppelter Weise gesprochen wurde und dass in dieser Beziehung beide Sprachen dasselbe Gesetz des Lautwandels befolgen. Es findet sich Sid. 1, 1 für עשר *zehn*, עֶשֶׂר, ܥܣܪ, عَشْر, ዐሥሩ፡, durch einen orthographischen Fehler des Steinmetzen geschrieben עסר. Und der sonst immer סכן genannte Gott wird Sard. 9 statt mit ס mit ש, also שׂ, geschrieben: שׂכן und zwar im Namen שכניתן. Ausserdem schreibt das Phönicische ס in solchen Worten, in welchen das Hebräische שׂ beibehalten hat: כבר *verständig* Sid. 1, 3 vergl. שְׂבִית שָׂכְוִי, קסם(?) ἔκπωμα Cit. 37, vergl. קְשָׂוֹת.

Zeigt sich hier schon eine bemerkenswerthe Uebereinstimmung zwischen beiden Sprachen, so ergibt sich eine noch grössere bei der Untersuchung derjenigen Zischlaute, für welche die aramäischen Sprachen Zahn- und Zungenstummlaute, das Arabische und Himjarische angezischte Stummlaute, bez. den emphatischen Stummlaut ض, die Geʿezsprache entweder Zahn- und Zungenstummlaute oder Zischlaute, das Assyrische Zischlaute hat. Das Hebräische hat ursemitisches ث, welches sich im Arabischen erhalten hat, im Aramäischen zu ܬ, im Aethiopischen wie im Assyrischen zu ሰ geworden ist, in den starken Zischlaut ش übergehen lassen. Dasselbe thut das Phönicische, welches sich so von allen übrigen semitischen Sprachen scheidet und mit dem Hebräischen auf die gleiche Stufe stellt. Beispiele hierfür sind: חדש *Neumond* im Namen בנחדש Νουμήνιος Cit. 32, 3. Ath. 2, 1; חדש *erneuern, restauriren* Mel. 5, 1, חָדָשׁ, ܚܕܬ, حَدَثَ, ሐደሰ፡; חרש *Werkmann*, faber, Cit. 4, 3 חָרָשׁ, vgl. ܚܪܫ, حَرَثَ, ሐረሰ፡; ישב *wohnen, sitzen* Sid. 1, 17, יָשַׁב, ܝܬܒ, وَثَبَ, ወሰበ፡; משל *herrschen* Sid. 1, 9, מָשַׁל, ܡܬܠ, مَثَلَ, መሰለ፡; עשתרת *Astarte* Sid. 1, 14. 15. 2, 2. 3, 5. C. 22, 5, עַשְׁתֹּרֶת, ass. *Istar*, himj. עתתר; שלשת *drei* Mass. 9, שְׁלֹשָׁה, ܬܠܬܐ, ثلاث, ሠለስ፡; שני *der zweite* Sid. 1, 6, שנ *beide* Mel. 1, 3. שֵׁנִי, שְׁנֵי, ثَانٍ, ሰኑይ፡; שם *daselbst* Sid. 1. 5 שָׁם, ܬܡܢ, ثَمَّ; שער *Thor* Umm. 1. 3 שַׁעַר, ܬܪܥܐ, ثَغْرٌ[1]; שקל משקל *Pfund, Gewicht* Mass. 6, 7, מִשְׁקָל, ܡܬܩܠܐ, مِثْقَالٌ[2].

---

1 Wenn daneben im Pönulus *thera* d. i. תֶּרַע vorkommt, so kann das nicht mehr befremden, als dass sich im Arabischen neben نَظَرَ findet نَاطُورٌ d. i. נָטוֹרָא und heut zu Tage sogar تَنَوْطَرَ, letzteres denominirt von نَوَاطِيرُ Aṣmaʿi bei Ǵavâliḳi, Almuʿarrab p. 29 und 147. Hingegen ist *amma* Mütterchen Plaut. Pön. V, 3, 22 nicht auf gleiche Stufe mit *thera* zu stellen. Letzteres ist Fremdwort, ersteres Kosewort. Solche aber sind, wenn sie der lallenden Sprache der Kinder entnommen sind, wenig geeignet, sich in die Gesetze der Sprache zu schicken. Das A, mit welchem das Wort schliesst, ist daher nicht aram. Stat. emphat. Später wurde das Wort Beiname der בעלת. Vgl. C. 215 לרבת לאמא ולרבת לבעלת החדרת und Etymol. Magnum: Ἀμμά ἡ τροφὸς καὶ ἡ μήτηρ κατὰ ὑποκόρισμα καὶ ἡ Ῥέα λέγεται καὶ ἀμμὰς λέγεται καὶ ἀμμία. 2 Vielleicht ist hier auch das unbeugbare Rel. אש, hebr.

Der emphatische Zischlaut צ des Hebräischen vertritt nun nicht blos gemeinsemitisches Ṣ, wovon wir schon sprachen, sondern er hat sich noch aus zwei andern Lauten entwickelt. Er vertritt auch ursemitisches ظ, welches blos im Arabischen und Himjarischen (𐩼) erhalten, im Ge'ez zu ጸ oder ጠ, im Assyrischen zu Ṣ, im Aramäischen zu ܛ geworden ist. Dann aber entspricht hebräisches צ, wie assyrisches Ṣ, auch ursemitischem ض, welches im Arabischen, Himjarischen (𐩳) und im Ge'ez, wenngleich in veränderter Aussprache, als ፀ erhalten, im Aramäischen zumeist zu ܥ geworden ist[1]. Beiden Lauten entspricht nun auch phönicisches צ. Beispiele hierfür sind עצמת *Grossthaten* Sid. 1, 19, עֶצֶם, vgl. אִיטְמָא ,עִטְמָא, عَظْم, ዐፅም፡ und andererseits ארץ *Land* Sid. 1, 16.

אֲשֶׁר aufzuführen, falls es nämlich gleichen Ursprunges ist wie ass. *asar*, ܐܬܪ Ort, أَثَر. Aus *Ort*, *wo* konnte sich leicht ein Relativum *wo* bilden. Aehnlich verwenden in Thüringen und Sachsen Kinder und im Dialect redende Erwachsene *wo* für verschiedene Formen des Relativums. Entgegen steht dieser Etymologie höchstens, dass das Wort nicht, wie zu erwarten, verlängerte, sondern vielmehr stark verkürzte Vocale zeigt. Diese erklären sich aber aus Abnutzung durch häufigen Gebrauch. 1 Vollständig liegt die Reihe vor in ضَأْن, צאן, עָאן, ܥܢܐ, ass. ṣi-i-ni (W. A. J. t. I, pl. 45). Dass ض erst auf arabischem Boden aus צ entstanden sei ist wenig wahrscheinlich wegen des ע, welches in den aramäischen Sprachen in der überwiegenden Zahl von Fällen für ض eintritt. Allerdings schwankt das Aramäische einige Mal, doch so dass man den Grund dafür einsicht. Denn für נְעַץ neben נְעַצוּץ, نُعْض kann der Grund im vorhergehenden ע gefunden werden, und wenn neben ضَمَدَ, ፀመደ፡, צָמַד sich nicht ܥܡܪ sondern ܨܡܕ findet, so liegt der Grund darin, dass sich wohl schon im Ursemitischen neben ضمد eine Form mit Zischlaut gefunden hat. Hierauf weisst ja auch ሠመደ፡ hin. In ضلع, wo an dritter Stelle ع steht, haben sich die Aramäer nicht gescheut, den Lautwandel eintreten zu lassen עֲלַע, doch hat das Syrische durch Schwächung des ܥ zu ܐ einen Ausweg gefunden ܐܠܥܐ. Uebrigens soll nicht geleugnet werden, dass ض in einzelnen Fällen erst auf arabischem Boden entstanden sein mag. Dass der Laut ض ein der arabischen Sprache eigenthümlicher sei, empfanden die Araber sehr wohl. Mutanabbi ed. Dieterici 1, p. ٣٥ (٣٣, يا) وَبِهِمْ فَخْرُ كُلِّ مَنْ نَطَقَ الضَّادَ, wozu Wâḥidi bemerkt: الضاد للعرب خاصّة.

2. 4. ארץ, أرض, ارض, ass. *irṣit*; יצא *herausgehen* (Phön. V, 1, 10 J. T. Conjectur *iusim* für lusim). ثم, ass. אצא, ወፅአ፡.

Ebenso entschieden stellt sich das Phönicische zum Hebräischen in den Fällen, wo letzteres entweder mit dem Aramäischen ד für arabisches ذ hat, oder aus diesem letzteren den weichen Zischlaut ז hat entstehen lassen. Ersteres beweist נדר *geloben* Umm. 1, 1, auf carth. Inschrr. ungemein häufig, נְדַר, نذر, نَذَرَ, letzteres זבח *opfern* Mass. 14. 15. 16; זבח *Opfer* Mass. 17; מזבח *Altar* Sard. 1, 1, זְבַח, ذبح, ذَبَحَ, ዘብሐ፡; ז *dieser*, זת *diese*, זו, זָת, זאת. ,, דִּי[1], ذو, ዘ, ዝ[2]. Auch für hebr. עָזַר *helfen*, عزر, عَزَرَ hat das Phön. die Form עזר, so in den Namen אשמנעזר, עזרבעל, בעלעזר C. 126, 2, elliptisch עזר C. 28, 5, יעזר Mel. 5, 7 d. i. אֶשְׁמֻנְעָזַר, עַזְרְבַּעַל, בַּעַלְעָזַר, עָזָר(?), יַעֲזֹר.

Schon diese Uebereinstimmung des Phönicischen mit dem Hebräischen in den Gesetzen des Lautwandels reicht hin, um den Schluss zu rechtfertigen, dass Phönicisch und Hebräisch innerhalb der nordsemitischen Sprachen eine besondere Gruppe bilden, wie die aramäischen Sprachen und wie innerhalb der südsemitischen Sprachen das Arabische und Himjarische. Hierfür lassen sich nun noch andere, nicht zu unterschätzende Beweisgründe anführen.

Zuerst zeigt sich zwischen beiden Sprachen eine merkwürdige Uebereinstimmung in der Wortbildung, sowohl der des Thatwortes als der des Nennwortes. Das Thatwort anlangend wäre die völlige Uebereinstimmung beider Sprachen in der Bildung der Intensivstämme von festen Wurzeln von durchschlagender Beweiskraft, wenn sich ausser der Form *estimim ich staune*

---

1 Hierfür zeigen einige alte aramäische Monumente wie die babylonischen Gewichtstücke und die ägyptisch-aramäischen Papyri die Form זי. Diese Formen beweisen nicht, dass zu ihrer Zeit in den aramäischen Sprachen die Abplattung von Ḏ zu D erst im Gange war, wesshalb Ḏ damals wie im Geʿez und Hebräisch-Phönicischen in Z überschlagen konnte, sondern sie sind dem Einflusse fremder Rede zuzuschreiben. 2 Nicht hierher will ich זיב in זיבקם (Mel. 5, 5. C. 218, 4) rechnen, welches man als „sich erhebender Wolf" זְאֵב קָם erklärt hat. Da der Wolf bei den Semiten ein verachtetes Thier ist, so möchte ich den Namen זיבקם eher für lybisch halten unter Vergleichung von זירג C. 36, 4. ··זיר C. 139, 4. זבג C. 16. 79, 3. Ist er phönicisch, so ist das erste Glied זִיב zu lesen, denn es ist dann aus זְאֵב entstanden, wie רִים aus רְאֵם. Ebenso würde תין C. 241, 13 תִּין zu lesen sein, falls es gleich תְּאֵנָה, plur. תְּאֵנִים wäre. Ein bestimmtes Urtheil zu fällen verbietet der verstümmelte Zustand, in welchem diese Opfertafel auf uns gekommen ist.

(Pön. V, 3, 23) Spuren eines solchen Hithpolels fänden. Denn diese Bildung[1] kennt von allen semitischen Sprachen nur das Hebräische. *Estimim* aber beweisst für sich allein nicht viel, denn dieses Wort findet sich als einer der vielen Hebräismen dieses Buches auch bei Daniel (4, 16 אֶשְׁתּוֹמַם), wie ähnliche Formen in den Targumim. Es wäre daher immerhin möglich, dass *estimim* wie *thera* ein Lehnwort aus dem Aramäischen wäre. Gleichwohl wird man besser diese Bildung als eine dem Phönicischen von Haus aus zukommende betrachten und in ihr einen neuen Beweis für die Zusammengehörigkeit beider Sprachen finden. Denn es lässt sich nicht einsehen, warum es gerade aramäisch redende Juden gewesen sein sollten, deren Einflusse die aramäischen Lehnwörter im Punischen zuzuschreiben wären.

In der Bildung der Thatwörter finden sich abgesehen von einigen Fällen, welche weiter unten zu besprechen sind, noch folgende übereinstimmende Formen. Phönicisch und Hebräisch bilden abweichend vom Aramäischen ein Nif'al und gebrauchen es abweichend vom Arabischen und Ge'ez im passiven Sinne. נתן *es ist gegeben*, *festgestellt* Mass. 18. C. 1, 11, נענ(שׁ) *er wird bestraft* Mass. 10, יקבר *er wird begraben*[2] Sid. 1, 8. Nur das Assyrische, welches sich durch die Gesetze des Lautwandels vom Hebräisch-Phönicischen trennt, gebraucht noch das Nif'al in passivem Sinne[3]. Vom Nif'al nun bildet sowohl das Hebräische als Phönicische das Particip ohne nennwörtliches מ vor den Stamm zu setzen: נחן *beklagenswerth* Sid. 1, 12. In beiden Sprachen[4] tritt ferner nicht selten in den Causativstämmen mittelvocaliger Wurzeln Abwerfung des causativen Präfixes ein[5] *bynny* d. i. בִּינוּ *sie zeigten* Pön. V, 1, 9 (J. T.), ביא *er brachte* für הביא N. 30. Beide Sprachen bilden den Infinitiv der hintenvocaligen Thatwörter weiblich קצת *ausrotten* Sid. 1, 10 קְצוֹת Hab. 2, 10. In beiden Sprachen finden sich neben Ableitungen von der Wurzel הלך auch Formen, welche auf eine Wurzel ולך zurückweisen. *lech* (לֵךְ) *geh* Pön. V, 2, 53. Endlich schwankt sowohl im Phönicischen als im Hebräischen das Thatwort רפא *heilen* zwischen der Bildungsart des hintenvocaligen und der des hintenhauchlautigen Thatwortes. רפיא *er heilte ihn* Sard. 1, 2 vgl. ψ 60, 4. Job. 5, 18. Jer. 5, 9. 19, 11.

Vor allem aber stimmen die phönicische und die hebräische Sprache überein auf dem Gebiete der Nominalflexion, auf welchem beide namentlich dem Arabischen gegenüber nur wenig zahlreiche Formen erhalten

---

1 Ueber den Ursprung dieser Bildung vgl. Ueber den Ursprung S. 28.
2 Vgl. jedoch das S. 171 Bemerkte. 3 Schrader, Z. D. M. G. XXVI, S. 276.
4 Zerstreut aber auch in den andern Sprachen Ewald § 127 1. Anm. 1. S. 335.
5 Ewald § 127[a] S. 335.

haben. Abweichend von allen andern semitischen Sprachen bilden beide die Mehrzahl des männlichen Nennwort auf *îm*[1] und in der Verbindungsform auf *ê*[2]. Auch in der Bildung der weiblichen Mehrzahl stimmen beide Sprachen überein[3].

Noch auffälliger aber ist, dass beide Sprachen von der früher im Semitischen vorhandenen Nominalflexion dieselben trümmerhaften Reste erhalten haben, nämlich ein genetivisches î und ein nominatisches û bez. ô. Und zwar sind diese Reste in denselben Fällen erhalten. Wir finden î im Hebräischen 1) bei אב, אח, חם, 2) am ersten Gliede zusammengesetzter Eigennamen, 3) bei einigen Adverbien und Präpositionen, 4) bei verschiedenen Worten in der Poesie, während die Prosa abgesehen von der Stelle Gen. 31, 39, wo sich dasselbe wohl aus einer sprichwörtlichen Redensart erklärt, dieses î nicht kennt[4]. Das sehr

---

1 *alonim Götter* Pön. V, 1, 1; *dobrim Redende* Pön. V, 1, 6 (J. T.); *gubulim Grenzen* Pön. V, 1, 9 (J. T.); אלנם *Götter* Mass. 13; אלנם dass. Sid. 1, 9; חים *Leben* Ath. 1, 1. L. L. 1; ימם *Tage* Cit. 35, 1. 36, 1; כהנם *Priester* Mass. 3, כללם *Vollopfer* C. 1, 5: לטרם λίτραι Sard. 1, 1; מלכם *Könige* Sid. 1, 18. Umm. 1, 5; עזם *Ziegen* C. 1, 4; פעמם *Füsse* Mass. 4; צדנם *Sidonier* Sid. 1, 1. 2; קדשם *heilige* Sid. 1, 8; שמם *Himmel* Umm. 1, 1; sowie die Zahlwörter עשרם 20 N. 24, 3; שלשם 30 N. 68, 3; ערבם 40 N. 23, 4; חמשם 50 Mass. 6; ששם 60 N. 25, 4; שבעם 70 N. 22, 4; תשעם 90 N. 55, 2. Ein Dual liegt wahrscheinlich vor in מצרם *Aegypten* in אן מצרם Abyd. 8, 2, sicher aber in מאתם 200 C. 241, 17. Wie jedoch dieser phönicische Dual gesprochen worden ist, lässt sich nur vermuthen. Da שמם *Himmel*, welches wie auch שנם *zwei* dieselben Laute wie die hebräische Dualendung in Folge des Zusammenstossens der Endung îm mit dem Wortausgange darbietet, nach Pön. V, 2, 67 *samem* gesprochen wurde, so ist für den Dual eine Endung êm anzusetzen. Das Phönicische hat also hier eine jüngere Form als das Hebräische und zwar eine Form, welche durch Zusammenziehung der im Hebräischen erhaltenen entstanden ist. 2 *gune balsamem* Pön. V, 2, 67 *bei der Hoheit Ba'als* d. i. גְּאוֹנֵי בַּעַל שָׁמַיִם. Gewöhnlich wird die Verbindungsform defectiv geschrieben. Doch findet sich auf carthagischen Inschriften auch für פנ geschrieben פנא d. i. פְּנֵי und ebenso פריא *Früchte* C. 241, 10. Schreibung mit י liegt nicht vor Mel. 5, 7 חצבי, denn die Tafel ist an der linken Seite verstümmelt. 3 In den Inschriften wird die Form allerdings defectiv geschrieben ארצת *Länder* Sid. 1, 19; הלכת *Satzungen* Cit. 35, 4; משאתת *Abgaben* C. 1, 1. Allein dass das Phönicische die gemeinsemitische Endung ât, entstanden durch Dehnung der Singularform at, wie das Hebräische zu ôt getrübt hat, ergibt sich aus den plautinischen Formen *alonuth Göttinnen* Pön. V, 1, 1 J. T.; *onobuth* Pön. V, 1, 6 (Ambros. ONOBUN) *Pflichten*, denn die von ihnen gebotene Endung *uth* ist als aus *ôth* verdünnt anzusehn. Hiervon ist weiter unten zu handeln. 4 Weiteres s. bei Philippi, Stat. constr. S. 96 ff.

seltene ô findet sich nur an der Verbindungsform, mag dieselbe nun syntaktischer Accusativ oder Nominativ sein und zwar gehören alle Stellen, in welchen es vorkommt, der dichterischen Rede an. Dem entsprechen im Phönizischen î, û bez. u mit Verdoppelung des folgenden Lautes. חמלכת 'Ιμίλκων d. i. אֲחִימַלְכַּת C. 30, 5. 39, 3 häufig auf carth. Inschrr., vergl. חִיאֵל, אֲחִיָּה. חמלך C. 210, 1. Const. 2, חִירָם, חוּרָם d. i. אֲחִירָם; אביבעל Florenzer Sardonix; מתובעל N. 60, 2. Manchmal ist der Verbindungsvocal nicht ausgedrückt, lässt sich jedoch aus der griechischen und lateinischen Aussprache des Namens nachweisen. עזרבעל, ungemein häufig auf carth. Inschrr., Ἀσδρούβας, Hasdrubal; חנבעל Ἀννίβας, Hannibal. Nach Analogie dieser Formen ist auch אלעם Tharr. 1, 6 für identisch mit dem biblischen אֱלִיעָם zu halten. Endlich zeigen diese Verbindungsvocale î und û (ô) die Namen *Chanebo, Chinisdo, Hamilcar, Hiostus,* 'Ιδόβαλος und viele andere, welche Schröder § 78 S. 178. 179 aufgezählt hat.

Im Hebräischen hat sich nun auch ein Rest der alten Accusativendung ā, gedehnt aus ă nach Abfall des Nasales, erhalten, allerdings nur in Ortsnamen, wie dies ja auch mit dem lateinischen Locativ der Fall ist. Von diesem accusativischem ā, welches die Richtung nach einem Orte ausdrückt, ist im Phönicischen bis jetzt keine Spur gefunden worden. Allein wir haben doch noch eine Spur von dem Vorhandensein dieser Nominalendung im Phönicischen. Wenn Sid. 1, 9 *statt seiner* תחתנם heisst, so lässt sich dies nur daraus erklären, dass das Suffix an eine ursprüngliche Accusativform תחתן d. i. تَحْتًا angehängt worden ist. Uebrigens zeigt auch hebr. תחת (تَحْتَ, تَحْتُ) dieselbe Art, das Suffix anzunehmen z. B. תַּחְתֵּנִי, תַּחְתֶּנָּה. So decken sich auch hier wieder Phönicisch und Hebräisch vollkommen.

Auch durch die Bildung der Nisbe auf î, ît kennzeichnen Phönicisch und Hebräisch ihre Zusammengehörigkeit und scheiden sich von den übrigen nordsemitischen Sprachen, welche die Nisbe auf *ai*, *ait* bilden[1]. Ferner stimmen beide Sprachen darin überein, dass sie zwischen מה *was* Pön. V, 2, 50 *mu* und מי *wer* Pön. V, 2, 50 (Ambros. B.)

---

1 אש כתי Ath. 2, 1; אשקלני Ath. 6, 1; צדני Ath. 6, 2; הלוכי Cit. 37; שני 2ter Sid. 1, 6; ארבעי 4ter C. 241, 9; חמשי 5ter C. 241, 15; צדנת Ath. 4, 1; צדנם Sid. 1, 1. 2. Es könnte nun jemand darauf kommen, in י die Endung ê, zusammengezogen aus ai, zu suchen und sich bei צדנת auf בת *Haus*, bei צדנם auf שמם *Himmel* zu berufen. Allein das ist durchaus unwahrscheinlich. Wie käme denn das Phönicische zu dem Bindevocal î, welcher gleichen Ursprunges mit der Nisbe ist?

mi unterscheiden. Es ist in diesen Formen ein Rest alter Nominalflexion zu suchen.

Wohl zu bemerken ist ferner, dass beide Sprachen die Abstractendung ût gleich wenig häufig gebrauchen. Diese Endung, welche den südsemitischen Sprachen gänzlich fehlt[1], in den aramäischen Sprachen ungemein häufig vorkommt, ist im alten Hebräisch selten. Sie wurde erst später, als der Einfluss der aramäischen Sprache wuchs, häufiger. Im Phönicischen ist sie ebenfalls selten, denn sie lässt sich nur zweimal nachweisen: אלמנת, hebr. אַלְמָנוּת Sid. 1, 3; חזת auspicium (vgl. حَزْى) Mass. 11.

Es ist bekannt, dass das n der Adjectivendung ôn im Hebräischen nicht selten und zwar hauptsächlich bei Eigennamen und Ortsnamen schwindet[2]. Dieselbe Erscheinung zeigt sich uns im Phönicischen, welches aus חַנֹּן, gebildet wie צַמּוֹן, bildet חנא Hanno[3], und aus עַבְדֹּן die Formen עבדא[4] und בדא[5]. In den andern Sprachen findet eine solche Verkürzung der Endung ôn, bez. ân nicht statt. Wenn sich nun C. 98, 3 der Eigenname בדם findet, so wird derselbe בֹּדֹם auszusprechen und als Nebenform von בֹּדֹן bez. בֹּדֹא zu betrachten sein. Eine Endung ôm bez. âm findet sich als Archaismus ebenfalls im Hebräischen neben der gewöhnlichen[6] auf *ôn*, *ân*. Abgesehen von Phönicisch und Hebräisch, die also auch hier wieder merkwürdig übereinstimmen, ist diese alte Endung nur noch im Amharischen als *âm* erhalten[7].

Als letztes Beispiel der merkwürdigen Uebereinstimmung, welche zwischen Hebräisch und Phönicisch auf dem Gebiete der Bildung und Beugung des Nennwortes herrscht, sei noch erwähnt, dass beide Sprachen einen Artikel ה besitzen. Es ist das um so mehr hervorzuheben, als unter allen semitischen Sprachen nur noch das Arabische einen Artikel gebildet hat. Dieser arabische Artikel *al* aber ist, da sein Alif ein أَلِفُ ٱلْوَصْلِ ist und sich für eine ältere hebräische Artikelform *hal* höchstens das Demonstrativ הַלָּזֶה anführen lässt, von sehr problematischer

1 Sie ist ihnen so fremd, dass die Araber aramäische Wörter auf ût, welche sie entlehnten, zu Masculinen gestempelt haben. 2 Ewald § 163[h] p. 426. Olshausen § 215[g] p. 407. 3 Auf carthagischen Inschriften ungemein häufig, auch in Zusammensetzung wie בעלחנא, עבדחנא vorkommend. Beim letzten Wort kann חנא aber auch Mannsname sein und עבד *Sclave* bedeuten. 4 C. 28, 6. 64, 6. 5 C. 39, 2. 6 Ewald § 163[g] p. 426. 7 Isenberg, grammar p. 33 führt als Beispiele an: መልከም፡ *schön*, ሆዳም፡ *gefrässig*, ፍሬያም፡ *fruchtbar*, ወፍራም፡ *dick*.

Verwandtschaft mit dem Artikel ה des Hebräischen und Phönicischen. Das Vorhandensein des Artikels ה in beiden Sprachen beweist unwiderleglich, dass beide nach ihrer Abtrennung von den andern semitischen Sprachen eine gewisse gemeinsame Entwickelung durchgemacht haben müssen.

Es bestätigen dies ferner einige merkwürdige Uebereinstimmungen in der Wortfügung. Blos Hebräisch und Phönicisch sagen דבר לאמר Sid. 1, 2. Wie das Hebräische[1] so gebraucht auch das Phönicische אית, את, um damit etwas neu zu erwähnendes hervorzuheben, ohne einen vollständigen Satz bilden zu müssen. Pön. V, 1, 7 (J. T.) *yth binim* was seinen Sohn anlangt. Wie das Hebräische הָיָה לְ im Sinne unseres deutschen „können“ gebraucht, so das Phönicische כן ל Pön. V, 1, 3 (A. T. Ambros.) *lu lecanth econa* wenn zu gewinnen wäre. Ja es verwenden beide Sprachen ל mit Infinitiven, auch ohne dass ein Thatwort vorherginge, um das *müssen, sollen, können, wollen* zu bezeichnen[2]. Mass. 14 על כל זבח אש אדם לזבח *bei jedem Opfer, welches Jemand opfern will.*[3] Schlechthin aber stimmen beide Sprachen zu einander und scheiden sich von allen andern[4] semitischen Sprachen durch den Gebrauch des Waw consecutivum. יכן לם . . . . וכן Mass. 9. 10. 11 vgl. auch 4. 68. C. 1, 4. 5[5].

Hierzu kommt endlich, dass diese beiden Sprachen charakteristische Wörter und Bildungen gemeinsam haben, die den andern semitischen Sprachen fremd sind. Daneben finden sich, wie sich nach den bisherigen Ergebnissen unserer Untersuchung im voraus erwarten lässt, viele Worte, welche sich noch in der oder jenen andern nordsemitischen Sprache nachweisen lassen. So findet sich ausser im Hebräischen und Phönicischen noch im Assyrischen die volle Form des Fürwortes der

---

1 Ewald § 277^{d} 2. S. 691. 2 Ewald § 237^{c} S. 606 ff. 3 Im Syrischen kennt man einen ähnlichen Gebrauch des Infinitives mit ܠ nach der Negation ܠܝܬ Bernstein, Chrest. Syr. p. 76 l. 5 ܠܝܬ ܠܗܘܢ، ܡܨܝܐ ܠܡܬܠ *sie können nichts geben.* Aggrell, Suppl. S. 9. 10. 4 Ausser Phönicisch und Hebräisch findet es sich nur auf der Mēšaʿinschrift, aber die Sprache, welche diese enthält, ist lediglich ein local gefärbtes Hebräisch. 5 Einmal C. 1, 8 wird ו ganz weggelassen. Auf dieselbe Weise erklärt es sich wenn für die gewöhnliche Formel: כשמע קלא ברכא d. i. כִּ שָׁמַע קָלָא בֵּרֲכָא *denn er hörte seine Stimme, segnete ihn* sich auch findet כ שמע קלם יברכם Mel. 1, 4; כ שמע קלא תברכא C. 77, 4. 89, 3. 90, 5. 206, 5. Die Erklärung: „*Denn er (sie) hörte ihre (seine) Stimme und möge sie (ihn) segnen*“ halte ich für sehr gezwungen. Hat die Göttin den Betreffenden früher nicht gesegnet? Jener Gedanke wurde doch billig ausgedrückt: „Denn sie hat ihn erhört und möge ihn ferner erhören“.

ersten Person. אָנֹכִי, אנך Sid. 1, 3. 12. 13, אנכי Abyd. 10, 4, ass. *anaku*, aber ܐܶܢܳܐ, אֲנָא, أَنَا, አነ፡. Die Hebräer (בֶּן בָּן Exod. 10, 2), Phönicier (בן בן Sid. 1. 14) und Assyrer (binbin Z. D. M. G. XXVI, S. 193) sagen *Sohnessohn* für *Enkel*. Das Pferd heisst bei den Hebräern סוּס, bei den Assyrern *śuś*, bei den Phöniciern סס [1]. Ebenso heisst der Stier bei allen dreien אלף.

Desgleichen finden sich andere Worte, die ausser dem Hebräischen und Phönicischen nur noch die aramäischen Sprachen besitzen. So שֹׁרֶשׁ *Wurzel*, שרש Sid. 1, 11, ܫܶܪܫܳܐ. Die Mehrzahl der Fürwörter der ersten Person lautet im Hebräischen ungekürzt אֲנַחְנוּ, im Phönicischen אנחנ Sid. 1, 16. 17 und ähnlich im Biblischen Aramäisch אֲנַחְנָא im älteren Syrisch [2] ܐܢܚܢ, wofür sich später ܚܢܢ findet. So verkürzen es auch die andern Sprachen: trg. נַחְנָא, talm. B. אֲנַן, نَحْنُ, ንሕነ፡. Eine Wurzel יסף *hinzufügen* kennt ausser dem Hebräischen und Phönicischen nur noch das Aramäische, ܐܘܣܦ, אוֹסֵף. Die Braut heisst bei den Hebräern כַּלָּה d. i. erwachsenes, mannbares Mädchen, was ja wiewohl von einer andern sinnlichen Vorstellung ausgehend עַלְמָה bezeichnet. Dem entsprechend heisst sie im Phönicischen כלת [3], im Syrischen ܟܰܠܬܳܐ. Nur im Phönicischen, Hebräischen und Aramäischen bildet sich ein Plural חים Sid. 1, 12. Ath. 1, 1. Cit. 2, 2. 23, 1, חַיִּם, ܚܰܝܶܐ, חַיֵּי in der Bedeutung *Leben*. Ebenso gehen sie zusammen in חֵלֶב, חלב Mass. 14, ܚܶܠܒܳܐ *Fett*, neben חָלָב, חלב Mass. 14. C. 1, 11, ܚܰܠܒܳܐ *Milch*.

Diejenigen Ausdrücke nun, in welchen Phönicisch und Hebräisch abweichend von den übrigen semitischen Sprachen zusammenstimmen, sind in Kürze folgende. Nur im Hebräischen und Phönicischen heisst der Mensch אדם Sid. 1, 4. 6, nur diese beiden Sprachen benennen die Schatten der Unterwelt mit dem Namen רְפָאִים, רפאם Sid. 1, 8. Der Mann und die Frau heissen hebräisch אִישׁ, אִשָּׁה, ebenso im Phönicischen: Tyr. 2. Ath. 2, 2. Cit. 2, 2. 4, 1. 32, 2; in den übrigen semitischen Sprachen heissen sie anders, nämlich ܓܰܒܪܳܐ, ܐܰܢܬܬܳܐ, رَجُلٌ, اِمْرُؤٌ, اِمْرَأَةٌ, ብእሲ፡, ብእሲት፡. Die Tochter heisst phönicisch Sid. 1, 15. Ath. 4, 1. Cit. 2, 3 wie im Hebräischen בת, mit Ausstos-

---

1 Im Eigennamen עבדססם Cit. 2, 1. 34, 1. 2 Z. D. M. G. XVI, S. 550. XXVII, S. 616. Die assyrische Form ist noch nicht sicher bekannt. Z. D. M. G. XXVI, S. 244. 3 Nach Blau's genialer Uebersetzung von Mel. 2, 2. Diese Uebersetzung ist wegen des verstümmelten Zustandes, in welchem die Inschrift vorliegt, unsicher. Aber wie sie vorliegt, wird sich die Inschrift kaum anders deuten lassen.

sung des wurzelhaften N. Das Assyrische, *bint*, *binit*, und das Arabische بِنْتٌ, إِبْنَةٌ haben dieses N beibehalten, die Aramäer gebrauchen dafür ܒܪܬܐ, בְּרַת, die Aethiopen ወለት ፡. Das Gefilde hebr. שָׂדַי, שָׂדֶה führt denselben Namen im Phönicischen: שד Sid. 1, 19.

Als Benennung Gottes, des höchsten Herrn, gebraucht das Phönicische neben dem zu einem Eigennamen gewordenen gleichbedeutenden בעל das Wort אדן Sid. 1, 18. Umm. 1, 3. 7, wie das Hebräische אָדוֹן. Dieses Wort, welches schon durch seine Bildung auffällt, ist allen andern semitischen Sprachen fremd. Gott, sofern er sich im Tempel seinem Volke offenbart, wird nicht mit seinem eigentlichen Namen יַהְוֶה, sondern שֵׁם יַהְוֶה genannt, dem שֵׁם יְיָ baut man einen Tempel 1 Kön. 8, 16. Jes. 18, 7, d. i. einen Ort, wo שֵׁם יְיָ שֹׁכֵן. Diese Offenbarung Gottes, der שֵׁם יַהְוֶה, gewinnt zuweilen die Gestalt eines Engels Jahves, מַלְאַךְ יַהְוֶה Gen. 16, 7. 13, ohne dass derselbe jedoch eine eigene Hypostase hätte[1]. Es heisst diese Offenbarungsform Jahves geradezu מַלְאַךְ פָּנָיו sein Offenbarungsengel Jes. 63, 9 und Exod. 33, 14 sagt Jahve für: *ich* werde gehen פָּנַי יֵלֵכוּ. Daher heisst auch der Ort, wo Jacob nach der Sage mit Gott rang, פְּנִיאֵל Gen. 31, 32[2]. Aehnliche Bezeichnungen finden sich nur noch im Phönicischen. Sid. 1, 18 heisst die sidonische Astarte שם בעל, sie wird also als eine Erscheinungsform Baals bezeichnet, wie der מַלְאַךְ יַהְוֶה eine Erscheinungsform Jahves ist. Jedoch besteht selbstverständlich der bei der Verschiedenheit der religiösen Ansichten beider Völker natürliche Unterschied, dass dem Engel Jahves keine Hypostase zukommt, während Astarte die geschlechtlich differenzirte und hypostasirte Erscheinungsform Ba'als ist. Die carthagische Repräsentantin der עשתרת hinwiederum, die תנת, heisst auf jenen zahlreichen carthagischen Weihinschriften beständig פנ בעל Antlitz Ba'als d. h. Offenbarung oder Erscheinungsform Ba'als[3].

Der Neumond, dessen Eintritt bei den Hebräern durch ein Fest

---

1 De Isaiae vat. Aeth. p. 127. Schlottmann, Eschmunazar S. 143. Movers, Phönizier I, S. 390. 2 Ewald, G. V. J. I, S. 437. 3 Euting, P. St. S. 8 gesteht mit der Tanit, dem *Angesichte Ba'als* keine ungezwungene Vorstellung verbinden zu können. Er übersetzt mit Meier *„der Perle Ba'als“*. Wir unsererseits können nicht glauben, dass die Carthager das zwischen dem Ba'al und der Tanit bestehende Verhältniss sich unter dem Bilde einer philiströsen Ehe vorgestellt haben. Zudem soll פנ = פְּנִינֵי als dem Phönicischen angehörig erst noch erwiesen werden, während פנ = פְּנֵי, auch wenn die Schreibart פנא nicht vorkäme, schon durch die Verbindung עלת פנ = עַל פְּנֵי Mas. 3. 6. 10 gesichert sein würde.

gefeiert wurde, heisst hebräisch חֹדֶשׁ, die Araber nennen ihn هِلال, die Aramäer umschreiben diesen Begriff durch ܪܺܫ ܝܰܪܚܳܐ, ܪܝܫ ܝܪܚܐ, die Aethiopen sagen dafür ሠርቀ፡ወርኅ፡, auch wohl blos ሠርቅ፡ oder ልደተ፡ወርኅ፡. Das Phönicische allein hat dieselbe Bezeichnung wie das Hebräische, wie der Name בנחדש Ath. 2, 1. 7 Νουμήνιος beweist.

Nur im Hebräischen und Phönicischen nennt man einen Gott geweihten Ort, und sei er auch blos ein Stein, בֵּית אֵל. Im Arabischen heisst man den Göttern geweihte Steine أَنْصاب. Von derselben Wurzel bildet das Phönicische מצבת *Denkstein, Bildsäule* Cit. 2, 1. Ath. 1, 1 und in derselben Bedeutung נצב Cit. 8, 1. C. 200, 1, das Hebräische aber מַצֵּבָה und מַצֶּבֶת. Die andern Sprachen kennen diese Bezeichnung nicht. Ebensowenig hat ausser dem Phönicischen und Hebräischen eine andere semitische Sprache für Bildsäule den Ausdruck סמל Cit. 35, 2, סֶמֶל. Der, welcher solche Bildsäulen verfertigt, heisst phönicisch חרש Cit. 4, 3, hebräisch חָרָשׁ. Die andern Sprachen kennen diesen allgemeinen Ausdruck nicht, sondern ersetzen ihn durch andere, wie ܢܰܓܳܪܳܐ, صُنْع, نَهّام, ነሃቢ፡. Der Töpfer heisst Mass. 2 יצר, im Hebräischen יוֹצֵר, in den andern Sprachen aber ܦܰܚܳܪܳܐ, فَخّار,[1] ለሓኪ፡. Den Walker benennt das Phönicische כבס C. 9, 1, das Hebräische כֹּבֵס, sonst aber heisst er ܡܚܰܘܪܳܐ, قَصّار, ሐፃቢ፡. Nur im Phönicischen (Ath. 7. Cit. 34, 2. Mass. 1, 2) und im Hebräischen heisst der Richter שפט, שֹׁפֵט und der Dollmetscher מלץ Cit. 35, 3. 5 d. i. מֵלִיץ. Für letzteren Begriff haben alle andern Sprachen Ableitungen des vom Aramäischen gemünzten תַּרְגֵּם angenommen. Der Arzt heisst bei den Aramäern ܐܳܣܝܳܐ, bei den Arabern آسٍ, حَكِيم, طَبِيب, aeth. ጠቢብ፡, መፈውስ, das Hebräische nennt ihn רֹפֵא von רָפָא *heilen*, eigentlich *zusammennähen*, wie رَفَأ, ረፍአ፡ beweisen[2]. Ebenso heisst er bei den Phöniciern. Pön. V, 2, 46. N. 4. 5[3]. Auch das Thatwort רָפָא bedeutet nur in diesen

---

1 Da die Nomaden nicht thönerner, sondern metallner Geräthe bedürfen, so ist das Wort wohl als Lehnwort anzusehen. 2 רָפָא ist daher ursprünglich synonym mit חָבַשׁ von dem es sich wie unser *nähen* von *verbinden* unterscheidet. Wie leicht jedoch sich aus der Wurzel רָפָא der allgemeinere Begriff des Heilens entwickeln konnte, zeigt ረፋኢሆሙ፡ለድውያን፡ Judith 9, 11 ἀντιλήπτωρ ἀσθενούντων. 3 Hier unorthographisch הרבא geschrieben, wie sich C. 1, 8 בנת אלם für פנת אלם Mass. 13 findet.

beiden Sprachen heilen. Die Uebereinstimmung zwischen beiden Sprachen im Gebrauche dieses Thatwortes ist aber wegen der S. 190 erwähnten Eigenthümlichkeiten um so auffälliger.

Nur das Hebräische und Phönicische Sid. 1, 9 gebrauchen מָשַׁל in der Bedeutung *herrschen.* ܡܫܠ, مَثَلَ, መሰለ፡ haben diesen Begriff nicht entwickelt. Das Arabische hat dafür سَلَطَ, das Syrische ܡܠܟ das Assyrische כלט, das Aethiopische ነግሠ፡ in Gebrauch. *Wachen, bewachen* bedeutet im Hebräischen שָׁמַר und ebenso im Phönicischen, wie die Eigennamen בעלשמר Umm. 1, 2, אסרשמר Mel. 1, 2. 3, (א)שמנשמר C. 24, 4[1] beweisen. Eine Spur dieser Wurzel findet sich allerdings noch in سَمَرَ, doch hat dieses Thatwort die specielle Bedeutung „*zur Nachtzeit plaudern*“ z. B. am Wüstenbrunnen angenommen. Verbergen heisst nur im Hebräischen und Phönicischen צפן[2] und nur in diesen beiden Sprachen bedeutet אדר[3] herrlich sein. Vollenden heisst im Hebräischen כָּלָה, derselben Bedeutung kommt ihm im Phönicischen zu: כלתי *ich habe es vollendet* Umm. 1, 4. Die andern Sprachen haben dafür ܫܡܠܝ, שַׁכְלֵל, שֵׁיצִי, تَمَّ, ፈጸመ፡. Wie die aramäischen Sprachen in ܡܠܠ, מַלֵּל, das Assyrische in *igabbi*, das Arabische in قَالَ, كَلَّمَ, das Ge'ez in ብህለ፡, ነገረ፡, ነበበ፡ eigenthümliche Ausdrücke für den Begriff des Redens haben, welche den andern Sprachen mehr oder minder fremd sind, so hat das Hebräische einen ihm eigenthümlichen Ausdruck gebildet, indem es dem Steigerungsstamme der Wurzel דבר *treiben* die Bedeutung *verba conserere, Worte aneinanderreihen* beilegte. Keine andere Sprache kennt die Wurzel דבר in dieser Bedeutung ausser dem Hebräischen und hinwiederum dem Phönicischen. Hebräischem דִּבֶּר entspricht Sid. 1, 2 דבר, ja es ist dort mit לאמר d. i. לֵאמֹר verbunden, wie das ebenfalls sonst blos im Hebräischen geschieht. Auch das Nennwort דָּבָר Wort kennt blos das Hebräische und Phönicische. Mel. 3, 6. Ebenso sind ihnen gemeinsam die Thatwörter עָמַס *aufladen* Sid. 1, 5. 7. 2, בִּקֵּשׁ *suchen* Sid. 1, 5, קָצָה *vernichten* Sid. 1, 10. 22, שִׁיח

---

1 Vgl. שְׁמַרְיָה 1 Chr. 12, 5. 2 Chr. 11, 19. 2 Im Frauennamen צפנבעל Schatz Ba'als C. 189, 3. Ob dieser Name צְפַנְבַּעַל oder צְפֻנְבַּעַל, wie צְפַנְיָה vermuthen lässt, oder צְפֹנְבַּעַל, worauf Sophonisbe, Σοφονίας führen, ausgesprochen wurde, ist nicht zu entscheiden. 3 אדרמלך C. 134, 4 Mannsname und אדרבעל Hadr. 6, 3. desgl. מאדרם *verherrlichende* Sid. 1, 17. אדר *herrlich* Sid. 1, 9. 19. Mel. 5, 4. Ueber letztere Stelle siehe S. 199.

setzen שת Mass. 17. 20, נִשָּׂא *darbringen* נשא C. 42, 2, יָצָא *herausgehen*[1] שָׂמֵחַ *sich freun*[2].

In סָגַר und הִסְגִּיר hat sich aus dem Begriffe *einschliessen*, *zum einschliessen übergeben* der des *preisgebens*, dem Untergange überlieferns entwickelt. Gott סָגַר oder הִסְגִּיר sowohl die sündigenden Menschen als ihren Besitz und ihre Städte. 1 Sa. 26, 8. ψ 78, 48 ff. Thr. 2, 7. Dieselbe Bedeutung hat dieses Wort im Phönicischen bekommen. Ešmûnazâr warnt v. 22 vor Entweihung seines Grabes לם יסגרנם אלנם הקדשם *damit ihn nicht preisgeben die heiligen Götter*. Ebenso kennt blos das Hebräische und Phönicische[3] ein Thatwort קָרָה, קרא *treffen, begegnen* und zwar ist dasselbe auch im Phönicischen der Verwechselung mit קָרָא *rufen* قرأ ausgesetzt. Denn Pön. V, 1, 1 liest für A. T. *yth alonim valonuth succuratim istimmahy macum esse* (Cod. B) oder *macum syth* (Ambros)[4] der J. T. *yth alonim valonuth sicorathi simacom syth*. Es hat also der jüngere Uebersetzer geändert, weil er *succuratim* von קרא rufen ableitete und deshalb das folgende *istimmahy* nicht zu verbinden wusste. Neben der Wurzel קטר *räuchern* haben die semitischen Sprachen noch eine verwandte Wurzel mit ע statt des ק an erster Stelle in Gebrauch. Aber nur Phönicisch[5] und Hebräisch weisen an

---

1 Pön. V, 1, 11. J. T. wo für *lusim* zu lesen sein wird *iusim*. 2 *istkym(ki)miky* Pön. V, 1, 1 (Ambros) oder *istimalti* (Cod. B ibid.) wird mit Hitzig durch יִשְׂמְחוּתִי zu erklären sein. Das Arabische kennt wohl ein Thatwort سَمَحَ, gebraucht es aber nur in der abgeleiteten Bedeutung *freigebig sein*. 3 Das Arabische kennt allerdings diese Wurzel und schwankt ebenso zwischen قَرَأَ und قَرَا, gebraucht aber beide in jüngeren abgeleiteten Bedeutungen. Denn es gehören hierher قَرَأَ *menstruiren*, eig. einen — aus Euphemismus nicht näher zu bezeichnenden — Zufall bekommen und قَرَا *gastlich aufnehmen*, weil man dem Gast entgegengeht. Vgl. Rödiger in Gesenius Thes. III, p. 1233. Der erstere Sprachgebrauch hat ja in קָרֶה לַיְלָה sein Gegenstück. 4 Vgl. Schröder S. 302 ff. 5 Es findet sich Mel. 5, 4. Dort können die Worte בעתר אדר ערכת nur sein בְּעָתָר אַדִּר עֲרֻכַּת *mit Weihrauch prächtig an Zurüstung* (בַּעֲרָכָה) אדר kommt ja auch Sid. 1, 19 von Dingen vor. Das Räuchern ist wegen des folgenden זבח wohl zu erwarten. Zu ergänzen ist בַּעֲתַר *es räucherte* oder חִנְּכָם *es weihte sie ein*, nämlich die vorher erwähnten מקדשם. Blau erklärt Z. D. M. G. XIV, S. 652 בעתר Tempel der *Hathor*, allein eine solche Verstümmelung erwartet man nicht in einer sonst so correcten und verhältnissmässig alten Inschrift. Ein blosses Versehen aber anzunehmen geht wegen der Worttrennung nicht an. Von der Wurzel קטר findet sich קטרת C. 241, 14 und קטיר N. 19, 2.

zweiter Stelle ein ת statt des ט auf (ܛܥܢ, عَطِر, ዐጠነ:), welches im Ge'ez umgekehrt in ቀተረ: eingetreten ist. Mit seinem חָמַל *barmherzig sein, schonen* steht das Hebräische unter allen semitischen Sprachen allein. Auch hier tritt ihm wieder das Phönicische zur Seite, denn der Eigenname חמלן Sard. 1, 2. C. 84, 2. Const. 2. Sard. 1, 2 bezeichnet den Barmherzigen und deckt sich mit dem neuhebr. חמלן *barmherzig.* Auch die Wurzel אמץ gehört abgesehen vom nazor. أمصا *Stärke* blos dem Hebräischen und Phönicischen an[1].

Nicht wenig trägt die Art, wie die einzelnen semitischen Sprachen ihre Deutewurzeln entwickelt und wie sie aus Nennworten mit ursprünglich voller Bedeutung Präpositionen gebildet haben, dazu bei einer jeden ihr eigenthümliches Gepräge zu geben. Auch in dieser Hinsicht schliesst sich das Phönicische an keine der verwandten Sprachen so nahe an als an das Hebräische. Nur noch das Phönicische kennt eine Präposition את *mit*[2] und eine Partikel כ *denn*[3]. Nur Hebräisch und Phönicisch[4] gebrauchen לוּ im Sinne von *utinam, o dass doch*; die andern semitischen Sprachen haben dafür andere Ausdrücke und gebrauchen die mit dem hebr.-phön. לוּ dem Ursprunge nach zusammengehörenden Worte in anderem Sinne. *Hier* heisst im Hebräischen פֹּה und ebenso im Phönicischen[5]. Die übrigen semitischen Sprachen kennen dies Wort nicht. Bei einer solchen Uebereinstimmung wird man wohl auch nicht fehlschlagen, wenn man למט Sid. 1, 11 und למעל Sid. 1, 12 für identisch hält mit לְמַטָּה und לְמַעְלָה. Nur das Hebräische und Phönicische[6] haben aus dem Nennworte אַיִן eine Negation entwickelt, die andern Sprachen haben dafür ܠܝܬ, لَيْسَ, አልቦ:. Aus der Wurzel בעד *abstehen, entfernt sein* bildet das Hebräische eine Präposition בְּעַד, welche zunächst die räumliche Entfernung bezeichnet, aber dann speciell im Sinne von *hinten, neben, an* steht. Diese Präposition nun verbindet sich mit Thww., welche *bitten* und *befragen* bedeuten, im Sinne von *für*. Lediglich hieraus erklärt sich der Gebrauch dieser Präposition in der Stelle Pön. V, 1, 10. J. T.[7]

---

1 בעלאמץ *Ba'al stärkt* Eigenname C. 150. 2 እንተ: hat zwar denselben Ursprung aber verschiedene Bedeutung. 3 In der häufigen Formel כִּ שָׁמַע קֹלָא. Verwandten Ursprunges aber verschiedener Bedeutung sind ܟܝ, كَيْ. 4 Pön. V, 1, 3. J. T. Cod. B. *lipho caneth*; A. T. Ambros. *lu lecanth: wenn ich doch (hier) gewänne.* 5 *pho* Pön. V, 1, 3. J. T. Cod. B. 6 Pön. V, 2, 46 Ambros. *ynny* d. i. אִינֶנּוּ. Das Ge'ez ist allerdings denselben Weg gegangen, besitzt jedoch nur noch die verkürzte Form ኢ:. 7 *Bodi aly thera . . ysl* d. i. בְּעָדַי עָלַי תָּרַע אֶשְׁאַל *nach ihm will ich an der Thür*

Endlich finden sich eine Reihe von Nennwörtern in denen Hebräisch und Phönicisch abweichend von den übrigen semitischen Sprachen zusammenstimmen. Es sind in Kürze שְׁאֵר *Fleisch*, שאר Mass. 4; יֹבֵל *Widder*[1], יבל Mass. 7; צַיִד, צֵדָה *Speise*, צד Mass. 12. C. 1, 9; שֶׁמֶן *Oel*, שמן Mass. 12; מִנְחָה *Speiseopfer*, מנחת Mass. 14. C. 1, 10[2]; מַחֲנֶה *Lager, unbefestigte Stadt*, מחנת auf Münzen von Carthago[3]; אִי *Insel* in איבשם *Ebusus*, Fichteninsel auf Münzen der Pityusen; גְּבוּל *Grenze*, *gubulim* Pön. V, 1, 9. J. T.; מִקְנֶה *Besitz*, namentlich an Heerden, מקנא Mass. 15[4]; תֹּאַר *Gestalt*, תאר Sid. 1, 12; שַׁעַר *Thor*, שער Umm. 1, 3[5]; דְּלָתֹת *Thüren*, דלהת Umm. 1, 3[6]; נְחֹשֶׁת *Erz* נחשת Cit. 1, 2[7]; עֵת *Zeit* עת Sid. 1, 3; עוֹר *Haut*, ערת Mass. 4[8]; מַשְׂאֵת *Abgabe*, 2 Chro. 24, 6. 9. Ez. 20, 40, משאת Mass. 3; דַּל *arm*, דל Mass. 15; גָּאוֹן *Hoheit*, Pön.

---

fragen. Eine Frage nach Jemand geschieht ja um des Betreffenden willen. Derselbe Begriffsübergang zeigt sich in ὑπέρ. 1 Es ist das ein alterthümlicher Ausdruck, welcher im Hebr. nur noch in bestimmten Verbindungen vorkommt, nämlich in שׁוֹפַר יוֹבֵל, קֶרֶן הַיֹּבֵל, elliptisch auch blos יוֹבֵל, שׁוֹפְרוֹת הַיּוֹבְלִים, מְשֹׁךְ הַיֹּבֵל, מְשֹׁךְ בְּקֶרֶן הַיֹּבֵל und in שְׁנַת הַיּוֹבֵל. Es haben sich also diese veralteten Worte nur in der traditionellen Sprache des Gesetzes und auch hier nur in übertragener Bedeutung erhalten. Da es Mass. 7 heisst ביבל אם בעז, so wird man in dem Ausdrucke ein der Ziege verwandtes Thier zu suchen haben. Hierzu stimmt nun vortreflich die Art, in welcher Trg. Jon. zu Jos. 6, 4—6 diesen Ausdruck übersetzt. Während nämlich Targum Onkelos קֶרֶן הַיֹּבֵל durch שׁוֹפָרָא Exod. 19, 13 übersetzt und יוֹבֵל in der Bedeutung *Halljahr* ins Chaldäische herübernimmt, gibt Trg. Jonath. בְּקֶרֶן הַיּוֹבֵל wieder durch בקרן דיכרא und שׁוֹפְרוֹת הַיּוֹבְלִים ebendas. v. 4. 6 durch שופריא דקרן דכריא. Dazu will nach Rôš haššānā cap. 3, fol. 6. R. Akiba in Arabien den Widder יובלא nennen gehört haben. Vergleicht man diese Tradition der Rabbinen mit Mass. 7, so kann wohl kein Zweifel sein, dass sie früher mit Unrecht in Frage gezogen worden ist. Sie ist als völlig richtig anzusehn, wiewohl damit natürlich nicht behauptet werden soll, dass יובלא wirklich ein arabischer d. h. mittelarabischer Ausdruck für den Widder sei. Es konnten sehr wohl entweder, wie schon Munk bemerkt hat, sabäisch-himjarische, oder auch nabatäische Stämme sein, bei welchen R. Akiba diesen Namen des Widders hörte. Unter den Begriff ערביא können beide gerechnet werden. 2 מִנְחָא ist Fremdwort. 3 עם מחנת, עם המחנת, שעם מחנת Schröder, S. 277. 4 Doch bildet sich von demselben Stamm ܩܢܝܢܐ, قُنْيَان. 5 In den aramäischen Sprachen findet eine Lautversprengung statt ܬܪܥܐ, תְּרַע; ثَغْر aber, Spalt der Zähne, weist eine andere Bedeutungsentwickelung auf. 6 Ueber den Ursprung des ה vgl. weiter unten. ዶዶ፡ bleibt wegen seines ungewissen Ursprunges hier ausser Betracht. 7 Die andern Sprachen haben das Wort in männlicher Form: ܢܚܫܐ, נְחָשׁ, ናሐስ፡; נְחוּשְׁתָּן, ܢܚܫܬܐ sind abgesehen von der aramäischen Endung deutlich biblischen Ursprunges. 8 Auch im Hebräischen

V, 2, 63 *gune balsamem bei der Hoheit Baʿals*; אַלְמָנוּת, אַלְמוֹן *Wittwenschaft*, אלמנת Sid. 1, 3 [1]. Bei dieser ausgedehnten Uebereinstimmung des Sprachgebrauches wird man wohl mit der Annahme nicht fehlgehen, dass auch der Monatsname בּוּל Sid. 1, 1. Cit. 38, 1 ursprünglich beiden Sprachen gemeinsam und nicht von der einen aus der andern entlehnt worden ist.

Ergab sich uns schon aus einer Untersuchung des Lautbestandes der phönicischen und hebräischen Sprache, dass beide Sprachen innerhalb des nordsemitischen Zweiges eine besondere Gruppe bilden, so hat jetzt dieses Ergebniss aus einer Untersuchung des Sprachgebrauches beider Sprachen und einer Vergleichung ihrer grammatischen und syntaktischen Eigenthümlichkeiten seine vollständige Bestätigung gefunden. Noch nicht aber ist mit dieser Erkenntniss eine Auskunft darüber gegeben, in welcher Weise sich diese Zusammengehörigkeit erklärt. In Sonderheit sind noch die beiden Möglichkeiten offen, dass entweder die eine in irgend einer Weise von der andern herzuleiten wäre, oder dass beide gemeinschaftlich aus einer und derselben Gestalt semitischer Rede entstanden wären. In diesem letzteren Falle müssen sich alle Verschiedenheiten des grammatischen Baues beider Sprachen aus einer gemeinsamen, von beiden Sprachen aus zu erschliessenden Grundform erklären lassen. Es wird uns daher eine genaue Durchmusterung aller der Punkte, in welchen Phönicisch und Hebräisch von einander abweichen, zu einer Einsicht über den Grund der Zusammengehörigkeit beider Sprachen und über ihre Entstehung verhelfen.

Der auffallendste Unterschied zwischen dem Hebräischen und Phönicischen ist unstreitig der, das ersteres das Suffix der dritten Person masc. sing. auf *ô*, contrahirt aus *ahu* bildet, während letzteres dafür Formen auf ם, י, das Neupunische auf א [2] bietet. Es entsprechen diesen Formen

---

scheint das Femininum vorhanden gewesen zu sein, wie die Mehrzahl עורת vermuthen lässt. 1 Beide Sprachen gehen allerdings in der Bildung auseinander, stimmen aber in der Wurzel überein. Die letztere ist verändert worden in أَرْمَل, אַרְמְלוּ, ܐܪܡܠܬܐ. Das Geʿez hat für diesen Begriff andere Ausdrücke. 2 Es finden sich die hierher gehörigen Formen aufgezählt bei Schröder S. 153 und Schlottmann, Ešmunazar S. 164 ff. Der letztere Gelehrte hat sie nachmals Z. D. M. G. XXV, S. 149 ff. besprochen auf Grund der Polemik J. Derenbourg's gegen die Annahme dieser Suffixe im Journal As. VI. série. t. XI, S. 92 ff. Eine unbefangene Untersuchung der dort aufgezählten Stellen zwingt zur Annahme dieser Suffixe. Deshalb hat im Gegentheil die Nichtanerkennung derselben manchen der Ausleger zu allerhand Misshandlungen und Verrenkungen des Sinnes der Inschriften gezwungen. Sollte übrigens nicht der Widerspruch jüdischer Gelehrter gegen die Annahme dieser Suffixe vor

im Pönulus Formen auf *i*[1], *e*[2] und *im*[3]. Erinnert man sich auch bei den Formen auf י, א, *e*, *i* der aramäischen Suffixe ־ֵיהּ, ־ֵהּ, ־ֵא, ܗ̂, so fallen doch die Suffixe ם, *im* auf und scheinen auf den ersten Blick im Semitischen keine Analogie zu haben. Und doch hat dieses Suffix, dessen Vorhandensein im Phönicischen zuerst Ewald[4] auf Grund der plautinischen Formen erkannt hat, seine völlige Analogie im Hebräischen. Es ist nämlich schon den Rabbinen aufgefallen, dass an einigen Stellen des A. T. in dichterischer Rede die Formen ־ָמוֹ, ־ֵימוֹ auf Singulare gehen[5]. Diese Formen mit der plautinischen Form auf *im* zu combiniren muss um so mehr gestattet sein, als auch sonst das Neupunische ê, sei es durch Vocalsteigerung oder aus Zusammenziehung von a mit wurzelhaften oder im Suffix enthaltenen i entstanden, zu i zu verdünnen pflegt. So sagt es *estimim* d. i. אֶשְׁתּוֹמֵם Pön. V̇, 3, 23; *mysyrth* d. i. מֵישָׁרִים ibid. 1, 4. J. T.; *aly* d. i. עָלַי 1, 10. J. T.; *ys* d. i. יֵשׁ 1, 7. J. T. Wir werden daher für *binim, lasibithim* ein älteres *benêm, lasibithêm* anzusetzen haben.

Auf der andern Seite sind nun die hebräischen Pluralsuffixe auf ־ֵימוֹ, ־ָמוֹ unzweifelhaft mit dem arabischen auf هُمُ zusammenzustellen. Dabei fällt zweierlei auf, einmal, dass das hebräische Suffix auf einen gesteigerten U-Laut ausgeht, dann aber besonders, dass das erstere unterschiedslos für Plural und Singular stehen soll, während doch sonst Plural- und Singularsuffixe sehr wohl unterschieden werden. Dass das Suffix von dem einen auf den andern übertragen sei, ist schon an und für sich kaum glaublich. Aber eben wenn man diese beiden Thatsachen einander gegenüber hält, so wird man wohl zu der Vermuthung Schröder's gedrängt werden, dass an den Stellen, wo jetzt ־ָמוֹ, ־ֵימוֹ für den Singular gebraucht wird, ein altes Missverständniss vorliegt. Diese Formen lauteten wohl ursprünglich ־ֵם. Das Waw aber entstammt der Randlesart, welche für diese seltene Form die gewöhnliche auf ו vorschlug. Es kann nun die Form auf ־ֵם auf Grund der hebräischen Lautgesetze und wegen der zu vergleichenden Suffixe ־ָם, הֶם, هُمُ lediglich entstanden sein durch Zu-

---

allem seinen Grund darin haben, dass sie unbewusster Weise im Phönicischen überall die Züge der ihnen von Jugend auf geläufigen und lieben hebräischen Sprache zu erkennen suchen? Für das Suffix ם — ist von besonderer Beweiskraft die Schlusszeile der Eschmunazarinschrift והאדם מהמת וזרעם לעלם.

1 Pön. V, 1, 9 A. T. Ambros. *suistiti* B. *sucstipti* C. D. *sucspti*. Dies ist nach Analogie von J. T. Lips. *lasibithim* zu ementiren: *susibithi*. 2 *ete* ihn אותו Pön. V, 3, 23. 3 *lasibithim* a. a. O. *binim* V, 1. 7 J. T. 4 Z. f. K. d. M. IV (1842), S. 413. 5 Vgl. besonders Job. 20, 23. 22, 7. 27, 23. ψ 11, 7 und die Commentare zu diesen Stellen, sowie Ewald § 217ª S. 625.

sammenziehung von *ahim* nach Ausstossung des Hauchlautes. In dieser Lautgruppe aber ist *a* der ursprüngliche Wortausgang und *him* das angefügte Suffix. Wir erhalten demnach ein Singularsuffix *him*, welchem ein Pluralsuffix *himu*, ar. *humu* gegenüber steht. Dieses Pluralsuffix *himu* ist nun im Hebräischen einer verschiedenen Behandlung unterworfen worden. Es hat theils das auslautende *u*, welches doch wie wir unten sehen werden die Mehrzahl characterisirte, aufgegeben, und dann je nach dem Wortausgange mit Ausstossung des Hauchlautes Contraction eintreten lassen, oder auch den Hauchlaut beibehalten (ָם— und הֶם), theils hat es den auslautenden Vocal erhalten, dann aber immer contrahirt *(êmô, âmô)*. Im Singular hingegen ist wie beim gewöhnlichen Suffixe ִי der Hauchlaut ausgestossen worden und dann Zusammenziehung des i mit dem Wortausgange eingetreten *(êm)*.

Ist also das phönicische Suffix ם— *êm* zu lesen und ist es durch Zusammenziehung aus *ahim* entstanden, so kann kein Zweifel darüber walten, dass die gleichbedeutenden Suffixe י und א auszusprechen sind ê. Sie sind dann als aus *ahi* zusammengeflossen zu betrachten. Für die Schreibart א, welche den carthagischen und neupunischen Inschriften eigen ist, erhellt das schon aus einer Vergleichung mit der jüngeren Schreibung der Verbindungsform der männlichen Mehrzahl. Deshalb ist auch das Suffix א früher seinem wahren Wesen nach erkannt worden. Es ergiebt sich nun aus diesem Suffixe *ê* ein Pronomen *hi*. Von einem solchen findet sich im Hebräischen ebensowenig eine Spur als von einem Suffixe der dritten Person ê. Das Hebräische verkürzt sein הוּא bei der Suffixbildung blos zu *hu* und contrahirt dasselbe nach Ausstossung des Hauchlautes mit dem Wortauslaute ă zu ô. Dieses הוּא wird durch ܗܽܘ, هُوَ, ውእቱ፡ als gemeinsemitisch erwiesen. Es kann also kein Zweifel darüber sein, dass dieses *hu* eine ältere Form des Fürworts der dritten Person Sing. ist, als das aus den phönicischen Suffixen י, א und den aramäischen ֵיהּ—, ֵהּ—, ֵא—, ܗ̂ zu erschliessende Fürwort *hi*. Es wird dieses *hi* lediglich durch Trübung und nachherige Verdünnung des U-Vocales von הוּא entstanden sein. Diese Trübung ist also wie im Aramäischen so auch im Phöni-

---

1 Durch Ewald. Für das Suffix י— hat zuerst Schlottmann, Z. D. M. G. X, S. 412 ff. dieselbe Aussprache ê gefordert. Schlagend erwiesen wird die gleiche Bedeutung der Suffixe י und א durch Hadr. 9, 4. 5 כ שמע קלי ברכא Wer zu übersetzen vorzieht: „denn er hörte *meine* Stimme, segnete *ihn*“ zeiht damit den Schreiber dieser Inschrift eines sehr verworrenen und unklaren Stiles.

cischen, nicht aber im Hebräischen eingetreten. Ist dies aber anzunehmen, so wird man weiter zu schliessen berechtigt sein, dass auch das Singularsuffix *him*, welches in ־ם steckt, aus *hum* geschwächt ist. Für das Pluralsuffix *him*, welches wir aus ־ימוֹ, ־מוֹ, הֶם, ־ם erschlossen, ergibt das ja schon die Vergleichung von هُمْ, ܗܶܢ. Wir erhalten daher als semitische Fürwörter der dritten Person masc. für den Singular *hu*, *hum*, für die Mehrzahl *humu*. Die pluralische Bedeutung von *humu* ergibt sich also aus dem Hinzutreten des U und des M von *hum* wird als Mimation zu erklären sein. Dieses für die Bedeutung wesentliche *u* hat sich jedoch im Arabischen nur da erhalten, wo auf das Suffix هُمْ ein Verbindungsalif folgt, im Phönicischen und Aramäischen gar nicht, im Hebräischen in alterthümlicher Weise in den Suffixen ־ימוֹ, ־מוֹ und zwar unabhängig von Rücksichten des Wohllautes.

Diese phönicischen Suffixe der dritten Person Singularis werfen nun helles Licht auf das Verhältniss des Phönicischen zum Hebräischen. Ist auf der einen Seite erwiesen, dass ein Suffix *êm* dem Hebräischen wie dem Phönicischen angehört, so besteht doch zwischen beiden der gewichtige Unterschied, dass dieses Suffix im Phönicischen[1] in gewöhnlicher Rede vorkommt, während es sich im Hebräischen auf die Dichter und zwar auf eine geringe Anzahl von Stellen beschränkt. Dass es an andern Stellen von dem regelmässigen Suffixe ô verdrängt worden ist, ist möglich aber nicht zu beweisen. Dagegen legt der gesammte prosaische Sprachgebrauch dafür Zeugniss ab, dass das Suffix dritter Person sing. masc. וֹ, wofür alterthümlicher Weise auch הֹ geschrieben wird, lautete[2]. Das Phönicische hat also etwas in allgemeinem Gebrauch, was im Hebräischen lediglich als Archaismus erhalten ist. Beide Sprachen stimmen jedoch darin überein, dass sie in den Fürwörtern *hum*, *humu* den ursprünglichen U-Vocal trübten und schwächten.

Anders jedoch verfuhren die Hebräer mit dem Suffixe *hu*, welches *him* fast gänzlich verdrängte, als die Phönicier. Zwar würde man sehr fehlgehen, wenn man annähme, dass das Phönicische, weil es für he-

1 Das ergibt sich zwar nicht aus den Inschriften, denn bei religiösen Vorschriften Mass. 19, bei Verwünschungen Sid. 1, 6. 8. 9. 11. 22, ferner in Weiheformeln C. 90, 1. N. 115, 2 können sich sehr leicht Archaismen erhalten. Wohl aber ergibt sich der allgemeine Gebrauch dieses Suffixes aus Pön. V, 1, 7. 8. 2 Natürlich abgesehen von denjenigen Formen des Thatwortes mit Suffixen, in welchen das letztere, weil das Thatwort auf einen langen Vocal oder auf einen Consonanten ausging, nicht mit dem Wortauslaute contrahirt werden konnte.

bräisches ô seinerseits ê gebraucht, dem Aramäischen näher stehen als dem Hebräischen. Diese Ansicht würde schon vom ganzen ersten Theile dieser Arbeit umgestossen werden. Vielmehr lehrt eine genauere Untersuchung des Thatbestandes, dass auch bei diesem Suffixe das Phönicische mehr mit dem Hebräischen als mit dem Aramäischen gemeinsam hat. Denn es befolgt in der Bildung dieses Suffixes dieselben Regeln wie das Hebräische, andere als das Aramäische. Das Mappik im H der Suffixe ֵיהּ, ֵהּ beweisst ja, dass wir es hier mit einem lautbaren, consonantischen H, nicht aber wie in ה mit einem Vocalzeichen zu thun haben. Hieraus ergibt sich, dass das Suffix *êh* durch Eindringen eines i nach dem a der ersten Silbe von ahi entstanden ist. In Folge der rückwirkenden Kraft des die Silbe *ahi* schliessenden *i* entsand also zunächst *aihi*. Das letzte i, welches ja aus dem Diphthonge *ai* noch herausklang, verschwand und der Diphthong wurde später zu einem Mischlaut zusammengezogen. Es ist also das aramäische Suffix ֵיהּ, ֵהּ ܗܝ auf dieselbe Weise entstanden wie im Hebräischen סוּסֵךְ aus *sûsaki*, הֵקִים aus *hakîm*, oder wie im Griechischen φέρεις aus φέρεσι, κτείρω aus κτέριω, σώτειρα aus σώτερια, im Französischen *notaire* aus *notarius*, *primaire* aus *primarius*. Denselben Vorgang aber für das Phönicische anzunehmen verbietet die historische Aufeinanderfolge der Schreibungen י und א. In den älteren Inschriften findet sich eben nur י und erst später kommt א auf. Es folgt daher das Phönicische vielmehr denselben Gesetzen wie das Hebräische, indem es den Hauchlaut ausstösst und den vom Suffixe übrigbleibenden Vocal mit dem vocalischen Wortausgange zu einem Mischlaut verschmelzen lässt. So wurde im Phönicischen aus *a(h)i* das Suffix ê, im Hebräischen aus *a(h)u* das Suffix ô, genau wie im Hebräischen aus *gall^{a}îta* entsteht *gillêthâ* und aus *malakhai mal^{e}chê*. Aber beide Sprachen unterscheiden sich darin, dass im Phönicischen nicht nur das U der Fürwörter *hum*, *humu*, sondern auch das des Fürwortes *hu* einer Schwächung unterworfen worden ist, während im Hebräischen das letztere nicht geschehen ist. Hieraus ergibt sich einmal, dass diese beiden Sprachen sich geschieden haben müssen, als diese Schwächung erst in *hum*, *humu*, noch nicht oder doch noch nicht durchgängig in *hu* eingetreten war. Zugleich aber enthält der Umstand, dass das hebräische Suffix ô der älteren, das Suffix ê einer jüngeren Form des Fürwortes der dritten Person masc. sing. entstammt, den bündigen Beweis dafür, dass das Hebräische nicht eine Tochtersprache des Phönicischen sein kann.

Steht dieses nun auch fest, so bleibt allerdings noch zweifelhaft, auf welche Weise das Phönicische dieses Suffix der dritten Person sing.

masc. mit dem Plural des Nennwortes und mit der ersten Person sing. perf. verbunden hat. Ein Plural mit dem Suffixe der dritten Person Singularis findet sich Mass. 5 קרני *seine Hörner* קַרְנָיו. Es ist entstanden nach Ausstossung des Hauchlautes aus *karnaihi* wie die hebräische Form entstanden ist aus *karnaihu.* Ob jedoch das Phönicische wie das Hebräische *ai* zu *â* contrahirt hat und קרני also zu sprechen ist *karnâi*, das bleibt zweifelhaft. Ebensowenig wird man eine Gewissheit darüber erhalten können, wie die Phönicier Formen wie כלתי בנתי Umm. 1, 4 ausgesprochen haben. Denkbar wäre, dass in denselben îhi nach Ausstossung des Hauchlautes zu ij und hierauf vielleicht zu ì wurde. Doch bleibt auch die Möglichkeit, dass aus den andern Formen, welche aus dem Wortauslaute und dem ursprünglichen Suffixe ein Suffix ê bildeten, dieses neue Suffix auch hier eindrang, indem die Sprache den Ursprung des Suffixes vergass [1]. Freilich wird sich der, welcher dieser Möglichkeit den Vorzug gibt, nicht auf die Analogie der aramäischen Sprachen berufen dürfen. Denn diese haben das Schluss-I der Endung der ersten Person Perf. Sing. verhallen und auch sonst in der Form Lautwandel eintreten lassen, während sich die Form mit I selbst in der so jungen Sprache des Pönulus noch findet [2].

Noch weniger wird sich entscheiden lassen, wie die Formen אבי, אחי [3] gesprochen worden sind. Denn wir wissen ja gar nicht, ob diesen Formen die alten Nominativformen אבו, אחו zu Grunde liegen wie den aramäischen Formen אֲבוּךְ, אֲבוּהִי, אֲחוּךְ, אֲחוּהִי, ܐܒܘܗܝ, ܐܒܘܟ u. s. w., oder ob die ursprünglichen Genetivformen אבי, אחי, welche sich im Hebräischen als Verbindungsformen und in der Verbindung mit Suffixen erhalten haben, oder ob endlich abgekürzte Formen אב, אח in diesen Formen enthalten sind.

Noch weist das Phönicische ein Suffix der dritten Person plur. masc. auf, welches sich im Hebräischen nicht findet. Die Formen לקצתנם Sid. 1, 10; ויספננם Sid. 1, 19 enthalten ein Suffix נם d. i. doch wohl נָם, welches dem Hebräischen fehlt. Allein dafür findet sich im He-

---

1 Hiermit fällt der Einwand Euting's, Punische Steine S. 27. 1 Dies ist der Fall in ܩܛܠܬܗ. Doch ist bemerkenswerth, dass im Syrischen die zweite Person fem. sing. mit Suffix der dritten Person masc. ܩܛܠܬܝܗܝ heisst, während hebräisches קְטַלְתִּיו sowohl erste als zweite Person sein kann. 2 *sicorathi* שְׂקָרָאתִי Pön. V, 1, 1. A. T. Daneben finden sich allerdings Formen mit abgestreiftem I. Allein was wohl zu bemerken ist, entweder am Ende des Verses oder vor einem folgenden Vocale, also des Versmaasses wegen. 3 Cit. 21. Mel. 1, 2.

bräischen in zwei Worten ein Suffix der dritten Person sing. masc. נוֹ, nämlich in יֶשְׁנוֹ *er ist* und in קַבֹּנוֹ *verfluche ihn* Num. 23, 13. Diese beiden Suffixe haben unbedingt gemeinsamen Ursprung[1]. Dieser Umstand wirft ebenfalls Licht auf das Verhältniss des Phönicischen zum Hebräischen. Wir sahen schon, dass aus geschichtlichen Gründen das Phönicische nicht wohl dem Hebräischen entstammen kann, sprachliche Gründe aber scheinen dafür zu sprechen, dass auch das umgekehrte Verhältniss nicht statthabe. Nimmt man nun an, beide seien aus einer älteren Periode semitischer Rede erwachsen, so würde sich sehr wohl erklären, wie der Singular dieses Suffixes sich nur im Hebräischen, der Plural aber nur im Phönicischen erhalten konnte.

Dafür nun, dass das Hebräische nicht eine Tochter der phönicischen Sprache ist, zeugen auch noch andere Spracherscheinungen. Das Hebräische bildet den Causativstamm der starken Thatwörter durch Vorsetzung der Sylbe *hi*, welche aus *ha* entstanden ist. Aus dieser Form *ha* erklären sich zugleich die Causativbildungen aller übrigen Thatwörter. Diese Form *ha* hinwiederum ist, wie das Aramäische, Assyrische und Himjarische mit ihren Schafʿelbildungen, das Arabische mit seinem zehnten Stamm, und das Amharische[2] beweisen, aus einer Form *sa* enstanden. Das Phönicische aber hat Formen, welche weder einen Zischlaut noch einen Hauchlaut, sondern י an erster Stelle zeigen. So יקדש *er weihte* L. L. 4; יטנא *er errichtete* Cit. 8, 1. 23, 1. 35, 2. Ath. 4, 1; יטנאת *ich errichtete* Cit. 2, 2. 3, 1. 6, 2; ינח *er stellte auf* Ath. 7; יטנאתי *ich errichtete ihn* Ath. 6, 2. Man wird wohl nicht fehlgehen, wenn man die Worte ausspricht[3] *iḳdîś*, *iṭnî*, *iṭnêtî*, *innîaḥ*, *iṭnêtê* und annimmt, dass die Phönicier den Hauchlaut des causativen Präfixes aufgegeben und gegen die Gewohnheit der semitischen Sprachen nicht א sondern י geschrieben haben, um den Vocal[4] dieses Suffixes anzudeuten. Das Phönicische hat also wie das Hebräische die causative

---

1 Nach Socin's Angabe Z. D. M. G. XXIV, S. 230 findet sich im Bagdader Arabisch ein Suffix *nu*, aber nur nach Vocalen. 2 Ueber den Ursprung S. 35 ff. 3 Wir wissen allerdings nichts darüber, dass das Phönicische im Perfectum des Hifʿil den I-Vocal des Imperfectums hat eindringen lassen, wie es das Hebräische und das Aramäische gethan haben. Doch lässt sich dies nach Analogie des Piʿēl vermuthen, in welchem es, wie die Transcription von בעלשלך ΒΑΛΣΙΛΛΗΧ, BALSILLECH N. 4 zeigt, geschah. 4 Dies ergibt sich aus der Form ארם oder אקם Karal. 1 (bei Euting, l. l. Taf. 37). Allerdings lässt sich, da die Inschrift Fragment ist, nicht sagen, ob hier eine dritte pers. perf. oder eine erste impf. des Causativstammes vorliegt. Aber jedenfalls lautete der Vocal der ersten Silbe nicht i, sondern â, falls ein Imperfect vorliegt, oder aber ê oder â falls ein Perfect anzunehmen ist. Welchen von

Vorsetzsylbe *ha* zu *hi* geschwächt, dann aber den Hauchlaut aufgegeben. Es zeigt also im Causativstamm jüngere Formen als das Hebräische. Dass aber diese Formen mit anlautendem י wirklich aus Formen mit anlautendem Hauchlaute entstanden sind beweist das Passivum des Causativstammes. Als ein Hofʿal nämlich ist aufzufassen die neupunische Form הנכח *du bist zur Ruhe gekommen.* Es ist abzuleiten von einer Wurzel נוך, welche hebräischem נוּחַ entspricht[1]. Gesagt wird es sowohl von einem Manne N. 69, 2 als von einer Frau N. 66, 4. 67, 3. 68, 4. Es ist also nach Analogie des Hebräischen auszsuprechen הֻנַּכְתָּ, הֻנַּכְתְּ. Eine zweite Hofʿalform liegt vor in מהמת Sid. 1, 11. 22.[2] Mass. 17.[3]

---

diesen Vocalen man hier annimmt, das hängt wieder davon ab, was für einen Vocal man der Stammsilbe zuweist. 1 Es hat wohl seinen guten Grund, dass hier כ und nicht ח steht, wie man nach Analogie des Hebräischen erwarten sollte. Dass das Neupunische die Hauchlaute zum grössten Theile aufgegeben hat zeigt jede neupunische Inschrift. Nun scheidet sich aber im Hebräischen deutlich ein weiches ח, welches, wenn es auf einen andern Vocal als A folgt, eines Hülfsvocales bedarf, um vernehmbar zu werden, und ein hartes ח, mit welchem sich nach jedem Vocale die Silbe abschliessen lässt. Weiche ח konnten im Neupunischen leicht aufgegeben werden, aber nicht so in harter Verbindung stehende. Solche mussten sich halten und im Klange einem aspirirten כ vollkommen ähneln. So geben ja auch die Syrer das خ von türkischen und arabischen Eigennamen durch ܟ wieder. بُخَارَا ܒܘܟܪܐ; بَلْخ ܒܠܟ; اَلصَّخْرَة ܨܟܪܐ. Ja es geschicht dies sogar im Anlaute: خَان ܟܢ; خَاتُون ܟܬܘܢ; خَلِيفَة ܟܠܝܦܐ; خُرَاسَان ܟܘܪܣܢ. 2 Sid. 1, 22 אם אדם הא מהמת *wenn dieser Mensch getödtet ist.* Andere übersetzen: *wenn es ein Mann* (aus dem Volke) *ist, so soll er getödtet werden.* Allein die Königsfamilie, unter welcher das Grab entweiht wird, soll ja auch untergehen. Deshalb und wegen des Schlusses der Inschrift והאדם מהמת וזרעם לעלם fasst man die Worte besser in der ersteren Weise als einen Vordersatz, zu welchem mit אל יכן der Nachsatz tritt. 3 v. 16 וכל אדם מאש יזבח *jeder von denen, welche opfern,* folgt eine Lücke in welcher wahrscheinlich verbotene Opfer aufgezählt waren, v. 17 והאדם מהמת *der Mann soll sterben.* Schröder übersetzt hier mit Berufung auf die Nachricht Augustins, enarratio in ψ 136, „punice *edom* sanguis dicitur", *das Blut vom Todten.* Allein Todtes hat kein Blut. Hier aber erwartet man nothwendigerweise einen Nachsatz zu v. 16. Es ist nicht recht glaublich, dass auf Z. 16 nicht nur dieser, sondern auch noch der neue Satz, dessen Schluss dann והאדם מהמת wäre, gestanden habe. Auch wäre והאדם מהמת merkwürdig ungeschickt ausgedrückt. Worauf soll sich zudem der Artikel in dem vermeintlichen *das Blut* beziehn? Wie nun, wenn etwa in Augustin's *edom* הַדָּם steckt?

Es ist das ein Participium Hof'al gebildet ohne Ausstossung des Hauchlautes[1] und entspricht also hebräischem מוּצְנַת. Dass das Phönicische daneben Formen des Hof'al in derselben Weise wie das Hebräische bildete lässt sich aus der Form יעמס schliessen, welche sich Mass. 13 in der Phrase findet: בכל צרעת אש יענם פנת אלם *bei jedem Bittopfer, welches vor die Götter gebracht wird.* Diese Form kann nur Pual oder Hif'il sein. So lange wir nicht Spuren eines Steigerungsstammes der Wurzel עָנַם im Phönicischen finden, werden wir dieselbe nach Analogie des Hebräischen, welches keinen Steigerungsstamm wohl aber einen Causativstamm von dieser Wurzel bildet, für Hof'al halten. Es wird also zu punktiren sein צְרְעַת אֵשׁ יֻעֲנַם פְּנַת אֵלִם.

Zeigt schon in diesen beiden Bildungen das Phönicische abgeschliffenere und deshalb jüngere Formen als das Hebräische, so ist der neupunische Vocalismus noch erheblicher abgeschliffen als der hebräische. Wir dürfen nun zwar diesen durchaus nicht ohne weiteres auf das Phönicische übertragen, indess müssen die Sprachtriebe, welche jenen Vocalismus im Neupunischen erzeugten, doch schon im Phönicischen wenigstens in ihren Anfängen wirksam gewesen sein. Zum Theil lässt sich dies noch nachweisen. Wir sahen auf S. 191 Anm. 1 dass das Phönicische die Lautgruppe *aim*, mag sie im Dual oder Plural stehen, in ēm verwandelt. Das liess sich aus der Schreibart שנם Cit. 36, 3, שמם Umm. 1, 1 schliessen, dann aber bestätigte es die Form *balsamem* Pön. V, 2, 67, das Zeugniss des Augustinus (Quaest. in Jud. lib. VII, quaest. 6) *samem* apud eos coeli appellantur und Sanchoniathons Βεελσαμήν (ed. Orelli p. 14). Dasselbe Streben die Sylbe *ai* zu contrahiren hat zudem noch einer andern kenaanäischen Sprache, dem Moabitischen, eingewohnt. Bildet doch das Moabitische der Mēša'in-

---

1 Diese Beibehaltung des causativen H hat auch im Hebräischen ihre Analogien. Doch lässt sich diese Nichtausstossung des H zwischen zwei Vocalen durchaus nicht als ein Zeichen grosser Alterthümlichkeit auffassen, worauf Formen wie יְהוֹשִׁיעַ, יְהוֹדוּךָ ψ 45, 18 führen könnten, denn in späterer Zeit kommt diese schlaffere Bildung wieder auf, wie יְהֵילִילוּ Jes. 52, 5 zeigt. Dieselbe breitere Aussprache zeigt sich im jüngern Hebräisch ja auch in der Beibehaltung des ה des Artikels nach לְ, בְּ und כְּ. Olshausen, § 78[b] S. 139. Ewald § 192[d] S. 508. Noch häufiger aber werden diese aufgelösten Formen im Hiph'il des biblischen Aramäisch: מְהַנְזְקַת, הַהַשְׁפַּח Ezra 4, 15; תְּהוֹדְעוּנַּנִי Dan. 2, 5; יְהַשְׁפִּל 7, 24; יְהָקִים 5, 21; מְהָקִים 2, 21. Dasselbe gilt von der Beibehaltung des causativen ה im Futurum des himjarischen Causativstammes Z. D. M. G. XX, S. 215. Völlige Analogie aber hat das Particip מהמת an מְהֻקְצָעוֹת Ez. 46, 22.

schrift, welche sämmtliche phönicische an Alter bei weitem überragt, die Duale auf ם— und ן—. Denselben Mischlaut wird man daher wohl auch in בת, צד anzunehmen haben. Im Neupunischen scheint ferner ע seinen eigenthümlichen gutturalen Klang gänzlich eingebüsst zu haben, denn es wird unorthographischer Weise mit den andern Hauchlauten verwechselt, ja es dient sogar als Vocalzeichen, wie in פעלא oder wird ganz übergangen, wie in תישם N. 55, 2 für תשעם. Allein dieser Vorgang scheint schon im Phönicischen begonnen zu haben, denn wir finden בל für בעל nicht blos C. 12, 1 sondern auch Ath. 4, 2 im Eigennamen יתנבעל. Ja das Wort עבד hat sich sogar, wenn es mit Götternamen zu Eigennamen zusammengesetzt wird, wie in בדתנת, בדאשמן, בדעשתרת, בדמלקרת, בדבעל und im Worte בדא, zu בד verkürzt. Auf Seite 175 sahen wir, dass das Neupunische in der Aspiration der Stummlaute weiter geht als das Hebräische. Aber schon im Phönicischen ist dieselbe so weit fortgeschritten, dass sich eine Aspirata zwischen zwei Vocalen bis zu einem Hauch verflüchtigen konnte, wie dies in חלהת Umm. 1, 3 d. i. hebr. תְּלָתוֹת geschehn ist. Allerdings ergibt sich zugleich daraus, dass das Phönicische die Aspiraten noch nicht in Spiranten oder Zischlaute übergehen liess. Und finden wir im Pönulus אֲדֹנִי zu *donni* verkürzt, so ist daran zu erinnern, dass ein ähnliches Streben nach Verkürzung sich schon im Phönicischen findet. So lesen wir Sid. 1, 3 בל im Sinne von *Ertrag* d. i. יְבוּל Job. 20, 28; Dt. 32, 22. Die Fichteninseln oder Pityusen heissen phönicisch auf ihren Münzen איבשם oder blos בשם. Diese Namen, welche in Ebusus (bei Plinius) und Βοῦσος (bei Eustathius) wiederklingen[1], müssen aus אִי בְּרֹשִׁים entstanden sein. Hebräischem לָהֶם aber entspricht Mass. 3 לם, wiewohl sich die ältere Form mit Hauchlaut noch Pön. V, 1, 4 in *syllohom* d. i. שֶׁלָּהֶם findet. Allerdings muss die zusammengezogene Form nach den Ansichten einiger Ueberlieferer auch als hebräisch gegolten haben. Hierauf führt die Schreibung לם רבה mit למרבה Jes. 9, 6 und die Punctation אֶרְאֶלָּם Jes. 33, 7. Auch Peśîṭtâ, Targum, Aquila, Theod., Symm. übersetzen, als wären dort die beiden letzten Consonanten לָהֶם=לָם, was sich in der massoretischen Recension nirgends findet, aber an בָּם seine Analogie hat. Dass endlich die Formen für die Zischlaute im Neupunischen einander so zum Verwechseln ähnlich geworden sind, erklärt sich wohl zum guten Theile daraus, dass ihre eigenthümliche Aussprache sich verwischt hatte. Allein schon Umm. 1, 6 und Ath. 1. 1 finden wir für זכר Gedächtniss סכר. Hier liegt mit nichten ein Schreib-

1 Movers, Phönizier II, 2 S. 585. 586.

fehler vor. Vielmehr hat ז seinen Stimmlaut eingebüsst und sich in einfaches S verwandelt.

Alles dies verwehrt es völlig die hebräische Sprache für eine Tochter der phönicischen zu halten. Jener eigenthümliche Vocalismus des Punischen zeigt aber dennoch, dass Hebräisch und Phönicisch ursprünglich denselben Gesetzen des vocalischen Lautwandels, denselben Gesetzen der Betonung folgten. Es liegt daher gerade in jenen Formen ein schlagender Beweis für die Zusammengehörigkeit von Phönicisch und Hebräisch. Wenn wir z. B. Pön. V, 1, 1 Formen finden wie *alonuth* Göttinnen, *macum* Ort — Cod. Ambros. hat für letzteres *macom* — und Pön. V, 1, 46 der Arzt *rufe* heisst, so ergibt sich daraus nicht nur, dass das Neupunische in diesen Worten ō zu ū verdünnt hat, sondern auch, dass das Phönicische wie das Hebräische gemeinsemitisches ā zu ō verdunkelt hat. Denn erst aus phönicischem ō erklärt sich dieses punische u. Die Formen *ythmum* Pön. V, 1, 2 (J. T.) und *liful* (ibid. v. 6) werden wir nicht für älter, sondern für jünger halten als אֶתְמֹם [1] und לִפְעֹל. Wir werden annehmen, dass hier u erst aus ô verdünnt worden ist, wie es im syrischen Imperfect geschehen ist [2]. Dann folgt aber zugleich daraus, dass das Phönicische wie das Hebräische im Imperfect des Kal ursprüngliches u infolge des darauf fallenden Tones zu ô gesteigert hat. Zugleich ersehen wir aus den ersten Sylben dieser Worte, dass das Phönicische wie das Hebräische in geschlossener Sylbe stehendes unbetontes ă zu ĭ verflüchtigt hat [3]. Das Hebräische nimmt allerdings dadurch eine alterthümlichere Stellung ein, dass diese Schwächung des ă in der ersten Person wegen des Hauchlautes, mit welchem diese beginnt,

---

1 Dass würde hebräisch punctirt die nächste frühere Gestalt des Wortes sein. Das Hebräische bildet allerdings das Imperfect von תמם alterthümlicher in schwacher Abbeugung und hat gerade für die erste Person die merkwürdige Form אֵיתָם d. i. אֵתַם ψ 19, 14. 2 יִקְטֹל, ܢܶܩܛܘܿܠ entstanden aus ܢܩܛܘܿܠ. 3 Das geschicht allerdings auch im Aramäischen und im Arabischen der *Banû Tamîm*. Aber im letztern Dialekte geschicht es nach dem ausdrücklichen Zeugnisse der Araber in der 3. pers. Imperfecti nicht. Baiḍâwî bemerkt ferner zu Sur. 1, 4 (ed. Fleischer I, p. ٨ Z. 16. 17) zu نَسْتَعِينُ folgendes: وقرئ بكسر النون فيهما وهى لغة بنى تميم فانّهم يكسرون حروف المضارعة سوى الياء اذا ما ينضمّ ما بعدها. Näheres über diese Eigenthümlichkeit der لغة بنى تميم geben Rödiger in Z. D. M. G. XIV, S. 488 und Fleischer, Berichte d. K. Sächs. Ges. d. Wiss. XVI, S. 275 und 377. Auch im Ge'ez ist ja Verkürzung in den unbestimmten Vocal ĕ eingetreten.

blos bis zu ĕ vorgeschritten ist. Dieselbe Schwächung von ursprünglichem ă zu ĭ finden wir in dem Eigennamen בעלשלך, welcher N. 4 im griechischen Theile der Inschrift durch ΒΑΛΣΙΛΛΗΧ, im lateinischen durch BALSILECH wiedergegeben wird. Denn der zweite Theil des Wortes kann nach dieser Umschreibung nur der Steigerungsstamm des Thw. שלך sein. Durch die Bildung dieser Form trennen sich also Phönicisch und Hebräisch von allen übrigen semitischen Sprachen. Denn dass in der zweiten Sylbe der ursprünglich dem Imperfect eigene I-Vocal eingedrungen ist, würde zwar an den aramäischen Bildungen seine Analogie haben, nicht aber die Schwächung des in geschlossener Silbe stehenden ă zu ĭ [1]. Aus dem e der zweiten Silbe aber ergibt sich zugleich, dass das Phönicische wie das Hebräische betontes ĭ zu ê steigert.

Einen ganz besondern Beweis aber für die Uebereinstimmung, welche in der Bildung des Thw. zwischen Phönicisch und Hebräisch herrscht, liefert uns noch die Form *liful*. Denn erstens sehen wir an dieser Form, dass im Phönicischen wie im Hebräischen transitives u in die Infinitive auch solcher Thatwörter eingedrungen ist, welche ihr Imperfect auf a bilden. Denn das Imperfect von פעל lautet Pön. V, 1, 6 J. T. *thyfel*, A. T. Ambros. *tefet*, Cod. B *tefel* [2] d. i. תִּפְעַל, تَفْعَلُ. Es wurde das aber erst dann möglich, als die Aussprache mit u-Vocal die häufigere und dadurch die regelmässige geworden war. Es ergibt sich hieraus zweitens, dass das Phönicische wie Hebräische seine Infinitive überwiegend nach der Form פְּעֹל d. i. فُعْلُ bildete. Die aramäischen Sprachen haben die Infinitive des einfachen Stammes durch eine Neubildung mit vorgesetztem nennwörtlichem מ ersetzt. Das Assyrische scheint eine Form فُعُلُ als Infinitiv des einfachen Stammes auch nicht zu kennen [3]. Ebensowenig hat sie das Arabische. Nun hängt allerdings mit dieser Bildung die Form فُعْلٌ zusammen, welche als Infinitiv (مَصْدَر) des einfachen Stammes vorkommt z. B. شُغْلٌ. Allein diese Form des Infini-

---

1 Jedoch ist das Punische weiter gegangen als das Hebräische. Denn falls die Form Pön. V, 1, 1 (A.T.) *istimalti* (Cod. B. C.), *istkymkimi* (Ambros.) zu *istimmihi* zu emendiren und hebräischem יִשְׁתַּמְּחִי gleichzusetzen ist, so hat es auch das ă des Hithpa'el zu ĭ geschwächt. 2 Duberte fel d. i. דברת תפעל Das T ist blos einmal geschrieben, wie in afrikanischen Inschriften häufig das א von נדרא, wenn ein mit demselben Laut beginnendes Wort folgt und schon L. L. 2 לאדמלכם d. i. לַאֲדֹם מְלָכִם für לַאֲדֹן מְלָכִם, indem sich der Zahnnasal dem folgenden Lippennasal assimilirt hat.

tives gehört zu den weniger gebräuchlichen und steht hinter den gewöhnlich vorkommenden فِعْلٌ، فَعَلٌ، فُعُولٌ unbedingt zurück[1]. Das Ge'ez endlich ist in der Bildung der Infinitive auch seine eigenen Wege gegangen, indem es dieselben nach der im Arabischen den schallnachahmenden Thatwörtern eigenthümlichen Form فَعِيلٌ bildet und diese Form auch in den abgeleiteten Stämmen neu zu erzeugen weiss[2].

Wenn wir nun aber auch diese fortgeschrittenere Entwickelung des Vocalismus, welche uns das Neupunische zeigt, dem Phönicischen nicht zusprechen, so ergibt sich trotzdem aus dem oben angeführten, dass das Hebräische nicht vom Phönicischen abstammen kann. Es bleiben daher nur noch zwei Möglichkeiten. Entweder wird das Phönicische dem Hebräischen entstammen oder beide Sprachen werden sich aus einer und derselben älteren nordsemitischen Sprache herleiten. Das erstere aber erscheint schon, wie S. 178 bemerkt, wegen der Geschichte beider Völker gänzlich unwahrscheinlich. Wir würden dieses bezweifeln müssen, auch wenn uns nicht beide Sprachen die triftigsten Gegengründe gegen eine solche Ansicht darböten. Das ist aber vollauf der Fall. Denn wir treffen im Phönicischen Formen, welche älter sind als die entsprechenden des Hebräischen. So hat das Phönicische in der Bildung des Feminins beim Nennwort ältere Formen bewahrt als das Hebräische. Steht im Hebräischen das Feminin des Nennwortes für sich, so lautet es ָה, während die Verbindungsform die Form ַת zeigt. Es ist also im ersten Falle das aspirirte ת der im Auslaute stehenden und betonten Silbe *ath* in einen Hauch übergegangen und dann gänzlich geschwunden, während sich der Vocal ă dieser Silbe infolge des Tones und der consonantischen Einbusse zu â gedehnt hat. Mit wenigen Ausnahmen[3] hat sich ת nur da erhalten, wo der Ton die vorletzte Silbe trifft. Dann aber hat sich unbetontes ă zu ĕ (Segôl) verkürzt. Hingegen hat sich natürlich in der Verbindungsform des ת allerwegen erhalten. Denn einmal musste sich hier der Ton, welcher etwa die Endsilbe traf, dem Tone des folgenden Wortes unterordnen, dann aber war vor allem das ת durch dieses unmittelbar darauf folgende Wort vor dem Verhallen geschützt. Das Phönicische bietet nun als Femininendung des Nennworts, mag es für sich oder in Genetivverbindung stehn, ein ת. Dass aber, wenn das Wort im Satze für sich steht, etwa das ת blos einer etymologischen Schreibung sein Dasein verdanke und nicht gesprochen worden sei,

---

1 Mufaṣṣal S. 97; Sacy, Grammaire (IIe éd.) I, S. 285 § 631. 2 Dillmann § 124 S. 210 ff. 3 Ewald § 173d S. 448 ff; Olshausen, § 108b S. 202.

ist schon wegen der streng phonetischen und die vocalischen Laute nur in ganz beschränkter und karger Weise wiedergebenden Schreibart der Phönicier gänzlich unwahrscheinlich. Wenn ferner die Form *dubert* Pön. V, 1, 5. 9 (Ambros. A. T.) *diburth* (ibid. 3. 7. J. T. Cod. B.) genau den hebräischen Bildungen auf ־ָת entspricht, so belegt die Aussprache *ath* für den Stat. absol. die griechische Transcription dieser Endung durch αϑ[1]. Es können also blos darüber Zweifel bestehen, ob die Phönicier die Endung *ath* mit einem kurzen Vocal, welchen sie ja ursprünglich hatte, oder mit einem langen wie die Hebräer sprachen. Da wir im Vorigen sahen, dass das Phönicische mit dem Hebräischen dasselbe Tonverrückungsgesetz theilt, so liesse sich annehmen dass das Phönicische die Endung des weiblichen Nennwortes *ath*, wenn dasselbe für sich steht, zu *âth* gedehnt habe. Hierfür liessen sich dann die altkenaanäischen Ortsnamen anführen, weche im A. T. auf ־ָת ausgehen, wie שִׁיחוֹר לִבְנָת, מַצֵּבָת, מִכְמְתָת, חֲמָת, בַּעֲלָת, אֶפְרָת. Doch wird man diesen Formen nicht viel Beweiskraft zuschreiben dürfen, da der lange Vocal ja blos die Aussprache der Massoreten repräsentiren kann und diese noch dazu bei Nennwörtern zwischen ־ַת und ־ָת schwanken[2]. Das Phönicische hat also eine ältere Form des weiblichen Nennwortes im Gebrauche als das Hebräische, welches das T dieser Endung blos in bestimmten Fällen erhalten hat. Es ist das um so merkwürdiger, weil das Phönicische die 3. pers. fem. sing. perf. auf א bildet, welche Endung sich mit der hebräischen auf ־ָה völlig deckt. Diese 3. pers. fem. sing. perf. ist aber ursprünglich nichts weiter als das Femininum desjenigen Nennwortes, aus welchem sich die 3. pers. perf. masc. entwickelte. In beiden Formen hat die Anfügung der Endung *at* dieselbe Bedeutung. Im Thatwort also hat das Phönicische wie das Hebräische das T verhallen lassen. Ja das Hebräische ist hier alterthümlicher, da es eine Anzahl Formen auf T erhalten hat[3]. Es ist

---

1 Schröder S. 171; Blau in Z. D. M. G. XXVII, S. 530. 2 נְגִינַת ψ 61, 1, חַיַּת ψ 74, 19 gehören nicht hierher, denn an diesen Stellen ist zu emendiren, vielleicht aber das zweite שִׁפְעַת 2. Kön. 9, 17, falls hier nicht ebenfalls die Lesart unrichtig ist. Daneben aber finden sich פֹּרָת, שְׁנָת. Ewald § 173[d] S. 449. Sollten jedoch auch die Formen auf ־ָת auf einem Misverständnisse beruhen, so beweisen sie immerhin, dass die Massoreten diese Form eines für sich stehenden Nennwortes für möglich hielten. 3 Die Form עות N. 117, 3 ist unsicher, denn N. 24, 2 findet sich dafür עזז wie Exod. 1, 16 חָיָה. Hat in der ersten Stelle Levy richtig gelesen, so würde das Neupunische merkwürdig zum Hebräischen stimmen, welches ebenfalls bei hintenvocaligen Wurzeln Formen auf ת erhalten hat, wie עָשָׂת Lev. 25, 21; הִרְצָת Lev. 26, 34; הָיָת 2 Kön. 9, 37 K^etib; הָגְלָת Jer. 13, 19. Olshausen

das ein Beweis dafür, dass die Sprache diese Form gar nicht mehr als eine nennwörtliche empfand, denn sonst würde sie dieselbe nicht anders als die übrigen nennwörtlichen Formen behandelt haben.

Wir haben jedoch noch eine Andeutung davon, dass auch das Phönicische die Femininendung *ath*, wenn das Nennwort für sich steht, zu ā verwandelt hat. Aus phönicischen Inschriften führt Schröder S. 172 vier Beispiele einer nennwörtlichen Femininendung א auf, die andern von Gesenius und Movers hierher gehörigen Formen mit Recht verwerfend. Allein auch von diesen vier Formen ist nur eine beweisend, nämlich der Frauenname תארא Cit. 4, 1, welcher mit תֹּאַר zusammen zu gehören und *formosa* zu bedeuten scheint. Der Ortsname מלכא Malaka kann nicht wohl hierher gezogen werden, man fände denn für ihn eine passendere Etymologie als bisher geschehn. מלכא könnte zwar durch Schwund des א aus מלאכת entstanden sein, aber letzteres kann doch kaum *officina* bedeuten. Das א von נעשא N. 21, 1, נעשא N. 34, 1 aber ist, wie auch Levy thut, zum folgenden zu ziehn[1] und תמא ist kein Particip, sondern die dritte Person fem. sing. perf. von תמם[2]. Dies Ergebniss könnte uns nun zu Zweifeln an der Form תארא veranlassen und dies um so mehr, da dieselbe einer der cyprischen Inschriften angehört, auf denen sich auch sonst nichtsemitische Namen finden. Und wenn auch kein Zweifel darüber sein kann, dass sich die Buchstaben תארא wirklich auf dem Steine gefunden haben, da sie durch Pococke's und Porter's übereinstimmende Abschriften belegt werden, so könnte doch ein Fehler des Steinmetzen vorliegen[3]. Allein auch abgesehen

---

§ 226 S. 449. Und in der regelmässigen Abwandelung der hintenvocaligen Wurzeln wird ja an die ursprüngliche Endung ת noch die neue abgeschliffene ־ָה angehängt, da die Sprache den Ursprung der Form vergessen hatte. Hier, wo die Endung *at* mit dem die Wurzel schliessenden Vocale zu *ât* zusammenging, hielt sich das *t*, während es da, wo die Endung *at* an eine consonantisch auslautende Wurzel antrat, verhallte. Denn im letztern Falle trat ja eine Vermehrung der Silbenzahl, eine Verrückung des Tones ein. Das Phönicische ist nun freilich nur lückenhaft erhalten, so dass sich das Vorkommen von dritten Personen auf ת— nicht bestimmt in Abrede stellen lässt. Jede neu entdeckte Inschrift könnte ja eine solche bringen. Allein bisjetzt ist jenes עות die einzige Spur. Es ist das um so bemerkenswerther, da das Hebräische die ursprüngliche Form nicht nur bei hintenvocaligen Thatwörtern erhalten hat. Sie findet sich auch vereinzelt bei hintenhauchlautigen wie קָרָאת Jes. 7 14; הֻבָאת Gen. 33, 11; נִפְלָאת ψ 118, 23; נִשֵּׂאת 1 Chr. 14, 2; נִשְׁכַּחַת Jes. 23, 15, ja sogar einmal bei einer mittelvocaligen Wurzel שָׁבַת Ez. 46, 17, wie auch einmal bei einer starken אָזְלַת Dt. 32, 36. 1 Es ist abzutheilen נאש אש. 2 Auch das S. 187 erwähnte Wort אמא ist, wie sich schon dort ergab, nicht hierher zu rechnen. 3 Solche finden sich ja selbst in der Inschrift Ešmûnâzârs.

von der guten Etymologie, welche תארא im Phönicischen hat, würden solche Zweifel etwas voreilig sein, denn die phönicische Femininendung ת wird in einigen Eigennamen in lateinischer und griechischer Umschrift durch o wiedergegeben[1]. Dieses aber erklärt sich lediglich aus der Endung ־ָה. Allerdings lässt sich hieraus blos ein Schluss auf die gewöhnliche Aussprache des Volkes ziehn, allein in dieser treten die Gesetze der Sprache oft schärfer zu Tage als in der traditionellen Aussprache der Gebildeten. Es zeigt sich also auch im Phönicischen die Neigung die Femininendung *ath* in ā zu verwandeln, doch ist dieselbe bei weitem nicht in dem Maasse durchgedrungen wie im Hebräischen. Das Phönicische nimmt daher in der Bildung des Feminins einen alterthümlicheren Standpunkt ein als das Hebräische.

Ausserdem findet sich nun noch eine thatwörtliche Bildung, wegen derer dem Phönicischen der Vorzug einer gewissen Alterthümlichkeit zukommt. Im Hebräischen haben sich zahlreiche Spuren eines auf die Silbe *an* ausgehenden Imperfectes erhalten. Diese Bildung, ausgehend von der Grundform *jäkṭŭlăn*, entspricht genau dem mit einfachem نُون التَّأْكِيد gebildeten Imperfecte des Arabischen[2]. In der ersten Person Singularis und Pluralis nun ist im Hebräischen, wenn diese Formen für sich stehn, das *n* verhallt und das ursprünglich kurze a gedehnt worden. So entstehen die Formen אֶקְטְלָה und נִקְטְלָה. Derselbe Lautwandel ist in der zweiten Person Singularis des Imperatives eingetreten[3]. Folgt jedoch auf eine solche Form ein Suffix, so hat sich das ă der Silbe *an*, weil in geschlossener Silbe stehend, zu ĕ (Sᵉgol) verkürzt und aus-

1 Dido, Carthago, Ἰμίλκων. Schröder, S. 126. 2 Da sich im Himjarischen ein Imperfect auf ן findet und auch im Aramäischen ein solches vor Suffixen im weiten Umfang erhalten ist, so muss die einfache emphatische Bildung für eine ursemitische gelten. Im Aramäischen ist es sogar, nachdem sein Ursprung vergessen war, im Perfect eingedrungen. Die ثَقِيلَةٌ des Arabischen wird allerdings erst auf arabischem Boden erwachsen sein. Denn das geschärfte נּ der Formen יִקְטְלֶנִּי, יִקְטְלֶנְּךָ, יִקְטְלֶנָּה neben יִקְטְלִנְּכוֹן kann ja aus einfachem n entwickelt worden sein, um den kurzen Vocal haltbar zu machen, wie es in דָּנַנִּי Gen. 30, 6 geschehn ist. Das himjarische Imperfect auf ן wird man aber wohl kaum von den erwähnten nordsemitischen Bildungen trennen dürfen, wie es Schrader in seinem lehrreichen Aufsatze „über die Abstammung der Chaldäer und die Ursitze der Semiten“ Z. D. M. G. XXVII, S. 413 Anm. 2 thut. 3 Der semitische Imperativ ist ja nichts als ein verkürztes Imperfect, kann also sowohl vom Jussiv als vom Energicus abgeleitet werden.

serdem ist zumeist das n dem Consonanten des Suffixes assimilirt worden. So entstehen Wortausgänge wie ־ֶנּוּ, ־ֶךָּ. Doch finden sich daneben auch volle Formen wie יְכַבְּדָנְנִי ψ 50, 23; אֶתְּקֶנְךָּ Jer. 22, 24; אֲרֹמְמֶנְהוּ Exod. 15, 2; יַעַבְרֻנְהוּ Jer. 5, 22. Freilich sind diese vollen Formen selten[1]. Das Phönicische aber bietet Formen auf ן nicht blos vor Suffixen dar: ידברנך Sid. 1, 5. 6. 7, sondern hat das ן auch beibehalten, wenn das Wort für sich steht, יעמסן d. i. יַעַמְסֶן[2].

Hat somit das Phönicische nicht nur jüngere sondern auch ältere Formen als das Hebräische, so kann es sowenig von diesem wie dieses von ihm abstammen. Es bleibt uns somit nur noch die eine Möglichkeit offen, dass Phönicisch und Hebräisch die Sprösslinge einer und derselben älteren nordsemitischen Sprache sind. Machen wir nun, um dieses Ergebniss unserer bisherigen Untersuchung zu sichern, die Gegenprobe, indem wir nachsehn, ob sich die übrigen unterscheidenden Merkmale beider Sprachen mit diesem Ergebnisse vertragen. Entwickeln sich aus einer und derselben Sprache zwei neue, so wird bald die eine bald die andere jüngere oder ältere Formen haben, wie sich uns dies schon zeigte. Beide werden ferner ihre verschiedenen Wege in der Erhaltung des Wortvorrathes einschlagen, sie werden nicht nur dasselbe Wort in verschiedener Gestalt erhalten, sondern sie werden sich eine jede für sich ihre Lieblingsworte wählen, welche in jeder Sprache, weil bequem und dem Geiste der Sprechenden congenial, ihre Synonymen verdrängen. Sie werden daneben in denselben Wörtern verschiedene Bedeutungen entwickeln und den Gebrauch einzelner Worter einschränken. So können in ganz nah verwandten Sprachen für die einfachsten Dinge des Lebens grundverschiedene Bezeichnungen aufkommen. Ganz dieselben Erscheinungen beobachten wir nun im Phönicischen und Hebräischen, wenn wir den Wortvorrath dieser Sprachen einer Durchmusterung unterwerfen.

---

1 Mechanische Anschauungsweise erfand für dieses נ den nichtssagenden Namen *Nun epentheticum*. Die arabischen Grammatiker kamen mit ihrer Bezeichnung der Sache schon mehr auf den Grund. Aber freilich liegen im Arabischen die Sachen klarer. Diese Sylbe *an* ist nun nicht zu verwechseln mit dem indefiniten nennwörtlichen Wortausgang n (bez. m). Sie ist vielmehr eine Deutewurzel und mit *an* in אָנֹכִי, אַתָּה, אַתֶּם, أَنْتَ, أَنْتُمْ, הֵן, הִנֵּה, أَنْ, أَنَّ, ass. *annu* und *na* in ܗܳܢܳܐ, ־נָא, ን: zusammenzustellen. 2 עמס kann keinen Objectsaccusativ regieren, deshalb darf man nicht punctiren יַעַמְסֵנִי. Die von Kämpf, die Inschrift auf dem Denkmal Mesa's, Prag. 1870, S. 50 vorgeschlagene Auskunft wird wohl Niemand befriedigen. Hingegen enthällt יברכן Umm. 1, 8 das Suffix der ersten Person.

Dass אש im Phönicischen ein Relativum sei und hebräisches אֲשֶׁר vertrete, hat zuerst Quatremère erkannt. Noch Gesenius hielt es für gleichbedeutend mit hebr. אִישׁ *Mann*, welches allerdings im Phönicischen ebenso geschrieben wird. Im Pönulus treffen wir dafür *si* Pön. V, 1, 1. 4. 6. 8 (J. T.) und *ys* (ibid. v. 6). Schliesst sich letzteres dem אש der Inschriften an, so entspricht ersteres dem hebr. ־שֶׁ, ־שַׁ, welches sich im Liede der Debora, im Hohenliede und im späteren Hebraismus findet. Eine Form אש findet sich im Hebräischen nicht. Allein es kann kein Zweifel darüber sein, dass dieselbe einmal vorhanden gewesen ist, denn erst aus ־אֶשֶׁ erklärt sich die nochmals verkürzte Form ־שֶׁ. Uebrigens ist auch das phönicische אש ebenfalls ־אֶשֶׁ zu punktiren, denn wie hebräisches שׁ so bewirkt auch *si* im Pönulus die Schärfung des folgenden Consonanten, wie das Versmaass beweist. Im Neupunischen treffen wir also dieselbe Form wie im Hebräischen. Das Phönicische aber weist eine Form dieses allen übrigen semitischen Sprachen fremden Relativums auf, welche die Formen des Hebräischen mit einander verbindet.

Das Phönicische gebraucht ferner häufig Worte, die es mit dem Hebräischen gemein hat, in einer im Hebräischen nicht zu belegenden Bedeutung. Das Hebräische hat für *fischen* das denominirte Thatwort דִּיג und gebraucht צוּד nur von der Jagd der Menschen oder Thiere auf Wildpret. Das Phönicische aber muss die Wurzel צוד wie das Aramäische und Arabische auch vom Fischfange verstanden haben, denn nur so erklärt sich der Name ihrer Mutterstadt צדן *Fischerstadt*[1]. Für *sein* hat das Hebräische das Wort הָיָה, welches die volle Bedeutung des *Fallens, Vorfallens* bis zu der fast inhaltsleeren Bedeutung *sein* abgeschliffen hat. Das Phönicische hingegen gebraucht hierfür wie das Arabische und das Ge'ez die Wurzel כון[2], welche sich im Hebräischen ihre alte volle Bedeutung erhalten hat. Die Wurzel היא ist bisjetzt im Phönicischen noch nirgends ausser auf der in naivster Weise gefälschten brasilianischen Inschrift angetroffen worden.

Im Hebräischen steht זֶבַח immer in seiner eigentlichen Bedeutung: *Schlachtopfer, blutiges Opfer*. Im Phönicischen hat es weitere Bedeutung gewonnen, so dass auch das Speiseopfer זבח heisst[3]. Die Aus-

---

1 Justinus 18, 3. 2 Mass. 4. 6. 8. 10. C. 1, 4. 8. Pön. V, 1, 5 (J. T. Cod. B.) Mass. 3. 7. 13. 15. C. 1, 6. Sid. 1, 8. Umm. 1. 6. 3 זבח צד Mass. 12. C. 90, 9. Dass hier צד die Bedeutung *Speise* und nicht etwa die Bedeutung *Wildpret* hat, ergibt sich aus dem folgenden זבח שמן *Fettopfer*. Auch Mass. 13 und C. 90, 10 folgen lauter unblutige Opfer. Und Mass. 14 heisst es sogar בכל זבח אש אדם לזבח במנח(ה).

drücke, welche das Opferwesen betreffen, sind überhaupt in beiden Sprachen sehr verschieden, wie das bei dem grossen Unterschiede in den religiösen Vorstellungen beider Völker nicht befremden kann. Der Mosaismus kennt weder ein צרעת[1] noch ein שלם כלל[2]. Auch das ist bemerkenswerth, dass das Phönicische den Priester zwar wie das Hebräische כהן nennt, aber den ἀρχιερεύς nicht durch הַכֹּהֵן הַגָּדוֹל, sondern רב כהנם Ath. 4, 2 heisst. Es stellt das Phönicische den Oberpriester als Beamten auf dieselbe Stufe, auf welcher für den Hebräer der רַב סָרִיסִים und der רַב טַבָּחִים stehen.

Hier sind ferner noch folgende Worte aufzuzählen, welche beide Sprachen verschieden gebrauchen. *ʿAbdʿêlîm* עבדאלם hat ein Gelübde gethan[3] בפלג לארכא[4]. Es kann das entweder bedeuten: „im Distrikte von Laodicaea“ oder „inmitten von Laodicaea“. Die erstere Bedeutung hat פֶּלֶךְ im spätern Hebräisch, wohin es durch Einfluss des Aramäischen gekommen ist. Die zweite Bedeutung würde sich an das aramäische פְּלַג *Theil, Hälfte*[5] anschliessen. Will man der ersten Möglichkeit den Vorzug geben, so lässt sich der Wandel von ג und כ durch מֶזֶג und מֶסֶךְ belegen. Das Hebräische gebraucht ferner in einer Doppelfrage הֲ—אִם oder אִם—אִם, wendet jedoch alleinstehendes אִם blos in der Bedeutung *wenn* an. Insoweit das Phönicische ebenfalls אִם—אִם in der Doppelfrage anwendet, stimmt es zum Hebräischen, allein es weicht von diesem ab, indem es alleinstehendes אִם in der Bedeutung *oder* gebraucht[6]. Hierfür sagt das Hebräische אוֹ. Das Hebräische hat zwei Negationen: eine objective לֹא und eine subjective אַל. Daneben findet sich in beiderlei Sinne das der Poesie angehörige בַּל. Im Phönicischen ist eine Negation לא bisjetzt noch nicht gefunden worden. אַל gebraucht es im selben Sinne wie das Hebräische[7]. Daneben aber hat es בל in allgemeinem Gebrauch[8]. Ja es verbindet בל der Verstärkung halber noch mit אי und sagt איבל[9]. Diese Zusammenstellung findet sich im Hebräischen nicht. Ebensowenig gebraucht es alleinstehendes אי als

---

1 Mass. 3. 4. 5. 7. 9. 13. C. 1, 4. 5. 2 Mass. 3. 5. 7. 9. 11. 3 Umm. 1, 3. 4 Es ist לארכא zu lesen, indem א, mit welchem das folgende אית beginnt, blos einmal geschrieben wurde. Vergl. S. 213 Anm. 2 5 Eigentlich *Schnitt, Halbschied.* Von derselben Bedeutung geht פְּלַג, فَلْجٌ, ፈለግ፡ Rinnsal aus, so genannt, weil es die Erde spaltet. 6 Sid. 1, 7. 10. Mass. 9 15. 7 Sid. 1, 4. 5. 6. 8. 11. 20. 21. 8 בל יכן *nicht sei* Mass. 15. C. 1, 6. 9 אש איבל שת *was nicht festgesetzt ist* Mass. 18. C. 1, 11. אש איבל יתן *wer nicht gibt* Mass. 21.

Negation wie es das Phönicische thut[1]. Es kennt אִי blos als Bestandtheil der Namen אִי־כָבוֹד, אִיזֶבֶל und in אִי־נָקִי Job. 22, 30. Erst von den Rabbinen wird es häufiger gebraucht.

Ebenso haben beide Sprachen verschiedene Accusativpartikeln. Das Hebräische hebt den Accusativ durch אוֹת oder durch אֵת, אֶת־ hervor. Die erstere leitet sich offenbar her von einer Wurzel אוה, die beiden letzteren Formen gehen, wie הֵם und הֶם— auf *h̆im*, auf eine Form *ĭth* zurück[2]. אות findet sich im Phönicischen gar nicht. את zeigt sich erst in späten Inschriften, in älteren steht dafür beständig אית. Es scheidet sich dies deutlich von את *mit*, welches seinerseits aus *ĭnt* zusammengezogen ist, wie እንተ፡ beweist. Die Schreibart *yth* im Pönulus lässt uns über die Aussprache dieser phönicischen Partikel אית im Dunkeln, denn y steht im Pönulus für sehr verschiedene Vocale. Beobachtet man jedoch die Sparsamkeit, mit welcher die Phönicier Consonanten schreiben um Vocale zu bezeichnen, so wird man es unglaublich finden, dass die Phönicier durch die Schreibung אית das ê der Form אֵת hätten wiedergeben wollen. Schreiben sie doch unbedenklich בת, צד, שמם für בית, ציד, שמים. Auch um es von את *mit* zu scheiden, werden sie es nicht mit י geschrieben haben. Denn sie schreiben ja ohne Zaudern בל sowohl für בּוֹל als für בַּל, אל sowohl für אֵל als für אַל, אש sowohl für אִישׁ als für אֶשֶׁ—. Wir werden daher in dem Jod der Form אית einen Consonanten zu suchen und *'ĭjăth* oder *'ijâth* auszusprechen haben. Dann schliesst sich das Phönicische aber an die aramäischen Formen יַת, ܝܬ, ܝܳܬ an und scheidet sich vom Sprachgebrauche des Hebräischen.

Vielfach hat das Phönicische noch Wörter und Formen im allgemeinen Gebrauch, welche in der gewöhnlichen hebräischen Rede durch Wörter ähnlicher Bedeutung verdrängt worden sind und sich nur in der alterthümlichen Sprache des Pentateuches oder in der gehobenen

---

1 Sid. 1, 5 אי שם בן מנם *hier ist kein Reicher*. 2 Diese Form findet sich ja noch im Präformativ des Hithpa'el הִתְ. Der Hauchlaut erklärt sich im Hebräischen aus Analogie des Hif'il und Hof'al. Ursprünglicher sagt das Aramäische *ĭth*. Schliesslich geht natürlich dieses ĭth auf *ŭth* und dieses auf *ûth*, *ôth* zurück. Im Hebräischen ist ja häufig *ŭ* in *ĭ* übergegangen, wie הֵם הֶם— neben هُمْ, קְטַלְתֶּם, קְטַלְתֶּן neben قَتَلْتُمْ, قَتَلْتُنَّ, קָטַלְתִּי neben قَتَلْتُ, קִטּוּר, ܩܶܛܠܶܬ, قُنْفُذ, ቀተልክሙ፡, שִׁבֹּלֶת, سُنْبُلَة, אָנֹכִי neben ass. *anaku* beweisen. Dieses aus ŭ entstandene ĭ wurde dann im Hebräischen denselben Veränderungen wie ursprüngliches ĭ unterworfen: es wurde zu ĕ (Segôl) verkürzt, zu ê (Zere) gesteigert und zu î gedehnt.

Sprache der Dichter und Propheten erhalten haben. So ist פעל im Phönicischen das gewöhnliche Wort für *thun, machen*[1] wie im Hebräischen עָשָׂה. Der Monat heisst im Phönicischen in Monatsangaben noch allgemein ירח[2]. Nur den hebräischen Dichtern ist dieser Ausdruck geläufig, in der gewöhnlichen Rede steht dafür חֹדֶשׁ. *Leben* heisst im Phönicischen nicht חיא, wie nach Analogie des Hebräischen zu erwarten wäre, sondern חוא. Diese ältere Gestalt der Wurzel hat sich im Hebräischen nur im Namen der Urmutter erhalten. Nur in der Dichtung bildet der Hebräer von שָׁנָה einen Plural שָׁנוֹת. In gewöhnlicher Rede steht dafür die Nebenform שָׁנִים. Umgekehrt ist im Phönicischen die erstere im allgemeinen Gebrauch[3]. Ein Plural שנם ist auf einer phönicischen Inschrift bisjetzt noch nicht gefunden worden. Hingegen hat das Phönicische im Singular die stark abgeschliffene Form שת im Gebrauch[4]. Doch findet sich daneben auch die volle Form שנת[5]. Auch im Gebrauche von אלף unterscheiden sich beide Sprachen. Denn wenn auch dieser Ausdruck in beiden ein alterthümlicher sein wird[6], so kennt doch das Hebräische nur die Mehrzahl אֲלָפִים. Endlich hat das Phönicische in כרסים Cit. 35, z. 5. 6 eine ältere Form zu כִּסְאוֹת erhalten, falls ersteres in jenen Stellen *Thron* bedeutet. Beide unterscheiden sich auch noch in der Bildung der Mehrzahl.

Ganz im Gegensatze hierzu hat nun das Phönicische viele Worte im Gebrauch, welche sich erst im nachbiblischen Hebräisch finden. Man darf jedoch aus diesem Umstande nicht den Schluss ziehn, dass diese Worte erst im nachbiblischen Hebräisch gemünzt worden oder Fremdwörter seien. Bei dem beschränkten Umfang der althebräischen Literatur kann ihr Nichtvorkommen zufällig sein. Ferner können sie sehr wohl schon im Hebräischen von früherher vorhanden aber von den biblischen Schriftstellern verschmäht worden sein. Der Grund hierfür konnte sein, dass sie als Provincialismen galten, oder als Neubildungen kein Bürgerrecht in der traditionellen Schriftsprache besassen oder endlich einen heidnischen Beigeschmack hatten. Wie sehr man Worte mit solchem zu vermeiden suchte, sehen wir ja aus dem interessanten Umstande, dass man den Namen בעל, welcher früher auch für Jahve galt, in

---

1 Sid. 1, 19. Umm. 1, 4. Melit. 5, 1. 2 Sid. 1, 1. 2, 1. Cit. 1, 1. 35, 1. Mel. 2, 2. 3 Ueber die Stellen, in welchen sich שנת als Plural findet vergl. Schröder, S. 181. Der Verfertiger der brasilianischen Inschrift bildet den Plural ungenirt männlich, wie es ihm im Hebräischen geläufig war. 4 Sid. 2, 1. Umm. 1, 4. 5. Mel. 2, 3. 5 Sid. 1, 1. Cit. 1, 1. 7, 1. 36, 1. 6 Dasselbe findet sich blos in der Mass. In einer Opfertafel können wir aber sehr wohl alterthümliche Ausdrücke erwarten. Dann stände das Phönicische auf derselben Stufe wie das Hebräische, welches blos in der Poesie ihn so nennt, sonst aber שׁוֹר sagt.

Eigennamen durch בֹּשֶׁת ersetzte[1]. Dieses letztere ist sicher der Grund, weshalb sich im Hebräischen מזל *Glück*, eigentlich Constellation der Gestirne, nicht findet, während es im Phönicischen, L. L. 5, und Neuhebräischen vorkommt. Der *Schwur* heisst schon in der Inschrift Ešmūnazār's קנם, das Hebräische sagt dafür אָלָה. Aber im Talmud findet sich קוֹנָם und wird Gemara, Nedarim fol. 10 als ein Wort der Heiden bezeugt. Ešmūnāzār sucht Entweihung seines Grabes durch die Versicherung abzuwehren, dass er keine Schätze bei sich habe, er sei kein בן מנם[2]. Das Alte Testament nennt den Reichen nirgends *Sohn der Minen*. Wohl aber finden sich ähnliche Ausdrücke im Talmud[3].

In andern Fällen sind solche Ausdrücke, welche das Phönicische mit dem Neuhebräischen theilt, weil jüngeren oder provinciellen Ursprunges, im Alten Testamente noch nicht gebraucht worden. So findet sich Sid. 2, 3 ein Wort כבן[4], welches *widmen, weihen* bedeuten muss. Es wird daher mit dem samaritanischen כבן *aufrichten, bestimmen* zu vergleichen sein. Dies aber ist eine Neubildung von כון auf Grund eines Pi'els כַּבֵּן[5], wie es sich in der Mischna findet. Die Tafel, auf welcher

---

1 אִישׁ־בֹּשֶׁת 2. Sa. 2 für אֶשְׁבַּעַל 1. Chr. 8, 33. 9, 39, יְרֻבֶּשֶׁת 2. Sa. 11, 21 für יְרֻבַּעַל Richter 6, 32, מְפִיבֹשֶׁת 2. Sa. 4, 4 neben מְרִיב בַּעַל 1. Chr. 8, 34 und מְרִי־בַעַל 1. Chr. 9, 40. Schon dem Urheber der Richter 6, 32 überlieferten Etymologie war diese alte Bedeutung von בַּעַל unbekannt. 2 Sid. 1, 5 אל יבקש בן מנם כאי שם בן מנם *er suche keinen Reichen, denn hier ist kein Reicher.* 3 Erubin, fol. 85[b] בֶּן־מֵאָה מָנֶה ibid. 80[a] בֶּן־מָאתַיִם מָנֶה. Kämpf, die Inschrift Mesa's S. 49. 4 de Vogüé und Ewald lesen ובן und Sohn. Das Zeichen ist aber eher ein Kaph als ein Waw. Freilich lässt sich das nicht categorisch behaupten, da sich auf der Inschrift, abgesehen von unserm Wort, kein Waw findet. Allein liest man ובן, so fehlt das Thatwort, von welchem der Accusativ אית שרן abhängig ist. 5 Bei Schlottmann, Ešmunazar S. 168 finden sich Belege für ein Wechseln von mittelvocaligen Wurzeln mit solchen, welche an zweiter Stelle den Lippenstummlaut ב haben. Dieser Wechsel wurde erst dann möglich als sich die Sprache gewöhnte in den abgeleiteten Stämmen der mittelvocaligen Wurzeln den ursprünglich langen Vocal in den ihm verwandten Lippenlaut W aufzulösen, wie es das Arabische thut. Das thut aber das Hebräische nicht. Erst im jüngeren Hebraismus finden sich Intensivstämme von mittelvocaligen Wurzeln, welche durch Verwandelung des Vocales in einen Consonanten, nach der Analogie der starken Wurzeln, gebildet sind. Ewald § 121[a] S. 318. Für mehrere derselben aber hat es schon, wie das Aramäische durchgehends thut, W in den schärferen und zähern Laut J verwandelt. Die Wurzeln mit ב nun, welche mit mittelvocaligen verwandt sind, scheinen zu beweisen, dass in der Sprache des Volkes wenigstens die jüngere starke Bildung des Intensivstammes der mittelvocaligen Thatwörter schon eingetreten war, als man in der Schrift-

die massilische Opferverordnung verzeichnet ist, nennt sich selber ז פס Z. 18. Ebenso nennt sich die carthagische Z. 11. Man kann dies nur zusammenstellen mit dem talmudischen Worte פס, welches *Brett* bedeutet. הלכת findet sich Cit. 35, 4 in der Bedeutung *Gesetze, Vorschriften.* Im Hebräischen bedeutet הֲלִיכָה lediglich *Zug, Weg, Carawane*, statt jenes הלכת würde es vielmehr חֻקִּים oder מִשְׁפָּטִים sagen. Allein im Neuhebräischen findet sich הֲלִיכוֹת in derselben Bedeutung wie Cit. 35, 4. Ebenso vergleicht Munk den Ausdruck ברץ, welcher sich Mass. 20 in der Bedeutung: *ausser, darüber hinaus* findet, passend mit den mischnischen Worten מִבָּרֶץ und בֵּרוּץ. Mass. 4. 6. 8. 10 heissen die Füsse der Opferthiere פעמם d. i. פְּעָמִים. Das Hebräische gebraucht zwar dieses Wort in der gehobenen Rede in der Bedeutung *Füsse*, hat es aber nicht auf die der Thiere übertragen. Allerdings hat im Phönicischen פַּעַם nicht die abgeblasste Bedeutung *mal* مَرَّةٌ angenommen, wie im Hebräischen[1]. Ein *guter* Name heisst im Hebräischen שֵׁם Gen. 6, 5. Prov. 22, 1. Job. 58, 17. Sich einen Namen machen heisst sich einen guten Namen machen Gen. 11, 4. Jes. 56, 5. Jer. 32, 10. Neh. 9, 10. 1. Chr. 17, 8. Es ist שֵׁם nicht zweideutig[2], ein schlechter Name heisst nie שֵׁם, sondern שֵׁם רַע Neh. 6, 13. Aus dieser Redeweise spricht noch die ursprüngliche volle Bedeutung von שֵׁם, welches sich von der Wurzel שָׁמָה *hoch sein* herleitet. Nicht so im Phönicischen. ʿAbdeʾêlîm hat Tempelbauten vollführt, damit sie ihm seien לסכר ושם נעם *zum Gedächtniss und zum guten Namen* Umm. 1, 6. שם hat also eine abgeblasstere Bedeutung und bedarf des Beiwortes נָעֵם, um einen guten Namen bezeichnen zu können. Nicht jedoch sind unter diesen jüngeren Bildungen und Begriffsentwickelungen des Phönicischen aufzuzählen *phursa* Pön. V, 2, 50, *Deutung, Erklärung, aru*, ibid. 1, 2 J. T., aram. אֲלוֹ, אֲרוּ, *thera* Thür, תְּרַע Pön. V, 1, 10, denn das sind aramäische Wörter, welche sich als Lehnwörter im Neupunischen finden. Im Phönicischen hat aber solche Aramäismen noch Niemand nachzuweisen vermocht[3].

---

sprache noch die älteren Formen mit wiederholtem zweiten Consonanten anwandte. Und als die Schriftsprache sich zu Formen mit W bequemte, war in der Volkssprache dieser Laut schon im Begriff, in J überzugehen. 1 Auch Umm. 1, 7 bedeutet es das nicht. Wenn es dort heisst תחת פעם אדני בעל שמם, so wird der Sonnengott als ein das Himmelszelt mit seinen Schritten durchmessender Wanderer aufgefasst. 2 Besonders belehrend über diese volle Bedeutung von שֵׁם ist Koh. 7, 1. 3 Am allerwenigsten finden sich solche in der Eśmûnäzärinschrift, wo Levy solche gefunden zu haben geglaubt hat.

Daneben bietet das Phönicische Worte dar, welche sich im Hebräischen nicht finden, ohne dass wir jedoch wegen des geringen Umfanges, in welchem die althebräische Literatur auf uns gekommen ist, behaupten dürfen, sie seien dem Hebräischen fremd gewesen. Sie können sehr wohl in uns verloren gegangenen Literaturgattungen enthalten gewesen sein. Hat sich doch z. B. von der erotischen Poesie lediglich das Hohelied erhalten. Auch daraus, dass sich für solche Worte im Hebräischen andere finden, dürfen wir nicht schliessen, sie seien in ihm nicht vorhanden gewesen. Denn das Hebräische ist ja an Synonymen überaus reich. So scheint ein altsemitisches Wort vorzuliegen im Thatworte נצב welches im If'il und Pi'el auf phönicischen und punischen Inschriften das *Errichten* von Gedenk- und Grabsteinen bezeichnet. Es findet sich nur noch im Himjarischen und zwar in derselben Bedeutung.[1] Die *Grenze* nennt das Hebräische גְּבוּל, welche Form sich Pön. V, 1, 9 J. T. in der Mehrzahl *gubulim* findet. Daneben lesen wir Sid. 1, 20 eine Form הגבל wie ψ 116, 12 תַּגְמוּלִים für גְּבוּל. Das Lamm wird Mass. 9 mit dem Namen אמר benannt, den es auch in andern semitischen Sprachen führt, إِمَّر, אִמַּר, ܐܶܡܪܳܐ. Das Hebräische sagt dafür כֶּבֶשׂ. كَبْش, ܟܶܒܫܳܐ beweisen, dass beide Worte ursprünglich dem Semitischen gemein sind. Ebendaselbst sowie C. 1, 5 wird ein צרב איל erwähnt. Falls es mit *Hirschkalb* richtig übersetzt ist — und der Zusammenhang scheint diese Uebersetzung zu fordern — würde es hebräischem עֹפֶר entsprechen. Ešmūnāzār klagt Sid. 1, 1. 2 נגזלת......בנם סכים מאזרם. Da er sich gleich darauf יתם בן אלמנת nennt, so kann das lediglich eine Klage über den Verlust seiner Söhne enthalten. סכים aber und מאזרם werden ehrende Beinamen seiner ihm vorzeitig entrissenen Söhne sein. מאזר kann dann nur das Particip eines abgeleiteten Stammes von אזר sein, von welcher Wurzel אֵזוֹר Gürtel kommt. Passend hat es Rödiger mit dem hebräischen Ausdrucke חָלוּץ eigentlich *detractus* d. i. *expeditus, leicht gewappnet, rüstig im Streit* verglichen. Es ist dann מְאֻזָּר zu lesen. Der Kriegsmann bedarf ja des Gurtes, um kämpfen zu können. Beide Sprachen bieten hier also verschiedene Ausdrücke für den rüstigen, tapferen Krieger. Enthält nun מאזרם das Lob der Tapferkeit dieser zu früh dahingeschiedenen Königssöhne, was liegt näher als in סכים das Lob ihrer Klugheit zu suchen? Denn das sind doch wohl diejenigen Eigenschaften, welche einem Herrscher vor allen Dingen nöthig sind. Dann würde sich das letztere von derselben Wurzel ableiten, welche im Aramäischen סְכָא in der Bedeutung *schauen*,

---

1 Z. D. M. G. XXIV, S. 188 מהלן | מנר | שניר | בן | שרעם.

im Hebräischen in den Ableitungen שֶׂכְוִי[1], שְׂכִית, מַשְׂכִּית erhalten ist. Einen einsichtigen nennt das Hebräische anders, nämlich מַשְׂכִּיל oder נָבוֹן. Das Hebräische gebraucht נָעִים von Personen und Dingen welche einen angenehmen Eindruck erzeugen und als Beiwort des gnädigen Gottes, aber weder von einem guten Namen, den es wie wir sahen blos שֵׁם nennt, Umm. 1, 6 noch vom Glücke[2]. Der Sarg, in welchem Ešmūnāzār ruht, heisst in der Inschrift dieses Königs[3] חלת, ohne Zweifel weil es ein durch Aushauen und Aushöhlen (חלל) eines Steines gefertigter Sarkophag war. Das Hebräische kennt ein solches Wort nicht. Im Hebräischen sagt man הִצְלִיחַ יְיָ דַּרְכּוֹ פּ״ Gott verleiht dem Wege Jemandes Glück. Das Phönicische wendet in dieser Bedeutung das Pi'el, nicht den Causativstamm desselben Thatwortes an, wie die Eigennamen אשמנצלח Ath. 4, 2, דעמצלח Ath. 6, 2 beweisen. Die Lenden des Opferthieres heissen im Hebräischen כְּסָלִים[4]. Dasselbe scheint Mass. 4 das Wort שלבם zu bezeichnen[5]. Ein Gelübde erfüllen nennt der Hebräer שִׁלֵּם נֶדֶר 2. Sa. 15, 7. Jer. 19, 21. ψ 22, 26. 59, 14. Neh. 2, 1. Dafür findet sich N. 86, 3 עלמתי את נדרי *ich erfüllte mein Gelübde* und N. 104, 2 אלם את הנדר *er erfüllte das Gelübde.* Von einem solchem Worte ist im Hebräischen keine Spur vorhanden. Umgekehrt finden sich die dem A. T. eigenthümlichen Gottesnamen אלהים und יהוה im Phönicischen nicht, dafür eine dem Hebräischen fremde Bildung אלן Sid. 1, 9. 16. 18. 22, welche neben dem auch dem A. T. wie ursprünglich allen semitischen Sprachen[6] eigenen אל gebraucht wird. Auch ein männlicher und weiblicher Plural findet sich von diesem אלן, wie Pön. V, 1, 1 *yth alonim valonuth*[7] zeigt. Cit. 37 heisst der Lycier ΜΥΡΝΟΣ ein ΑΝΗΡ

---

1 Es findet sich blos Job. 38, 36 und kann wegen des ganzen Zusammenhangs nichts als eine „Luft- oder Lichterscheinung“ bezeichnen. Es mit den Rabbinen und dem Targum II *Hahn* zu übersetzen lässt sich kaum rechtfertigen. Erst v. 39 beginnt ja die Aufzählung der dem Menschen unerklärlichen Erscheinungen in der Thierwelt, v. 36 aber zu versetzen verbietet die erste Vershälfte, in der Niemand ein Thier entdecken wird. 2 L. L. 5 (ל)מזל נעם ΑΓΑ[Θ]ΗΙ ΤΥΧΗΙ. 3 Sid. 1, 3. 5. 7. 10. 4 Lev. 3, 4. 5 Es steht dort von einem Theile des Opferthieres, welcher dem Opfernden, dem בעל הזבח zukam. Damit zu vergleichen wäre صُلْبٌ, صَلَبٌ, صَالِبٌ. צ hätte sich zu שׂ geschwächt, wie es in שָׂחַק für älteres צָחַק geschehn ist. Indessen ist auch die Aussprache שְׁלָבִים nicht gänzlich ausgeschlossen, denn ጸውዐ:, womit צועה zusammenhängt, ist mit hebräischem שִׁוַּע zusammenzustellen. 6 Es findet sich auch auf assyrischen, aramäischen und himjarischen Inschriften. Im Mittelarabischen ist es allerdings verdrängt worden. 7 Dass man diese Worte bis zur Auffindung von Sid. 1 nicht zu deuten wusste, wurde dem Verfertiger der brasilianischen Inschrift verhängnissvoll.

(E) ΚΠΩΜΑΠΟΙΟΣ, im Phönicischen entspricht diesen Worten פעל קסם. Ein Wort קסם, welches die von den Griechen ἔκπωμα genannten Gefässe bezeichnete, gibt es im Hebräischen nicht. Man kann mit diesem phönicischen קסם höchstens das hebräische קְשָׂוֹת vergleichen. Endlich unterscheidet sich das Phönicische dadurch vom Hebräischen, dass *geben* in ihm nicht wie im Hebräischen נָתַן sondern יתן heisst[1]. Nicht aber mag ich hier Worte aufführen wie ארום Cit. 36, 3. Denn ob dies *Libationsgefässe* oder was es sonst bedeute ist gänzlich unsicher. Ebensowenig kann ich die Worte כבא und באם Mass. 5 hierher ziehn, welche dort von einem jungen Rind ausgesagt werden. Denn wenn sich für כבא auch allenfalls die Bedeutung *ziehn* gewinnen lässt durch Verweisung auf مَطّا, so lässt sich doch באם nicht ohne Weiteres mit mit בָּעַט hinten ausschlagen zusammenbringen. Der Wechsel von א und ע wäre ja wohl erträglich. Aber was soll ein עגל sein, welches noch nicht hinten ausschlägt? Ein erwachsenes Rind stösst viel lieber mit den Hörnern, als es hinten ausschlägt. Denn die Hörner sind ihm eine viel bessere Waffe. Wird ein Rind angegriffen, so sucht es dem Feind sofort die Stirn zuzuweisen. Hingegen schlägt ein Kalb hurtig hinten aus sobald es nur springen kann. Das aber geschieht sehr bald.

Daneben finden wir nun, dass beide Sprachen sich oft verschiedener

1 Sicher liegt das Perfect יתן vor auf der Inschrift einer kleinen Bronzestatue, welche im naturhistorischen Museum zu Madrid verwahrt wird (Schröder, Taf. X^bis) sowie Cit. 35, 3. 36, 3. 37, 2 und in den Eigennamen עשתרתיתן, אשמניתן, בעליתן, מלכיתן, סכניתן. Viele Erklärer sträuben sich gegen die Annahme einer solchen Wurzel יתן im Phönicischen und lesen das Imperfect יִתֵּן. Allein völlig mit Unrecht. Denn die griechischen und lateinischen Umschreibungen Σαγχουνιάθων, BALIATHO, BALITHON, MILCHATON erklären sich nur aus einem Perfect. Dann aber haben wir das Perfectum nicht nur in den entsprechenden hebräischen Eigennamen יְהוֹנָתָן, אֶלְנָתָן, sondern auch in vielen phönicischen Eigennamen, in welchen das Thatwort an zweiter Stelle steht. Schon das S. 174 erwähnte בעלשלך beweist das. Endlich aber kann ein solcher Wechsel von Wurzeln mit J und N an erster Stelle gar nicht befremden, da er sich gar nicht selten findet, wie יָקַע und נָקַע, יָקֹשׁ und נָקַשׁ, יָצַב und נָצַב, יָפַח und נָפַח beweisen. In allen diesen Fällen bilden die beiden letzten Laute der Wurzel ihren ursprünglichen Bestandtheil, was sonst bei den semitischen Wurzeln nur selten der Fall ist. Sie wurde durch Vorschlag eines dieser Laute auf die Stufe der Dreilautigkeit erhoben. י und נ konnten aber um so eher wechseln, als die mit ihnen beginnenden Wurzeln sich in der Abbeugung mannichfach berühren. Dass aber die Urwurzel zu נָתַן in תן steckt, welches sich ja noch in תְּנָה und תָּנַן findet und schliesslich auf den Deutelaut T zurückgeht, liegt auf der flachen Hand.

Ableitungen von derselben Wurzel bedienen, um denselben Begriff aus zudrücken. Es ist das eine Erscheinung, die sich bei Dialekten der selben Sprache ungemein häufig beobachten lässt. So heisst die Hau im Phönicischen ערת Mass. 4. 6. 8. 10. C. 1, 2. 3, im Hebräischen abe עוֹר. Dass aber auch im letzteren früher die weibliche Form vor handen gewesen ist bezeugt vielleicht der Plural עֹרוֹת. Auch im Phöni cischen lässt er sich durch C. 1, 4. 5 belegen. Aehnlich gebraucht da Phönicische für קִיר *Mauer, Stadt* die Form קרת, wie sie in Carthag d. i. קרתחדשת Νεάπολις *Neustadt* und andern Stadtnamen[1] sowie i מלקרת d. i. מלך קרת vorliegt. Pön. V, 1, 4 (J. T. Cod. B) findet sic *mysirth* als Uebersetzung von *fides*. Das Hebräische kennt nur מֵישָׁרִים In der Bedeutung *Amtsgenosse* findet sich Mass. 19 חברן. Hebräisc würde das חָבֵר sein. חֶבְרוֹן findet sich nur noch als Mannsname. De in den Inschriften so häufigen Namen מהרבעל umschreibt Appia 7, 10. 11 durch Μαάρβαλ, Polybius 3, 8 durch Μαάρβας, Herodo 7, 98 durch Μέρβαλος. Hieraus lässt sich schliessen, dass der erste Bestand theil des Wortes eine Segolatform מֶהֶר war, wie sie im Syrischen ܡܘܗܪܐ vorliegt. Das Hebräische kennt nur die Form מֹהַר. Auch das Arabisch sagt nicht مَهْر sondern مَهْر. Wie das Hebräische so gebraucht auch da Phönicische die Präposition על, und dass sie auch bei den Phöniciern i der vollen, alterthümlichen Form עֲלֵי vorhanden war, lehrt Pön. V, 1, 1 (J. T. Cod. B.) *aly thera*. Daneben aber findet sich noch eine Form לת: welche dem Hebräischen völlig fremd ist, in der Verbindung לת פן Mass. 3, was wie hebr. עַל־פְּנֵי *ausser* bedeutet. Ebensowenig kenr das Hebräische eine Präposition פנת[2]. *Ich bitte* heisst Pön. V, 1, (J. T. Cod. D.) *ystyal*. Das Hebräische hat wohl das Niphʿal, nicl aber das Hithpaʿel in Gebrauch.

Zum Schlusse möge noch eine merkwürdige syntaktische Abweichun zwischen Phönicisch und Hebräisch Erwähnung finden. Es ist das di sparsame Setzung des Artikels. Der Artikel ist in den semitische Sprachen eine junge Erscheinung. Er wurde erst nach der Trennun derselben entwickelt, denn Assyrisch, Himjarisch und Geʿez habe ihn nie besessen, die aramäischen Sprachen aber ersetzen ihn durch di Anfügung einer Deutewurzel an das Ende des Nennwortes. War (nun schon für die Beurtheilung des Verwandtschaftsgrades, in welche Phönicisch und Hebräisch zu einander stehn, von durchschlagender B(

---

1 Schröder, S. 172. 2 Mass. 13 צועת אש יעמס פנת אלם *ein Bit opfer, welches man vor die Götter bringt*. C. 18, steht für פנת unorth(graphisch בנת.

deutung, dass beide Sprachen denselben Artikel ה besitzen, so muss es um so mehr auffallen, dass ihn das Phönicische überaus sparsam gebraucht. Am auffallendsten ist dies in der Inschrift des Ešmûnâzar. Dieser seltene Gebrauch des Artikels ist, nach dem vorher erörterten, durchaus alterthümlich. Hiermit hängt es zusammen, dass das Phönicische vor הא, ז, זת nur sehr selten den Artikel fügt. Vor ז, sofern es gleich זו, wird es gar nicht geschehen sein, denn auch im Hebräischen, in welchem sich זו in der alterthümlichen Sprache der Dichter erhalten hat, geschieht es nicht. Wie das Hebräische הַדּוֹר זוּ sagt, so das Phönicische המשאת ז *diese Abgabe*[1]. Allein während sich das Hebräische gewöhnt hat, זֶה, זאת nach einem determinirten Wort mit dem Artikel zu verbinden, und הוּא und הִיא als Demonstrativpronomina nur in dieser Verbindung kennt, ist im Phönicischen die Verbindung הַזֶּה ungemein selten[2] und die Verbindung ההא lässt sich gar nicht belegen. Vielmehr heisst es Sid. 1, 22 הממלכת הא *dieses Königthum*. Und in der That nimmt das Hebräische mit seinem הַהוּא, הַהִיא, הָאֵל, הָאֵלֶּה, הַזֶּה, הַזֹּאת eine ganz isolirte Stellung ein. Im Arabischen würde die Verbindung des Artikels ال mit einem Fürwort unerhört sein. Und auch die syrischen Formen ܗܿܘ, ܗܳܢܿ und ähnliche sind nicht hierher zu ziehn, dieses *hâ* ist für die Sprache kein Artikel und von dem hâ in ܗܳܢܘܿܢ, ܗܳܟܰܘ nicht im mindesten verschieden.

So hat uns denn auch diese Untersuchung des Wortschatzes beider Sprachen das Ergebniss bestätigt, dass Hebräisch und Phönicisch zwei nordsemitische Sprachen sind, welche aus einer und derselben älteren nordsemitischen Sprache erwuchsen. Sie stehen also zu einander in einem ähnlichen Verhältniss, wie zwei nord- oder zwei südarabische Dialekte, in einem ähnlichen wie das Aramäische, welches man gewöhnlich mit dem völlig verwirrenden und unrichtigen Namen Chaldäisch benennt, und Ostaramäisch oder Syrisch. Welches ist nun diese ältere nordsemitische Sprache aus der beide erwachsen sind? Da zu den Zeiten der Erzväter die Hebräer und Kenaanäer noch als Leute gleicher Zunge erscheinen, so kann das nur die altkenaanäische sein. Höchstens können zwischen der Sprache der alten Kenaanäer und der Hebräer der Erzväterzeit geringe Unterschiede angenommen werden. Allerdings hatten beide Völker schon geraume Zeit eine verschiedene Entwickelung erlebt. Die Kenaanäer waren ja bei weitem früher nach Palästina gezogen und

---

1 Mass. 3. 6. 10.   2 כמל הז Cit. 37, 2; *macum esse* d. i. מִקוֹם הַזֶּה Pön. V, 1, 1 (Cod. B.).

dahin von Süden aus gekommen, die Hebräer bei weitem später und auf einem Umwege von Norden aus. Allein hätten damals beide Sprachen sich schon bemerkenswerth unterschieden, so würde sich das nicht nur in der hebräischen Sprache abspiegeln. Es würden auch beide Sprachen in der Folgezeit noch ganz anders auseinander gegangen sein, als es nach den Ergebnissen dieser Untersuchung der Fall gewesen ist. Entwickelten sich aus dem Alt-Kenaanäischen sowohl Phönicisch als Hebräisch, so lässt sich auch der Grund, weshalb sich diese beiden zu verschiedenen Sprachen ausbildeten, noch deutlich erkennen. Es musste sofort eine verschiedene Sprachentwickelung eintreten, als die Israeliten durch ihre Einwanderung nach Aegypten sich von den Kenaanäern sonderten. Früher als die Grenze schützende, wehrhafte Gäste des ägyptischen Reiches, dann als Unterdrückte desselben, mussten sie in einer Weise von ägyptischer Cultur beeinflusst werden, wie es mit den in Palästina sesshaften Kenaanäern, auch wenn sie mit Aegypten im lebhaften Verkehre standen, nicht der Fall sein konnte. So schlug ihr ganzes Volksleben eine neue Entwickelung ein, verschieden von der der Stammgenossen. Hierdurch aber mussten zugleich in der Sprache Veränderungen eintreten. Noch grösser wurde aber die beide Völker trennende Kluft, und somit der Unterschied in den Sprachen beider, als die Israeliten dem ägyptischen Joche entrannen und nach verhältnissmässig kurzem nomadischen Leben in der Wüste in das Land der Kenaanäer mit gewappneter Hand eindrangen, um von ihm Besitz zu ergreifen im Namen einer Religion, welche sie von den Bewohnern desselben aufs strengste schied. Dann aber, nachdem den Israeliten die Vertreibung der Kenaanäer aus dem grössten Theile ihres Besitzes gelungen war, ging die Entwickelung beider Völker erst recht in der verschiedensten Weise auseinander. Die Stämme Israel blieben zum Theil was sie waren: Heerden züchtende Nomaden, ein nicht geringer Theil derselben aber entwickelte sich zu einem Volke von Ackerbauern. Die Reste der Kenaanäer jedoch, die Phönicier, wurden immer mehr zu Kaufleuten und Seefahrern. So kam zu der Verschiedenheit der religiösen Ansichten und der staatlichen Einrichtungen noch die Verschiedenheit der Gewohnheiten des täglichen Lebens. Deshalb mussten mit jedem Jahrhundert der verschiedenen Entwickelung dieser beiden Völker auch ihre Sprachen sich immer mehr von einander entfernen, bis sie zuletzt auf dem Punkte ankamen, auf welchem sie uns im A. T. einerseits, in den phönicischen Inschriften andererseits vorliegen. Wie sich diese Entwickelung vollzogen hat, lässt sich ja in manchen Fällen noch nachweisen. Verhält dies sich aber so, so wird die alte Meinung, welche wir im Laufe unserer Untersuchung schon so oft berührt haben, aufzugeben sein, dass die Hebräer ihre ursprüngliche Sprache mit der kenaanäischen vertauscht hätten.

Und hierfür sprechen nicht blos jene Gründe, welche wir schon anzogen. So dass die Hebräer der Erzväterzeit und die Canaanäer nach der hebräischen Sage als Leute einer Zunge erscheinen, dass sie nur die Verschiedenheit der religiösen Ansichten trennt, Gen. 34, 14, dass Abraham Gen. 14 wie ein kenaanäischer Fürst erscheint. Noch bei weitem durchschlagender ist folgende Erwägung. Manche den Kenaanäern eigenthümliche Einrichtungen spiegeln sich in der hebräischen Sage wieder, eine Erscheinung, die sich nur erklärt, wenn beide Völker von Anfang an in dem engsten verwandtschaftlichen Verhältnisse standen. Ja zuweilen haben sie sich in theokratischer Umdeutung oder auch als heidnische Reste aus einer frühern Zeit im Volke Israel forterhalten. Was ist die Erzählung von Isaaks Opferung anders, als die theokratische Umdeutung der kenaanäischen Sitte des Opfers der Erstgeborenen? Weiterhin hat die Sitte ja in dem Gesetze, dass die Erstgeburt gelöst werden muss, ihren Ausdruck gefunden. Die kenaanäische Sitte der Menschenopfer ist zu der Einrichtung des חֵרֶם umgewandelt und hierdurch zu einer mächtigen Waffe des israelitischen Monotheismus ausgebildet worden. Schaut nicht aus Lev. 27, 29 der Ursprung dieser Einrichtung noch deutlich hervor? Auch das ist zu beachten, dass die Erstgeburt nicht zum חֵרֶם gemacht werden kann. Dieselbe gehörte eben schon so der Gottheit. Und bis in die Richterzeit müssen Menschenopfer als möglich gegolten haben Richt. 11, 30—40.

Abgesehen von diesen Gründen aber ist darauf aufmerksam zu machen, dass das Verhältniss, welches sich uns als zwischen Phönicisch und Hebräisch bestehend ergab. sich nicht mit der Annahme verträgt, die Hebräer hätten ihre Sprache von den Kenaanäern entlehnt und früher aramäisch geredet. Dann müssten wir eine entschiedene Hinneigung der hebräischen Sprache zum Aramäischen finden. Denn wenn sich auch ein Volk mehr oder weniger seiner Sprache entäussern kann, so kann es sich doch nicht des Geistes entäussern, welcher jene Sprache erschaffen hat. Nun theilt das Hebräische allerdings manche Eigenthümlichkeiten mit dem Aramäischen, aber doch nicht mehrere als das Phönicische. Dann aber ist zu bemerken, dass das hebräische Volk in seiner eigentlichen Bedeutung doch erst durch die letzte Einwanderung hebräischer Stämme entstand, welche die Sage Jacob zuschreibt. Auf diesen werden ja die Stämme der Israeliten zurückgeführt. Gar nicht lange nach dieser Einwanderung müssen sich schon die hebräischen Stämme allmählig weiter nach Aegypten bewegt haben. Denn die hebräische Sage lässt dies Jacob noch erleben. Und in dieser kurzen Zeit sollen diese Stämme ihre

Sprache aufgegeben, eine neue angenommen und die alte soweit vergessen haben, dass sie die neue in ihrem eigenthümlichen Geiste weiter entwickelten? Hierfür wird sich kaum ein Beispiel auffinden lassen. Vielmehr werden die hebräischen Stämme keine andere Sprache mit nach Aegypten gebracht haben als die, welche sie nach Palästina brachten. Dass diese aber bei den in früherer wie in späterer Zeit einwandernden hebräischen Stämmen dieselbe war, beweist der Umstand, dass die Sprache der Moabiter, welche doch nach der hebräischen Sage der ältesten hebräischen Einwanderung angehören, dem Hebräischen näher steht als das Phönicische. Entscheidend aber gegen jene Annahme ist, dass sämmtliche Namen der hebräischen Sage gut hebräisches Sprachgut sind. Dass Namen wie אֶפְרַיִם, בִּנְיָמִין, יִשָּׂשכָר, נַפְתָּלִי, יְהוּדָה, רְאוּבֵן, יִצְחָק, עֵשָׂו und andere von einem aramäisch redenden Volke gebildet worden wären, soll doch erst noch bewiesen werden. Wer aber an jener traditionellen Meinung haftet, die Hebräer hätten ursprünglich aramäisch geredet, wird sich wohl kaum zu der Annahme entschliessen, diese Namen seien jünger als die Einwanderung der Hebräer nach Palästina. So erhärtet auch diese Erwägung unser Ergebniss, dass Hebräer und Kenaanäer zwei in engster Weise stammverwandte Völker sind, deren Sprachen sich in Folge der verschiedenen politischen und religiösen Entwickelung beider Völker getrennt und selbsständig weiter entwickelt haben. Das was Genesis 10 von der Abstammung der Kenaanäer erzählt, wird man wohl kaum gegen das Ergebniss unserer Untersuchung einwenden dürfen. Denn dass der Schreiber dieses Stückes weit davon entfernt ist, ethnographischen Principien zu folgen, die ja einem Manne seiner Zeit gänzlich fremd waren, darf wohl jetzt für eben so sicher erwiesen angesehen werden, als dass er nach geographischen Gründen die Völker ordnet[1].

Diese kleine Untersuchung musste wegen der in der Einleitung hervorgehobenen Schwierigkeiten, ein genaues Bild von der phönicischen Sprache zu gewinnen, manches im Dunkeln lassen. Sollte sie trotzdem dazu beigetragen haben, die auf dem Gebiete der phönicischen Epigraphik früher so weit gesteckten Grenzen des Möglichen etwas einzuschränken, so wird sie auch für die phönicische Epigraphik nicht zwecklos geschrieben sein. Denn wo sich absolute Sicherheit nicht erreichen lässt, ist es schon ein nicht zu unterschätzender Gewinn, die Grenzen des Möglichen eingeschränkt und das Wahrscheinliche gefunden zu haben. Wo immer unsere Kenntnisse von vergangenen Dingen lückenhaft sind, muss ja das Wahrscheinliche uns nur zu oft die Stelle des erweisbar Wahren vertreten.

1 De Isaiae vat. Aeth. p. 5 ff.

VI.

AL-A'ŚÂ'S LOBGEDICHT

AUF MUḤAMMAD.

VON

H. THORBECKE.

Unter den zahlreichen Al-'A'šâ zubenannten arabischen Dichtern[1] weitaus der berühmteste ist Maimûn ibn Ḳais aus dem Stamme Ḳais ibn Ṯa'labah[2]; seine Heimath, zugleich auch der Ort, wo sein Grab gezeigt wurde, war Manfûḥah[3] in Al-Jemâmah. Ein ächter fahrender Sänger, dem seine Dichtkunst Quelle des Unterhalts werden musste[4], durchzog er ganz Arabien von Ḥaḍramaut bis nach Al-Ḥîrah[5]; auch beim Perserkönig war er häufiger Gast (s. unten), geehrt und reich beschenkt als Lobredner; gefürchtet, wo er die Schale seines Spottes ausgoss. Von seinen Lebensschicksalen[6] wissen wir herzlich wenig und

---

1 Seine Namensvettern hat As-Sujûṭi aufgezählt im Muzhir 2, 229 und den Šawâhid zu Ibn Hišâm's Muġni al-lebib, Cod. Weil, Kurrâsah 9, Seite 18; auch Ḳâmûs turc. 3, 874. Siehe ferner Hammer-Purgstall Literaturgeschichte I, 1, 360. Al-'A'šâ's Kunjah ist Abû Baṣîr (nicht ابو نصر oder ابو نصير wie hie und da verschrieben und verdruckt wird): 'Aġâni ed. Bûlâḳ 8, 77, 12. 2 S. Wüstenfeld, Register zu den gen. Tabellen S. 371. 3 Jâḳût 4, 669. An seinem Grab pflegten später die jungen Leute zu zechen und dem Weintrinker Al-'A'šâ, der in seinen Ḳaṣîden gar oft den Wein gepriesen, zu libiren. S. 'Aġ. 8, 86, 11 u. 13—19. Vgl. auch Lane, 1001 Nights 1, 196. Ḥelbet el-Kumait ed. Bûlâḳ 78, 1 hat مفرّجة st. منفوحة verdruckt. 4 'Aġ. 8, 78, 2 ويقال هو أوّل من سأل بشعره وانتجع أقاصى البلاد. 5 Vgl. unten Vers 6 und 'Aġ. 8, 82, 16 قد جُلْتُ ما بين بانِقْيا إلى عَدَنٍ وطال فى العُجْم تَرْدادى وتَسْيارى; auch Jâḳût 1, 95, 12 mit تَسْيارى وتكرارى; 1, 483, 19 تكرارى و تسيارى. 6 Hauptquelle für Al-'A'šâ's Leben sind die 'Aġ. 8, 77 fgde; 10, 142 fgde und 15, 52 fgde, wonach Sacy Chrest. (SC) 2, 471 ff. und Caussin, essai sur l'histoire des Arabes 2, 395 ff. das Wesentliche geben. Hammer Literaturg. I, 1, 360—376 benutzt in seiner Weise diese und andere Quellen. Ueber die 'Aġâni im Einzelnen hinausgehend sind Ibn Ḳutaibah's (IK) Kitâb aš-ši'r, Cod. Vindobon. (Flügel, Wiener Handschr. 2, 325) fol. 40r ff.; As-Sujûṭi's Šawâhid zum Muġni

dies Wenige wird durch die Verschiedenheit der Ueberlieferung noch zweifelhaft; es beschränkt sich beinahe ganz auf die Erzählung der Veranlassung und Wirkung einiger Lob- und Spottlieder und es geht uns mit ihm, wie mit allen ältern Dichtern, ja der ganzen vorislamischen Geschichte; wir haben eine Reihe einzelner, oft sich widersprechender Angaben, die mit einander zu verknüpfen schwer möglich ist, geschweige, dass sich aus ihnen eine Entwickelung, eine Geschichte ableiten liesse.

Al-'Aʿšâ steht auf der Gränzscheide des Heidenthums und des Islâm und ist wie Andre, z. B. 'Umajjah ibn abî as-ṣalṭ von den Ideen nicht unberührt geblieben, die damals von aussen auf Arabien einwirkten und die Gemüther für Muḥammad's Lehre empfänglich machten. Auf seinen häufigen Fahrten hatte Al-'Aʿšâ einen weitern Gesichtskreis gewonnen, als viele seiner Landsleute; dafür sprechen die zahlreich bei ihm vorkommenden Fremdwörter[1], die er mit den von ihnen bezeichneten Begriffen den Arabern zuführte; dafür spricht die umfassende Kenntniss seiner vaterländischen Sagen und Geschichten, auf die er in seinen Gedichten und deren Bruchstücken so oft Bezug nimmt; ganz besonders aber, was von seinen Berührungen mit den Christen erzählt wird[2], mit den nestorianischen ʿIbâditen in Al-Ḥîrah sowohl[3], als den Banû ʿAbd al-madân (Ḥâriṯiten) in Naǵrân, den Gründern der sogenannten كعبة نجران, und den dort wohnenden christlichen Bischöfen, die er alljährlich besuchte[4]. Er war Monotheist, hielt sich an die Lehre vom freien Willen der Menschen[5], glaubte an die Auferstehung

---

(ŚM), Cod. Weil, Heft 9, S. 16 ff. und Ibn Nubâtah's Commentar zur Risâlah des Ibn Zaidûn (IZ.) ed. Bûlâḳ (1278), S. 225 ff. Den 'Aǵ. folgen auch ʿAbd-Ar-raḥîm Al-ʿAbbâsî's معاهد التنصيص على شواهد التلخيص ed. Bûlâḳ (1274), S. 92—95 (vgl. Dozy's Catalogus Codd. Lugdun. 1, 129 ff.) und des 'Iskender 'Âǵâ 'Abkârijûs كتاب روضة الادب, Beirût 1858, S. 276 ff.

1 IḲ fol. 40. وكان الأعشى يفد على ملوك فارس و لذلك كثرت الفارسيّة فى شعره. So auch ŚM. Heft 9, 16 Z. 8 v. u. Oft genug hat der Dichter auch nur mit seiner Kenntniss des Ausländischen geprunkt und das Fremdwort für eine Zierde seines Verses gehalten, auch wol sich den Reim erleichtert. Siehe auch Ǵawâliḳi Kitâb al-muʿarrab ed. Sachau 6, 11.

2 Vgl. dazu Sprenger, Muḥ. 1, 14 Anm. 1. 3 'Aǵ. 8, 79, 17—25. 4 'Aǵ. 10, 142. Das Gedicht daselbst wird allerdings, aber gegen alle sonstige Ueberlieferung der 'Aǵ. selbst, 'Aǵ. 10, 145, 5 auch dem 'Aʿšâ bani Taǵlib zugeschrieben. 5 Mit Anwendung von Terminis aus der spätern Zeit heisst Al-'Aʿšâ

und das jüngste Gericht[1], auch an die zwei Schreiberengel[2] (المَلَكان الكاتبان). Seine innige Berührung mit den Christen von Al-Ḥîrah geht auch daraus hervor, dass sein Râwî ein Christ war, der langlebige Jaḥjâ ibn Matâ[3].

'Aġ. 8, 79, 19 قَدَرِىّ gegenüber Lebîd, der مُثْبِت heisst und an die Prädestination glaubt. 'Aġ. 10, 143, 2 heisst umgekehrt unter Herbeiziehung desselben Verses Al-'A'šâ مثبت und Lebîd مُجبِّر, das gewöhnlich dem قدرى gegenübersteht. IZ. 227 unten sagt mit dieser Bezeichnung gleichbedeutend: وكان الأعشى عَدْلِيًّا, womit ŚM. Heft 9, 17 stimmt: قالوا والأعشى ممّن اعتزل وقال بالعَدْل فى الجاهليّة من ذلك قوله استأثر الله البيت, nämlich der auch in den angeführten Stellen der 'Aġ. vorkommende Vers. Der Tâǵ al-'arûs (TA.) unter قدر (S. 491 Z. 25) gibt folgende Erklärung: والقَدَرِيّة محرَّكة جاحِدو القدر مولَّدة وقال الأزهرىّ هم قومٌ ينسَبون إلى التكذيب بما قدر الله من الأشياء وقال بعض متكلّميهم لا يلزمنا هذا اللقب لأنّنا ننفى القدر عن اللّه عزّ وجلّ ومنْ أَثْبَتَهُ فهو أولَى به قال هذا تمويهٌ منهم لأنّهم يُثبِتون القدر لأنفسهم ولذلك سُمّوا قدريّة وقول أهل السنّة أنّ علم اللّه عزّ وجلّ سبق فى البَشَر فعَلِمَ كُفْرَ مَنْ كفر منهم كما علم إيمانَ مَنْ آمن فأثبت علمه السابق فى الخلق وكتبه وكلٌّ ميسَّرٌ لما خُلِقَ له.

1 IZ. 227, 24 ويروى أنّ الأعشى يُؤْمِن بالبَعْث والحِساب.

2 ŚM. Heft 9, 17 oben: فقال (الأعشى) فى قصيدة يمتدح بها النعمان.

فلا تحسِبنّى كافِرًا لك نعمةً
على شاهِدِى يا شاهِدَ اللّه فاَشْهَدِ

وكانت العرب ممّن أقام على دين إسماعيل إذا حلفت تقول وحقِّ المَلَكَيْن فكان الأعشى ممّن أقام على دين إسماعيل والقول بالأنبياء. Ebenso IḲ. fol. 42v وهو ممّن آمن بالمَلَكَيْن الكاتبين قال يمدح النعمان فلا تحسبنّى البيت وكان هذا من إيمان العرب بالمَلَكين بقيّةً من دين إسماعيل صلعم.

3 IḲ. fol. 41r hat in folgendem Isnâd:

Bei der Beurtheilung des Werthes eines *alt*arabischen Dichters zumal verlassen wir uns billig auf das Urtheil der einheimischen Kunstrichter selbst. So interessant diese Beduinendichtung wie jede andere Naturpoesie ist und so wichtig andrerseits als die Hauptquelle für das ächte altarabische Sprachgut, so ist ihr Inhalt so weit von unseren Anschauungen entfernt, ja für unser Gefühl oft abstossend, dass wir erst nach Jahrzehnte langem Studium ein halbwegs zutreffendes Urtheil darüber uns aneignen können und bis dahin den Arabern folgen, um so mehr, als ihnen ja selbst ein ästhetisches Urtheil über ihre alten Dichter offenbar keine leichte Sache war. Im Folgenden sei eine Reihe Urtheile massgebender Männer über Al-'Aʿšâ zusammengestellt.

Dem ganzen Stamm Al-'Aʿšâ's sprach man poetische Anlage zu. Ḥassân (wol Ibn Ṯâbit) wurde gefragt, wer das meiste poetische Talent habe; er entgegnete, ob ein einzelner Dichter gemeint sei oder ein ganzer Stamm, und als man sagte: Ein ganzer Stamm, erwiderte er: Die Blauäugigen (الزُّرْق) unter den Ḳais ibn Ṯaʿlabah (zu denen Al-'Aʿšâ gehörte)[1]. Wer der Beste unter den alten Dichtern gewesen sei, ist eine sehr häufig aufgeworfene, aber eben so oft verschieden beantwortete Frage unter den alten Sammlern und Kritikern[2]. Auch Al-

---

قال حمّاد الراوية حدّثنى سِماكٌ عن عُبَيْدٍ راوية الأَعشى عن الأَعشى den Namen eines andern Râwî bewahrt. 1 'Aġ. 8, 77, 21—24. Diese Tradition wird auch, wie die 'Aġ. hinzufügen, nach andern Gewährsmännern als Ḥassân erzählt. Vgl. auch die darauf folgende Geschichte, besonders Zeile 28. — Aus Al-'Aʿšâ's Stamm führt Al-Ǵauharî (Ǵ) unter خرنق die Dichterin خِرْنِق an, welche der Muḥîṭ u. d. W. eine Schwester Ṭarafah's nennt. Unter seiner mütterlichen Verwandtschaft ist der Dichter Musajjab ibn ʿAlas bekannt. 2 In der Ǵamharat al-ʿArab von Al-Kuraśî, Cod. Berolin. Sprenger 1215 fol. 12ᵛ (die Handschrift ist für die Gedichte ganz unbrauchbar und auch in der Vorrede offenbar kürzer als die Londoner) steht:

ذكر المفضّل عن أَبيه عن جدّه قال كان ابو عبيدة يقول أَشعر الناس أَهل الوَبَر وهم امروُ القيس وزهير والنابغة وبعدهم لبيد وطرفة والأَعشى فى طبقة ثانية قال المفضّل وفى ذلك خلافٌ فقال الفرزدق امروُ القيس أَشعر الناس وقال جرير النابغة أَشعر الناس وقال الأَخطل الأَعشى أُشعر الناس وقال الحجّاج زهير أَشعر الناس وقال ذو الرمّة لبيد أَشعر الناس وقال ابن مُقْبِل طرفة أَشعر الناس

'A'šâ wurde von Vielen an die Spitze gestellt; aber ('Aġ. 8, 77, 17) „darüber ist man nicht einig, weder in Bezug auf ihn noch auf einen Andern". Ḫalaf al-aḥmar sagte ('Aġ. 8, 78, 4): Man weiss nicht, wer der beste Dichter unter den Menschen ist, wie man nicht weiss, wer der Tapferste u. s. w. ist. Manche, wie Jûnus ('Aġ. 8, 77, 18) halfen sich damit, dass sie die einzelnen Dichter jeden in verschiedenen Richtungen das Höchste erreichen lassen [1]. Auf Al-'A'šâ's Vorzüglichkeit vor Allen vereinigen sich indessen viele und gewichtige Stimmen. Sein Zeitgenosse An-Nâbiġah setzt ihn in 'Ukâẓ über alle Dichter und Dichterinnen, auch Al-Ḫansâ, die vor ihm Gedichte recitirt hatten [2]. Abû 'Ubaidah sagt ('Aġ. 8, 78, 1): Wer Al-'A'šâ an die Spitze stellt, der begründet sein Urtheil mit der Menge seiner langen, trefflichen Ḳaṣîden und damit, dass er das Loblied, das Spottgedicht und die andern Zweige der Dichtkunst frei beherrscht; das hat kein Andrer für sich. — Anderswo sagt Abû 'Ubaid: Al-'A'šâ ist der vierte in der Reihe der alten Dichter nach Imriulḳais, An-Nâbiġah und Zuhair und wird dem Ṭarafah vorgezogen wegen seiner vielen langen, trefflichen Gedichte und wegen seiner Kunst in der Schilderung des Weins und der Wildesel, im Lob- und Spottgedicht und der Menge seiner Metren [3]. —

وقال الكميت عمرو بن كلثوم أشعر الناس وقال المفضل القول عندنا ما قاله ابو عبيدة فى ترتيب طبقاتهم الخ und nun folgen die Dichter nach Klassen so, wie sie in der Ǵamharah geordnet sind. 1 IZ. 225—226 knüpft an diesen oft citirten Ausspruch (أشعر الناس امرؤ القيس اذا ركب وزهير اذا رغب والنابغة اذا رهب و الأعشى اذا طرب) noch Folgendes: Einer von den fein gebildeten Männern pflegte zu sagen: Al-'A'šâ ist der beste Dichter unter den Vieren; da sagte man zu ihm: Wo bleibt da die auf die Autorität des Propheten zurückgehende Tradition, dass in der Hand des Imriul-ḳais die Fahne der Dichtkunst sei. Er entgegnete: Auch trotz dieser Tradition hat es für Al-'A'šâ seine Richtigkeit mit dem Vorrang; es gibt nämlich keinen Fahnenträger ausser über dem Haupte eines Feldherrn; nun, Imriul-ḳais ist der Fahnenträger und Al-'A'šâ der Feldherr. 2 S. 'Aġ. 9, 163, 4 ff.; Perron, femmes arabes 272; Caussin, Essai 2, 511; auch IḲ. fol. 65r unter Al-Ḫansâ. 3 ŠM. Heft 9, 17 وكان الأعشى يقدّم على طرفة لأنّه أكثر عددِ طوالٍ جيادٍ وأوصف للخَمر و الحُمر وأمدح وأهجا وأكثر أعاريض الخ. Ebenso IḲ. fol. 42r.

Abû ʿUbaidah sagte ferner ('Aġ. 8, 78, 17): Ich hörte den Abû ʿAmr ibn Al-ʿAlâ sagen: Ich empfehle Euch die Gedichte Al-'Aʿśâ's denn ich vergleiche ihn dem Falken, der Alles jagt von der Nachtigal bis zum Kranich [1]. Den Preis in der Dichtkunst erkennt ihm auch Marwân ibn abî Ḥafṣah, selbst ein bedeutender Dichter ('Aġ. 8, 78, 9) und der Ueberlieferer Ḥammâd ar-râwiah (a. a. O. Zeile 11—17) zu. — Letzterer wurde nach dem Dichter gefragt und sagte: Die besten Dichter der Araber sind zwei Häuptlinge aus dem Stamm Wâʾil, Al-'Aʿśâ im Heidenthum, der der Ṣannâǵ der Araber heisst und Al-'Aḫṭal im Islâm [2]. — So nennt ferner der Râwî des Dichters Baśśâr ('Aġ. 8, 79, 4) Al-'Aʿśâ den Meister der Dichter im Heidenthum, wie Ǵerîr ihren Meister im Islâm [3]. — Der sehr competente Ḫalaf sagt [4], er vereinige alle Vorzüge des Zuhair und der andern von ihm genannten Dichter in sich und Al-Âmidî lobt den Schmelz seiner Gedichte, wie der schon genannte ʿAmr ibn al-ʿAlâ [5] ihn ebenfalls sehr hoch stellte, ihn einen trefflichen Dichter nennt und ihn als reich an Metren und poetischem Zauber lobt; wurde er nach ihm und Lebîd gefragt, so sagte er: Lebîd ist ein frommer Mann und Al-'Aʿśâ ein frommer Mann und ein Dichter dazu [6]. Dies

1 ŚM. Heft 9, 18 oben legt dies Wort den ʿAbd al-Melik in den Mund: قال أبو عبيدة وتقدّم عبد الملك بن مروان إلى الهيثم بن صالح مؤدّب ولده فقال عَلِّمْهم شعر الأعشى فإنّى شبّهته بالبازى يصيد ما بين الكُرْكىّ إلى العندليب. S. auch Muzhir 2, 240, 1. 2 Cod. Lugd. 28 fol. 10ᵛ oben: سُئل حمّاد عن الشعراء فقال أشعر العرب شيخا وائل الأعشى فى الجاهليّة وهو صنّاج العرب والأخطل فى الإسلام. — صنّاج العرب (so auch 'Aġ. 8, 78, 17), gewöhnlicher صنّاجة العرب ('Aġ. 8, 78, 3), d. h. Harfenvirtuos, denn unter dem Ṣanǵ ist hier wol die persische Harfe zu verstehen, hiess er wegen der Trefflichkeit seiner Poesie, nach Andern weil seine Lieder viel gesungen werden (lies يُغَنَّى in 'Aġ. 8, 78, 3). Siehe TA, Muḥîṭ, Lane u. d. W. صنج; Ǵawâlîḳî ٩٧ und 45; Ḥarîrî Maḳ. 617 Comm. woraus Muzhir 2, 217 unten und dann Ḳâmûs turc. 1, 418 genommen ist.
3 Aehnlich stellt ihn auch Aś-Śaʿbî sehr hoch und besonders über Al-'Aḫṭal ('Aġ. 8, 79, 7 ff.; 84, 21 ff.; 85, 2 ff.). 4 Ahlwardt, Ḫalaf al-'aḥmar S. 23 nach Muzhir 2, 239 unten. Das betreffende Capitel enthält überhaupt viel hieher Gehöriges. 5 Vgl. auch 'Aġ. 8, 7, 88. 6 ŚM. Heft 9, 18 وقال الآمدى ولشعر الأعشى طلاوة ليست لغيره من الشعر القديم وقد كان أبو عمرو

Urtheile, welche alle Al-'Aʿšâ's hohe Stelle in der altarabischen Poesie bekunden, liessen sich leicht noch vermehren.

Seine Gedichte wurden natürlich sehr bald gesammelt. Ḥâǵî Ḫalîfah 3, 262 (no. 5291) nennt uns nur schlechthin einen Dîwân desselben; aber der Fihrist führt uns eine ganze Reihe Redactoren desselben auf, As-Sukkarî (1, 78, 26 und 1, 158, 4), an letzterer Stelle neben ihm Abû ʿAmr Aš-Šaibânî, Al-'Aṣmaʿî, Ibn Sikkît, Aṭ-Ṭûsî und Ṯaʿlab (auch S. 74, 31). Aus dessen Schule ist Abû Bekr ibn Al-'Anbârî hervorgegangen, der neben andern auch den Dîwân des Al-'Aʿšâ bearbeitete[1]. Der unten gegebene Text und Commentar rührt wahrscheinlich von ihm her. Ausserdem werden gelegentlich noch Commentare zu Al-'Aʿšâ erwähnt von Abû ʿUbaidah (Jâḳût 4, 888, 16), von Al-'Âmidî (ŚM. 9, 16) und Al-'Asadî (ŚM. 33, 7).

Von allen diesen Redactionen und Commentaren des Dîwân findet sich, so weit bekannt ist, kein Exemplar in unsern Bibliotheken. Leider hat sich das von **Socin** als ein Stück dieses Dîwân gekaufte Manuscript (Z. d. D. M. G. 24, 461) als etwas Anderes herausgestellt und es ist ihm auch auf seiner zweiten Reise nicht gelungen, Kenntniss von dem Vorhandensein eines Exemplares im Orient zu erlangen; gleicherweise waren auch H. Dr. Stern's Nachforschungen in Cairo ohne Resultat. Ein Stück des Dîwân ist allerdings vorhanden in dem ganz jungen Cod. Parisin., Supplément Arabe 2168, fol. 21ᵛ—30ᵛ (P.), aber leider in ganz fehlerhafter Ueberlieferung, die zu einer Herausgabe nicht ausreicht und nur die Reihenfolge der zahlreichen Citate aus den hier erhaltenen Kaṣîden feststellen hilft. Dieser Sammelband enthält unter Anderem fol. 5 ein Gedicht von Aš-Šâfiʿî, f. 9 Aš-Šanfarâ's Lâmijat al-ʿArab, f. 11 Aṭ-Ṭuǵrâʾî's Lâmijat al-'Aʿǵam, f. 12 Gedichte von As-Sûdî, f. 13 von Al-Ḥillî, f. 14 von Jazîd ibn Muʿâwijah, f. 31ʳ von

---

ابن العلاء يعجب (Cod. معجم) منه و يعظّم محلّه ويقول شاعر مجيد كثير الأعاريض والافتنان وإذا سُئل عنه وعن لبيد قال لبيد رجل صالح والأعشى رجل صالح شاعر وأخرج البزّار وابو يعلى فى مسنديهما عن أبى هريرة رخّص لنا رسول الله صلعم فى شعرٍ جاهليٍّ إلّا قصيدتَيْن للأعشى زعم أنّه أشرك فيهما إحداهما فى أهل بدر والأخرى فى عامر وعلقمة.

1 Vgl. über ihn ausser Fihrist 1, 75, 28 und Noten dazu noch HH. 4, 38 (no. 7523) und Flügel, Wiener Handschr. 1, 435 oben.

Mudarris ibn ar-Rib'î, die Mu'allakah von Imriulkais (f. 15), von Lebîd (f. 31ᵛ), Ka'b ibn Zuhair's Burdah (f. 84) u. s. w. Von Al-'A'šâ giebt die Handschrift 14 Stücke, theils vollständige Kaṣîden, theils Bruchstücke, im Ganzen an 500 Verse [1]. Das erste Gedicht ist die von Sacy Chrest. 2, ١٥٠ herausgegebene allbekannte, ja berühmte Kaṣîde auf Lâm [2], die uns häufig mit verschiedenen Commentaren auf europäischen Bibliotheken begegnet. Das im Titel genannte Gedicht auf Muḥammad (IZ. 228, 5 القصيدة النَّبَوِيَّة) ist hier das sechste. — Ausser dieser ungenügenden Handschrift aber steht noch folgendes weitere Material für dieses Gedicht zu Gebote. Als Grundlage dieser Ausgabe dient Cod. Lugdun. 287 f. 5ᵛ bis 8ʳ (L.); er ist von Dozy Catal. bibl. Lugdun. 1, 274 ff. beschrieben und die dabei untergelaufenen Versehen sind von Rödiger (Z. d. D. M. G. 14, 489 ff.) verbessert worden. — Eine andre Redaction enthält der Leipziger Codex der Rifâ'îjah 354 f. 89ᵛ (R.), überschrieben من كتاب قَصَص النَهار وسَمَر اللَيْل لابن فارس [3]. Dieser Redaction

---

1 Ausser den in dieser Handschrift vorkommenden Versen sind mir noch etwa 700 bekannt, darunter die in der Ǵamharat al-'Arab stehende Kaṣîde auf الِ ـَ, 98 Verse. 2 طَنّانة oder volltönend nennen mit vollem Recht die Šawâhid at-Talḫîṣ S. 93, 23 das treffliche Gedicht. 3 Diese alte und interessante Handschrift enthält fol. 1—8ᵛ الجزء فيه فِهْرِست مَسْموعات الشيخ أبي الحسن عليّ بن الحُسَيْن بن أيّوب البزّار عن شيوخه وقد أجاز لخميس بن عليّ روايَةً عنه. — F. 9ʳ Geschichte und Verse von Abû'l-faḍl. — F. 9ᵛ eine صورة السماع. — F. 11—34 Dîwân des 'Urwah, s. Nöldeke's Ausgabe S. 12. — F. 34ʳ u. 35ʳ 'Urǵûzah des Baššâr ibn Burd, gleich 'Aǵ. 3, 37. — F. 35ᵛ u. 36ʳ der bei Nöldeke angeführte Bericht. — F. 37ʳ bis 58ʳ كتاب المُقْتَضَب في اسم المفعول من الثلاثيّ المُعْتَلّ العين تأليف أبي الفتح عثمان بن جِنّي (s. Flügel, grammatische Schulen S. 251 nr. 30) وقصيدتا كعب ابن زهير في النبيّ صلعم والأنصار رضي الله عنهم und zwar das erste Werk bis f. 51ʳ, die Burdah bis f. 56ʳ, das zweite Gedicht bis f. 58ʳ. — F. 59ʳ bis 89ᵛ كتاب المُقْنِع في النحو تأليف محمّد بن صالح, fehlt bei HH. — F. 89ᵛ und 90ʳ Al-'A'šâ's Kaṣîdah auf Muḥammad. — 91ʳ bis 102ʳ Dîwân des Abû Dahbal. — F. 102ᵛ Verschiedene Kirâ'at's, wie es scheint.

folgen meistens As-Sujûṭî's Śawâhid zum Muġnî (ŚM.), deren Benutzung ich der Güte des Herrn Prof. Weil verdanke[1], Heft 21. 2 und Muḥibb ad-dîn's Śawâhid zum Kaśśâf (ŚK.) ed. Bûlâḳ (1281) Seite 74 (zu Sûre 2. 235). Ausserdem ist die Ḳaṣîde gedruckt in Ibn Hiśâm's Leben Muḥammad's (IH.) ed. Wüstenfeld S. 255 (in Weil's Uebersetzung S. 190)[2]. Davon war mir auch eine Handschrift Socin's zugänglich, die ungefähr drei Viertheile des ganzen Werkes enthält. Einzelne sonst citirte Verse werden an ihrer Stelle angeführt werden. Der Text der Leydner Handschrift lautet[3]:

الباب الأول للأعْشَى فى مدح رسول اللّه صلعم ؛

كان الأعشى أقبل عند ظهور النبىّ صلعم حتّى أتى مكّة وقد كان سمع قراءة الكتب فنزل على عُتْبة بن ربيعَةَ بن عبد شمسٍ فسمع به أبو جهل بن هشام بن المغيرة[4] فأتاه فى فتيةٍ من قريش وأهدى

mit ihren Isnâd's. — F. 104 Verse von Al-Mutanabbî, Ibn Nubâtah u. s. w. — F. 105r bis 126v تفسير خطبة أَدَب الكُتّاب (sic) لابن قتيبة رحمه اللّه. — F. 126v bis 128r تعليق من التأريخ nach Sebuktegîn († 421). — Nach dem Index auf f. 128v scheint vorn ein Werk schwer leserlichen Titels (كتاب الحدود فى النحو للكسائى ? ?) zu fehlen.

1 Der Commentar betrifft die Stelle des Muġnî ed. Bûlâḳ S. 147, 11 (im ebenfalls in Bûlâḳ (1286) zweihändig gedrukten Commentar von Ad-Dasûḳî 1, 309).

2 Siehe auch Weil, die poet. Literatur der Araber S. 49 u. Anm.

3 Mit der Versfolge von L. stimmt am besten IH., der Vers 1—9. 11. 10. 12—20. 24. 21—23 folgen lässt. Dem steht mit vielen Lesarten des Abu ʿAmr Aś-Śaibânî gegenüber: R., P. u. ŚM. mit folgender Versfolge: 1—6. 8. 7. 10. 11. 9. 12—20. 23. 22. 24. 21. Vers 21 fehlt R., steht aber P., und ŚM. hat die vier letzten so: 22. 21. 23. 24. ŚK. endlich hat 1—5. 6 fehlt. 8. 7. 10. 12. 11. 13. 15. 17—20. 22. 21. 23. 24.

4 Die Geschichte wird im Allgemeinen gleich erzählt (Aġ. ŚK. ŚM. Heft 9, 16; 21, 2 ist ganz kurz. IZ. IK.). Al-Aʿśâ starb bald nach seiner Rückkehr im Jahre 6 der Hiġrah, und so setzen ŚM. 9, 16 und IK. fol. 10r seine Fahrt in das Jahr des صلح الحُدَيْبيّة. Wie hier Abû Ġahl, so verhandelt bei Andern (ŚM. IK. Helbet al Kumait) Abû Sufjân mit ihm und IZ. 227, 16 behauptet, es müsse vielmehr ʿÂmir ibn aṭ-Ṭufail gewesen sein. Vgl. auch IH. 2, 84 dazu. — Die einleitenden Worte in R. lauten:

روى سعيد بن عبد الرحمن بن حسّان بن ثابت قال أقبل أعشى بنى قيس بعد ما هاجر رسول اللّه صلّى اللّه عليه وقد امتدح رسول الله صلّى اللّه عليه بقصيدته هذه الأبيات ؛

له هديّةً ثم سأله ما جاء بك فقال جئت إلى محمّد صلعم لأنّى كنت سمعت بصفته فى الكتب لِأَنْظُرَ ما يقول وما يدعو إليه فقال له أبو جهل إنّه يُحَرِّمُ عليك الأَطْيَبَيْن الزنا والخمر قال لقد كبرت وما لى فى الزنا حاجةٌ قال فإنّه يحرّم الخمر قال فما أَحَلَّ فجعلوا يخبرونه بأسْوء ما يقدرون عليه ثمّ قالوا أنشدْنا ما قلت فأنشدهم قولَهُ

١ أَلَمْ تَغْتَمِضْ عَيْناكَ لَيْلَكَ أَرْمَدا　　وبِتَّ كما باتَ السَلِيمُ مُسَهَّدا[1]

ورواها ابو عمرٍو ألم تغتمض عيناك ليلةَ[2] أرمدا وعادك ما عاد السليمَ مسهّدا[3] اى كانت ليلتُك كليلة الأرمد ' قال الأصمعيّ السليم اللديغ وكرهوا أن يقولوا ملسوع أو لديغٌ تطيّرًا ومثل هذا مفازة كرهوا أن يقولوا مهلكةٌ تطيّرًا من الهلاك فقالوا مفازة مفعلة من الفوز والنِهال العِطاش وإنّما كرهوا أن يقولوا عِطاش فقالوا نِهال تطيّرًا من ذلك وأصله من النَهَل وهو أوّل شربةٍ فمنه اشتق ' وقال الفرّاء قالت العرب إنّما سُمّى سَليمًا لأنّه أُسْلِم لِما

---

1 Ausser in den vollständigen Texten steht der Vers noch Jâḳ. 4, 763, 23; Sacy Chr. 2, 477; 'Ag. 8, 85, 25. Raudat al-'Adab 380 und Helbet el Kumait 77. 2 So alle, R. III. u. s. w. Nur III. 2, 83 kennt auch die Lesart von L. ليلك. Vgl. damit Rifâ'ijah 33 fol. 24v, wo 'Abû Ṭâlib sagt:

أَرِقْتَ وقد تصوّبتِ النُجومُ　　وبِتَّ وما تُسالمُكَ الهُمومُ

يقال بات الرجل إذا أواه اللّيل وإن لم يَنَمْ قال آمروُ القيس فبات وباتت له ليلةٌ　كليلةِ ذى العائِرِ الأرمد ' S. Diwân Imriulḳais ed. Slane ٤٧ unten. — R. hat in der zweiten Vershälfte وعدت كما عاد. 3 So auch 'Ag. 8, 85, 25; P. und Sacy Chr.

به ، مسهَّد أَرِقٌ وهو السُهادُ وقال أبو عبيدةَ السليم يَبْرَأُ[1] ثمّ يعاوِدهُ الوَجَعُ فى وقتٍ مَعْلُومٍ فذلك العِداد وانشد

أَلاقى من تذكُّرِ آلِ سَلْمَى كما يلقى السَليمُ من العِدادِ[2]

والعِداد أيضا لبلة يُنداحُ[3] على رجلٍ فى كلّ أُسبوع يقال عِدادُ بنى فُلانٍ قال أبو يوسُفَ وسمعت أبا عمرو يقول قال الكلابىّ به مرض عِدادٍ وهو أن يَدَعَه زمانًا ثُمّ يعاوده يقال قد عادّه وهو يعادّه عِدادًا أو (sic) مُعاودةً وكذلك السليم وهو اللَدِيغ يعتاده السُمُّ ،

قال آمرؤُ القيس أرقت فقلت فى أَرَقِ العِداد[4]

وقال العنبرىّ عِداد السليم ان تَعُدَّ له سبعة أيّام فاذا مضت له سَبعةُ أيّام قبل هو فى عِداده ،

٢ وما ذاك من عِشْقِ النساء وإنّما

تناسَيْتُ قَبْلَ اليوم خُلّةَ مَهْدَدا[5]

أى إنّى قد عَزَفت عن النساء وتركت الصِبا والخُلّةُ الصداقة والخُلّة الصديق أنشد الأصمعىّ

أَلا أبلِغا خُلّتى جابرًا بأنّ خليلَك لم يُقْتَلِ[6]

وقد خالَلْته خِلالًا ومُخالّة ،

---

1 Cod. يبرى. 2 Vgl. Ǵ.; TA. (S. 423) und Muḥîṭ (mit يلقى) u. d. W. عدد. 3 Nach ينداح erwartet man فيها. 4 Fehlt im Diwân. 5 R. تناسيتَ, wie III. 2, 83 (auch im Codex Socin). III. und ŠK. haben صحبة st. خلّة, eine Glosse. — P. hat وإنّنى st. وإنّما. Der Vers noch 'Aǵ. 8, 85, 26; Jâkût 4, 764, 1 u. Sacy Chr. 2, 477 (wo خلّا مهددا).
6 Vgl. Ǵ. und Muḥîṭ unter خلل; Cod. hat التى st. خلّتى.

٣ ولٰكِنْ أرى الدَّهْرَ الذى هو خائنى
إذا أصلحَتْ كَفّاىَ عادَ فأفسَدا

ورواها ابو عمرو الذى هو خائنٌ[1] يقال فسَد الشىء وفسُد لغة يفسُد فَسادًا و فُسودًا وكذلك يقال صَلَح صَلاحًا وصُلوحًا ٬

٤ كُهولًا وشُبّانًا رُزِئتُ[2] وثَرْوةً فَلِلّهِ هذا الدَّهْرُ كَيْفَ تَرَدَّدا

يقال شابّ وشَباب وشُبّان وشبيبةٌ ويقال ما رَزَأْتُه شيْأً وما رَزِئتُه والثَروةُ والثراء الغِنا والثروة ايضا كثرةُ العَدَد فللّه هذا الدهرُ يُعْجَبُ من تَقَلُّبِهِ ٬ ورواها أبو عمرو شبابٌ وشيبٌ وٱفتقارٌ وثَرْوةٌ[3] يقول هو ذُو تَصَرُّفٍ بينا المَرْءُ شابٌّ إذْ شابَ وبينا هو فقيرٌ إذِ ٱسْتَغْنَى

٥ وما زِلْتُ أبْغِى المالَ مُذْ أنا يافِعٌ
وَلِيدًا وكَهْلًا حينَ شِبْتُ وأمْرَدا

قال الأصمعىّ اليافع الذى ارتفع ولم يبلغ الحُلُمَ يقال غلامٌ يافعٌ وغلمانٌ أيفاعٌ وقد أيفَعَ يُوفِعُ إيفاعًا ويقال ايضا غلامٌ يَفَعةٌ وغلمانٌ يَفَعةٌ الواحد والجمع سواءٌ واليَفاع المرتفع من الأرض وحكى الفرّاء يَفَعْتُ الجَبَلَ إذا علوته والوليد الصغير والجمع وِلْدانٌ ووِلْدة[4] وإذا تمّ فهو كهل ويقال قد اكتهل النبت اذا تمّ وطال ويقال من الامرد قد مَرِدَ فلانٌ زمانًا ٬ [5]

1 So R. ŚK. III. ŚM. P. und Jâkût 4, 764, 2, also alle gegen L. 2 III. und bei Jâkût 4, 764, 3 die Glosse فقدت st. رزئت. 3 So R. ŚK. P. und ŚM. (auch Muġnî 147, 11), der aber auch die La. von IH. anführt. 4 Cod. وولودة. 5 Nach زمانًا erwartet man noch ثمّ التحى zum Abschluss des Sinnes.

٩ وأَبْتَذِلُ العِيسَ المراقيلَ تَغْتَلِى [1]

مَسافةَ ما بين النُّجَيْرِ فَصَرْخَدا

ورواها أبو عمرو وإتْعابِىَ العِيسَ المَراقيل تَغْتَلِى [2] الأصمعىّ العِيس من الإبل البيض تختلط بياضًا بشىء من شُقرة وقال الأموى عبد الله قيل لابن لِسانِ الحُمَّرَةِ [3] أخْبِرْنا عن الابل فقال حَمْراؤها صَبْراؤها وعَيْساؤها خَشناؤها ووَرْقاؤها غَزْراؤها ولا أبيعُ جَوْنةً ولا أشهد مَشْراها أى لا أشهد بيعها ، قال الأصمعىّ والإرقال أن تَنْفُضَ رأسَها وترتفعُ من الذَّميل ، وتغتلى تبعُدُ فى سيرها وأصله من غلا الرجل بسَهْمِهِ والغَلْوةُ مَدَى رَمْيَةٍ بسَهْمٍ وقد تغالى القوم إذا رَمَوا لِيَنْظُروا أيّهم أبعدُ مَدَى رَمْيةٍ ، والمَسافةُ عند الناس البُعْد وكأنّا نرى (؟) [4] أنّها مَفْعَلة من ساف يسوف إذا شمَّ وكان أهل هذا الطريق إذا أشكل فلم يَعْرفوا علاماته وأرادوا أن يعرفوا قربَهُ من بُعده شمّوا تُرْبَهُ فيعرف المُعاوِدُ السَّفَرَ قُرْبَهُ وبُعْدَه قال رُؤْبةُ

إذا الدليلُ اسْتافَ أخْلاقَ الطُّرُقْ

1 TA. unter نجر hat وأبتعث العيس المراسيل تغتلى الخ.
2 So R. (erklärt am Rand خفاف und مراقيل تذهب وتجىء (تعتلى M. u. P. 3 Fihrist 1, 89, 21 hat nur لسان الحمّرة, siehe aber die Note dazu. Der TA. unter حمر (S. 160, 9) hat: وابن لسان الحمّرة كسُكّرة خطيبٌ بليغٌ نسّابةٌ له ذكرٌ اسمه عبد الله بن الحصين بن ربيعة ابن جعفر بن كلاب التيمىّ أو ورقاء بن الأشعر وهو أحد خطباء العرب وفى أمثالهم أنْسَبُ من ابن لسان الحُمَّرة اورده الميدانىّ فى أمثال, bei Freytag 2, 775, ed. Bûlâk 2, 253. 4 Cod. unpunctirt كادادرى.

وقال أبو عبيدة النُّجَيْر بحضرموت وصَرْخَد بالجزيرة[1] وإليها يُنْسَب الخمر فتقال صَرْخَدِيّة ، وقال غيره النجير حِصْنٌ باليمن أخذ فيه الأشعث بن قيس عند ارتداده فتزوّجت أُخْتُهُ رَجُلًا من بنى نَهْدٍ يقال له يزيد بن عقابٍ فلمّا قدم الأشعث الكوفة أتى مجلس بنى نهدٍ فقال هل دلّلتمونى على منزل ابن نَسْرٍ فعرفوه وعلموا أنّه يطلب منزل ابن عُقابٍ فقالوا لعلّك تسأل عن منزل يَزيد بن عُقابٍ قال نعمْ فقال إنّ يومَ النُّجير زوّجهنّ العُقْبانَ والرَخَمَ ،

٧ ألا أيُّهاذا السائِلى أَيْنَ يَمَّمَتْ فإنّ لها فى أَهْلِ يَثْرِبَ مَوْعِدا

ورواها أبو عمرو أَيْنَ أَصْعَدَتْ[2] قال أبو عبيدة وأصل الإصعاد الصعود فى الجبل ثمّ جعلوه فى الدَرَج ثم جعلوه فى الارتفاع فى الأرض يقال أَصْعَدَ فيها إذا تباعد ويقال قد يممْتُه وتيمّمْتُه وأممْتُه إذا قصدت له ومنه قول اللّه عزّ وجلّ فتيمّموا صعيدًا طَيِّبًا[3] أى اقْصِدوا فامْسَحوا به وجوهكم وأيديكم ثمّ كثر استعمالهم حتّى سار مَسْح الوجه واليدين تيمُّمًا وينسب إلى يثربَ فيقال يثرَبىّ وأَثْرِبىّ قال أبو يوسف انشدنا الفرّاء وأَثْرَبىّ سِنْخُهُ مَرْصُوفُ[4] ،

---

1 Nach Jâķût 3, 380 liegt Ṣarḫad in der Nähe von Damaskus, auch nach TA. in Syrien. 2 So R. ŚM. P. — St. فإنّ hat ŚK. كأنّ. 3 Sure 4, 46 und 5, 9. 4 So schreibe ich mit Ǵ. unter ثرب u. رصف; die Handschr. hat وإثربى نخه مرصوف. Der Vers heisst: Ein Pfeil von Jaṭrib, dessen (eiserne) Spitze mit Sehnen fest umwickelt ist. TA. erklärt سنخ (u. d. W.) وسنخ النصل الحديدة التى تدخل فى رأس السهم.

٨ فَإِنْ تَسْأَلُوا عَنَّا فَيَا رُبَّ سَائِلٍ

حَفِيٍّ عَنِ الأَعْشَى بِهِ حَيْثُ أَصْعَدَا

ورواها أبو عمرو فإن تَسْأَلي[1] أراد فيا ربّ سائلٍ عن الأعشى حفيٍّ به أى حفيّ بالسُؤال قالها كنايةً عن السُؤال لمّا جرى بشىّء مِن نَسَبِهِ كَنَى عنه كما قال

إذا نُهِيَ السَفِيهُ جَرَى إليه وخالَفَ والسفيهُ إلى خِلافِ

أراد جرى الى السَفه وقال القُطاميّ[2]

هُمُ المُلُوكُ وأبناءُ الملوكِ لَهُمْ والآخِذُونَ به والساسَةُ الأُوَلُ

قوله الآخذون به أراد بالمُلْكِ ويقال قد حَفِيَ به يَحْفَى حَفاوةً إذا أحْسَنَ إنزالَه والقِيامَ عَلَيْهِ وأَلْطَفَهُ ويقال قد تحفّى به تحَفِّيًا إذا أحْسَنَ مَسْأَلَتَهُ ويقال قد حَفِيَ فى المَسْأَلة والوصيّة إذا بالَغَ قال الأموىّ ويقال فى مَثَلٍ مأرَبٌ لا حَفاوةٌ[3] يُضْرَبُ للرجل يتملَّقك أى إنّما بك حاجتُك لا حَفاوةٌ بى ويقال مأرَبٌ ومأرُبة وهى المأرَبُ والأَرَبُ أيضا الحاجَةُ ،

٩ أَجَدَّتْ بِرِجْلَيْهَا نَجَاءً وَرَاجَعَتْ[4]

يَدَاهَا خِنَافًا لَيِّنًا غَيْرَ أَحْرَدَا

---

1 Cod. تسألوا; dann wäre aber keine Verschiedenheit der Lesung. Die eingesetzte La. haben: R. ŚK. III. ŚM. III. 398 unten; Ǵ. und حفا; TA. u. صعد (أصعد فى البلاد سار ومضى وذهب). P. hat تسألا und ŚM. كيف st. حيث. 2 In der im Tazjîn An-nihâjah (von Iskender ʿÂgâ, Beirut 1867) allerdings sehr fehlerhaft und vom Londoner Exemplar abweichend abgedruckten Ǵambarat al-ʿArab. S. 171. 3 Cod. hat حفاة; die gewöhnliche La. ist مأربة. Vgl. zum Sprüchwort: Maidânî 2, 690 und Ǵ. und Lane u. d. Ww. أرب und حفى. 4 Ǵ. خنف und III. haben النجاء; R.

أَجَدَّت من الجِدّ والنجاء السُرعة يقال ناقة ناجية ونجاة والنجاء يمدّ ويقصر يقال النجاء النجاء والنجا النجا والنجاك النجاك وهذه كافُ خطابٍ لا موضعَ لها من الإعراب قال الأصمعىّ والخِناف أن تهوى الدابّة بيَدِها إلى وحشيّها إذا سارت وذلك من لِينٍ فى الأرساغِ يقال خَنَفَ يخنِفُ خِنافًا ويقال خَنَفَ الرجل يخنِف خَنْفًا (sic) إذا ضربَ أنفَه فى إحدى ناحيتَىْ وجْهِهِ وقد خَنَفَ البعير إذا أمال وجهَهُ فى إحدى الناحيتَيْن من جَذْب البُرَةِ ، قال الراجز

وصَرَفَتْه ذاتُ كَهْفٍ صَرْفَهْ   صَرْفَ البَعِيرِ أَعْرَضَتْ بِخَنْفَهْ

العَروض الناقة التى فيها صُعوبةٌ والأَحْرَد الذى ينفُضُ إحدى يَدَيه إذا سار فربّما صار الحَرَدُ خِلْقةً وربّما كان من العِقال وهو [حَبْلٌ][1] صغيرٌ يضُرّ بعَصَبِهِ فيحْرَدُ قال أبو نخيلة

ضَرْبًا لكلّ ناكِثٍ ومُلْحِدِ   ضَرْبًا كتلفيف[2] البعير الأَحْرَدِ

وروى أبو عمرو وأَذْرَتْ برِجْلَيْها النَفِىَّ[3] وروى[4] أبو عمرٍو بعد قوله وفيها إذا ما هجّرت وقوله أَذْرت اى أَلْقَتْ يقال طعَنَهُ وأَذْراهُ عن فَرَسِهِ والنَفِىُّ ما نَفَتْ برجْليها من الحَصَى ويقال لِما تطايَرَ من الرَشاء من القَطْرِ عند الاستِقاء النَفِىُّ والنَفَيانُ قال الراجز

أجردا (!) st. أحرد, trotz der Erklärung am Rand: ونازعت النجاء und الخناف الحرد ضعف فى أعصاب اليدين. — Ferner hat R. am Rand: فتلها يديها الى جانبها الوحشىّ.   1 L. hat überall خناف und اجرد, hier العُقال, und حَبْلٌ ist von mir eingesetzt.   2 So L., vielleicht كنفليق.   3 L. النقى. 'Abû 'Amr's La. bei G. unter حرد; auch SM. und P. haben sie mit واتبعت st. وراجعت.   4 Man erwartet وروا ه.

كأنّ مَتْنَيْهِ مِنَ النَّفِيّ   مَواقِعُ الطَّيْرِ على الصُّفِيّ [1]

فأمّا إذا ما أَدْلَجَتْ فترى لها

رَقِيبَيْنِ نَجْمًا ما يَغِيبُ وفَرْقَدا

ورواها أبو عمرو جَدْيًا لا يَؤُوبُ [2] أَدْلَجَتْ سارت ليلتَها كلّها والإدلاج والدَّلْجةُ [3] سَيْرُ الليل كلّه والادِّلاجُ والدُّلْجةُ من آخر الليل قال الشمّاخ [4]

اذا ما أَدْلَجَتْ وَصَفَتْ يَداها   لها الإِدْلاجَ ليلةَ لا هُجُوعُ

وقال الاعشى [5]

وَٱدِّلاج بعدَ المَنامِ وتَهْجِيـــرٍ وقُفٍّ و سَبْسَبٍ ورِمالِ

يَؤُوب يَغِيب وقد آب إذا غاب وأصله من الرجوع والجَدْيُ والفَرْقَدان لا يَغِبْنَ ' قال الأسديّ وذكر ليلةً

ما زال مِنْهَا ناهِدٌ ونائِبُ   لِلْخَوْضِ حتّى آبَ منها حاجِبُ

اى حتّى غاب من الشمس حاجِبٌ أى جانبٌ [6] وحَرْفٌ منها ' وقال الآخر

يُبادِرُ الآثارَ أنْ تَؤُوبا   وحاجِبَ الجَوْنَةِ أنْ تَغِيبا [7]

الجونةُ الشمسُ '

---

1 Vgl. Ġ. und Muḥîṭ نفا und Ġ. صفا, wo noch من طول إشراف على الطَّوِيّ dazwischen steht. 2 So R. ŠM. und P. — ŠK. hat جدْيًا ما يغيب wie auch III. 2, 83 mit Cod. Socin richtig liest. 3 L. والدِّلجة. 4 Vgl. Ġ. und Muḥîṭ unter وصف. 5 Vgl. TA. دلج. 6 L. جادت. 7 TA. أوب (S. 161) hat يبادر الجونة أن تؤوبا und Ġ. جون: يبادر الجونة

॥ وفيها إذا ما هَجَّرَتْ عَجْرَفِيَّةٌ

إذا خِلْتَ حِرْباءَ الوَدِيقَةِ أَصْيَدا[1]

قال الأصمعىّ أى فى وقت الهاجرة وكَلالُ[2] الإبل تأخذ السيرَ بخُرْقٍ وضَباطةٍ وذلك من بَقِيّة نَفْسها قال الهُذَلىّ[3]

ومن سيرها العَنَقُ المسبَطِرُّ والعَجْرَفِيَّةُ بعدَ الكَلالِ

المسبطِرّ المنبسِط أى إذا كلّت الإبل رأيتَها تخرُق فى سيرها وهجّرت سارتْ فى الهاجرة والتهجير والهَجْر انتصافُ النهارِ فى شدّة الحرّ والحِرْباء دُوَيْبّة أكبرُ من العَظايَةِ تَعْلو نَشْزًا أو جِذْلًا أو غُصْنَ شَجَرةٍ ثمّ تستقبِل الشمسَ فتدورُ معها حيثُ دارت وأصل الأصْيَدِ البعير الذى معه الصَادُ والصَيَدُ هو داءٌ يأخذ الإبلَ فى رؤوسها فيُصيبها فى أنوفها وَرَمٌ مثل القُرْحِ يَسيل منه مِثْلُ الزَبَدِ فيَلْوِى أحدُها رأسَهُ ويَسْمو به[4] فيقال للرجل الشامخ بأنفه أَصْيَدُ ويقال قد كَواهُ من الصادِ فبَرَأَ أى ذهب ما فى رأسه من الجُنون والنَّجْر(؟)، ورواها أبو عمرو الظهيرة والوديقة انتصاف النهار فى شدّة الحرّ وسمّيت وديقةً لدُنُوّ حرّها يقال قد وَدَقَ منه إذا دنا قال ذو الرمّة[5]

أن تغيب. — TA. حجب hat noch folgendes Beispiel: تَراءتْ لنا كالشمس تحت غَمامةٍ   بدا حاجبٌ منها وضنّت بحاجِبِ. 1 Kâmil 411, 7 mit der La. des 'Abu 'Amr (s. u.) in einigen Codd. Dieses الظهيرة haben R. ŚM. und P. 2 Hier fehlt wahrscheinlich etwas, wie والعجرفيّة بعد كلال الخ. 3 Diwân Hudail ed. Kosegarten S. 184. 4 L. hat فيكوى احدها راسَه ويَسِمونه الخ. 5 Ausgabe dieser Kaṣîde von Smend Vers 59.

كانت إذا وَدَقَت آمالُهُنّ لهُ فبَعْضُهُنّ عنِ الآلاتِ مُسْتَعِبُ

ومنه قول ٱبن لَجَأٍ[1] مُنْدَحّةَ السُرّاتِ وادِقاتِها

أى قد دنت سُرَرُها من الأرض لسِمَنِها ومنه قيل فرسٌ وديقٌ وأتانٌ وديقٌ لأنّها تَدْنو من الفَحْل إذا اشْتهت السِفاد ،

١٢ وآلَيْتُ لا أَرْثِى لها من كَلالةٍ ولا مِنْ حَفًا حتّى تَزُورَ مُحَمَّدا[2]

آلَيْتُ وائْتَلَيْتُ أى حلفتُ والأَلِيّةُ اليمينُ وهى الأَلْوة والأُلْوة والإِلْوة حكاهنّ الفرّاء ويقال فلان بَرُّ المُؤْتَلَى ويقال كللْتُ فأنا أَكِلّ كَلالًا وكَلالةً ورواها أبو عمرو فما لكِ عِنْدى مُشْتَكًى من كَلالةٍ ؛ [3]

١٣ مَتَى ما تُناخِى عند بابِ ٱبنِ هاشِمٍ
تُرِيحِى وتَلْقَىْ من فَواضِلِهِ يَدا[4]

---

1 Der Dichter heisst عُمَرُ بن لَجَأٍ التيمى (der Name oft fehlerhaft gegeben); dieser Vers steht im Wiener Exemplar der Mufaḍḍalijât in den diesen angehängten 'Asma'ijât fol. 153r. mit vorangehenden أَنْعَتُها إنّى من نُعّاتِها. Nun findet sich Mufaṣṣal 101 der Vers كُومَ الذُرَى وادِقةً سُرّاتِها, der, wie ich einer gefälligen Mittheilung des Herrn Dr. Jahn in Berlin verdanke, im Commentar des 'Aini mit demselben vorausgehenden Vers demselben Dichter zugeschrieben wird. Die La. von L. bedeutet: (Ich beschreibe die Kamelstuten) mit breitgedrückten Nabeln, die sich vor Fett dem Boden nähern. 2 So Sacy Chr. 2, 478; 'Ag. 8, 85, 28; Mufaṣṣal 184 mit تلاقى st. تزور, wie ŚM.; Beiḍâwî, 1, 199 hat ألاقى; Ḥamâsah 194, 12 hat تلاقى und أن أرثى; III. hat تلاقى und لا آوى st. أرثى, erklärt Band 2, 83, wonach eine Hdschr. von III. auch تزور am Rand hat. 3 B. hat فما لكِ عندى مشتكى من كلالة ولا راحةٍ حتّى تلاقى محمّدا; ŚK. 74 wie 'Abû 'Amr und im zweiten Halbvers تلاقى, aber ŚK. 77 die andere La. فآليت, und وَجًى st. حَفًا.
4 St. تريحى haben alle Andern تُراحى, 'Ag. 8, 85, 20; Sacy Chr. 2, 478;

اسمُ هاشمٍ عمْرو وإنّما سُمّيَ هاشمًا لأنّه هَشَمَ الثّريدَ فأطْعَمَهُ قال الشاعرُ

عَمْرُو العُلا هَشَمَ الثّرِيدَ لِقَوْمِهِ ورجالُ مَكّةَ مُسْنِتُونَ عِجافُ [1]

تريحى تَصيرى إلى الراحةِ وقد أراحَ إذا تنفّسَ وأراحَ ماتَ وقد أراحَ إذا وجد رائحةَ الشّيء وراح لغةٌ ويَدٌ نِعْمةٌ ويقال أيْدَيْتُ إلى فلانٍ يَدًا إذا أسْديتَ إليه معْروفًا والتثنِيَةُ يَدان ويَدَيان قال الشاعر

يَدَيان بَيْضاوانِ عند مُحَلِّمٍ قد تَمْنَعانِكَ منهمُ أن تُهْضما [2]

والجمع أياد ويُدِيٌّ ،

---

١٤ نَبِيٌّ يَرَى ما لا تَرَوْنَ وذِكْرُهُ أغارَ لَعَمْرِي في البلادِ وأنْجدا [3]

قال أبو عبيدة العَمْرُ والعُمْرُ لُغتان يقال قد طال عُمْرُهُ وعَمْرُهُ فإذا

---

so auch und mit ذلا st. يدا Mugnî ed. Bûlâk 216, ŚM., ŚK., R. und IH. (nach Band 2, 83 wechselt allerdings damit in den Codd. يدا, wie auch der Cod. Socin ذلا hat und am Rand الرواية يدا). 1 Der Vers wird dem ʿAbdallah ibn az-Zibaʿrâ, von Andern dem Maṭrûd ibn Kaʿb zugeschrieben.
2 G. يدا hat: عند محرّق قد تمنعانك منهما. 3 L. hat لعمرى غارا mit م م darüber, d. h. مؤخّر und مقدّم. Das أغار لعمرى hat Sacy Chr. 2, 478; ʾAġ. 8, 85, 29; Ibn Duraid Gen. 12. ŚK.; R.; ŚM. und IH. نبيًّا im Druck, aber 2. 83 aus den Hdschrr. auch نبيٌّ angeführt, wie auch Cod. Socin hat. Die La. لعَمْرِي غار hat allerdings auch IH. 2, 84 und Kâmil 90, 1 mit تَرون. Sie scheint aber nur gemacht, um die Behauptung von Al-ʾAṣmaʿî zu retten, dass غار, nicht aber أغار heisse „nach dem Gôr gehen". Denn Al-ʾAṣmaʿî hat أغار gelesen, da er erklärt, es bedeute hier أسرع. Andre helfen sich damit, dass أغار neben أنجد diese Bedeutung habe; stehe das Wort allein, so könne nur غار gebraucht werden. So sagt auch ŚM. إنّما قاله مُؤاخاةً لأنجد على حدّ مأزورات غير مأجورات.

أقسموا فتحوا العين لا غيرُ ويقال قد غارَ[1] إذا أتى الغورَ ولا يَعْرِفها الأصمعىُّ إلّا بغيرِ ألِف قال الفرّاء يقال غارَ وأغارَ وقد جَلَسَ إذا أتى جَلْسًا وهى نَجْدٌ أنشد الأصمعىّ[2]

شِمالَ مَنْ غارَ به مُفْرِعًا وعن يَمِينِ الجالِسِ المُنْجِدِ

وقد أَنْجَدَ وقد أتْهَمَ إذا أتى تِهامةَ وأعْرَقَ إذا أتى العِراقَ وأشْأَمَ إذا أتى الشَّأْمَ وأيْمَنَ إذا أتى اليَمَنَ وكَوَّفَ وبَصَّرَ إذا أتى الكوفة والبصرة وأعْمَنَ إذا أتى عُمانَ[3] وقد انْحَجَزَ القومُ واحْتَجَزُوا إذا أتوا الحجاز ونَزَلوا إذا أتوا مِنًى قال الشاعر[4]

والأصل مـوزورات. S. über den Izdiwâǵ Ḥarîrî, Durrah ٥١, 10. Andere nehmen in لعمرىَ غار فى den قَبْض, d. h. die Verkürzung des مفاعيلْ in مفاعلْ an und endlich noch Andere lesen mit خَرْم, d. h. Weglassen eines Buchstaben am Anfange der Vershälfte غار لعمرى. Al-Farrâ dagegen sagt, أغار sei eine dialektische Form neben غار und führt gerade diesen Vers zum Beweis an. Siehe Ǵ. unter غور und auch TA., wo nach dem Tahḏîb von ابن القطّاع eine La. أغام angeführt wird, wenn das kein Druckfehler ist. IZ. 227, 18 hat: وأمّا قوله أغار لعمرى فى البلاد وأنجدا فقال المعرّى حكى الفرّاء وحده أغار فى معنى غار وإذا صحّ هذا البيت عن الأعشى فلم يرِدْ بالإغارة إلّا ضدّ الإنجاد وروى الأصمعىّ الروايتَيْن إحداهما أنّ أغار فى معنى عدا عَدْوًا شديدًا والأخرى أنّه كان يقدّم ويؤخّر فيقول لعمرى أغار (لعمرىَ غار .l) فى البلاد وأنجد فيأتى على زحاف القبض وكان ابن مسعدة يقول غار لعمرى فيأتى به على استعمال الخَرْم فى النصف الثانى ‘ 1 L. wieder غارا. 2 Der Vers ist nach TA. جلس (S. 122) von العرجىّ mit مفرعًا (مُفْرِعًا ?) st. مفرعًا, was übrigens einen guten Sinn gibt. 3 L. عَمّان.

4 Dieser Vers ist nach Ǵ. نزل von ʿÂmir ibn aṭ-Ṭufail; ebendaselbst auch der Vers von Ibn ʾAḥmar mit تجمّع.

أنازِلةٌ أَسْماءُ أمْ غَيْرُ نازِلَةْ   أبِينِى لنا يا أَسْمُ ما أَنْتِ فاعِلَهْ

وقال ابن أَحْمر

وافَيْتُ لمّا أتانى أنّها نَزَلَتْ   إنّ المَنازِلَ مِمّا يَجْمَعُ العَجَبا

نزَلَتْ أتت مِنًى ،

---

١٥ له صَدَقاتٌ ما تُغِبُّ ونائِلٌ   ولَيْسَ عَطاءُ اليَوْمِ مانِعَهُ[1] غَدا

ما تُغِبُّ لا تأتى يومًا وتنقطع يومًا ولكنّها دائمةٌ ويقال ما يُغِبّنا منه خَيْرٌ وقد اغبَّ الزِيارةَ ويقال قد غَبَّ اللَحْمُ اذا باتَ ليلةً وأصبحت الإبلُ غابّةً إذا أصبحت فى غير يوم وِرْدِها وقد غبّت ومَثَلٌ من الأمْثال رُوَيْدَكَ الشِعْرَ يَغِبُّ[2] معناه سوف يتبيّن (?)[3] لك ذاك والنائل العَطاءُ يقال قد نلتُهُ وأنلتُهُ ورَجُلٌ نالٌ اذا كان كثيرَ النَوال ورجلان نالانِ ورجالٌ أنْوالٌ ،

---

١٦ أجِدَّكَ لم تَسْمَعْ وَصاةَ محمّدٍ   نَبِىِّ الإلٰهِ يَوْمَ أوْصَى وأَشْهَدا[4]

يقال أَجَدَّك وأجِدَّك أى أَبِجِدٍّ هذا منك وقال غير الأصمعىّ معناه ما

---

1 L. مانِعُهُ. III. 2, 84 hat die La. يمنعه, welcher auch ŚM. und P. folgen. Cod. Rifâ'ijah 33 f. 17v sagt zu dem Verse des 'Abû Ṭâlib:

وخلائقًا شَرُفَتْ بمَجْدِ نِصابِهِ   يَكْفيكَ منه اليومَ ما تَرْجُو غَدا

يقال من هاهنا سَرَقَ الأعشى   وليس عطاءُ اليوم مانعَهُ غدا ،

2 Vgl. Maidânî ed. Freytag 1, 522; Bûlak 1, 253; Ḥamâsah 56, 20, Ǵ. TA. Muḥîṭ unter غبب; Lane رويد Ende. 3 L. ohne Punkte.

4 R. hat رسول الإلٰه حيث; III. und P. haben حيث st. يوم und III. 2, 84 führt noch die La. وصاية أحمد an. ŚM. und Kâmil 511, 3 und Anm. haben حين st. يوم und letzterer رسول und نبىّ als La.

لك [أَجِدًّا منك][1] أَشهِدَ من الشهادة وحكى أَبو عمرو فى غير هذا أَشهَدَ الرجل إذا أَمْذَى ،

١٧ إذا أَنْتَ لم تَرْحَلْ بِزادٍ مِنَ التُقَى

ولاقَيْتَ بَعْدَ المَوْتِ مَنْ قَدْ تَزَوَّدا[2]

يقال من الزاد قد أَزَدْتُ الرجلَ إذا زوّدته وأنشد أبو عمرو للهذلى[3]

وقد يأْتِيكَ بالأَنْباء مَنْ لا   تُجَهِّزَ بالحِذاء ولا تَزِيدْ ،

١٨ نَدِمْتَ على أن لا تكونَ كَمِثْلِهِ   فتُرْصِدَ لِلْأَمْرِ الذى كان أَرْصَدا

ويُرْوَى لِلْمَوْتِ ورواها أبو عمرو وأنّك لم تُرْصِدْ[4] لِما كان أَرْصَدا أَرْصَدَ أَعَدَّ ،

١٩ وإيّاكَ والمَيْتاتِ لا تأْكُلَنّها[5]   ولا تأْخُذَنْ سَهْمًا حَديدًا لِتَفْصِدا

يقال ميّت ومَيْتٌ وهو ميّت عن قليلٍ ومائتٌ ، يَفْصِدُ عِرْقًا من عروق الناقة بحديدةٍ ثمّ يُؤْخَذُ مَصِيرٌ ثمّ يُجْعَلُ عَلَى فَمِ العِرْقِ فإذا آمتلأَ دَمًا سُدَّ رأْسُهُ ومُلَّ فى النار فإذا نَضِجَ أُكِلَ قال أبو عبيدة

1 [ ] steht nicht in L.   2 IZ. 228, 5; Hamâsah von Al-Buḥturî S. 235. — R. liest اليوم st. الموت und ŚM. أَبصرتَ st. لاقيت und sagt im Commentar: إذا أنت إلى آخرها تفسيرُ وصاةِ محمّد صلعم.   3 L. hat الهذلىّ. Der Vers ist nach TA. زود von 'Abû Ḥirâś, TA. hat بالاخبار st. بالانباء.

4 L. لم تُرْصَدْ. Wie L. hat den Vers IZ. 228, 6. R. liest وأنّك لم تُرصِد كما كان. ŚM. und P. haben مكانه st. كمثله. III. 2, 84 hat richtig فتُرْصِدَ und als La. للموت. was auch P. hat st. للامر. Dieses hat Cod. Socin im Text und am Rand: للموت كذا الرواية عن ابن هشام.

5 R. III. und ŚM. lesen لا تَقْرَبَنّها, ŚK. und P. aber لا تطعمنّها. — لتفصدا erklärt R. am Rand: اى لتأكل الدم وهو حرامٌ عليك

يقال فى مَثَلٍ لم يُحْرَمْ مَنْ فُصِدَ لَهُ[1] يقال للذى لم يُصِبْ جميعَ حاجتِهِ وما طَلَب وأصابَ دونَ ذلك لأنّ رجُلَيْن ضافا رَجُلَيْن فلمّا أصبحا فالْتَقَيا تَذاكَرا ما قُرِيا فقال ما قُرِيتُ طائلًا إنّما فُصِدَ لى فقال صاحبُه لم يُحْرَمْ مَنْ فُصِدَ له و بعضُهم يسكّن كسرة الصاد وبعضُهم يحوّلها زاءً فى اللغتَيْن يقال فُزِد وفُزْد لَهُ ،

---

٢٠ وذا[2] النُّصُبِ المَنْصُوبَ لا تنْسُكَنَّهُ ولا تَعْبُدِ الأَوْثانَ واللّهَ فَاعْبُدا

ورواها أبو عمرو ولا النُّصُبَ المَنْصوبَ لا تنسُكَنَّهُ لِعاقِبةٍ واللّهَ رَبَّكَ فاعْبُدا[3] ، النُّصُبُ حجارةٌ منصوبةٌ كانوا ينْسُكون لها ويذْبَحون لها فى رَجَبٍ ويقال للذبيحة العتيرةُ تنسُكنّه تَذْبَحُ له ،

---

٢١ وَذا الرَحِمِ القُرْبَى فلا تَقْطَعَنَّهُ لِفاقتِهِ ولا الأَسِيرَ المُقَيَّدا[4]

ورواها أبو عمرو ولا السائِلَ المَحْرُومَ لا تَتْرُكَنَّهُ لِفاقَتِهِ ولا الأَسِيرَ المُقَيَّدا[5] ، قال الأصمعىّ الأَسِير أن يُؤْخَذ فيُشَدّ بالقِدّ يقال قد أَسر قَتَبه[6] إذا شد عليه ثمّ كثر استعمالهم لها حتّى قيل لكلّ مَنْ أُخِذَ من العَدُوِّ أسيرٌ وإن لم يُشدّ بقِدٍّ ،

---

1 Vgl. Maidânî ed. Freytag 2, 441; Bûlâḳ 2, 119 und TA. u. فصد.

2 R. hat ولا und Rand: النصب الانصاب وهى الأَصنام. — Mufaṣṣal 163 u. ŚK. vermengt v. 20 u. 22: ولا تعبد الشيطان واللّه فاعبدا. — Ġ. u. نون hat die zweite Hälfte. 3 Dieser La. folgen P. und Ġ. und TA. u. d. W. نصب.

4 Hier ist aus dem ursprünglich richtigen Text in L. ein لا والأَسير verbösert.

5 Dieser La. folgt ŚK. nur mit حتّى الاسير st. ولا الاسير. Das تنركنّه haben auch ŚM. und P., die sonst L. gleichlautend sind. Statt لفاقته hat III. لعاقبة; der Cod. Socin hat لعاقبة im Text, darüber aber und am Rand لفاقته.

6 L. قبته.

٢٢ وسَبِّحْ على حِينِ العشيّاتِ والضُحَى

ولا تَحْمَدِ الشيْطانَ واللّهَ فاحْمَدا

ورواها أبو عمرو وصلِّ[1] على حِينِ العشيّات و الضُحى ولا تحمدِ المُثْرِينَ[2] يقال أثْرى الرجل إثراءً فهو مُثْرٍ إذا كَثُر مالُه والثَراء كثرة المال ، ويقال ثَرا بنو فلانٍ بنى فلانٍ اذا كانوا أكثرَ منهم وقولُه فاحْمدا أمْرٌ بالنون الخفيفة ، وكذلك فاعْبُدا ،

٢٣ ولا تَسْخَرَنْ من بائِسٍ ذى ضَرارةٍ

ولا تَحْسِبَنَّ المالَ لِلْمَرْءِ مُخْلِدا[3]

يقال ضَريرٌ بَيِّنُ الضَرارة إذا زَمِنَ والضَرورة من الاضطِرار ويقال من البُؤْس قد بَئِسَ يَبْأَسُ بُؤْسًا وبُؤُوسًا يا هٰذا ومن البأس بَؤُسَ يَبْؤُس بأْسًا ورواها أبو عمرو الشيبانيّ ولا تَحْسِبَنَّ المَرْءَ يَوْمًا مُخَلَّدا ،

٢٤ ولا تَقْرَبَنَّ حُرَّةً[4] إنّ سِرَّها عَلَيْكَ حَرامٌ[5] فانْكِحَنْ[6] أوْ تَأَبَّدا

ورواها ابو عمرو ولا تَقْرَبَنَّ جارَةً ، السِرُّ النِكاحُ قال الحُطَيْئةُ

ويَحْرُمُ سِرُّ جارَتِهِمْ عَلَيْهِمْ ويَأْكُلُ جارُهُمْ أُنُفَ القِصاعِ

وقال رؤبةُ[7] فَعَفَّ عن أسْرارِها بَعْدَ الغَسَقْ

---

1 Das وصلِّ hat auch R. und ŚK., auch Cod. Monac. 410 f. 84r.

2 So ŚM., P., und Lane diction. 1, 2. 3 R. hat hier تَسْخَرًا und ولا تحسبنّ المَرْءَ يَوْمًا مُخَلَّدَا. Vgl. Sûre 104, 3. P. hat falsch ذى ضرورة.

4 Dafür جارة bei R., ŚM., P., ŚK., Cod. Socin des III. am Rand.

5 H. كان سرُّها عليك حرامًا. 6 R. فانكحًا.

7 Der Vers von Al-Ḥuṭai'ah bei TA. سرر (S. 270), wie auch der von Ru'bah mit folgendem: ولَمْ يُضِعْهَا بَيْنَ فِرْكٍ وعَشَقْ V. 28 u. 29 der 'Urǵûzah.

يريد عفّ الحِمارُ عن غِشْيانِ الأُتُنِ ، وقال اللّه وهو أَصْدَقُ قِيلٍ
ولكنْ لا تُواعِدُوهنّ سِرًّا[1] ، تأبّدًا بالنون الخفيفة أى تَوَحَّشْ ولا
تَقْرَبِ النِساءَ ،

فلمّا أنشدهم قالوا أما أنتَ لو أنشدتَه هذا لم يقبلْه منك ولم
يزالوا بالسقى حتّى صَدّوه عنه وخرج من فَوْرِه ذلك فأتى اليَمامةَ
فقال أَتَلَوَّمُه عامى هذا فمكث باليمامة زُمَيْنًا[2] يَسيرًا ثمّ إنّه مات[3] ،،

---

1 Sure 2, 235. 2 Ueber das m von زمينا hat eine spätere Hand ein h geschrieben. 3 Mit dieser Fassung der Erzählung stimmt ganz genau P., die andern weichen allerdings oft sehr im Wortlaut ab, sind theils sehr weitschweifig, wie 'Ag. 8, 85 ff., gleich Śawâhid at-Talḫîṣ 94, 15; im Sinne sind alle Erzählungen gleich: Al-'A'šâ lässt sich bestimmen, noch ein Jahr zu warten mit dem Vortrag seines Liedes, stirbt aber bald darauf durch einen Sturz vom Kamel. Die Erzählung in R. stehe noch hier: قال فقدم مكّة وقال أَيْنَ هذا الفَتَى من بنى هاشمٍ الذى يُجاوِدُ الريحَ قالوا ما تصنَعُ به يأبا بصيرٍ قال أُريد ان أمتدحَه وأُصيبَ من معروفه وأَدخُلَ فى دِينِهِ فقال القومُ واللّهِ لَئِن اجتمع علينا هِجاء حسّان وهجاءُ الأعشى لتفسدَنّ أعراضُنا فقال أبو جَهْلٍ أنا أَكْفِيكم الرجلَ فأتاه فقال يأبا بصير إنّ هٰذا الرجلَ يُحرّمُ الزنا وشُرْبَ الخمر ولا صَبْرَ لك عنهما فهل لك أن نُعْطِيَك ولا نُخَيِّبَ سَفرَتَك وترجعَ عامَك هذا حتّى ترى من رَأْيِك وإنّما أراد بذلك أن يرجع لعلّه يموتُ فإنّه كان كبير السِنّ قال نَعَمْ فأعطاه وأكرمه ويقال أنّه أعطاه فيما أعطاه قلائصَ فركب واحدةً منها فلمّا بلغ قاعَ منفوحةَ وَقَصَتْ به فاندقّ فمات فأنزل اللّهُ تعالى فى أبى جهلٍ وكان الكافِرُ على ربّه ظهيرًا (Sure 25, 57).

VII.

AL-KINDÎ ALS ASTROLOG.

von

OTTO LOTH.

Folgendes ist, soviel ich weiss, der erste Versuch, einen rein astrologischen Text aus dem Arabischen zu ediren, und da er sich immer noch zu den ersten Bearbeitungen des schwierigen Gegenstandes überhaupt zählen darf [1], rechnet er auf alle mögliche Nachsicht. Hoffentlich ist die darauf verwendete Mühe nicht ganz weggeworfen. Die Astrologie, wenn sie auch von der modernen Wissenschaft in den ihr gebührenden Winkel gestellt ist, hat doch eine grosse Geschichte gehabt. Nicht zu reden von ihren Einflüssen auf diesen Erdtheil, ist sie ein Hauptfactor in der Culturentwickelung des Morgenlandes gewesen. Ohne sie bleibt uns auch die Welt- und Naturanschauung der Muslime, im Besondern der hochwichtigen älteren arabischen Geographen und Historiker zum Theil unverständlich. Eine Verarbeitung ihres Materials verspricht auf der andern Seite nicht unwesentlichen Gewinn an historischen und chronologischen Daten. Dafür zeugt z. B. der Gebrauch, den schon Ḥamzah Iṣfahânî und der Verfasser des Fihrist von Abu Maʿshar gemacht haben.

Ich habe statt eines systematischen Handbuches diesen kleinen und beschränkten Tractat gewählt, weil derselbe, wenn der eigentliche Gegenstand werthlos erscheinen sollte, doch einiges literarische und historische Interesse hat, vor allem dadurch dass er zu den wenigen im Original erhaltenen Schriften al-Kindî's gehört und zu der Kenntniss der eigentlichen wissenschaftlichen Bedeutung dieses grossen Geistes einen weiteren Beitrag liefern kann. Ich glaube den Intentionen des verewigten Flügel nur zu entsprechen, wenn ich ihm auf der Bahn, die er durch seine berühmte Abhandlung gebrochen hat, mit neuem

---

1 Ich nehme natürlich Dieterici's Bearbeitung der Astrologie der Ikhwân al-ṣafâ (Propaedeutik der Araber) aus, die mir für die gegenwärtige Arbeit von grossem Nutzen gewesen ist; ebenso waren es die Untersuchungen von Steinschneider in Z. D. M. G. XVIII, XXIV und XXV und Weber, Indische Studien II.

Material folge, wenn es auch geschieht, um seine Characteristik des „Philosophen der Araber“ in einigen Puncten zu modificiren.

Dies scheint nothwendig mit den folgenden Schlüssen, zu welchen nach meiner Ansicht der vorliegende Tractat, und zum Theil auch schon die wichtigen Untersuchungen Steinschneider's über die indisch-arabische Meteorologie[1] führen, und welche ich zur Uebersicht hier voranstelle.

Al-Kindî bediente sich durchaus nicht der Astrologie als einer popularisirenden Einkleidung der exacten Astronomie[2], sondern trieb sie um ihrer selbst willen. Eher dürfte in seinem Sinne die letztere als die Hilfswissenschaft und die Form bezeichnet werden. Er bekannte sich unbedingt zu allen Grundsätzen und Consequenzen der Astrologie. Sie war für ihn und seine Zeit noch ein integrirender Bestandtheil der philosophischen oder alten Wissenschaften[3], aus welchen sie erst eine vorgeschrittenere Bekanntschaft mit dem Aristotelismus entfernte[4]. Er behandelte sie entsprechend mit mathematischer Methode und nach angeblichen physikalischen Gesetzen, polemisirte aber beständig gegen den vulgären Aberglauben und den traditionellen Syncretismus, welcher bei den Ungelehrten für Astrologie ging[5]. Hierbei lehnte er sich unmittelbar an das alexandrinische System, welchem auch seine hauptsächlichste Terminologie angehört. Er studirte dasselbe an den Quellen, d. h. in directen Uebersetzungen aus dem Griechischen[6]. In dieses System zog er aber auch die Resultate der eigenthümlichen Entwickelung, welche die Astrologie im Osten, namentlich bei den Indern und neuerdings bei den Persern genommen hatte, jedoch nicht ohne Selbständigkeit gegenüber den letzteren.

Auf diese Weise entstand ein System, welchem al-Kindî's Autorität rasche Anerkennung verschaffte, und welches zugleich für jene Wissenschaft abschliessend gewesen ist. Die Astrologie nach ihm ist

---

1 Z. D. M. G. a. a. OO. 2 Flügel, al-Kindî 10—12. 3 Im engeren Sinne der mathematischen, wie noch in dem System der Ikhwân al-ṣafâ (Dieterici, Propaedeutik 46—85.) 4 Steinschneider, al-Farabi 74 ff. 5 Vgl. die characteristischen Proben aus den meteorologischen Tractaten Z. D. M. G. XVIII, 131 ff., namentlich die Einleitung des ersten.
6 Dass er, wie oft angegeben wird, selbst übersetzt hätte, dafür fehlen, soweit ich sehe, die Beweise, und die Wahrscheinlichkeit spricht dagegen. Vgl. Steinschneider's Bemerkung in al-Farabi S. 7 Anm. 11. S. ist übrigens dem dort gerügten Lesefehler (الكندى für للكندى) selbst zum Opfer gefallen, indem er den Eustathius zu einem Kinditen macht (ib. u. S. 161 n.). Vgl. dagegen Fihrist ed. Flügel-Roediger ٢٥١, 28.

nur noch eine Tradition; höchstens haben seine nächsten Nachfolger das Verdienst, weiteres Material gesammelt zu haben. Dies gilt namentlich von seinem Schüler Abu Maʿshar[1], der sich widerrechtlich eines grossen Theils des ihm gebührenden Ruhmes bemächtigt hat, während er im Wesentlichen nur seine Theorien weiter ausgeführt und popularisirt hat[2].

Somit treibt die spätere arabische Astrologie, ebenso wie die aus ihr geflossene europäische und neuindische, keinen Missbrauch mit seinem Namen, wenn sie ihn, die letzteren als *Alkindus, Alchindus* und *Khindhi, Khindaka*[3], unter ihren Hauptautoritäten anführen; noch geht der populären Tradition hier das richtige Gefühl ab, indem sie ihn als Adepten der Astrologie und Magie verehrt. Seine Beziehungen zu diesen Lehren sind mit einem Worte nicht bloss pseudepigraphisch. Im Gegentheil lag in ihnen allein sein dauernder Einfluss auf die Nachwelt.

Das vorliegende Document füllt ein Paar Blätter des interessanten Sammelbandes Add. 7473 *Rich* des British Museum (= No. CCCCXXVI des Cureton'schen Catalogs, p. 205), foll. 175^b — 178^a. Es ist in einer schönen, grossen und regelmässigen Hand geschrieben, um d. J. 640 d. H.[4], und laut Nachschrift von einer Handschrift vom J. 531 copirt. Trotzdem mangelt es nicht an Ungenauigkeiten und Fehlern; aber erst bei genauerem Eindringen in den Text wurde ich gewahr, wie ver-

1 Ǵaʿfar b. Muḥammad al-Balkhî († 272), der 'Απουμάσαρος, *Albumasar, Japhar Indus* des Abendlandes. Ueber ihn Fihrist ٢٧٧. Als ihn al-Kindî zur Astrologie bekehrte, war er schon 47 Jahre alt. Es folgt daraus, dass ersterer bereits i. d. Jahren 210—220 in Bagdâd lehrte. Vgl. Steinschneider Z. D. M. G. a. a. OO. *passim*. Drei Werke von ihm in lateinischer Uebersetzung enthält ein in Augsburg 1489 von Erhard Ratdolf gedruckter Band (auf der Univ.-Bibliothek in Leipzig): 1. Introductorium. 2. Coniunctiones (worüber weiter unten). 3. Flores. 2 Eine richtige Würdigung des Verhältnisses zwischen beiden und des Verdienstes al-Kindî's finden wir bei einem späteren Anhänger desselben, dem Magribiner ʿAlî b. Abu'l-riǵâl, citirt von Steinschneider Z. D. M. G. XXIV. 388 nach der latein. Ausgabe (Basel 1551) seines البارع فى احكام النجوم, welches im Original in einer ziemlich modernen und incorrecten Hdsch. des India Office, London (Tippu 637) enthalten ist. Die citirte Stelle steht daselbst fol. 27^b. Ueber ʿAlî, den *Abenragel*, auch *Albohazen* der Occidentalen, der in der ersten Hälfte des 5. Jahrh.'s lebte, vgl. Z. D. M. G. XXIV. 372; XVIII. 155; XXVIII. 453. 3 Weber, Ind. Stud. II. 244 ff.; im Besonderen 247. 249. 264. 4 Ein vorhergehender Tractat ist Ḏu'l-kaʿdah 639 datirt.

derbt er war. Offenbar war das Original in einer etwas flüchtigen persischen Hand geschrieben und nicht ganz glatt, und der Abschreiber verstand vom Inhalte gar nichts. So waren zahlreiche Emendationen nothwendig. — Die Handschrift ist, wie es scheint, ein Unicum.

Der Tractat betitelt sich: „Sendschreiben des Ya'ḳûb b. Isḥâḳ al-Kindî über das Reich der Araber und wie lange es dauern wird.“ Er ist in der That in Briefform gehalten, wie wohl alle diese kleinen Monographien al-Kindî's, und anscheinend an eine bestimmte Adresse gerichtet. Die Form ist ziemlich lose. Die Phraseologie der Vorrede zeigt auffallende Aehnlichkeit mit dem einem der öfter erwähnten meteorologischen Tractate. — Die Hauptpuncte sind folgende:

1. Vorrede über Zweck und Veranlassung.

2. Aufstellung des Princips, nach welchem die Dauer des Reichs zu berechnen: die Conjunction [1] der beiden Unglücksterne (Saturn und Mars) im Zeichen des Krebses, welche sich aller 30 Jahre wiederholt.

3. Anfangspunct dieses Cyclus: die Conjunction zu Beginn des Jahres der Hiǵrah. Berechnung der Dauer des Reichs aus dieser Conjunction.

4. Berechnung derselben Zahl aus den Monogrammen des Koran.

5. Uebersicht der folgenden Conjunctionen bis 242 d. H.

6. Deutung derselben auf bestimmte Ereignisse in der Geschichte und Zukunft des Reiches bis 333 d. H.

7. Allgemeine Aphorismen über Berechnung des Entstehens und der Wandlungen von Dynastien, nach einem anderen Princip.

Es handelt sich hier also nicht bloss um die Dauer, sondern auch um die einzelnen Geschicke des arabischen Reichs unter dem Einflusse jener entscheidenden Conjunction. Ich trage daher kein Bedenken, diesen Tractat mit der im Fihrist unter den احكاميات aufgeführten رسالة في دلائل النحسين في برج السرطان zu identificiren [2]. Keiner von beiden Titeln wird authentisch sein. Die Verfasser betitelten zu jener Zeit ihre Werke noch nicht, am wenigsten solche kleine „Episteln“, sondern die Titel wurden ihnen nach Bedürfniss von den Ueberlieferern oder Bibliographen gegeben.

---

1 *Conjunctio* σύνοδος, arab. قران oder مقارنة, auch اقتران, ist das Zusammentreffen zweier Planeten in einem Grade des Thierkreises, oder ihr Aufgehen in einer astrologischen Stunde.

2 Fihrist ٢٥٩, 8 = no. 161 in Flügel's al-Kindi wo das letzte Wort nicht im Text steht. Ebenso, nach Fihrist, auch Ibn al-Ḳifṭi bei Casiri I. 355.

Die hier vorgetragene Theorie ist, wie sich zeigen wird, al-Kindî eigenthümlich. Ueberhaupt tritt, soviel ich weiss, die ganze Lehre von den Conjunctionen zuerst in der arabischen Astrologie auf. Ihr Grundgedanke ist dieser: Die Conjunctionen einzelner Planeten üben einen stets verhängnissvollen Einfluss auf die Ereignisse der grossen Welt, nicht bloss die natürlichen, sondern auch und besonders die politischen und religiösen aus, und an die regelmässigen Zeitläufe, innerhalb deren sie an bestimmten Orten wiederkehren, ist der Hauptgang der Weltgeschicke geknüpft. Danach unterscheidet man grössere und kleinere Weltperioden oder Cyclen (arab. دَوْر pl. أدْوار). Andrerseits werden aus der Gestalt des Himmels im Augenblicke einer Conjunction die einzelnen in ihre Periode fallenden Ereignisse gedeutet. So ist die Conjunction für den Makrokosmos, was das Horoscop, die Nativität für den Mikrokosmos ist[1]. Diese Theorie ist ihrem ganzen Wesen nach orientalisch. Möglicherweise ist sie eine rationalistische Verflachung der apocalyptischen Phantasien, welche seit den letzten Jahrhunderten v. Chr. im vordern Asien eine Rolle spielten. Die Bestimmung der Cyclen scheint auf indische Vorbilder hinzuweisen[2]. In der uns allein bekannten Form bezieht sie sich immer auf die Existenz des Islâm. Die arabische Tradition schreibt sie den Astrologen der Sâsâniden zu[3] und mag so weit recht haben, dass sie eine Erfindung der Perser ist. Diese und die unter ihrem Einflusse schreibenden Juden legten den eigentlichen Grund zu der arabischen Astrologie. Für sie verknüpfte sich jene Lehre mit nationalen Hoffnungen. Unter dem Drucke der gewaltsamsten Umwälzungen verloren die Araber selbst das Vertrauen an dem Bestehen ihrer Herrschaft. Chiliastische Vorstellungen waren, wie die Tradition bezeugt, unter ihnen im Schwange. An diese knüpften die persischen Astrologen an, um ihnen aus den Sternen ihre Befürchtungen zu bestätigen und ihren eigenen Landsleuten die Befreiung von einem tief verhassten Joche zu verheissen. Diese astrologischen Prophezeiungen waren ein wirksames Mittel in den Händen von Agitatoren.

Alle diese Prophezeiungen gehen, soweit sich erkennen lässt, auf ein gemeinsames Princip zurück: eine wichtige Conjunction, welche

1 Vgl. hierzu und zum Folgenden die treffenden Ausführungen Ibn Khaldûn's in einem Capitel seiner Prolegomena (ed. Quatremère II. 176 ff., besonders 179—192). 2 Reinaud, Mémoire sur l'Inde 327 ff. 3 Ibn Khaldûn a. a. O. 189.

der Geburt Muḥammad's (20. April 571 = Nisan 882 Seleuc.) vorausging. Dies war eine Conjunction zwischen den zwei „oberen" Planeten. Saturn und Jupiter[1], im Zeichen des Scorpions. Eine solche fand, wie berechnet worden ist, wirklich Statt am 29. oder 30. März 571[2]. Sie ist die Conjunction der arabischen Theokratie schlechthin — قران الملة —, geknüpft an die Person ihres Stifters. Sie ging der eigentlichen Aera des Islâm, der Hiǵrah, um 51 Jahre voraus.

Die Conjunction der oberen Planeten wiederholt sich aller 20 Jahre nach einem bestimmten Gesetze[3]: sie wechselt zwischen den einzelnen Zeichen einer Triplicität[4] viermal hintereinander; am Schluss, d. h. nach 240 Jahren geht sie zur nächstbenachbarten Triplicität in der Folge der Zeichen über und wiederholt denselben Turnus; ebenso in der 3ten und 4ten Triplicität. Nach 4 × 240 = 960 Jahren ist sie wieder an ihrem Ausgangspunct, dem ersten Zeichen der ersten Triplicität, und zwar an demselben Grad angelangt, und indem sie nun in den nächsten Grad übergeht, beginnt ein neuer Kreislauf. Es ergeben sich also drei Haupt-Perioden oder Cyclen:

1. Die kleine, von 20 Jahren, zwischen zwei Conjunctionen überhaupt.

2. Die mittlere, von 240 Jahren, von einer Triplicität zur andern.

3. Die grosse, von 960 Jahren, bis zur Rückkehr der Conjunction an dieselbe Stelle des Thierkreises.

Die letztere, ungefähr also einem Jahrtausend entsprechend[5], be-

---

1 العلويّان sind stets Saturn und Jupiter; der dritte „obere" Planet ist Mars; sie liegen über oder jenseits der Sonne. Zwischen dieser und der Erde liegen die „unteren" السفلية Venus. Mercur, Mond; — gewöhnlicher auch der Dual, für die beiden ersten. 2 Mahmoud Effendi, Mémoire sur le Calendrier Arabe: Journal Asiatique V. Série 11. (1858) p. 142. Vgl. Ibn Khaldûn a. a. O. 187 u. 3 Ausführlich dargestellt von Ibn Khaldûn 186 f.; vgl. Z. D. M. G. XXIV. 382 (Pico von Mirandola). 4 Oder Trigonus مثلثة — beruht auf einer bekannten Eintheilung des Thierkreises in vier gleichseitige Dreiecke nach den vier Elementen, feurige: (mit den Spitzen in) Widder, Löwe, Schütze, erdige: Stier, Jungfrau, Steinbock, luftige: Zwillinge, Wage, Wassermann, wässerige: Krebs, Scorpion, Fische. Vgl. Dieterici, Propaed. 49; Uhlemann, Astronomie und Astrologie der Alten 66 u. s. w. 5 Dies scheint auch der astrologische Sinn des Titels einer Schrift von Abu Ma'shar zu sein الالوف, in welcher also solche Weltperioden geschildert wurden. Vgl. al-Mas'ûdi Prairies d'or ed. Bar-

zeichnet eine völlige Erneuerung der Welt; dazu gehört auch eine neue Religion. Die mittlere beschränkt sich auf grosse politische Umwälzungen, Herrschaftswechsel u. s. w. Die kleine endlich deutet allgemein auf wichtige Ereignisse, Thronwechsel, Aufstände und andre Krisen des Reichs [1].

Die Conjunction der Geburt Muḥammad's begann also eine neue Weltperiode, und zwar in der „wässerigen“ Triplicität [2]. Nach 240 Jahren, also zu Ende des 2. Jahrhunderts der Hiǵrah, ging die Conjunction in die nächste, d. h. die „feurige“ Triplicität über, und zwar zunächst in das dem Scorpion benachbarte Zeichen des Schützen. Dies war ein geeignetes Symbol für die Freiheitsbestrebungen der Perser, um einen Wechsel der Herrschaft von den Arabern zu ihnen zurück zu verheissen. Nach dem Zeugnisse des Fihrist wurde es auch von den Urhebern der ismâʿîlitischen Bewegung so benutzt [3]. Gewöhnlich waren aber die Berechnungen complicirter, indem man, wie schon erwähnt, für Specialdeutungen auch auf die Stellung der übrigen Planeten zur Zeit der ersten Conjunction, Rücksicht nahm. Beispiele davon, wenn auch nicht immer sicher überliefert, liegen in Auswahl vor. Alle Anzeichen scheinen auf grosse Krisen und eine verhältnissmässig baldige Auflösung der arabischen Theokratie gedeutet zu haben [4].

Welche Stellung nahm nun al-Kindî zu dieser Theorie? Wir haben Zeugnisse, dass er ihr Princip, die massgebende Conjunction von 571, im allgemeinen Sinne anerkannte [5]; und es ist sicher auf seine

---

bier de Meynard, IV. 91 (nach ihm auch Ḥâǵǵî Khalfah V. 50) und Fihrist ٢٧٧, 13. 1 Vgl. Dieterici, Propaed. 83, wo aber die Conjunction nicht genauer erwähnt wird. 2 Vgl. Ibn Khaldûn 189. Die dortige Berechnung ist aber nicht verständlich. 3 Diese interessante Stelle (١٨٨, 20 ff.) ist schon von Chwolsohn, Ssabier I. 289 citirt. Es ist dies freilich, da die Bewegung erst um die Mitte des 3. Jahrhunderts begann, ein etwas weit zurückliegendes Vorzeichen, doch schliesslich nicht weiter als das قران الملة von der Hiǵrah. Uebrigens kann in der Angabe des Fihrist l. 25 الثامن nicht richtig sein, es sollte الثالث عشر heissen. 4 Vgl. Ḥamzah Iṣfahânî ed. Gottwaldt ١٥٣, nach Abu Maʿshar, und Ibn Khaldûn 187 ff. Letzterer bringt auch Berechnungen, die eine lange Dauer ergeben, doch sind diese gerade nicht recht verständlich.
5 S. ʿAlî b. Abu'l-riǵâl, latein. Uebers. (de *iudiciis astrorum*) 409^a = Cod. India Office fol. 205^a unten. Die erste Stelle wird von Steinschneider Z. D. M. G. XXIV. 191 n. 33 citirt, mit einer interessanten Parallelstelle aus der Compilation des Bonatti (13. Jahrh.).

Autorität hin, dass sie nachher in der muslimischen Astrologie für all belicbigen Schicksalsberechnungen, welche Fürsten und Staaten zum Ge genstand haben, zur Anwendung gekommen ist.

Gegen die tendenziöse Auffassung aber, welche ihre Spitze gege die Existenz des Reichs kehrte, machte er als guter Araber entschie den Front. Hiervon giebt nun das vorliegende Sendschreiben Zeug niss, das, wie es scheint, auf eine bestimmte Veranlassung hin abgefass wurde. In ihm hebt er die Frage über die Dauer der arabischen Theo kratie vollständig aus dem Bereiche jener Theorie, und stellt sie au eine neue, sicherere Basis. Diese ist die Conjunction des Saturn mi dem anderen Unglückstern, dem dritten „oberen" Planeten, Mars im Zeichen des Krebses. Dieselbe fand nach ihm am Anfange de astronomischen oder „Welt"-Jahres Statt, in welches die Hiǵrah fiel und insofern ist sie ein ebenso geeigneter Ausgangspunct als die Con junction bei der Geburt des Propheten. Den ungläubigen Persern wi zum Trotz giebt er ihr auch noch eine Bestätigung aus dem göttliche Offenbarungsbuch. Die Zahl von 693 Jahren, die sich ihm ergiebt, is auffällig bescheiden, doch genügte sie für den nächsten Zweck voll ständig. Merkwürdig ist, dass sie nur um etwa 40 Jahre von de wirklichen Erfüllung, dem Falle des Chalifats von Baǵdâd (656 d. H.) abweicht.

Der Autorität al-Kindî's verdankt diese Conjunction, dass sie auc zu dem Material für die Astrologie des Makrokosmus gerechnet wird Sie wiederholt sich im Zeichen des Krebses aller 30 Jahre, und dies Periode führt Ibn Khaldûn als die vierte auf[1]. Doch scheint man nich viel praktischen Gebrauch von ihr gemacht zu haben. Auch hatte al Kindî dies wohl nicht beabsichtigt. Sie sollte nur der hiesigen Aufgab dienen. Man darf nun sagen, dass er dieselbe glücklich und wirklic geistreich gelöst hat; nur hat man mehrfach Grund zu dem Verdachte dass die gar zu schön stimmenden Zahlen zurecht gemacht seien. E darf uns dies bei al-Kindî nicht wundern; denn Willkür und Unwahr heit im Einzelnen waren die nothwendigen Consequenzen der grosse Unwahrheit, auf welche das ganze System gegründet war, und auc der „philosophische" Astrolog musste sich zu ihnen verstehen.

Unser Sendschreiben ist, wenigstens seinem Inhalte nach, noch den Ibn Khaldûn bekannt gewesen, da er die beiden Hauptpunkte desselben auf al-Kindî's Autorität wiedergiebt[2]. Was aber weit wichtige

1 a. a. O. 187. 2 a. a. O. 188—9. Es ist nicht wahrscheinlich, dass e es direct vor sich hatte.

ist, es lässt sich bereits bei dem unmittelbaren Nachfolger al-Kindi's, Abu Ma'shar nachweisen, in einem Werke, welches uns in lateinischer Uebersetzung vorliegt. Dieses gehört zu dem schon erwähnten[1] Sammelbande Aug. Vind. 1489, und wird im Colophon: „*opus Albumazaris de magnis coniunctionibus*" genannt. In der Titelaufschrift heisst es jedoch: *Hic est liber indiciduorum superiorum in summa de significationibus super accidentia que efficiuntur in mundo: de presentia eorum respectu ascendentium receptionum coniunctionalium et aliorum. Et sunt octo tractatus. Editus a Japhar astrologo qui dictus est Albumasar*[2]. — Dieses Werk ist in der That nicht das bekannte und auch im Original vorhandene كتاب القرانات[3]; Steinschneider hat es sehr glücklich mit dem Escorial-Codex 932 (Casiri I. 371) كتاب فيه جمل من دلالات الاشخاص العلوية identificirt. — Im Fihrist findet sich nichts Entsprechendes, merkwürdiger Weise aber schreibt er dem Abu Ma'shar gleichfalls ein كتاب اقتران النحسين فى برج السرطان zu (٢٧٧, 15). —

Wir finden nun in jenem Werke den grösseren Theil unseres Textes wieder, jedoch ohne dass al-Kindî als Autorität angeführt wird. Er bildet den Anfang der 8. *differentia* (فصل) des II. *tractatus* (مقالة), welche von den Conjunctionen des Saturn und Mars handelt. Nachher werden die allgemeinen Bedeutungen derselben in allen Thierzeichen (das des Krebses mit eingeschlossen!) und zum Schluss die Stellungen der beiden Planeten in den Triplicitäten erörtert. Schon daraus sieht man, dass die ganze Stelle eigentlich nicht hergehört und von Abu Ma'shar nur nach dem Grundsatze: möglichst viel! eingeschoben ist. Es waren auch einige Aenderungen nöthig, zunächst die Beseitigung des traditionellen Elements und der Berechnung aus dem Koran. Die Berechnung aus der Conjunction erscheint gleichfalls nur beiläufig und anders eingeleitet[4]. Ferner sind die beiden Parallelreihen 5. und 6. hier zusammengestellt und das Ganze gekürzt worden. Das Uebriggebliebene folgt aber unserem Texte ziemlich genau und war als eine Controle desselben sehr nützlich. — Die Uebersetzung ist sclavisch wörtlich.

Nach dem Fihrist zu schliessen, bildete dieser Auszug Abu Ma'shar's vielleicht einmal ein selbständiges Ganze und wurde erst nachträglich von ihm in jenes Werk eingefügt. Niemand wird läugnen, dass er zu

---

1 S. 265. 2 Der ein wenig abweichende Titel bei Steinschneider Z. D. M. G. XXV. 394 ist wohl nach Cod. Merton gegeben. 3 S. Cat. Cod. Bodl. II. (Nicoll) p. 277. 4 Unmittelbar vorher geht auch ein wirklicher Fehler, indem die Triplicitäten mit eingemischt werden.

al-Kindî in unmittelbarer Abhängigkeit steht. Wir haben an ihm ein Beispiel, wie Abu Maʿshar arbeitete. Er veränderte die Stoffe al-Kindî's ein wenig, brach ihnen wohl auch, wie hier, die Spitze ab, brachte sie in anderen Zusammenhang, und sie durften unter seinem Namen gehen.

Ich gebe diese Version Abu Maʿshar's vollständig wieder, weil die Ausgabe ziemlich selten zu sein scheint. Sie enthebt mich auch für den Hauptheil der Nothwendigkeit einer wörtlichen Uebersetzung. Ich gebe dafür eine commentirende Paraphrase, welche genau dem Gange des Textes folgt und da wo er Sprünge macht, nachzuhelfen versucht. Ich habe endlich von dem Anhange (8.), den allgemeinen Aphorismen, ganz abgesehen, weil der Text hier zu verderbt, und an einigen Stellen wenigstens ihn herzustellen unmöglich war. Ich glaubte um so eher davon absehen zu können, als diese Aphorismen ganz ausserhalb des eigentlichen Gegenstandes der Abhandlung liegen. Sie beziehen sich auf die Stellung derselben beiden Planeten in den Triplicitäten — الامتزاج الطبيعي — und geben Regeln, wie hierbei allgemeine Berechnungen über das Entstehen, die Dauer und den Wandel von Dynastien und Einzelregierungen zu machen seien — alles nur so andeutend, dass sie nur für den Eingeweihten verständlich sind. Sie gehören aber noch zu diesem Tractate, denn erst nachher folgen die Schlussworte: وهذا فيما سالت كافٍ كفاك الله المهمّ من امر الدنيا والآخرة. Daran schliesst sich noch eine Zuthat von fremder Hand, eine ganz kurze Aufzählung der Bedeutung, welche dieselbe Conjunction in den einzelnen Thierzeichen speciell auf Kriege zwischen je zwei Nationen hat — auch ziemlich verderbt. (Diese Angaben finden sich zerstreut in dem oben erwähnten Abschnitte Abu Maʿshar's wieder.) Dann folgt die Unterschrift des Copisten, und unmittelbar nach ihr noch einige philosophische Aphorismen, welche er in seinem Codex fand. Ob diese von al-Kindî herrühren, habe ich nicht untersuchen können.

بسم الله الرحمن الرحيم   وبه استعين

رسالة يعقوب بن اسحق الكندى فى ملك العرب وكمّيّته

اعانك الله على قبول الحكمة والهمك استشعار الفلسفة وسهّل لك سبيلها وسلّس لك طرقها ولا اراك مكروها برحمته   سألتَ اكرمك الله ان اذكر لك الكلام الذى سمعتنى أُخبر به من كتاب الله عز وجل فى علم كميّة مُلك العرب وقد اتيتُ من ذلك حسبَ مرضاتك وبما ظننتُه كافيا[a] بقدر موضعك من النظر وانا اسأل الله بارئ الطبيعة ومنشئ الخليقة ان يسدّد فهمك ويلطّف ذهنك على فهم مستورات الحقائق   وقد ابتدأ قولنا فى مطلوبك ان الدلالة العظمى فى حدوث العالم وتنقل[b] الدول وكمية اعمار الملوك انما يظهر ويتبيّن لمن قصد لكنهها من قران النّحْسين فى برجِ انحاسهما بالموضع الذى يحلّان فيه وهو السرطان خاصّةً لان هذا البرج وبال زحل وهبوط المرّيخ وشرف المشترى السعد وبيت القمر السعد وكانت دلالة العراق السرطان مع المشترى ودلالة العرب العقرب مع الزهرة ودلالة الروم زحل مع الميزان ودلالة الهند عطارد مع الجدى ودلالة الترك المريخ مع الاسد ودلالة تخوم الروم الشمس مع الدلو ودلالة تخوم[c] الترك القمر مع السنبلة وكان كل

---

[a] Ms. كافّيًا   [b] Ms. ودمقل (*sic*)   [c] تخوم ergänze ich nach Abu Ma'shar: *limites turchorum.* Vgl. Ibn Abu'l-rigâl in der Uebersetzung (de iud. astr.) 404[b] inf.: *et ea quae est post Turchiam Lunae et Virginis.* Im Original fehlt die Stelle.

برج من الاثنى[a] عشر له دلالة على ناحية من الارض وبقعة من البقاع فربما كانت المدينة تُنسب الى برج ما والمبتزّ عليها غير صاحب ذلك البرج كقولنا العراق للسرطان مع المشترى لان المشترى هو المبتز على الدرج الدالّة على العراق من برج السرطان وهى[b] من تسع[c] عشرة درجة الى خمس[d] وعشرين درجة فهذه الدرجات حَدّ المشترى وهذا البرج [e]شرف المشترى . . . فحلول السعود ونظرها من التسديس والتثليث الى هذا المكان يدلّ على حسن حال اهل العراق وعلى قوّة ملكهم وخصب بلادهم وحلول النحوس ونظرها من المقابلة والتربيع[f] يدل على الشرّ والانتقال وهراقة الدماء وخاصّةً اجتماعُ النحسين بغير مناظرة السعود   وكانت هجرة النبىّ صلى الله عليه وعلى آله لثمان خلون من شهر ربيع الاول سنة احدى وكان انقلاب سنة العالم يوم الاحد فى آخر الساعة الخامسة من النهار لثلاث خلون من شهر رمضان قبل سنة الهجرة باربعة اشهر وكان الطالع السرطان ثلاثة اجزاء والشمس فى اوّل دقيقة من برج الحمل والقمر فى ستّة اجزاء من الثور وزحل فى عشرين جزءًا من السرطان والمشترى فى ثلاثة عشر جزءًا من الدلو والمرّيخ فى عشرين جزءًا من السرطان والزهرة فى ثمانية عشر جزءًا [g]وتسع دقائق[g] من الحوت[h] فلما اقترن النحسان فى موضع القران من برج السرطان فى برج طالع التحويل وكان المشترى المبتزّ ساقطا عن مناظرتهما دلّ على تغيّر المُلك والدولة وفساد ملك الفُرس وانتقاله وكان القمر هو المبتزّ على

---

[a] Ms. الاثنا   [b] Ms. وهو   [c] Ms. تسعة   [d] Ms. خمسة   [e–e] Das Ms. hat vor شرف noch einmal حد, mit einem Strich (oder einem | ?) zwischen beiden Worten. Die ganze Stelle ist verderbt; aus den folgenden drei Worten, die oben ausgelassen sind, (sic) وهى المحقّقة الحوادل, weiss ich nichts zu machen.   [f] Ms. والربيع.   [g–g] Es sollte aber heissen: وسبع وعشرين دقيقة, s. u.   [h] Ms. falsch الحمل.

مكان المزاج الذى دل على فساد الملك وانتقاله وكان المبتز على قطر المغيّرين للدولة[a] الزهرةَ لان القمر كان فى بيتها وحدّها ومثلّثتها فنقل القمر الملك ودفعه الى الزهرة لانه كان فى حظوظها وهو متّصل بها وهى ناظرة اليه تقبله ولم ينظر المشترى الى التحسين ومكان المزاج ولو نظر اليهما لكسر بعضَ شرّهما وكانت الزهرة فى برج شرفها فى المكان التاسع الدالّ على النسك والدين وهى دليل[b] العرب بالطبع فأعطت الملك العرب ونقلته الى ارضها لابتزازها على المكان الدالّ من برج العقرب على ارض العرب وهو من سبع درجات الى احدى عشرة[c] درجة ولانها كانت فى المكان التاسع دلّت على ان ظهور العرب وانتشارهم انما يكون باسباب الدين وكان الذى بقى[d] للزهرة من برجها الذى هى حالّة به احد عشر جزءا وثلاثا وثلاثين دقيقة فاعطت الملك العرب بقدر دقائق هذه الاجزاء سنين لكثرة شهادتها فى البرج وحُسن حالها فى موضعها وذلك ستمائة وثلاث وتسعون سنة وذلك موجود فى كتاب الله عز وجل وكانت احبار اليهود جاءت النبىّ صلعم حُيَيٌّ[e] بن اخطب وابو ياسر[f] بن اخطب وابن صورَى[g] وكعب بن اسد فقالوا يا محمد انه أُنزل آلم فقال عَم نعم فقالوا انما مُلكك احدى وسبعون سنة قال لهم رسول الله صلعم انه قد انزل الىّ مع هذا غيره آلمص وآلمر وآلر وعدّد عليهم رسول الله عَم ما جاءه من عند الله وكثر ذلك عليهم فقاموا من عنده وقالوا اشكل علينا امرك يا محمد فاذا جُمعت الاعداد التى لكل حرف من حروف[h] المعجم التى فى اوائل السور من كتاب الله تعالى وجُمع

---

[a] Das Ms. schiebt hier وهى ein. [b] Ms. دليلة. [c] احد عشر.
[d] Ms. دبقى. [e] Ms. حى; s. Ibn Hishâm ed. Wüstenfeld ٣٧٧, 12.
[f] Ms. يُسر; s. eb. l. 11. [g] Ms. وابو صروىّ; s. eb. ٣٥١, 18. [h] Ms. الحروف.

ما فيها غير المكرّر بلغت ستمائة وثلاثا وتسعين سنة من البقرة وآل عمران الم وهى احدى وسبعون ومن الاعراف المص تاخذ الصاد فقط وهى تسعون ومن يونس الر تاخذ الراء فقط وهى مائتان فذلك ثلثمائة واحدى[a] وستون ولا تحسب التى فى هود ولا التى فى يوسف ولا التى فى الرعد وابرهيم والحجر لانها مكرّرة ومن سورة مريم كهيعص تاخذ منها كهيع فقط فذلك مع ما تقدّم اربعمائة وست[b] وستون سنة ومن سورة طه الطاء وهى تسع[c] تصير اربعمائة وخمسا وسبعين[d] ومن الشعراء طسم تاخذ السين وهى ستون تبلغ خمسمائة وخمسا وثلثين[e] ولا يوخذ من المكرر شىء واما الحواميم فيوخذ منها الحاء فقط وهى ثمان[f] ومن عسق القاف وهى مائة ومن سورة القلم نون وهى خمسون فاما النمل والقصص والعنكبوت والروم ولقمن والسجدة ويس وص فلا يحسب من حروفها شىء لانها مكررة فذلك ستمائة وثلاث[g] وتسعون وهى مُدّةُ[h] ملك العرب والحروف التى هى اكثر تكرارا فهى على الملك اقوى وللملك[i] أعزّ وما ليس بمكرر فليس بقوى فلما كانت سنة احدى وثلاثين اجتمعا فى السرطان وكان القمر فى الجوزاء ولم ينظر المشترى اليهما فافسدا امر المهاجرين والانصار ونقل القمر الملك وكان فى الجوزاء فدفعه الى عطارد فجعله بالشام وهو المغرب[k] انهما دلّا على نقله الى الشام فى ذلك الدور فلما كانت سنة احدى وستين اجتمعا فى السرطان ونظر اليهما المشترى فلم يتغيّر الملك فلما كانت سنة احدى[l] وتسعين كان فيها قتال واراقة دماء بسبب

---

[a] Ms. واحد [b] Ms. ستة [c] Ms. تسعة [d] Ms. وخمس وسبعون. [e] Ms. وخمس وثلثون. [f] Ms. ثمانية [g] Ms. وثلاثة. [h] Ms. كُلّ [i] Ms. والملك. Das folgende اعزّ ist transitiv-causativ gebraucht; vgl. Fleischer, Beiträge zur arab. Sprachk. IV, S. 249 ff., u. bes. 252, 1. [k] Ms. المعرب undeutlich; vgl. A. M. S. 281, Z. 3. v. u. *occidentem*. Die ganze Stelle ist aber verderbt. [l] Ms. احد.

الملك   فلما كانت سنة احدى وعشرين ومائة اجتمعا فى السرطان ولم ينظر اليهما المشترى وكان الق[a][مر فى][a] القوس فدفع الملك [b]والدولة[b] الى صاحب بيته فقبله المشترى ونقل الملك والدولة الى العراق وذلك ان القمر كان فى بيت المشترى والمشترى له ارض العراق وكانت الفتنة بعد ذلك بخمس سنين قُتل الوليد بن يزيد وتغيّر[c] الملك بعد ذلك بست سنين وانقلبت الدولة   فلما كانت[d] سنة احدى وخمسين ومائة اجتمعا فى السرطان وكان المشترى فى الحوت فى تثليثهما فلم يتغيّر الملك لكن دلا[e] على الشر القليل وكانت الحروب والقتال والفتن التى كانت بعدها   فلما كانت سنة اثنتين وثمانين[f] ومائة اجتمعا فى السرطان وكان المشترى فى القوس ساقطا عن مناظرتهما وكان القمر فى الحوت بيت المشترى فلم يُفسدا[g] الملك ولكن دلّا على ان الملك ينتقل فى اواخر الدور من مكان الى مكان فى ارض العراق لان كان القران فى آخر البرج وفى[h] آخر الدور فتنة سُرّ من رأى ودلّا[i] على فتنة وهلاك واراقة دماء[k] وعلى كثرة الخوارج ودلّا[l] ايضا فى بدء الامر على نزول الملك بارض فى ناحية المشرق ⁘ ودلّا[m] فى ذلك الدور على حروب وفتن واراقة دماء[n] وعلى قوّة تحدث للترك وعلى ظهور اكثرهم[o] فى ارض العراق ومقامهم بها   وبعد فأُخبرك بالفتن التى تكون فى كل دور والخّصها لك تلخيصا شافيا   فاما الدور الاول فدلّ على فساد مُلك فارس وظهور العرب بالنبوّة [p]ومُلكهم ودلّ على قَتْلِ[p] مَلِك

---

[a]–[a] ausgelöscht. [b]–[b] Ms. verwirrt: الى القمر والدولة ودفعه.
[c] Ms. وصار. [d] Ms. كان. [e] Ms. دل; vgl. A. M. *significauerunt*.
[f] Ms. وثلاثين [g] Ms. يُفسد. A. M. hat auch: *et non destruxit regnum*. [h] Ms. bloss فى. [i] Ms. ودلى. [k] Ms. دمًا. [l] Ms. ودلى.
[m] Ms. وولّى. Vor diesem Worte ist nothwendig eine Lücke anzunehmen — die Angabe der Conjunction von A. H. 212; vgl. u. [n] Ms. دمًا.
[o] Ms. اكمرهم (*sic*) [p]–[p] So, glaube ich, ist der Text herzustellen. Ms.: وعلى

فارس على رأس اربعة وسبعين شهرا وذلك ان القمر كان فى ستة اجزاء من الثور وكان النحسان فى عشرين جزءا من السرطان وكان بُعد القمر منهما اربعة وسبعين جزءا ولان المشترى[a] كان فى برج ثابت جعلنا لكلّ جزء[b] شهرا فكانت اربعة وسبعين شهرا وكان هلاك[c] فارس بعد ذلك الوقت بعشرين سنة لان القران كان فى عشرين جزءا وكانا فى وتد من الاوتاد فدلّا[d] على السنين فى هذا الموضع   واما دور احدى وثلاثين فكانا فى [e]تسعة وعشرين جزءا[e] وكان القمر فى ستة اجزاء من الجوزاء وكان بينهما ثلثة وخمسون[f] جزءا فكان قتل عثمن بن عفّان على راس ثلاثة وخمسين شهرا وكان فى دور احدى وستين فى وقت القران فتنة ابن الزبير   وفى دور سنة احدى وتسعين فتنة يزيد بن المهلّب ومقتله بعد عشر سنين   وفى دور سنة احدى وعشرين ومائة قَتْلُ[g] الوليد بن يزيد[h] بالبخراء[i] وخروج المسوده وهلاك بنى أُميّة   وفى دور سنة احدى وخمسين ومائة قتلُ الأَغْلَب[k] والحروب التى كانت وطلع كوكب الذَّنَب[l] بالمشرق سبع عشرة[m] ليلة ثم غاب ثم طلع

ملكهم وكُلّ قتل قتل (sic). Dieser Unsinn ist wohl aus missverstandenen oder falsch angebrachten Randcorrecturen des Originals geflossen. [a] Vgl. die Variante bei A. M. [b] Ms. برج [c] Ms. هلال. [d] Ms. دليلة. Vgl. A. M. *et ideo significauerunt annos.* [e—e] Ms. (sic) فى اجزا سبعة وعشرين. Auch A. M. *in 27. gradu.* [f] Ms. وخمسين. [g] Ms. قُتل. [h] Ms. يزيد بن الوليد; oben richtig. [i] Ms. بالبحرا. Vgl. al-Masʿûdi, Prairies d'or ed. Barbier de Meynard VI. 2; Fragm. hist. Arab. ed. de Goeje et de Jong ١٣٨, ١٤٠ — Ibn Ḳutaibah ed. Wüstenfeld ١٨٩ hat بالبخرا — Ibn al-Athir ed. Tornberg V. 216. [k] Ms. قتل الاعربه (sic). [l] Ms. الذئب falsch. Es handelt sich hier nicht um diesen Fixstern (Ideler, Sternn. 39), sondern um einen Cometen, الكوكب = كوكب الذنب ذو الذنب, wie Fragment. hist. Arab. ٢٣٠, 1. Vgl. al-Kindi's Schrift فى كوكب الذؤابة Fihrist ed. Flügel-Roediger ٢٦٠, 14. [m] Ms. عشر.

بالمغرب[a] يومين وهنالك كانت فتنة محمد بن عبد الله بن الحسن العلوى[b] وخروج ابرهيم بن عبد الله اخيه واما دور اثنتين وثمانين ومائة فمحمد بن [c]زُبَيْدة والحروب التى كانت[c] بناحية المشرق ودور سنة اثنتى عشرة ومائتين[d] دلّ[e] على قوة امراء الترك وولايتهم وغلبتهم على الدولة ونُقلة[f] الملك بالعراق من مكان الى مكان ودور سنة اثنتين واربعين ومائتين[g] دل على فتنة المستعين وعلى حروب وفتن تكون مرارًا كثيرة وعلى ظهور رجل يتبعه كل[h] رجل يخرج فينتحل دينا ويدّعى[i] الربوبية والوحى وما اشبه ذلك لا يتمّ امرُه ولا يعلو صوته ويمكث قدرَ دورِ المرّيخ الاصغرِ وقدر القران واكثره ثلاث وعشرون[k] سنة ودور[l] سنة اثنتين وسبعين[m] يدلّ على فتن وامور عظيمة هائلة وعلى ظهور الآيات الارضية والسماوية وهلاك قوم كثير باسباب ذلك. واما دور ثلثمائة وثلاث فدل على فساد وانتقاض يكون بناحية المغرب ودور ثلثمائة وثلاث وثلاثين يدل على فتن وحروب وظهور المسلمين على كلّ دين واهلِ كلّ ملّة وكذلك يُستدلّ بمثل الذى ذكرتُ على ما يكون فى كل دور من ادوارهما من الحروب والفتن وامور الملوك وما يظهر من امورهم وانتقالهم فى البلدان.

[a b c c] im Ms. undeutlich. [d] Ms. ومائتى. [e] Ms. ودل. [f] Ms. نقلة [g] Ms. ومائتى. [h] Ms. شكل, emendirt nach A. M. *quem sequitur quisque*: das dort folgende s. ist mir freilich dunkel. [i] Hier muss nach A. M. *scientiam creatoris* عِلْمَ ergänzt werden. [k] Ms. ثلاثا وعشرين. Die Stelle scheint verderbt. Nach A. M. wäre وقدر القران zu tilgen und für سنة vielmehr شهرا zu lesen. Vgl. u., S. 308. [l] Ms. وفى دور. [m] zu ergänzen ومائتين.

Albumasar de magnis coniunctionibus.

Differentia octaua tractatus secundi in significationibus coniunctionis duarum infortunarum in omnibus signis....

.... Dicamus ergo quod euidentior omnibus significationibus que fuerint ab impressionibus coniunctionis ♄ et ♂ est in signo ♋ quia signum est detrimentum ♄ et descensio ♂: et quia fuerit significatio huic signo super eradiam [1] cum ♃ et ♏ cum ♀ super arabiam: et ♎ cum ♄ super grecos: et ♑ cum ☿ super medeam[2]: et ♌ cum ♂ super turchos et ♒ cum ☉ super limites romanorum et ♍ cum ☽ super limites turchorum sicut declarauimus in differentia quinta istius tractatus[3]. Et quia fuit quodcunque signum quod habuit significationem aliquam super aliquam partium fortasse illa ciuitas proporcionatur alicui signorum: et almubtez super eum *(sic)* non erit dominus illius signi: sicut significatio ♋ cum ♃ super eradiam: quoniam ♃ est almubtez super signum quod significat eradiam et hoc a 10. usque ad 26. gradum[4]: quoniam quantitas horum graduum de | signo ♋ est terminus ♃ significantis eradiam. Cunque fortune fuerint in loco isto aut aspexerint eum ex trino siue sextili aspectu significat bonum esse ciuibus eradie et fortitudinem regni eorum et fertilitatem terre eorum: si fuerint in eis infortune aut aspexerint eum ex □ siue opposito aspectu significat malum et permutationem regni et effusionem sanguinum [cum triplicitas ad quem permutatur coniunctio iam promiserit illud][5]: et proprie contingunt due infortune sine aspectu fortunarum. [6][Et iam diuersificati sunt antiqui in sitibus elementorum ex quibus extrahitur quantitas ipsorum vicis et vsi fuerint istiusmodi exemplo et ex eis quidam vsi sunt secundum coniunctionem duarum infortunarum in exemplo et dixerunt quod quia][6] principium eleuationis fuit octaua(?) reuolutio anni mundi die dominico tribus diebus transactis mensis romodam in fine hore quinte diei et fuit illud principium eleuantis tribus mensibus et 17[7] diebus et fuit eis coniunctio in isto anno: et fuit ascendens eius et reuolutio eius secundum hanc

---

1 l. *erachiam*. 2 l. *indiam*. 3 Steht aber dort nicht. In der 4. differ. findet sich die einfache Combination der Planeten mit den Völkern und Ländern, die unten, S. 286 angeführt ist. 4 Unser Text hat 19—25°. 10 ist falsch und wird 19 oder wahrscheinlich 20 zu lesen sein. 5 Diese Bemerkung fehlt im Texte al-Kindi's und ist auch ungehörig. 6—6 Diese Zeilen weichen völlig von unserem Texte ab. 7 l. 27.

figuram[1] quoniam habuerunt coniunctionem due infortune in hora ista in loco super eradiam significante ex ♋: et fuit planeta almubtez super eradiam qui est ♃ cadens aspectu eorum significat illud destructionem regni ferrz i. persarum et apparentiam arabum: quia fuit almubtez super domum ☽ et adiuuans vires ♀ quoniam est domina domus ☽ et pulsat ad ♀ quoniam ipsa erat in partibus eius i. ♀ et continuabantur[2] cum ea a loco receptionis eius: et ♃ non aspiciebat locum ♂ *(sic)*: et si aspiceret minueretur malicia eorum: et fuit ♀ in loco exaltationis sue in nono loco legem significantem *(sic)*: et ipsa quia est arabum significatrix per naturam et ideo attribuit eis regnum et transtulit ipsum ad eos ad terras eorum propter dñm *(sic)*[3] eius significantem de signo ♏ super arabes et ipse a septimo gradu eius usque ad 11. quoniam quantitas horum graduum de signo ♏ est terminus ♀: et quia fuit in nono loco fidem significantem *(sic)*: significauit quod apparentia eorum non foret nisi causa fidei: et quod remanserit ♀ ad perambulandum ex gradibus de signo in quo erat fuit 11 gradus et 33 minuta illud quidem significauit quod regnum duraret eis secundum quantitatem eius quod remanserat ♀ de signo ad perambulandum ex gradibus et minutis sc. cuicunque minuto annus: et fuerunt sex centi et 93 *[4] et fuit[5] regis ferrz i. persarum in fine 74 mensium et erat illud quoniam ☽ fuit in 6 partibus ♉ et fuit coniunctio duarum infortunarum in 20. parte ♋ et fuit quantitas arcus qui fuit inter eos 4[6] partes: et quia directio fuit a signo fixo vsque ad signum conuersiuum[7] datur omni parti mensis et fuit mors ciuium ferrz post 20 annos quoniam coniunctio fuit in 20. parte ♋ et fuit in angulo anglorum ascendentis: et ideo significauerunt annos. Et in reuolutione anni 31 conuenerunt in ♋ in 27.[8] gradu. Et fuit ☽ in ♊ in sexta parte et fuit inter eas 53 partes et interfectus est buthmen filius afen in fine 55 annorum[9] et translatum est regnum ad occidentem eo quod porrigebat ☽ mercurio qui est dominus domus partem occidentis significantis. | Et reuolutione anni 61 conuenerunt in cancro et aspexit eas iupiter et non mutatum est regnum[10]: verumtamen

---

1 Der hier ausgefallenen Figur entspricht die Beschreibung im Texte. 2 l. *continuabatur.* 3 l. *terminum.* 4 Der folgende Passus entspricht S. 277 inf. ff. des Textes. 5 Hier fehlt *mors.* 6 l. 74. 7 Diese Uebersetzung weicht vom Texte der Handschrift ab. Nach ihr wäre für التسيير كان من برج ثابت الى برج zu lesen المشترى ... ثابت منقلب. 8 So auch im Ms. Es muss aber 29 heissen. Vgl. S. 301. 9 l. 53 *mensium.* Das Folgende findet sich ähnlich in der ersten Aufzählung al-Kindi's in unserem Texte. 10 Bis hierher nach der ersten Aufzählung. Das Folgende nach der zweiten.

fuit guerra pro filio alcobit. Et reuolutione 91 conuenerunt in cancro et fuit guerra filii almuellib post 10 annos. Et in reuolutione 121 conuenerunt in cancro et non aspexerit eas iupiter et fuit luna in sagittario porrigens domino domus eius qui est iupiter et recipiebat eam[1]: et fuit guerra postmodum transactis 5 annis et translatum est regnum ad cradiam: et tunc interfectus est vailia filius ierid[2]: et leuauit se ab ymuteli post interfectionem eius post duos annos[3] indeque oritur[4] filius humaia et permutatur regni vicissitudo ad ciues nigredines[5]. Et in reuolutione 151 conuenerunt in cancro et fuit iupiter in piscibus [6]in triplicitatibus vtriusque[6] et non alteratum est regnum sed significauerunt bella et interfectionem[7]. Et in reuolutione 181[8] conuenerunt in cancro: et iupiter fuit cadens ab eis et fuit luna in piscibus et non destruxit regnum: sed significauerunt quod regnum permutaretur in fine reuolutionis de loco ad locum [9]post illud post 10 annos[9]: fuit ergo guerra filii zabaida et exitus rebellium et translatum est regnum ad partes orientis. Et in reuolutione 211[10] conuenerunt in cancro. Significauerunt ergo fortitudinem esse thurcorum et habere eos dispositionem vicis regni et permutationem regni de loco ad locum. Et in reuolutione 241[11] conuenerunt in cancro et significauerunt [12]guerram et almitram[12] et bella et effusionem sanguinum et apparitionem hominis quem sequitur quisque s. (?) qui ascriberet sibi scientiam creatoris et prophetie et religionem et his similia: et non complebitur esse eius: et erit mora eius secundum reuolutionem ♂ minorem. Et in reuolutione 271[13] conuenerunt in cancro et significauerunt res terribiles magnas et mortem regum et principum. Et in reuolutione 301[14] conuenerunt in cancro et significauit guerras et bella multa: et quod mauri apparebunt super plurium legum.

---

1 Hier sind die beiden Stücke unseres Textes gemischt. 2 l. etwa: *valid f. iezid.* 3 Diese Angabe steht für eine andere des Textes im ersten Stück. In *ab ymuteli* erkenne ich ابى مسلم. Abu Muslim's Mission begann i. J. 128. 4 l. *moritur.* 5 l. *nigredinis* — wohl Uebersetzung von المسوّدة = اهل السواد 6—6 Diese Uebersetzung ist falsch; es sollte heissen *et aspexit eos ex aspectu trino.* 7 Nur nach dem ersten Stück. 8 Im Text beide Male 182. Dieser Paragraph fast ganz entsprechend der ersten Stelle. 9—9 Diese Bestimmung fehlt im Text ganz, ist aber richtig. Vgl. S. 305. Im Folgenden finden sich Bestandtheile von beiden Stücken, hier jedenfalls in besserer Ordnung. 10 Im Text 212 an zweiter Stelle (der auch das Weitere entspricht); es fehlt ganz an der ersten. 11 Text 242. 12—12 Stellt wohl فتنة المستعين dar? Das Weitere genau nach al-Kindi. 13 Text 272. 14 Text 303.

Die an den Freund und Schüler gerichtete Vorrede entspricht, wie gesagt, den Eingängen der anderen noch erhaltenen Schriften al-Kindî's, namentlich dem des von Steinschneider Z. D. M. G. XVIII. 133 e) beschriebenen Tractats [1]. Er bezeichnet den Gegenstand als „Philosophie", wie auch sonst [2]. Er rechtfertigt denselben zugleich vor dem Gesetze, indem er als seinen eigentlichen Zielpunct das aus dem Koran abgeleitete Resultat hinstellt. Die astrologischen Berechnungen sollen dasselbe nur bestätigen und begründen. Für diese nimmt er nun die Conjunction der beiden Unglücksterne, Saturn und Mars, im Zeichen des Krebses zum Ausgangspunct. Er bezeichnet dieselbe als „Hauptthinweis auf allgemeine Weltbegebenheiten [3], Herrschaftswechsel und Lebensläufe der Könige" — was so zu verstehen ist, dass auf diesen Gebieten immer von ihr besondere Veränderungen und Umwälzungen zu erwarten, oder geschehene auf sie als ihre Hauptursache zurückzuführen sind, weil sie unter allen Constellationen die intensiveste Fähigkeit Unglück hervorzurufen besitzt.

Das Zeichen des Krebses ist nämlich ausschliesslich dasjenige, in welchem, wie al-Kindî sagt, die beiden Unglücksterne (absolut) „unheilvoll werden vermöge der Stellung, welche sie einnehmen [4]; denn es ist der ‚Schaden' des Saturn und der ‚Fall' des Mars." D. h. Saturn und Mars sind nicht immer und schlechthin ungünstig, sondern werden es erst, wenn sie selbst geschädigt und darum böswillig werden. Dies

---

1 Vergl. auch den Schluss der lateinischen Abhandlung „de intellectu", welche ohne Zweifel von al-Kindî herrührt, bei Steinschneider, al-Farabi 109. 2 So spricht er in der Einleitung des andern Tractats Z. D. M. G. a. a. O. 132 f. von den verschiedenen Ansichten der Philosophen über die Einwirkungen der Planetengeister. Aehnlich 'Omar b. al-Farrukhân in Fihrist ٢٧٣, 16. 3 Eigentlich: das Entstehen der (in der) Welt — was gewöhnlich von kosmischen Ereignissen gebraucht wird. 4 انتحس fehlt in den Wörterbüchern, ist aber in der Astrologie häufig gebraucht als das Reflexivum des transitiven نحس (= افسد, *infortunare*, daher منحوس): in Folge äusserer Einflüsse ungünstige Natur und Wirkung annehmen. Dies wird ebenso von Glücksternen

geschieht, wenn sie in ihnen „fremden" Thierzeichen stehen, in denen sie nicht im Genusse ihrer Würde und Kraft sind. So giebt al-Kindî's älterer Zeitgenosse, der jüdische Astrolog Sahl b. Bishr *(Zahel)* in seinem Compendium der judiciarischen Astrologie[1] die Regel (no. 26.): النحوس اذا كانت فى برج غريب اعنى اذا لم تكن فى بيتها ولا شرفها ولا مثلثتها فانها تزيد فى الشر وتعظم منحستها الخ. In ihnen günstigeren Zeichen hingegen wehren sie, wie Sahl weiter erklärt, Unheil ab, und sind sie in den oben genannten Stellen („Haus", „Erhöhung" und „Triplicität") selbst, so wirken sie wie die Glücksterne (قوّتها كقوّة السعود). Im Zeichen des Krebses aber befinden sie sich beide nicht nur nicht in solchen Stellen, sondern gerade in den ihnen entgegengesetzten, nämlich Saturn im „Schaden" d. h. in Opposition mit seinem „Hause", und Mars im „Fall", d. h. in Opposition mit seiner „Erhöhung";[2] und es ist, wie gesagt, das einzige Zeichen,

---

gesagt, auf welche Unglückssterne einwirken (so z. B. bei Ibn Abu Shukr al-Magribi, Cod. Rif. 53, fol. 14^b: انتكست الشمس بالمرّيخ — das Gegentheil ist سلامة من النحوس والمناحس, ib. 15), als von letzteren selbst, wenn sie eine ihnen ungünstige Stellung im Thierkreis haben. So hier.

1 Dieses Buch, bekannt und u. a. von Weber (Ind. Stud. II. 245 ff.) zur Vergleichung einer interessanten spätindischen Parallele benutzt in der treuen lateinischen Uebersetzung *Zahel de interrogationibus* (in einem Sammelbande, gedruckt in Venedig 1519), befindet sich, wie schon Steinschneider bemerkt hat, im Original in der Rifâ'iyah (No. 116. 41 foll.). Die Handschrift ist modern (datirt A. H. 1228) aber ziemlich correct. Der Titel lautet كتاب الاحكام على النصبة الفلكية ومولفه سهيل (sic) بن بشر الاسرائلى الخ. Im Fihrist (٢٧٤) wird es wohl mit dem كتاب المسائل الصغير gemeint sein. Nach Inhalt und Anordnung entsprechen ihm die vier ersten Theile des von Weber a. a. O. analysirten Werks. Die oben angeführte Stelle steht fol. 10^b كو; vgl. de interrog. 126^r. 2 Die oben vorkommenden Ausdrücke gehören zu den Elementen der Astrologie und sind meist den Griechen, Römern, Arabern und mittelalterlichen Occidentalen gemeinsam. I. Das „Haus" od. „Quartier" بيت = *domus*, *domicilium*, οἶκος, beruht auf einer Vertheilung der 12 Thierkreisbilder an die 7 Planeten, so dass Sonne und Mond je eines, die übrigen je zwei zugetheilt bekommen, als ihren eigentlichen Wohnort, in dem sie sich „zu Hause" fühlen und darum im freien und ungehinderten Gebrauch ihrer Kräfte sind. Der betreffende Stern ist der „Hausherr" (صاحب, *dominus*, οἰκοδεσπότης) des Zeichens; andere Sterne,

in welchem zwei solche möglichst ungünstige Verhältnisse der beiden Unglücksterne zusammentreffen. Zugleich ist es aber auch das Zeichen, in welchem zwei ihrer Gegner, der Glücksterne, besondere Gunst und Geltung geniessen: als die „Erhöhung“ des „grossen Glücks“ Jupiter, und als das „Haus“ des Mondes, welcher gleichfalls als ein Glückstern gilt[1]. Dies vermehrt nur noch die Ungunst jener.

Es gilt nun nachzuweisen, in wie fern diese Conjunction im Besondern für das Reich der Araber verhängnissvoll geworden ist.

---

die in dasselbe treten, werden gleichsam seine Miether und ihm damit verbindlich. — Das dem „Haus“ entgegengesetzte, d. h. um 6 Zeichen oder 180° von ihm entfernte Zeichen ist dann allemal der „Schaden“ desselben Planeten, وبال = *detrimentum*, und natürlich entsprechend unvortheilhaft für ihn. Dieser letztere Begriff scheint erst eine Erfindung des Mittelalters zu sein. — Das „Haus“ des Saturn ist der Steinbock, sein „Schaden“ also der Krebs. Letzterer ist „Haus“ des Mondes. S. die Tabelle bei Uhlemann, Astronomie und Astrologie der Alten 64, nach Firmicus II. 2; vgl. Ptolemaeus Quadr. I. 18; nach den Ikhwân al-ṣafâ Dieterici, Propaed. der Araber 50. Vgl. Reinaud, Monum. musulm. II. 408, und Mensinga, alte und neuere Astrologie (Samml. gemeinverst. wiss. Vortr. von Virchow & Holtzendorff VI. 140) 27. — II. Eine andere Vertheilung des Thierkreises unter die 7 Sterne ist die nach den „Erhöhungen“. Jedem derselben wird ein Thierzeichen zugewiesen als das, in welchem er den Höhepunct erreicht, d. h. grösstes Ansehen hat und höchste Macht entfaltet. Genauer wird dann dieser Punct noch auf einen bestimmten Grad des Zeichens zurückgeführt. Dieser nun oder das Zeichen selbst ist die „Höhe“ oder „Erhöhung“ شرف = *exaltatio, altitudo* (Firmicus) ὕψωμα. In 15° Krebs hat Jupiter seine Erhöhung. Einige erklären diese Erhöhungen als den Stand der Sterne bei Erschaffung der Welt. So der persische Bearbeiter des Ṭabarî (Chronique trad. par H. Zotenberg I. 3); vgl. dazu Ḥamzah Iṣfahânî ed. Gottwaldt ٩٥ f. — Die Gegenstellung hierzu ist der „Fall“ oder die „Erniedrigung“, هبوط, *casus, dejectio* (Firmicus) ταπείνωμα, d. h. die Stellung in dem von der Erhöhung um 180° entfernten Zeichen, oder genauer Grade. Sie hat entsprechend ungünstige Bedeutung. In 28° Krebs hat Mars seinen Fall, weil er in demselben Grade des Scorpion seine Erhöhung hat. S. Ptolemaeus, Quadrip. I. 5; Firmicus II. 6; Uhlemann, Astronomie 19 f. u. 91 n.; Dieterici Propaed. 52 u.s.w. — III. Ueber die Triplicität مثلثة vgl. schon oben S. 268. Jedes solche Dreieck wird unter die Herrschaft von drei Planeten gestellt, welche sich auch in jedes Zeichen gleichmässig theilen. — Wir beobachten an diesen terminis was für alle gilt: die arabischen stehen immer zwischen den antiken und mittelalterlich-lateinischen in der Mitte, als die Uebersetzungen von jenen, während diese aus ihnen übersetzt sind.

1 Ptolem. Quadrip. I. 5; Dieterici, Propaed. 54; Anonymus Persa de siglis astronomicis ed. Gravius (London 1648) p. 9.

Hier braucht al-Kindî nur die Schlüsse aus einem fertigen, der Horoscopie der Individuen nachgebildeten System der Länder- und Völker-Horoscopie zu ziehen. Dieses System ist im Orient besonders ausgebildet, entsprechend der grossen Praxis, welche dort die Astrologie in den politischen Kreisen hat. Eine ziemlich verwirrende Menge von theils älteren, theils neueren Formen dieses Systems findet sich in den Werken der spätern Astrologen abgelagert[1]. Das Grundelement bildet der mythologische Zusammenhang zwischen den sieben Planeten (oder eigentlich Planetengöttern) und den sieben Hauptnationen der Erde, welcher nachweislich in Babylonien zum System ausgebildet wurde und das Prototyp der späteren sieben Climata ist[2]. Auch bei arabischen Autoren finden wir noch Beispiele dieser einfachen Combination. Ibn Abu'l-riǵâl's Darstellung (c. 34) beginnt mit einem solchen, welches zugleich mit einem gelegentlich bei Abu Maʿshar[3] vorkommenden übereinstimmt. Wenn auch alles mythischen Gehalts entäussert und nach den historischen Verhältnissen umgestaltet, lassen sich in diesem Beispiele doch noch ursprüngliche Züge erkennen, und darf es zu den ältesten arabischen Schemen überhaupt gezählt werden. Danach gehörte dem Saturn Indien, dem Jupiter Babylon, dem Mars das Türkenland *(Turchia)*[4], der Sonne Rom[5], der Venus Arabien[6], dem Mercur Egypten und dem Monde China[7] zu. Später wurden einige Aenderungen eingeführt: Saturn wurde der Planet von Rom, und da Egypten seine selbstständige Bedeutung verlor, wurde Mercur frei und trat zu Indien. Die Climata von Jupiter, Venus und Mars blieben hingegen stets unverändert, und darf ihre Bestimmung wohl in eine viel frühere Zeit, wenn nicht bis auf die Ursprünge des Systems zurückgeführt werden[8].

---

1 Eine reichhaltige aber wenig gesichtete Zusammenstellung solchen Materials giebt z. B. Ibn Abu'l-riǵâl (de iud. astr. VIII. c. 34—36, p. 402 — 406 = Cod. India Office 637 fol. 203[b] ff.). Vgl. dazu Yâḳût's Einleitung zu seinem Muʿǵam, Cap. II. 2 Vgl. Sprenger's Note zu seiner Uebersetzung von al-Masʿûdi 197 ff. 3 Albumasar coniunct. tract. II. diff. 4.
4 Ibn Abu'l-riǵâl im Text: الترك. 5 Album.: *grecie vel romanorum.*
6 So Album.; Ibn Abu'l-riǵâl im Text (Cod. I. O. 203[b]) الحجاز; in der Uebersetzung: *Methac* für *Mechac* = مكّة. 7 Ibn Abu'l-riǵâl: *Zyn* (الصين); Album.: *assur,* was wohl auf *assin* zurückzuführen ist. 8 Der mythologische Zusammenhang Jupiters mit Bâbil ist den Arabern nicht unbekannt. Vgl. ausser Sprenger a. a. O. 198, noch Fihrist ed. Flügel-Roediger ٢٣٨ und Yâḳût ed. Wüstenfeld I. ۴۴٨.

Doch das blosse Praesidiren eines Planeten über einem Volke genügte nicht, um das Schicksal desselben zu bestimmen. Dazu bedurfte es der Zuziehung des Thierkreises, durch welchen die Wirkungen der Planeten erst specialisirt und zugleich modificirt werden. Es wurde daher dem Volke, gerade so wie dem Individuum, ein Zeichen des Thierkreises als „sein Horoscop" bestimmt, eigentlich als das im Horoscop d. h. dem über der symbolischen Geburt aufgehenden Puncte der Ecliptik (*ascendens*, طالع) befindliche. Je nach dem Verhältniss, in dem der Planet des Volkes zu diesem Zeichen stand, bestimmte sich die Art seines Einflusses auf dessen zukünftiges Schicksal. Von dem Horoscop-Zeichen gelangte man zugleich zu der Stellung und Bedeutung der übrigen Planeten u. s. w. — ganz wie bei dem menschlichen Horoscop.

Bei dieser neuen Combination blieb immer das planetarische Siebensystem zu Grunde; es wurden also nur sieben Thierzeichen verwendet. Vollkommen deutlich erscheint die horoscopische Bedeutung derselben in dem von Yâḳût nach al-Bìrûnî dargestellten persischen System der sieben Kishvar's von Hunairah, welches aber nicht älter als die sâsânidische Periode sein kann[1].

Dieselbe Combination ist, wenn auch mit abgeblasster astrologischer Bedeutung, in den älteren Sieben-Clima-Systemen der arabischen Geographen zu finden, wo Clima اقليم noch in dem alten, obwohl der eigentlichen Bedeutung des Wortes nicht entsprechenden Sinne als Land, Reich gebraucht wird; wie z. B. bei al-Masʿûdî im VIII. Capitel der مروج الذهب[2]. Die Abweichungen im Einzelnen sind aber zahlreich; besonders in der Wahl der sieben Thierzeichen herrscht grosse Unsicherheit. Der Astrolog Ibn Abu'l-rigâl, im Anschluss an die oben erwähnte Stelle (c. 34), giebt überhaupt nur fünf Zeichen, und zugleich einen Planeten anders als vorher, nämlich: Widder mit Jupiter für Babylon, Steinbock mit Mercur (!) für Indien, Löwe mit Mars für *Turchia*, Wage mit Sonne für Rom und Scorpion mit Venus für

1 Yâḳût ed. Wüstenfeld I. ٢٧ und Tafel ٣. Hunairah (= خونيرس, *Qaniratha*) bezeichnet also hier die ganze bewohnte Erde. Zu den oben genannten horoscopischen Bestimmungen wird allemal noch die Stellung des Mondes hinzugefügt. Die astrologischen Angaben Yâḳût's sind aber nicht zuverlässig. 2 Prairies d'or ed. Barbier de Meynard et Pavet de Courteille I. 181; vgl. Sprenger's el-Mas'údí 197 ff. Auffällig ist, dass dem Clima des Jupiter zwei Thierzeichen gegeben werden. Soll dies vielleicht auf zwei Mittelpunkte oder Hauptstädte des Climas hindeuten? Vgl. u. S. 289.

Arabien[1]. — Abweichend von den übrigen ist auch das System, welches al-Kindî benutzt und zu dem wir nun einlenken. Es lautet, getreu wiedergegeben von Abu Maʿshar (s. S. 280) wie folgt:

♃ Jupiter	und	Krebs ♋	bedeuten	al-ʿIrâḳ.
♀ Venus	—	Scorpion ♏	—	die Araber.
♄ Saturn	—	Wage ♎	—	die Römer.
☿ Mercur	—	Steinbock ♑	—	die Inder.
♂ Mars	—	Löwe ♌	—	die Türken.
☉ Sonne	—	Wassermann ♒	—	die Grenzen der Römer.
☽ Mond	—	Jungfrau ♍	—	die Grenzen[2] der Türken.

Dieses Schema hat nur den Zweck, Material für die folgende Untersuchung zu liefern; es kommt dabei allein auf die beiden ersten Combinationen an, die auch wohl deswegen, mit Hintansetzung der systematischen Reihenfolge der Planeten, an die Spitze gestellt sind. Al-Kindî bezeichnet die Länder nicht ausdrücklich als Climata; mit den beiden letzten, die immer die zweifelhaften und schwankenden sind, giebt er sich wenig Mühe, indem er ihnen so vage und unklare Namen wie „Grenzen" giebt. Merkwürdig stimmt bis auf einen wesentlichen Punct mit diesem Schema eines überein, welches Ibn Abu'l-riǵâl an eigentlich ungehöriger Stelle anführt[3], mit besonderer Quellenangabe, die leider aus der barbarischen Uebertragung nicht wohl zu ermitteln ist. Die Stelle lautet: *„Ille qui fecit librum Andilarechprosu (!)*[4]*, dicit quod inuenit in lib. Chron. mundi quod signum mundi est Aries, et planeta eius Sol, et ascendens eius est Cancer et Iup. in eo: et quod postea diuiserunt 7 climata per 7 planetas et per 12* (sic) *signa. Vnde Babylonia Iouis et Arietis, et Romania Librae et Satur. et India et Aziud* (l. Azind?) *et Matrhaã* (sic)[5] *Capr. et Mercurij, et Alhegẽ*[6] *et tota terra Arabiae Scorp. et Vener. et Turchia Leonis et Martis, et ea quae est post Turchiam*[7] *Lu. et Virginis, et Adragen* (sic)[8] *Aquarij et Solis."*

---

1 العرب im Text. 2 Dieses Wort (تخوم) ergänzt nach Abu Maʿshar (s. S. 273); vgl. auch Anm. 7. 3 de iud. astr. am Ende von Cap. 35 (de partitione signorum per uillas) p. 404^b; leider fehlt im Text des Cod. I. O. die ganze zweite Hälfte dieses Capitels und damit auch der obige Abschnitt. 4 In dem letzteren Theile des Wortes ist wohl تاريخ فارس oder الفُرْس zu erkennen (*tarech* für *larech* zu lesen)? 5 Das Ganze steht wohl für: الهند والسند وما وراءها. 6 الحجاز. 7 wohl = وما وراء الترك. Dies entspricht also unserem تخوم الترك nach Abu Maʿshar. 8 Es liegt am nächsten, in *Adragen* أَذْرَبِيجان zu suchen,

Es wäre nicht unmöglich, dass das Schema in einer anderen Schrift al-Kindî's wirklich so gelautet hätte. Die einzige wesentliche Abweichung von dem hiesigen Texte betrifft das Clima des Jupiter. Ibn Abu'l-riǵâl an dieser und den andern Stellen und alle übrigen vorher erwähnten Autoritäten nennen das Clima nach alter Tradition Babylon und setzen es unter das Zeichen des Widders. Al-Kindî nennt es al-'Irâḳ und setzt es unter das Zeichen des Krebses.

Es ist sehr wahrscheinlich, dass die letztere Abweichung eine willkürliche ist und ihren einzigen Grund in dem gegenwärtigen Bedürfnisse hat. Der Name al-'Irâḳ kann zwar, in Verbindung mit den sechs übrigen Ländern und Völkern, nur eine andere und zeitentsprechendere Bezeichnung des Climas von Babylon sein — mit Rücksicht auf das Reich der Sâsâniden —[1]: doch in der folgenden Ausführung wendet al-Kindî ihn in seiner bloss landschaftlichen Bedeutung, oder vielmehr, wie es scheint, für die Hauptstadt (مدينة)[2] des Climas, also Ctesiphon, eventuell Baǵdâd an, um eine specielle Stelle im Zeichen des Krebses zu gewinnen. Dazu zieht er noch ein anderes System heran, welches, als Ergänzung des Sieben-Clima-Systems, auch für alle einzelnen Länder und Orte entsprechende Stellen („Horoscope") im Thierkreise bestimmt. Er deutet dies an mit den Worten: „Und (abgesehen von jenen sieben allgemeinen Combinationen) hat jedes der zwölf Thierzeichen eine Bedeutung für eine Gegend der Erde und einen bestimmten Ort". Das

---

was an andrer Stelle mit *Adrazen* sowie mit *Adrabigē* wiedergegeben ist. In al-Kindî's Schema entsprechen ihm die „Grenzen der Römer". 1 Vgl. Yâḳût III. ٩٢٩ f., wo die Identität beider mehrmals hervorgehoben wird, und dazu al-Iṣṭakhrî ed. de Goeje ٣. 2 Unter diesem Namen wird gewöhnlich von der oder den Hauptstädten oder Schwerpuncten eines Climas gesprochen. In dem später angenommenen astronomischen Sieben-Clima- (od. Breitenzonen-) System ist festgesetzt, dass die Climata der eigentlichen Planeten je zwei, die von Sonne und Mond je eine Hauptstadt haben, weil jene zwei, letztere nur ein „Haus" im Thierkreis haben. Es wird nämlich in diesem System jeder Planet mit seinen Häusern combinirt (s. Yâḳût I. ٢٧ ff.). Wahrscheinlich ist dies eine Verallgemeinerung von einzelnen Bestimmungen in dem alten System, welches aus historischen Gründen dem oder jenen Clima zwei Capitalen anwies. Von dem Jupiter-Clima Bâbil wird dies ausdrücklich bestätigt; seine zwei Residenzen (دار الملك) waren nach Ḥamzah (bei Yâḳût III. ٩٢٩ f.) Babylon und Ctesiphon. Damit hängt vielleicht auch zusammen, dass al-Mas'ûdî, wie vorher bemerkt wurde, diesem Clima zwei Thierzeichen beigab.

in Frage kommende System steht mit dem bisherigen durchaus nicht im Widerspruch; es erkennt die sieben Climata mit ihren Planeten und selbst im allgemeinen Sinne ihren Thierzeichen an, nur bringt es den Einzelinhalt eines Climas nicht bloss in seinem speciellen Zeichen unter, sondern vertheilt denselben auf verschiedene Stellen des Thierkreises, wobei es mit begreiflicher Oekonomie alle zwölf Zeichen benutzt. Den Landschaften, welche wieder verschiedene Städte und Ortschaften umfassen, werden daher immer mehrere Grade, je nach ihrem Umfange, und den Städten ein einzelner, den kleineren Ortschaften nur Bruchtheile, Minuten, zugetheilt[1]. Es scheint kein Schema zu existiren, in dem diese Vertheilung bis auf die Grade und Minuten ausgeführt wäre. Vielleicht hatte der Astrolog hier freien Spielraum. Wohl aber gab es ein allgemeines Princip: Die Landschaften und Orte richteten sich nach dem Planeten ihres Climas, der auch ihr specieller Schutzherr blieb, und nach seinen Geltungen im Thierkreis, den Häusern, Erhöhungen, Triplicitäten, und endlich im Besondern den „Grenzen“, d. h. den Abschnitten (nach Graden), welche den fünf eigentlichen Planeten in jedem Thierzeichen als besondere Herrschaftsgebiete angehören[2]. Der massgebende Planet, sonst als *significator* دليل bekannt, wird hier mit Bezug auf die vermöge seines Einflusses seinen Ländern zugetheilten Stellen, der „vorwaltende“ (eigentlich: beraubende) المبتز — *almobtez* oder *almutez* auch bei den Occidentalen — genannt[3].

---

1 Darüber handelt Ibn Abu'l-riǵâl gegen Ende des 34. Capitels (Cod. I. O. fol. 203[b]), auch mit specieller Beziehung auf al-ʿIrâḳ und Arabien. Al-Kindî hat selbst eine besondere Abhandlung über den Gegenstand geschrieben; s. Fihrist ٢٥٧, l. 12, = no. ٩٧ in Flügel's Al-Kindî. 2 Die Grenzen, حُدود, si. حَدّ, sind ein altes Element der Astrologie = *termini* der Occidentalen, *fines* bei Firmicus (II. 6), ὅρια bei Ptolemaeus (vgl. Quadrip. I. 21) und natürlich auch *hadda* der neuindischen Astrologie (s. Weber, Ind. Stud. II. 264). Da nur die fünf eigentlichen Planeten in Betracht kommen, zerfällt jedes Zeichen in fünf Grenzen, und zwar sind diese stets ungleich. In ihrer Bestimmung weichen die verschiedenen Systeme sehr von einander ab. Besonders scheinen die Anfangs- und Endpunkte vermischt worden zu sein. Ptolemaeus unterscheidet drei Systeme, wovon das egyptische noch Geltung hat. Vgl. die Tabellen bei ihm und bei Firmicus (a. aa. OO.), sowie bei Drechsler, astr. Vortr. 25, welcher Junctinus Florentinus (16. Jahrh.) folgt. Ein arabisches Schema ist mir nicht zugänglich. Das der Ikhwân al-ṣafâ ist leider verloren (s. Dieterici, Prop. 53). Vgl. im Allgemeinen Ibn Abu'l-riǵâl I. 2 und Dict. techn. terms ٢٨٥. 3 ابتزّ in der gewöhnlichen Sprache

Ein Specimen von diesem System, mit Berücksichtigung der Hauptlandschaften, giebt Yâkût am Schlusse des öfter angeführten Capitels seiner Einleitung [1]. Viel vollständiger und, weil aus der Feder eines Astrologen von Fach, auch zuverlässiger ist das Schema, welches Ibn Abu'l-rigâl im 35. Capitel ausführt. Leider ist im Original nur die erste Hälfte davon erhalten; in der Uebersetzung sind die Namen sehr entstellt [2].

Nach diesem System gab es nun im Krebs auch eine specielle Stelle für al-ʿIrâk, nämlich die Grade 19—25 [3]. Diese sind die „Grenze" des Jupiter, und sie fallen unter seine ausschliessliche Verfügung, weil er in demselben Zeichen zugleich seine „Erhöhung" hat, und diese mit der Grenze zusammengenommen ihm innerhalb derselben die grösste Dignitätenziffer verschafft, welche auch die des Hausherrn, des Mondes, überwiegt [4]. Es ist ferner natürlich, dass diese Stelle in dem Zeichen,

---

(car. et من p.) Jemandem mit Gewalt etwas wegnehmen, bezeichnet als Terminus der Astrologie (c. على) einen Planeten als den, welcher vermöge seiner Dignitäten den stärksten Einfluss im Horoscop hat, wohl weil er die andern dadurch ihres Einflusses beraubt. Ausführlich handelt darüber Ibn Abu'l-rigâl I. 9 = Cod. I. O. fol. 11^b, zum Theil mit Berufung auf al-Kindî selbst; so in der Definition: اكثرُ الكواكب حظّا فى ذلك البيت .. Zwischen den Planeten, welche auf eine Stelle Anspruch haben, erfolgt eine förmliche Abrechnung. Den einzelnen Dignitäten sind dazu bestimmte Werthe („Einheiten" *partes* = حظّ) bestimmt; nach al-Kindî an der angeführten Stelle gilt das Haus = 5, die Erhöhung = 4, die Grenze = 3, die Triplicität = 2, und der Decan (وجه, *facies*, πρόσωπον, d. i. eine von den „Grenzen" verschiedene Theilung des Thierkreises, nach der jedes Zeichen einfach in drei gleiche Theile (zu 10°) zerfällt, die immer der Reihe nach den einzelnen Planeten zugetheilt werden, s. Uhlemann, Astr. 20 ff.) = 1 Einheit حظّ. — Vgl. Dict. techn. terms ۱۳۴۰ s. v. الابتزاز.

1 Yâk. I. ۳۵ f. ed. Wüstenfeld — entnommen von einem زيج. Die Kritik Yâkût's am Ende zeigt, dass er selbst es nicht recht versteht.

2 Cod. I. O. fol. 203^b inf. ما للبروج من المدن — bricht mit dem Zeichen der Wage ab. Haly de iud. astr. p. 403^a: De partitionibus signorum per uillas.

3 Album. (S. 280) giebt 10—26°, was wohl 20—26° heissen soll. So bestimmt Ptolemaeus die „Grenze" Jupiters im Krebs (vgl. Quadrip. I. 21); ebenso Drechsler a. a. O. 25. Bei Firmicus (II. 6) ist sie weiter zu 21—27° verschoben.

4 Nach der oben angeführten Werthbestimmung gilt die Grenze = 3, und die Erhöhung = 4 Einheiten, beide zusammen = 7, während des Hauses allein = 5 ist.

welches das allgemeine Symbol für das Clima Jupiters ist, das Hauptland oder die repräsentirende Hauptstadt desselben zugetheilt erhält[1].

Dies ist, wie mir scheint, der nothwendige Zusammenhang, in welchem die vorliegende, etwas nachlässige und aphoristische Deduction al-Kindî's zu denken ist[2]. Einen Beweis für die erste Annahme, dass der Krebs das allgemeine Symbol für al-ʿIrâḳ ist, kann ich darin nicht finden; vielmehr ist jene die nothwendige Prämisse zu dem Schlusse über die specielle Stelle von al-ʿIrâḳ; es wäre also nur ein Zirkelbeweis — والله اعلم.

Jedenfalls sind wir jetzt zu folgendem Ergebniss gekommen: Eine Constellation im Krebs hat besondere Bedeutung für al-ʿIrâḳ und das in ihm gegründete Reich, vorzüglich wenn sie in die Grade 19—25 jenes Zeichens fällt. In dieser Stelle liegen gleichsam die Schicksale des Landes. Jupiter ferner ist sein Patron. Steht er oder auch andere Glücksterne in wirksamen Beziehungen zu jener Stelle, d. h. stehen sie in ihr selbst oder wenigstens in günstigen „Aspecten" zu ihr, im „*sextilis*" und „*trinus*", so bedeutet dies für al-ʿIrâḳ Gutes: Wohlstand der Bürger, eine starke Regierung und Ergiebigkeit des Bodens. Stehen aber Unglücksterne in der Stelle oder in den ungünstigen „Aspecten" der „Opposition" und des „*quadratus*", so bedeutet dies für al-ʿIrâḳ Unglück, Staatsumwälzung und Blutvergiessen, — ganz besonders so, wenn die beiden Unglücksterne zusammentreffen und ihnen keine Aspecte der Glücksterne entgegenwirken[3].

---

1 Eine entsprechende Angabe findet sich auch in der Ländertafel des Ibn Abu'l-riġâl (cap. 35) = fol. 204[a] des Originals: (d. i. للسرطان) وله العراق موضع حدّ المشترى وهو طالع بابل والجانب الشرقى من بغداد; in der Uebersetzung (404[a]): *et habet (Cancer) participationem (!) in .... et in Alhayrach in loco termini Iouis, et ipse est ascendens Babyloniae et partis orientalis de Baldach.* Es ist bemerkenswerth, dass der Verfasser hier al-Kindî's Neuerung adoptirt hat. 2 Hier die wörtliche Uebersetzung der Stelle: „Und jedes der zwölf Thierzeichen hatte eine Bedeutung für eine Gegend der Erde und einen von den Oertern. Manchmal kam es dann vor, dass eine Hauptstadt (eig. die H. — generisch) auf ein gewisses Thierzeichen bezogen wurde, ohne dass der über ihr waltende Planet (المبتز عليها) der Herr jenes Zeichens war. So sagten wir, al-ʿIrâḳ gehöre dem Krebs mit dem Jupiter zu — weil Jupiter der (Planet) ist, welcher über die im Zeichen des Krebses auf al-ʿIrâḳ deutenden Grade waltet, d. h. 19—25°. Diese Grade nämlich sind die Grenze des Jupiter, und dieses Zeichen die Erhöhung des Jupiter" ... In *Albumasar* ist die Uebersetzung zu sklavisch, um verständlich zu sein. 3 Die hier in vollständiger Zahl vorkommenden

Eine solche Constellation war die, welche das Jahr der Higrah einleitete. Sie bedeutete den Sturz des damaligen Reiches von al-ʿIrâḳ, also der Sâsâniden, und zugleich den Aufgang des Reiches der Araber. Insofern hat sie auch auf die künftigen Geschicke des letzteren Einfluss geübt, so oft sie sich wiederholte, besonders von der Zeit an, wo auch seine Regierung zu dem natürlichen Mittelpuncte aller vorderasiatischen Reiche, al-ʿIrâḳ zurückkehrte.

In der schwierigen Frage über das Datum der Higrah, d. h. Muḥammad's Ankunft in al-Madînah, entscheidet sich al-Kindî für den 8. Rabîʿ I. des Jahres 1. Dies ist das nach astronomischer Berechnung aus den verschiedenen Traditionen sich nothwendig ergebende Datum[1]. Es wird gewöhnlich dem 20. September 622 unserer Zeit-

---

„Aspecte“ oder „Scheine“ sind eines der gewöhnlichsten Elemente der Astrologie: *aspectus*, نظر (oder mit Beziehung auf einen anderen مناظرة, oder gegenseitig تناظر) heissen die auf gewissen Theilungen des Kreises beruhenden Stellungen der Planeten zu einer bestimmten Stelle des Thierkreises, z. B. dem Horoscop, oder zu einander. Gewöhnlich wenigstens kommen nur die obengenannten in Anwendung: I. „Conjunction“ الجامعة oder المقارنة, worüber oben S. 266. II. „Opposition“ oder „Gegenschein“ المقابلة, *diameter*, auf Zweitheilung des Kreises beruhend, die Stellung dem Orte diametral gegenüber, also um 6 Zeichen oder 180° davon entfernt. III. التثليث *aspectus trinus s. trigonus*, auf Dreitheilung beruhend, die Stellung um 4 Zeichen oder 120° entfernt. IV. التربيع, *asp. tetragonus s. quadratus*, auf Viertheilung beruhend, also um 3 Zeichen oder 90° abstehend. V. التسديس *asp. sextilis s. hexagonus* auf Sechstheilung beruhend, um 2 Zeichen oder 60° entfernt. Diese Aspecte sind abwechselnd günstig (I. III. V.) und ungünstig (II. IV.) und zwar die der grösseren Theilungen stärker, die der kleineren schwächer. Ihre vollständigen Combinationen stellt die Aspectentafel dar. Vgl. Uhlemann, Astr. 60; Scaliger ad Manilium 120 ff.; Firmicus II. 25; Ptolemaeus Quadrip. I. 14; — Dieterici, Propaed. 81; Drechsler, astr. Vortr. 7 ff.; Zahel de interrog. 123^b = Sahl (Cod. Rif. 116) fol. 4^b etc. Auch bei den Indern sind die arabischen Namen der Aspecte eingeführt worden; s. Weber, Indische Studien II. 263. — Keinen Aspect zu einer Stelle haben bedeutet also keinen Einfluss auf dieselbe haben.

1 Vgl. die ausführliche Untersuchung von Mahmoud Effendi, Mémoire sur le calendrier arabe . . im Journal Asiatique V. Série. 11. (Févr.-Mars 1858) p. 116 ff. Die älteste und beste Tradition — Ibn Isḥâḳ und Ibn Hishâm (p. ۳۳۳ und ۴١٥ ed. Wüstenfeld), al-Wâḳidî (Campaigns ed. A. von Kremer ۲) und Ibn Saʿd (Cod. Sprenger. 103, fol. 98), und Ibn Ḳutaibah (ed. Wüstenfeld ٧٥) — hat sich für Montag den 12. Rabîʿ I. entschieden. Der Montag

rechnung gleichgesetzt; aus den folgenden Angaben al-Kindî's zeigt sich aber, dass man bei ihm, wie bei andern Astronomen, den 19. September zu verstehen hat[1]. Das Jahr 1 der Hiǵrah-Aera begann mit dem 1. Muḥarram vorher, welcher bürgerlich auf den 16., in der hiesigen Berechnung aber auf den 15. Juli fällt. Das Horoscop der Hiǵrah wird aber nicht nach diesem, sondern nach der „Revolution des Weltjahres" bestimmt, d. h. dem Wiedereintritt der Sonne in das Zeichen des Widders oder der Frühlings-Tag- und Nachtgleiche. Diese fiel 4 Monate, oder wie Abu Maʿshar genauer angiebt, 3 Monate und 27 Tage vor den 1. Muḥarram, d. h. auf den 3. Ramaḍân muhammedanischen Calenders im Jahre 1 vor der Hiǵrah = 21. März 622. Der Tag war ein Sonntag und die Zeit gegen Ende der fünften Tagesstunde. In diesem Augenblicke war das Horoscop (eig. der *„ascendens"* d. h. der eben aufgehende Punct der Ecliptik) 3° Krebs ♋, und die Constellation folgende:

☉	Sonne	—	0°	1′	♈	Widder.
☽	Mond	—	6°	—	♉	Stier.
♄	Saturn	—	20°	—	♋	Krebs.
♃	Jupiter	—	13°	—	♒	Wassermann.
♂	Mars	—	20°	—	♋	Krebs.
♀	Venus	—	18°	27′	♓	Fische[2].

---

fiel aber auf den 8. und ist dieses, wie Mahmoud nachweist, wirklich der Tag des Kippur, welches die Juden bei Muhammad's Ankunft gerade feierten. Der Irrthum der Tradition beruht, wie mir scheint, auf einer Verwechselung der Ankunft des Propheten in Ḳubâ, welche sie selbst auf den Montag verlegt, und seiner Uebersiedelung nach al-Madînah, welche 4 Tage später erfolgte (s. Ibn Hishâm ٣٣٥), also gerade am 12. Rabîʿ I. 1 Nach Mahmoud (p. 121) war der Neumond zuerst in der Nacht vom 12. bis 13. Sept. sichtbar; astronomisch begann also der Rabîʿ I. am 12. September; und danach fällt die Hiǵrah auf Sonntag den 19. September, und der Anfang des Jahres der Hiǵrah (1. Muḥarram) auf Donnerstag den 15. Juli, und der 3. Ramaḍân (= 21. März) war ein Sonntag, wie al-Kindî angiebt. Vgl. Ideler über die Zeitrechnung der Araber (Abh. der K. Akad. Berl. hist.-phil. Kl. 1812—1813) p. 105—108. 2 So muss nothwendig gelesen werden für: 18° 9′ ♈ Widder, wie die Handschrift hat. Abu Maʿshar hilft hier nicht, da die Figur bei ihm ausgelassen ist. Die weiteren Berechnungen al-Kindî's selbst aber machen die Lesart der Handschrift unmöglich. Ibn Khaldûn (Prolég. ed. Quatremère II. 188 f.), welcher diese Angabe al-Kindî's citirt, hat das richtige Zeichen الحوت, aber auch eine von der obigen abweichende Ziffer, nämlich 18° (wie jedenfalls für 28° des Textes gelesen werden muss) 42′. Die Bûlâḳer Ausgabe I. ٢٨١ giebt, ebenfalls unrichtig, 28° 30′.

Hier haben wir ein vollständiges Prognosticon des neuen Jahres. Das Zeichen des Krebses ist das „Horoscop“, oder eigentlich das „Zeichen im Horoscop“, also das I. Haus des horoscopischen Schemas [1]. Da nun die Conjunction von Saturn und Mars in dasselbe fällt [2], wird sie von entscheidender Bedeutung. Sie bezieht sich im Besondern auf al-ʿIrâḳ, weil der Grad, in dem sie Statt findet (20°), in die auf dieses Land deutende Grenze Jupiters (19—25°) gehört. Sie wirkt endlich unbeschränkt verderblich für al-ʿIrâḳ, weil sein Schutzherr Jupiter in der gegenwärtigen Constellation völlig machtlos ist. Er ist im Wassermann, also dem VIII. Hause, und hat keinen Aspect zu jener Stelle [3], kann also nicht dem Einflusse der Unglücksterne entgegenwirken und ihn wenigstens, wie al-Kindî später sagt, „theilweise brechen.“ Darum bedeutet die Constellation einen vollständigen Wechsel der Herrschaft und speciell den Verfall und Untergang des Reichs der Perser. Das Volk, das an ihre Stelle tritt, sind die Araber, nach folgendem Exempel.

Der waltende Planet im Horoscop ist stets der „Hausherr“ desselben, im gegenwärtigen Falle der Mond, als „Hausherr“ des Krebses. Ihm fällt also auch die Verfügung über den Herrschaftswechsel zu, welchen die Conjunction in diesem Zeichen herbeiführt. Er befindet sich aber nicht in seinem eigenen Hause, sondern im Stier, dem Hause

---

1 Das bekannte Schema der 12 „Häuser“ oder „Stellen“, hier مكان, gewöhnlicher بيت genannt, *domus* der Uebersetzer, *locus* bei Firmicus, τόπος der Griechen. Es ist eine den zwölf Thierzeichen parallele Zwölftheilung des Himmels, die vom Horoscop beginnt, entweder genau von dem Grade des ascendens oder allgemeiner von dem 1. Grade des Zeichens im Horoscop. Im letzteren Falle deckt sich also jedes Haus mit einem Zeichen. Jedes Haus hat eine besondere Bedeutung für das Leben und die Geschicke des Geborenen, welche es dem in ihm befindlichen Planeten überträgt. Das wichtigste Haus ist natürlich das I., das Horoscop selbst. Es bezieht sich auf das Leben — *Vita*, الحيوة. Vgl. Firmicus II. 16—23; Uhlemann, Astr. 80 ff.; Dieterici, Propaed. 66 und 173ᵇ (wo die arabischen Namen der einzelnen Häuser); Sahl b. Bishr in Cod. Rif. 116, fol. 3ᵇ الطالع وما فيه من المسائل وغيره من البيوت الاثنى عشر, und Zahel de interrog. 122ᵈ; Drechsler, astr. Vort. 31 ff. u. 57 ff. u. s. w. 2 Wörtlich: „und da die beiden Unglücksterne an der Stelle ihrer Conjunction im Zeichen des Krebses (zugleich) in dem Zeichen des Horoscops der Revolution zusammentreffen.“ 3 Eigentlich: „er fällt von ihrem Anblick weg“. Der Wassermann, in dem Jupiter steht, ist das VIII. Haus vom Horoscop (dem Krebs) aus, und steht in gar keiner Aspectverbindung mit ihm.

der Venus, an seiner speciellen Stelle zugleich in zwei andern Dignitäten von ihr, der „Grenze“[1] und der „Triplicität“[2]; die beiden Sterne sind sich zugekehrt, in Folge stehen sie zu einander in dem freundschaftlichen Verhältnisse der „Reception“[3]: Venus nimmt den Mond in ihre Dignitäten auf, und er überlässt ihr dafür die ihm zukommende Verfügung über die Herrschaft. Venus macht von ihr zu Gunsten des Volkes Gebrauch, dessen „natürlicher Bedeuter“, wie al-Kindî sagt, sie ist, der Araber, und sie verlegt den Sitz der Herrschaft in ihr Land, speciell nach al-Ḥiǵâz. Analog dem Verhältnisse zwischen Jupiter und al-ʿIrâḳ, bestimmt Venus im Scorpion, — wie wir oben sahen, dem allgemeinen Symbol der Araber, — auch eine besondere Stelle für Arabien, durch ihre Grenze, nämlich 7—11°[4]. Die eigene Stelle der Venus in der gegenwärtigen Constellation giebt aber noch weitere Aufschlüsse. Sie befindet sich in den Fischen, also dem IX. Hause vom Horoscop aus, welches in dem vorhin erwähnten Schema den Gottesdienst und die Religion bedeutet[5]. In Folge ist der Haupthebel des Auftretens und der Herrschaft der Araber die Religion. —

---

1 Die „Grenze“ der Venus im Stier ist nach Uebereinstimmung aller Autoritäten 1—8°. 2 Venus herrscht in der „erdigen“ Triplicität (*trigonum terreum* المثلثة الترابية) Stier, Jungfrau und Steinbock, und speciell in 1—10° jedes Zeichens. 3 Eigentlich: „und er ist mit ihr verbunden und sie ihn anblickend, indem sie ihn aufnimmt“. الاتّصال *alictisal* = *coniunctio* oder „*continuatio*“ bezeichnet das Verhältniss zwischen zwei Planeten, welche sich bei fortgesetzter Bewegung mehr und mehr nähern, sich also zugewendet sind. Es wird zur „Reception“ القبول oder نظر القبول, wenn der eine Planet in die Dignitäten des andern tritt, gleichsam von ihm in diese aufgenommen wird. So Sahl, Cod. Rif. 116, fol. 5: والاتّصال ان يقصد النجم الخفيف السريع الى النجم الثقيل, und fol. 6ᵇ: فان القبول من الكوكب اذا اتّصل به الكوكب من شرفه او بيته فله القبول التام بالنيّة الصادقة, und die lateinische Uebersetzung (Zahel de interrog. 123ᵇ u. 124) bei Weber, Ind. Stud. II. 268 u. 270 f. Vgl. Dieterici, Propaed. 80 ff. und Dict. techn. terms v. الاتصال, p. ١٥٠٨ f. 4 Diese Grenze wird verschieden angegeben. Nach Ptolemaeus ist sie 8—11°; nach Firmicus 8—13°; nach Junctinus bei Drechsler 8—12°. Inwiefern Venus an dieser Stelle die Uebermacht (الابتزاز) haben kann, obwohl das Zeichen des Scorpions ihr „Schaden“ (وبال, d. h. in Opposition mit ihrem Hause, dem Stier) ist, muss ich al Kindî überlassen zu vertreten. 5 Diese Bestimmung rechtfertigt unsere obige Emendation (الحوت). Das IX. Haus der horoscopischen

Das ist gewiss geistreich. — In ihrem Zeichen, den Fischen, hat Venus zugleich eine Dignität, welche sie besonders mächtig macht, die „Erhöhung“[1]. Deshalb ist sie im Stande, dem Reiche der Araber auch eine recht lange Dauer zu verleihen. Die Dauer ihres Reichs wird berechnet aus dem Rest von Graden, welche Venus in ihrer augenblicklichen Stellung in ihrem Zeichen noch vor sich hat; d. i. 11° 33′[2]. Gewöhnlich bedeuten die Grade bei der Berechnung Monate[3]; hier aber, wegen der Macht der Venus in ihrem Zeichen, giebt selbst jede Minute ein Jahr. 11° 33′ = 693′. Das Reich der Araber wird also 693 Jahre dauern; und dies ist genau dieselbe Zahl, welche sich aus dem Koran ergiebt.

Hiermit sind wir zu dem Mittelpuncte der Untersuchung gekommen, jener Zahl, welche das heilige Buch als ein Mysterium hinstellt, und welche soeben ihren natürlichen Beweis erhalten hat. Aus dem Koran wurde sie nach der von der Kabbalistik gewöhnlich angewendeten Methode gefunden, dem sogenannten حساب الجُمَل, d. h. der Verrechnung des Zahlwerthes der einzelnen Buchstaben des Alphabets, hier speciell durch Addition sämmtlicher in den koranischen Monogrammen verwendeten Buchstaben (الحروف المقطّعة)[4]. Jeder derselben wird dabei nur einmal gezählt; so erhält man die 14 Posten ا, ل, م, ص, ر, ك, ه, ى, ع, ط, س, ح, ق, ن, welche addirt in der That die Summe 693 geben. Dies wäre nun an sich eine glänzende Rechtfertigung der Astrologie, wenn die hier zur Deutung der heiligen Räthsel angewendete Methode wirklich legal wäre. Sie ist aber durchaus nicht unbedenklich. Die späteren Muslime verwerfen sie geradezu. Ibn

---

Figur, 240—270°, heisst „der Gott“ *Deus*, und bedeutet Reisen und Religion: *est de religionibus et peregrinationibus* Firmicus II. 22; يدلّ على السفر والدين والعلم بالله وامر الآخرة والغيب والنسك الخ Sahl a. a. O. Bei den Ikhwân al-ṣafâ heisst es nur الاسفار (Dieterici, Prop. 173[b]). Vgl. Drechsler 64: „von der Religion, Glauben und Gottesfurcht.“ 1 Genau in 27°. 2 Diese von al-Kindî selbst angegebene Differenz kommt nur heraus, wenn man für 18° 9′ eben 18° 27′ emendirt. So hat auch schon de Slane in seiner Uebersetzung des Ibn Khaldûn gethan (II. 221 n. 3). Der Text Ibn Khaldûn's (auch in der Bûlâḳer Ausgabe) giebt 11° 18′ als Differenz, wonach die ursprüngliche Lesart bei ihm 18° 42′ ist (s. o.). Dass sich weder bei ihm noch selbst in unserm Texte die nothwendige Angabe (18° 27′) findet, bleibt auffällig. 3 Vgl. unten, S. 299 u. 301. 4 Diese Berechnung kennen auch die Ikhwân al-ṣafâ (Dieterici, Weltseele 170 f.).

Khaldûn[1] und Ibn Ḥaǵar[2] richten beide ihren Tadel gegen den spanischen Biographen des Propheten, al-Suhailî († 581), dass er sie für statthaft gehalten hat. Al-Suhailî's Methode ist genau dieselbe wie die al-Kindî's[3]. Beide beziehen sich dabei auf einen Praecedenzfall aus dem Leben des Propheten, auf welchen sie auch gewöhnlich zurückgeführt wird, und zwar wie al-Baiḍâwî zu Su. 2, 1 angiebt[4], nach dem Vorgange des Abu'l-ʿÂliyah († 90), eines geachteten تابعى von al-Baṣrah und Koranexegeten aus der jüdisch gefärbten Schule des Ibn ʿAbbâs[5]. Die Geschichte wird von Ibn Isḥâḳ berichtet[6]; al-Kindî scheint indess eine andre Quelle vor sich gehabt zu haben. Demnach wäre diese Anwendung der Monogramme eine Erfindung der medinischen Rabbinen Ḥuyaiy und Abu Yâsir, der Söhne des Akhṭab (zu denen al-Kindî noch den Ibn Ṣûra und Kaʿb b. Asad hinzufügt[7]), welche dem Propheten damit die kurze Dauer seiner Religion beweisen wollten, aber natürlich, als derselbe mit seinem ganzen Apparat heranrückte, sich beschämt zurückziehen mussten. Sie ist also eigentlich eine Erfindung der Feinde des Islâm, unwissender, irregeleiteter Juden, und der Prophet hat sie nie durch eigenen Gebrauch sanctionuirt. Dies ist für Ibn Khaldûn genug, um das ganze Verfahren zu verwerfen. Er hätte noch hinzufügen können, dass die Geschichte, wie sie die Tradition berichtet, auch gar kein direcfer Beweis für die von ihm angefochtene Methode al-Suhailî's, bezüglich al-Kindî's ist. Dort ist nur von 4 Monogrammen die Rede (الٓمٓ, الٓمٓصٓ, الٓرٓ, الٓمٓرٓ), welche, wie angeblich Abu Yâsir ausrechnete, die Gesammtsumme 704 ergeben: hier aber handelt es sich um alle Monogramme, aber mit Ausschluss der Wiederholungen, woraus sich die Zahl 693 ergiebt. Diese Differenz sucht al-Kindî in seiner Erzählung zu verwischen. Es ist ausser Frage, dass seine künstliche Methode auch nicht in der ihm vorliegenden Version der Tradition gegeben war. Im Uebrigen ist sie consequent und correct; es wird kein Buchstabe übergangen oder unrecht angewendet.

---

1 Prolég. II. 181 f. 2 I. II. al-ʿAskalâni († 852) bei al-Suyûṭi, Itḳân (Bibl. Ind.) p. ۴۹۰. 3 Vgl. Ibn Khaldûn a. a. O. 189. Die Summe 703, welche p. 181 gegeben wird, beruht natürlich nur auf einem Rechenfehler. De Slane's Emendation (Trad. II. 211, l. 1) 903 kann ich nicht begreifen.
4 I. ۱۲, 23 ff. ed. Fleischer. 5 Er hörte selbst Ibn ʿAbbâs in al-Baṣrah. Ibn Saʿd, Cod. Goth. 411, foll. 80—82. Vgl. Ibn Ḳutaibah ed. Wüstenfeld ۲۳۱. 6 Ibn Hishâm ed. Wüstenfeld ۳۷۷. Ibn Khaldûn führt diese Stelle an. 7 Die Namen sind in der Handschrift etwas entstellt; s. o.

Die Uebereinstimmung mit der astrologischen Ziffer ist nun in der That wundervoll. Es ist daher wohl nicht zu skeptisch, anzunehmen, dass die letztere zurechtgemacht ist, nach dem was wir über die unsichere Angabe der massgebenden Stellung der Venus zu bemerken hatten.

Al-Kindî in seiner Vorliebe für die Zahlenmystik geht nun soweit, auch den einzelnen Buchstabenziffern besondere Bedeutung und Einflüsse auf die Geschicke des Reichs zuzuschreiben, je nach dem Masse ihres Vorkommens in den Monogrammen. Die am häufigsten sich wiederholenden sind die stärksten; dies würden vor allen ا = 1 und ل = 30 sein. — Al-Kindî führt dies jedoch im Folgenden nicht weiter aus.

Wir kehren nun zu der Conjunction zurück. Al-Kindî zählt zunächst die folgenden, welche sich ungefähr aller 30 Jahre wiederholen, bis zum J. 212 auf. Dann beginnt er wieder von vorn, um der Reihe nach zu erklären, welches die den Staat gefährdenden Ereignisse oder Krisen (فِتَن) waren, welche sie anzeigten. Es fehlt dabei nicht an Wiederholungen. Wir machen es wie Abu Maʿshar, und fassen Constellation und Erklärung stets zusammen. Zunächst bekommen wir noch einige speciellere Deutungen der ersten Conjunction im Jahre der Higrah. Mit diesen fährt auch der Text des Abu Maʿshar fort. Die Conjunction zeigte also den Untergang des Reichs der Perser und die Herrschaft der Araber, sowie durch die Stellung der Venus die Dauer der letzteren an. Aus der Entfernung des Mondes (6° Stier) von dem Grade der Conjunction (20° Krebs), nämlich 74°[1], zeigte sich ferner, dass der Tod des Königs der Perser 74 Monate später erfolgen würde. Die Grade bedeuten hier nur Monate, weil Jupiter in einem „festen“ Thierzeichen[2] (dem Wassermann) steht. Diesen Grund

---

1 Die letzten 24° vom Stier, die 30° der Zwillinge, und 20° vom Krebs. 2 Dies bezieht sich auf die Dreitheilung des Thierkreises nach dem Sonnenlauf und den Jahreszeiten. Es giebt vier feste Zeichen بروج ثابتة *signa fixa*, ζῴδια στερεά: wenn die Sonne in sie eintritt, ändert sich die Jahreszeit nicht. Sahl fol. 2ᵇ: لان الشمس اذا نزلت هذه البروج ثبت الزمان على حالة واحدة فلم يتغيّر الخ; vgl. Zahel interrog. 122ᶜ. Dies sind Stier, Löwe, Scorpion und Wassermann. Die wandelbaren Zeichen منقلبة, *mobilia*, τροπικά, in denen sich bei Eintritt der Sonne die Jahreszeit ändert, sind Widder, Krebs, Wage, Steinbock. Die übrigen

verstehe ich nicht. Abu Ma'shar bietet einen anderen, welcher sich aber auf ein complicirteres Verfahren bezieht, das al-Kindî hier gar nicht anwendet[1]. Die Ziffer stimmt jedoch vortrefflich zu dem Datum, welches die ältere arabische Tradition für den Sturz und die Ermordung des Khusrav Parvîz, des zur Zeit der Higrah regierenden Sâsâniden, durch seinen Sohn Shîrûyah giebt, nämlich den 10. Ǵumâda I., A. H. 7 (= 15. September 628)[2]. Vom Datum der Higrah bis zu diesem sind es in der That nur wenige Tage über 6 Jahr 2 Monate = 74 Monate. Freilich stellt sich heraus, dass dieses Datum falsch ist, sofern es sich nicht auf den Tod des Khusrav, sondern den Shîrûyah's bezieht welcher im 8ten Monate darauf erfolgte[3].

Endlich ergab sich aus dieser Conjunction, welche Dauer dem Sâsânidenreiche noch beschieden war. Dies bestimmte der Grad des Krebses, in welchem sie Statt fand, d. i. 20°. Da das Zeichen des Krebses hier zugleich „Horoscop" und damit einer der vier Wendepuncte oder „Winkel"[4] der horoscopischen Figur ist, so bedeuten die Grade

---

sind die mit doppeltem Körper ذوات جسدين, *communia*, δισωμα, in denen die Jahreszeit gemischt ist: Zwillinge, Jungfrau, Schütze, Fische. Vgl. Dieterici, Propaed. 49; Ptolem. Quadr. I. 12. 1 S. 277, n. 7. „wegen der Direction von einem festen zu einem wandelbaren Zeichen". Ueber die schwierige Procedur التسيير „*directio*" vgl. de Slane's Anm. zu Ibn Khald. II. 219; Drechsler, astrologische Vortr. 60; Dict. techn. t. ٣٨٥; Steinschneider in Z. D. M. G. XXIV. 383. 2 So Ibn Sa'd (nach al-Wâḳidî) in der Biographie des Propheten, welcher das Ereigniss durch ein Wunder gleichzeitig in al-Madînah verkündete (Cod. Goth. 409, fol. 140): (قُتل) كسرى فى هذه الليلة لسبع ساعات مضت منها وهى ليلة الثلثاء لعشر ليال مضين من جمادى الاولى سنة سبع. Nur war der Tag kein Dienstag, sondern ein Donnerstag. Sprenger, Leben des Moḥammad III. 262 n. scheint anders gelesen zu haben, wenn er (ohne Wochentag) den 13. Ǵum. I., A. H. 7 (= 19. September 628) angiebt. 3 So geben auch die späteren Autoren an (vergl. Abulfeda Anteisl. ed. Fleischer 94 u.), in Uebereinstimmung mit den Byzantinern, welche den Tod Khusrav's auf den 28. Februar 628 setzen. Vgl. A. von Gutschmid, das iran. Jahr (Ber. Verh. K. S. Ges. Wiss. 1862) S. 2. 4 الاوتاد (si. وتد) *anguli* oder *cardines* (geniturae) κεντρα sind die vier stärksten Häuser; nämlich das I. oder Horoscop, das VII. المغرب oder الغارب *occasus*, δυσις; das X. وسط السماء *medium coelum* und das IV. الارض *imum coelum* ὑπογειον — alle je 90 Grad von einander entfernt. Vgl. Firmicus II. 18; Scaliger ad Manilium 177; Uhlemann, Astr. 80; Sahl (Cod. Rif. 116) fol. 4 und Zahel de interrog. 123a: auch

in ihm Jahre. Im 20. Jahre der Hiǵrah war die Schlacht von Nahâwand, welche passend das Ende des Reiches bezeichnet.

Die nächste Conjunction fand im Jahre der Hiǵrah 31 Statt und zwar in 29° Krebs [1]. Der Mond stand 6° Zwillinge, und Jupiter wieder nicht im Aspect. Dies bedeutete — im Laufe der Periode — einen schweren Schlag für die damaligen Herrscher, die Muhâǵirûn und Anṣâr, und die Verlegung des Sitzes der Herrschaft von Arabien nach einem andern Lande. Letzteres bestimmte wieder der Mond: er gab die Herrschaft an den Herrn des Hauses, in dem er sich gerade befand, den Mercur [2]; und dieser theilte sie dem Westen, d. i. Syrien zu. Dies bezieht sich also auf die Bürgerkriege, die Niederlage der medînischen Partei und den Sieg des Hauses Omaiyah, dessen Residenz Damascus war. Al-Kindî scheint dabei ganz vergessen zu haben, dass er vorher in seinem allgemeinen Schema den Mercur zum Schutzherrn der Inder machte; er folgt hier offenbar dem älteren System, nach welchem Mercur Egypten und Afrika und im Allgemeinen den Westen beherrschte [3]. Syrien als den Westen zu bezeichnen, ist allerdings ungewöhnlich. — Ausserdem wird aus der Conjunction wieder ein specielles Ereigniss gedeutet, die Ermordung ʿOthmân's — يوم الدار, und zwar wieder aus dem Abstande zwischen dem Grade jener und der Stellung des Mondes. Dieser Abstand beträgt 53°, und in Folge wurde ʿOthmân 53 Monate nach der Conjunction getödtet. Dies geschah am Freitag, 18. Ḏu'l-ḥiǵǵah 35 (= 17. Juni 656) [4]. War dies also 53 Monate nach der Conjunction, so hat sie im Raǵab 31 (= Anf. März 652) Statt gefunden.

Die Conjunction vom Jahre 61 erfolgte unter günstigeren Umständen. Jupiter war im Aspect zur Stelle — welchem? wird nicht näher ange-

---

Dieterici, Prop. 56 u. 177 („Pflöcke"). Die Stellung eines Planeten in einem dieser اوتاد oder in nächster Nähe heisst اقبال *alicbel* = *perfectio.* Vgl. Sahl, Cod. Rif. 116, fol. 5: واما الاقبال فهو ان يكون الكوكب فى وتد او ما يلى وتد(ا), und Weber, Indische Studien II. 267. 1 Die Emendation 29 für 27 (wie auch Abu Maʿshar hat) ist nothwendig, um die Summe 53 zu bekommen; wir haben 24° (Zwillinge) und 29° (Krebs) = 53°. 2 Mercur ist „Hausherr" der Zwillinge und der Jungfrau. 3 Abu Maʿshar giebt dies ausdrücklich an: *qui est dominus domus partem occidentis significantis.* Unser Text ist hier unsicher. Bei al-Masʿûdî, Prairies d'or I. 182 ist Mercur mit den Zwillingen Herr des 4. Climas: Egypten, Nordafrika und Spanien. 4 So nach al-Wâḳidî (bei Ibn Ḳutaibah ٩٨) und al-Ṭabarî (Chronique trad. par Zotenberg III. 610). Vgl. Weil, Gesch. d. Chalifen I. 185.

geben — und verhütete durch seine Gegenwirkung eine neue Umwälzung. Wohl aber begann gleichzeitig mit der Conjunction der „Aufruhr" des (ʿAbdallah) Ibn al-Zubair in Makkah[1], welchem zwei Jahre später (63) bekanntlich seine förmliche Huldigung als Chalifen folgte, und erst nach 9 weiteren Jahren ein Ende gemacht wurde[2]. — Es ist bemerkenswerth, dass al-Kindî nicht den Parteistandpunct theilt, welcher diesen Prätendenten als rechtmässigen Chalifen anerkennt. Seine Auffassung darf als die correcte und in den Kreisen, in denen er verkehrte, herrschende gelten. An die siegreichen Omaiyaden knüpfte sich die Idee des Reichs, und diese war für Politiker wie die ʿAbbâsiden waren, mächtiger als die Sympathien mit alten Bundesgenossen.

Eine ähnliche Gegenwirkung muss bei der nächsten Conjunction vom J. 91, über die al-Kindî gar nichts Näheres angiebt, Statt gefunden haben, sofern sie nur „Kampf und Blutvergiessen" bedeutete. Doch handelte es sich bei diesem auch um das Reich. Zehn Jahre nach der Conjunction (unter Yazîd II.) erhob sich Yazîd b. al-Muhallab als Gegenchalif in al-Baṣrah, i. J. 101, und fiel erst nach blutigem Kampfe gegen Maslamah im Ṣafar 102[3].

Einen grossen Wendepunct bezeichnet aber die Conjunction des Jahres 121. Jupiter hatte auf sie keinen Aspect und Gegeneinfluss; es erfolgte eine vollständige Revolution, welche wiederum der Mond zur Ausführung brachte. Er war aber nicht in seinem Hause, sondern im Zeichen des Schützen, dem Hause Jupiter's, und daher überliess er diesem die Verfügung. Somit kam Jupiter doch noch zur Geltung; er verlieh die Herrschaft natürlich dem seinem besonderen Schutze anvertrauten Lande, al-ʿIrâḳ. — Die Ereignisse folgten entsprechend. 5 Jahre nachher erhielt die Dynastie Omaiyah den ersten Stoss, als der Chalif al-Walîd II. von seinem eigenen Vetter Yazîd III. gestürzt und auf seinem Landsitze al-Bakhrâ bei Damascus ermordet wurde, am 27. Ǵum. II, 126[4]. Es folgte (2 Jahre später, wie der Text des Abu Maʿshar angiebt, also 128, die Mission Abu Muslim's nach Chorâsân[5] und) der grosse Aufstand der Perser unter der schwarzen

---

1 Nach dem Tode al-Ḥusain's bei Karbalâ, Muḥarram 61. 2 Ḥamzah Iṣfahânî ١٥٩ f., der ihn als rechtmässigen Chalifen aufführt (an Stelle von Marwân), bestimmt die Dauer seiner Regierung auf 9 Jahr 11 Monate und 3 Tage. Ibn al-Zubair fiel am 14. Ǵum. I. 73. Vgl. Weil, Gesch. d. Chalifen I. 424. 3 Weil I. 602. 4 S. Weil I. 670; auch al-Masʿûdi, Prairies d'or VI. 1, wo in der Uebersetzung fälschlich der 28. Ǵum. II. gegeben wird. Ueber al-Bakhrâ vgl. die zum Text angeführten Stellen. Yâḳût s. v. ist im offenbaren Irrthum. 5 Nach unserer Conjectur oben, S. 284 n. 3. Vgl.

Fahne der ʿAbbâsiden. Abu Muslim's Auftreten im Jahre 129 ist das epochemachende Ereigniss; er ist die Seele der Bewegung, der die ʿAbbâsiden ihren Thron verdankten, der „Uebertrager der Herrschaft", wie ihn Ḥamzah nennt[1]. Unter seiner Hand stürzte nach sechs weiteren Jahren, also 132, der letzte Omaiyade Marwân II.; die ʿAbbâsiden gelangten zur Herrschaft[2] und verlegten ihren Sitz nach al-ʿIrâḳ, zunächst nach Hâshimîyah, später (149) nach Bagdâd.

Diese Conjunction ist die wichtigste nach der vom J. 1. Sie hebt einen Theil ihrer Resultate wieder auf, indem sie die Herrschaft in das Land und für den Augenblick auch in die Hände der Perser zurückführt. Im letzteren Sinne haben diese es selbst betrachtet; sie fanden sich indessen bald genug betrogen. — Auf jeden Fall ist das Resultat eine „Revolution der Dynastie" (انقلاب الدولة), während die Religion (الملة) unberührt bleibt, im Gegentheil durch die erst jetzt erfolgende vollständige Bekehrung der Perser an Ausdehnung noch gewinnt. Insofern bleibt für al-Kindî das „Reich der Araber" unverändert bestehen.

Ein so weltbewegendes Ereigniss wird natürlich auch aus einer grossen Conjunction der andern Gattung, zwischen Jupiter und Saturn, gedeutet; auch diese knüpft sich an den Namen des Abu Muslim[3].

Die nächste Conjunction vom J. 151 ist von geringerer Bedeutung, weil Jupiter im Zeichen der Fische, also in dem günstigen *aspectus trinus*[4] zur Stelle stand, und damit dem Einflusse der Unglücksterne entgegenwirkte. Es folgten daher nur die geringeren Uebel, welche stets zur Hand waren, Krieg und Aufruhr. Auf die Folgezeit angewendet

---

1 ناقل الدولة Fragm. hist. Arab. ed. de Goeje & de Jong ١٨٤. Ḥamzah ٢١٨. Er setzt den wirklichen Anfang der grossen Empörung auf den 15. Ramaḍân 129 und die Eroberung von Marw, das erste entscheidende Resultat derselben, auf den 15. Rabîʿ I. 130.

2 Als Anfangspunct ihrer Herrschaft wird die Huldigung betrachtet, welche Abu'l-ʿAbbâs in al-Kûfah empfing, am Freitag, 13. Rabîʿ I. 132 (Ibn Ḳutaibah ١٨٨; Fragm. hist, Arab. ١٩٩) oder im Rabîʿ II. (al-Ṭabarî bei Weil, Chal. I. 700; al-Masʿûdi. Prairies d'or VI. 52 und auch Ḥamzah ١٥١). Vgl. Ibn al-Athîr ed. Tornberg V. ٣١٢. Die Niederlage Marwân's am Zâb folgte im Gumâda II. und sein Tod im Du'l-ḥiggah desselben Jahres.

3 S. Ibn Khaldûn, Prolég. II. 188 *bis*; vgl. Albumasar coniunct. tract. II. diff. 7.

4 S. o. S. 293.

würde darunter vor Allem die unter al-Mahdî's Regierung (158—169) fallende grosse und gefährliche Empörung des al-Muḳanna' in Chorâsân zu verstehen sein. Im erklärenden Theile aber giebt al-Kindî ganz andere Daten, die sich alle auf die Zeit vor 151 beziehen, — ein offenbarer Flüchtigkeitsfehler seinerseits, den der Text bei Abu Ma'shar übrigens nicht theilt. Er erwähnt zunächst ein verhältnissmässig unbedeutendes Ereigniss, den Tod des al-Aġlab b. Sâlim al-Tamîmî, des Statthalters al-Manṣûr's in der Provinz Afrika, welcher im Sha'bân 150 im Kampfe gegen einen Rivalen fiel [1].

Ferner notirt al-Kindî das Erscheinen eines Cometen, welcher erst „17 Nächte im Osten und dann nach einer Pause, wo er unsichtbar war, zwei Tage im Westen aufging". — Wie wir aus anderer, guter Quelle erfahren, war dieser Comet in der Zeit von Ende Muḥarram bis Mitte Ṣafar des Jahres 143 sichtbar [2]. Er war gleichsam das Vorzeichen der Empörung der beiden 'Aliden Muḥammad النفس الزكية und Ibrâhîm, der Söhne des 'Abdallah b. al-Ḥasan, welche sich gleichzeitig (im Jahre 145) in al-Madînah und al-Baṣrah gegen al-Manṣûr erhob, und seinen Thron in grosse Gefahr brachte [3].

Alle diese Ereignisse fallen in die Zeit zwischen 140 und 150; es scheint daher, als ob al-Kindî dabei irrthümlich das Jahr 141 als Conjunctionsjahr vorgeschwebt hätte.

Die nächste Conjunction fiel nach al-Kindî in das J. 182 (nach Abu Ma'shar aber 181). Jupiter stand bei ihr im Zeichen des Schützen [4] und hatte keinen Aspect zur Stelle [5]. Somit war er machtlos und konnte eine neue Umwälzung nicht verhindern. Der Mond, welcher diese wie immer ausführte, stand aber im Zeichen der Fische, dem Hause des Jupiter; damit fiel die Verfügung an diesen zurück, und es erfolgte nur ein Wechsel des Sitzes der Herrschaft innerhalb

---

1 Vgl. Fragm. hist. Arab. ed. de Goeje et de Jong ٢٩١ f. und Ibn al-Athîr ed. Tornberg V. ٤٤٨ f. 2 S. Fragm. hist. Arab. ٢٢٩ f. Die Identität des Cometen ist zweifellos. Nach seiner genauen Beschreibung bei dem Annalisten zu schliessen, muss er seiner Zeit einen ziemlichen Eindruck gemacht haben. Auch bei letzterem schliesst sich unmittelbar der Bericht von der Empörung der beiden 'Aliden an. 3 S. Weil, Chal. II. 40 ff. Vgl. auch al-Mas'ûdî, Prairies d'or VI. 189 ff. 4 Diese specielle Angabe fehlt bei A. M. 5 Der Schütze ist das 6. Zeichen vom Krebs aus. Er ist aber eines der beiden „Häuser" des Jupiter.

von al-ʿIrâḳ[1], dem Lande Jupiters. So geschah es, fährt al-Kindî fort, gegen Ende der Periode, — also spätestens im J. 211 — weil die Conjunction im Ende, d. h. den letzten Graden, des Zeichens Statt fand[2] — in welchem? sagt er nicht. Es war dies der „Aufruhr von Sâmarra“ سُرَّ مَن رَأَى. — Dies ist aber ein starker Irrthum; denn der „Aufruhr von Sâmarra“, d. i. der Rückzug al-Muʿtaṣim's mit seiner türkischen Praetorianergarde aus dem unruhigen Bağdâd, wo ihm der Boden zu heiss wurde, und die Anlage jenes neuen Hoflagers, gehört in die Jahre 219—221[3]. Abu Maʿshar schreibt den Fehler nach; doch hat er — oder ein späterer Interpolator — denselben bemerkt und deswegen hinzugefügt, dass das Ereigniss erst zehn Jahre nach Ablauf der Periode (welche er mit 181 beginnen lässt, also gerade i. J. 221) eintrat. Dann gehörte es aber von Rechtswegen unter die nächste Conjunction. Es ist auffällig, dass al-Kindî, wo es sich um ein seiner Zeit so nahe liegendes Ereigniss handelte, sich eine solche Nachlässigkeit zu Schulden lassen kommen konnte. Doch ist dies nicht das erste Beispiel.

Das eben genannte Ereigniss wurde von dem speciellen Character der Conjunction abhängig gemacht. Ausserdem deutete dieselbe aber auch auf Bürgerkrieg, Blutvergiessen und Empörungen, was al-Kindî im erklärenden Theil und Abu Maʿshar auf Muḥammad Sohn der Zubaidah, d. h. den Chalifen al-Amîn und den zwischen ihm und al-Maʾmûn im Osten, d. h. in Chorâsân geführten Krieg beziehen. Dieser Bruderkrieg und al-Amîn's elender Untergang bei der Erstürmung von Bağdâd (25. Muḥarram 198) war in der That das verhängnissvollste Ereigniss dieser Periode, welches zuerst das Prestige der ʿAbbâsiden brach, und dem der Verfall unvermeidlich folgte. Al-Amîn's Verzweifelungskampf war in den Augen der dynastischen Tradition, welche an al-Maʾmûn's Legitimität anknüpfte, nur eine Usurpation. Al-Kindî — wenn wir unserm Texte trauen dürfen — behandelt den Fall mit bemerkenswerther Discretion, indem er jeden Ausdruck dafür — der zu erwartende[4] wäre فتنة — vermeidet.

---

1 Bei Abu Maʿshar fehlt diese nothwendige Bestimmung. 2 Dieser Grund fehlt bei Abu Maʿshar. S. o. 3 Die Daten sind etwas schwankend. Natürlich vergingen über jenen Ereignissen mehrere Jahre. Die erste Anlage von Sâmarra wurde wahrscheinlich i. J. 221 vollendet. S. Fragm. hist. Arab. ٣٨١ und (Ibn Miskawaih) ٤١١; Ibn al-Athîr VI. ٣١٩; al-Masʿûdi, Prairies d'or VII. 118—123; Ibn Kutaibah ١٩٩ u. s. w. 4 — und auch bei Abu Maʿshar (*guerra*) zu findende.

Zugleich bedeutete die Conjunction auch, dass im Anfange dieser Zeit[1] der Sitz der Herrschaft nach einer östlichen Gegend verlegt werden würde — aus welchem astrologischen Grunde? erfahren wir nicht. Dadurch dass al-Ma'mûn spätestens mit dem Jahre 196 als rechtmässiger Herrscher anerkannt wurde[2], kam seine chorasanische Residenz Marw zu der Ehre, Hauptstadt des Reiches zu werden, und von ihr aus regierte er dasselbe auch nach dem Falle von Baġdâd, bis zum Jahre 202, wo er aus politischen Rücksichten in die alte Residenz zurückkehrte.

Die nächste Conjunction i. J. 212 (Abu Maʿshar 211) wird nicht näher beschrieben, und an erster Stelle unseres Textes ist durch ein Versehen selbst ihre Erwähnung weggefallen[3]. Sie bedeutete aber eine neue Umwälzung, durch welche ein drittes Volk, die Türken in Massen auf den Schauplatz traten und sich der Herrschaft über al-ʿIrâḳ und das Chalifat bemächtigten. Dies ist ein neuer Verstoss gegen die Chronologie; denn von einer wirklichen Gewaltherrschaft der Türken kann erst vom Ende al-Mutawakkil's an die Rede sein. Seine Ermordung durch seine eigenen Leibwächter (i. J. 247) fällt aber erst in die nächste Conjunctionsperiode[4]. Gleichwohl bestätigt al-Kindî diesen Fehler im erklärenden Theile, welchen auch Abu Maʿshar wiedergiebt. Offenbar nöthigte die Natur der Conjunction zur Anticipation jener Resultate. Dazu passt es dann sehr schlecht, wenn er zum Schlusse den Residenzwechsel in al-ʿIrâḳ[5], welcher nun wirklich in diese Periode gehört, noch einmal erwähnt.

Im Einklange mit der Geschichte würde erst die nächste Conjunction vom Jahre 242 (A. M. 241) jene Ereignisse eingeleitet haben.

---

1 Diese Bestimmung fehlt bei Abu Maʿshar; auch ist sie nicht sehr genau. 2 I. J. 195 lässt er sich zuerst huldigen; 196 ist schon Alles in seinen Händen bis auf die Stadt Baġdâd, in der sein Bruder als „Entthronter“ (مخلوع — al-Masʿûdî VI. 457) den Todeskampf kämpft. Von diesem Jahre wird auch gewöhnlich seine Regierung datirt. Vgl. al-Masʿûdî VII. 2; Fragm. hist. Arab. ٣٢٣ ff. u. s. w. 3 Es ist nothwendig, eine wirkliche Lücke im Text und nicht eine blosse Nachlässigkeit des Verfassers anzunehmen; sonst wären die „Kriege, Aufruhre und Blutbäder“ eine ganz unnütze Wiederholung. 4 Dieser brutale Gewaltstreich bezeichnet den eigentlichen Niedergang der ʿAbbâsiden-Macht, nachdem sie schon durch den Bruderkrieg ihr Prestige verloren hatte. Als epochemachendes Ereigniss wird er auch aus einer besonderen Conjunction der anderen Art zwischen Jupiter und Saturn gedeutet. S. Ibn Khaldûn II. 188 und Abu Maʿshar, coniunct. tract. II. diff. 7. 5 Bei Abu Maʿshar fehlt wieder die letztere Bestimmung.

Al-Kindî begnügt sich hier mit der Erwähnung des Aufruhrs von al-Mustaʿîn, d. h. des offenen Krieges, den er von Baġdâd aus gegen seinen von den Türken in Sâmarra erwählten Gegner al-Muʿtazz führte (von Muḥarram 251 bis Muḥarram 252), und der mit seiner Niederlage und Absetzung endete[1].

Dieser Krieg, den al-Kindî vom Standpunct des Erfolges betrachtet, ist das letzte historische Datum, welches er in diesem Tractate giebt, und soviel mir bekannt ist, auch das späteste directe Zeugniss für seine Lebensdauer. Das Weitere spielt in die unmittelbare Gegenwart hinein und geht in reine Prophezeiung über. Die Conjunction bedeutet, dass noch verschiedene Male Krieg und Aufruhr folgen werden, und dass ein Mann auftreten und grossen Anhang finden wird, welcher sich für den Apostel einer neuen Religion ausgeben und sich Erkenntniss der Göttlichkeit und specielle Offenbarung anmassen wird. — Das klingt ziemlich mysteriös, hat aber doch wohl einen thatsächlichen Hintergrund, und dann könnte mit diesem Impostor niemand anderes gemeint sein, als ʿAbdallah b. Maimûn, der Urheber der grossen ismâʿîlitischen Bewegung. Ihre Ursprünge sind zwar noch in ziemliches Dunkel gehüllt, allein es ist sicher, dass sie um die Mitte des dritten Jahrhunderts begann[2]. Eine bis jetzt, wie es scheint, unbeachtet gebliebene Stelle des Fihrist, welche die Ursprünge der Ismâʿîlîyah behandelt, liefert das werthvolle Datum A. H. 261, in welchem ʿAbdallah die Aufwühlung von al-ʿIrâḳ durch Ḳarmaṭ und seine Gehülfen schon vollständig organisirt hatte[3]. ʿAbdallah befand sich damals in Salamîyah; seitdem er noch selbst in al-ʿIrâḳ herum abenteuerte, war schon einige Zeit vergangen; und genau genommen, können die Prätensionen, welche al-Kindî anführt, nur auf ihn bezogen werden. Ich wage hier nur eine Vermuthung und bin weit entfernt, eine so schwierige Frage, in der sich Bessere bemüht haben, beiläufig erörtern zu wollen. Hatte al-Kindî wirklich Kenntniss von jener Bewegung und ihrer direct gegen den muhammedanischen Staat gerichteten Tendenz, so lag es nahe, sie hier

1 Vgl. Ibn Miskawaih in Fragm. hist. Arab. ed. de Goeje ٥٧٧ ff.; al-Masʿûdî, Prairies d'or VII. 363 ff.; Weil, Chal. II. 384 ff. u. s. w. Unter al-Mustaʿîn fand übrigens auch eine grosse Conjunction aller Planeten ausser Saturn unter den Strahlen der Sonne, in den letzten Graden des Krebses Statt — Ḥamzah ١٨٩. 2 De Sacy, Religion des Druzes I, LXVII ff.; de Goeje, Mémoire sur les Carmathes du Bahrain 2. 3 Fihrist ed. Flügel ١٨٧, 12. Der Bericht stammt freilich aus nicht unverdächtiger Quelle, und will der Verfasser des Fihrist nicht für ihn einstehen.

zu berühren und ihr aus der Conjunction ein Prognosticon zu stellen.[1] Da wir über die Natur der letzteren keinen Aufschluss erhalten, so entzieht sich seine Berechnung unserem Verständniss. Wenn er aber findet, dass das Treiben des Impostors keinen bleibenden Erfolg haben und nur so lange als die kleine Umlaufszeit des Mars, d. i. höchstens 23 Monate dauern wird[2], so muss dies bald nach der Kunde von jener Bewegung niedergeschrieben sein, ehe eine weitere Beobachtung derselben seine Schlüsse Lügen strafte.

Auch dass er, wie erwähnt wurde, aus der Conjunction zahlreiche weitere Staatsunruhen ableitet, spricht dafür, dass er unter dem Eindruck der zunächst folgenden gewaltsamen Regierungswechsel[3] schrieb, ehe noch die Wiedererstarkung des Chalifats unter al-Muʿtamid (seit 256) bessere Aussichten auf Ordnung und Frieden im Reiche eröffnete. Demnach dürfte die Abfassung dieses Tractats ungefähr um die Mitte oder spätestens gegen Ende der funfziger Jahre zu setzen sein.

Die Deutungen der drei nächsten Conjunctionen sind rein apocalyptisch.

Die vom Jahre 272 (A. M. 271) deutet auf Unruhen, schreckliche Ereignisse und Naturerscheinungen und Untergang vieler Leute[4] in Folge dessen.

Im Jahre 303 (A. M. 301)[5] deutet die Conjunction auf Verfall und Auflösung des Reichs im Westen. Möglicherweise hängt dies mit der von Ḥamzah aus der anderen Conjunction abgeleiteten Prophezeiung zusammen, dass vom 360. Jahre nach der Geburt des Propheten, oder ungefähr 300 Jahre nach seinem Tode, der Verfall der arabischen Theokratie vom Westen her beginnen werde[6], und liegt hier vielleicht ein verbreiteter Glaube zu Grunde. Wir haben schon mehrmals bemerkt, dass wo es erforderlich ist, beide Systeme zur Hand sind. Al-Kindî giebt aber der Sache einen tröstlichen Abschluss, indem er die Conjunction vom Jahre 333 zwar auf Kriege und Unruhen, aber zuletzt

1 Dies war dann eine Antwort auf die von den Ismāʿiliyah ausgegebene Prophezeiung; s. o., S. 269. 2 Die „kleine" Umlaufszeit des Mars ist die siderische = 686 Tage, im Gegensatz zur synodischen = 780 Tage. Vgl. Dieterici, Propaed. 60. — Ich folge Abu Maʿshar. Es liegt nahe, für 23 Jahre, wie unser Text hat, 23 Monate zu lesen und dies auf den Umlauf des Mars selbst zu beziehen. Die Hereinziehung der Conjunction ist mir unverständlich. 3 Al-Muʿtazz — 255, al-Muhtadi — 256. 4 A. M. Könige und Fürsten. 5 A. M. giebt unter dieser Conjunction den Inhalt der nächsten und schliesst mit ihr. 6 Ḥamzah Iṣfahânî ١٠٠.

auf einen allgemeinen Sieg des Islâm über alle Religionen und Reiche der Welt verkünden lässt. Blickt man auf die Zustände des Chalifats gerade zu dieser Zeit, so wird das freilich zu einer starken Ironie. Auch lässt sich ein solcher idealer Abschluss schlecht damit in Einklang bringen, dass nach al-Kindî's Berechnung noch 360 Jahre übrig sind, an deren Ende das Reich der Araber zu Grunde gehen wird. Auf diese Zeit lässt er sich aber nicht weiter ein und begnügt sich mit dem allgemeinen Hinweise, dass nach der von ihm genügend illustrirten Methode auch die übrigen Conjunctionen zu deuten sind. Dies bleibt dann eine Aufgabe für andere Astrologen[1].

1 Sie ist z. B. ausgeführt (bis A. H. 699) in dem arab. Cod. Lugd. MCVII; s. Cat. cod. orient. bibl. acad. Lugd. Bat. III. 115 f.

Berichtigungen.

Seite 177 Die Anmerkungen 7 u. 8 sind umzustellen.

» 191 Z. 9 für אם lies: חם.

» 193 „ 9 חזת gehört nicht hierher, da es von einer hintenvocaligen Wurzel kommt.

» 194 „ 8 v. u. Füge hinzu ויספננם Sid. 1, 19. Für 68 lies: 6. 8.

» 203 „ 19 für wurzelhaften und enthaltenen lies: wurzelhaftem und enthaltenem.

» 207 „ 2 v. u. füge hinzu בנם Sid. 1, 9 u. לכננם Sid. 1, 20.

» 213 Anm. 2. Die hier vorgeschlagene Lesart der Gruppe לאדנמלכם wird zur absoluten Gewissheit erhoben durch eine auf der Trümmerstätte des alten Idalion gefundene und jetzt im britischen Museum befindliche Inschrift. Dieselbe ist datirt בשנת IMMM לאדן מלכם פתלמיס בן פתלמיס. Siehe Monatsberichte der Akademie zu Berlin 1872 (1873) S. 336. Dem „Herrn“ Milkom ist dadurch definitiv das Leben abgesprochen.

Druck von F. A. Brockhaus in Leipzig.